UN HOMME DE PASSAGE

DU MÊME AUTEUR

LE JOUR S, *nouvelles*, Mercure de France, 1963.
CORNEILLE ET LA DIALECTIQUE DU HÉROS, Gallimard, 1964.
POURQUOI LA NOUVELLE CRITIQUE : CRITIQUE ET OBJECTIVITÉ, Mercure de France, 1966.
LA DISPERSION, *roman*, Mercure de France, 1969.
LA PLACE DE LA MADELEINE : ÉCRITURE ET FANTASME CHEZ PROUST, Mercure de France, 1974.
FILS, *roman*, Galilée, 1977.
PARCOURS CRITIQUE : ESSAIS, Galilée, 1980.
UN AMOUR DE SOI, *roman*, Hachette-Littérature, 1982.
LA VIE L'INSTANT, *roman*, Balland, 1985.
AUTOBIOGRAPHIQUES : ESSAIS, PUF, 1988.
LE LIVRE BRISÉ, *roman*, Grasset, 1989 (Prix Médicis).
L'APRÈS-VIVRE, *roman*, Grasset, 1994.
LAISSÉ POUR CONTE, *roman*, Grasset, 1999.

SERGE DOUBROVSKY

UN HOMME DE PASSAGE

roman

BERNARD GRASSET
PARIS

ISBN 978-2-246-78366-4

Pour Elisabeth sans qui
ce livre n'existerait pas

à ma sœur et à mes filles

Car je comprenais que mourir n'était pas quelque chose de nouveau, mais qu'au contraire depuis mon enfance j'étais déjà mort bien des fois.

Marcel PROUST, *Le Temps retrouvé.*

DÉPART

je n'en peux plus
je ne sais plus par où commencer
il faut me préparer à vider les lieux
où toute une partie de moi-même est incrustée
depuis vingt-huit ans des jours des semaines
oppressants que ça dure peux plus endurer
à bout de nerfs gorge serrée à étouffer
et puis la série des démarches qu'il faut faire
à droite à gauche au pas de course
banque bureaux administratifs la poste alors
que j'ai envie de hurler mon être se déchire
en deux une moitié qu'on m'arrache
à chaque fois la même histoire je n'y coupe pas
épeler mon nom *D* comme David
O *U* *B* comme *boy* *R* *O*
V comme victoire *S* *K* *Y* les trois
dernières lettres passent mieux mais
les prénoms il ne faut pas non plus m'y embrouiller
banque poste assurance médicale je suis
Julien le professeur s'appelle *Serge*
l'écrivain aussi *Serge* pour mes collègues mes étudiants
pour mes amis autrefois mes

petites amies pour mes épouses
pour les femmes en général temps si lointains
de mes frasques maintenant mes frusques
voix de ma mère *il ne faut rien oublier Julien*
retentit au fond de moi justement au
fond je mets quoi dans la grande malle bleue
la première j'en ai quatre énormes à remplir
si je ne dois pas en acheter une cinquième
qu'est-ce que j'emporte qu'est-ce que
je laisse question essentielle qui me tracasse
j'ai déjà déménagé dix fois dans ma vie
mais là c'est l'ultime chambardement
TOTAL je ne sais plus où je suis où j'en suis
à force de déménager cette fois carrément
je déménage je ferme boutique
mon pignon sur rue disparaît mon pognon
je prends ma retraite je me retire de mon
vaste appartement perché dans les airs
j'abandonne mon poste professeur depuis
cinquante-deux ans je disserte maintenant déserte
je quitte après plus de cinq décennies ma
profession chaire de littérature française
maintenant ma chair est faible elle se ramollit
en perte d'énergie je ne puis plus mener de
front toutes mes vies il faut que je me mutile
que je me châtre de l'enseignement
je n'arrive pas à y croire au moment de
faire mes malles impression de boucler ma
malle départ personne ne m'y oblige
pas de limite d'âge pourrais pérorer jusqu'à
ce que mort s'ensuive mon congé moi
qui l'ai pris me taille m'entaille de mon
propre gré moi qui coupe mes amarres

assez rêvé, ruminé, je dois me mettre au travail, il est immense, au fond de la première malle, je fourre mes sous-vêtements, le malheur j'en ai assez pour remplir un tiers de la malle grande ouverte dans mon bureau, ensuite quoi, pantalons d'été d'hiver bien pliés, vestes soigneusement empilées, les pulls on peut les mettre par-dessus, s'aplatissent sans se froisser, déjà pleine à ras bord la malle, soudain me frappe, et les chemises, vais les mettre où, j'en ai tellement accumulé au cours des ans, les blanches les grises les bleues les marron les vertes les unies les rayées les bigarrées les sport, à mesure que je les sors des commodes des placards, elles m'accablent, pourtant j'y tiens à mes liquettes, mes reliques, je les reluque, elles me relookent, si amoché amochi par les ans, elles me revivifient me raniment, forcé de me regarder dans une glace je ne regarde pas ma gueule, je les contemple, elles me confèrent une silhouette acceptable, si je ne lève pas les yeux au-dessus du cou, seulement dans le tas, il y en a de démodées, trop étroites, d'une couleur criarde, la mauve la rose là, plus portables, j'hésite n'ai pas le cœur, devrais, je dois m'en débarrasser, les jeter dans le vide-ordures, dans le couloir derrière la porte d'entrée, passer tout le révolu à la trappe, serait une révolution, je ne jette jamais rien, j'accumule les inutilités, plus fort que moi, ma mère disait *on ne jette jamais rien*, parlait de la nourriture, forcé dans les années quarante, on gardait un soupçon de beurre dans un bol bleu à la cuisine, la moindre miette, le moindre croûton quand on n'avait rien à croûter, pendant la guerre, pour moi en tout partout c'est toujours la guerre, du coup je garde je conserve j'amoncelle, ne rien perdre, fringues, documents, lettres, brouillons, peut servir un jour, être utile, dans mon bureau sur le tapis, autour de moi tout s'entasse, je referme la première malle, j'ouvre la deuxième, des chemises des vestons des pantalons n'ont pas encore trouvé place, les manteaux les imperméables les vestes de cuir attendent, bon gré mal gré je dois m'en tenir à l'essentiel, laine cachemire parmi mes tricots, je trie, les élimés j'élimine, usés aux coudes pareil, les ai achetés dans des magasins disparus depuis vingt ans, robes de chambre dans lesquelles je ne pourrais même plus entrer, je fourre tout au fond d'un grand sac-poubelle, avec les couvertures sorties des placards, je ne garderai que les légères, bleu blanc rose, pas trop défraîchies, encore agréables aux yeux le jour au corps la nuit, la deuxième malle est vite remplie, au tour de la troisième, je la réserve pour des articles de cuisine, mais par précaution, je vais une dernière fois vérifier, cabinet de débarras, horreur, des cartons rangés sur les étagères jusqu'au plafond, les papiers seront pour plus tard, maintenant fringues, restent accrochées à une tringle, l'affreux pantalon à carreaux. que je m'étais offert il y a au moins trente ans pour plaire aux mignonnes, le costume canadien gris avec rayures rouges et veston croisé destinés également à séduire les donzelles, date du temps où j'avais ma propre maison et n'habitais pas encore ici, en bon état c'était du solide, ces atours que j'ai pris pour des atouts peuvent encore faire des heureux chez les malheureux, dois alerter l'Armée du Salut, confier ce qui est encore portable au portier en bas   dans un autre sac, encore trois quatre articles à charitablement léguer

pourquoi avoir ainsi conservé si longtemps ces traces minables de moi-même   pourquoi avoir accroché ici tous ces oripeaux m'y être accroché je n'ai jamais été tenté de me préserver de m'embaumer dans un journal intime de consigner pensées faits et gestes de ma vie dans un carnet j'ai laissé couler s'effacer les jours l'un après l'autre qu'ils retombent dans leur néant ce serait ÇA mon carnet de bord tout ce bordel ces fripes surannées ces frocs mes défroques je suis désormais un défroqué je n'officie plus interdit du culte culture garde ces traces des grands moments pendant plus d'un demi-siècle j'ai célébré devant génération après génération de fidèles grand-messe de la littérature toutes ces fripes mon aube ma chasuble je remballe mes emballements Grand Siècle Corneille Racine Molière commencé avec la princesse de Clèves ma première dulcinée tant d'autres coups de foudre ensuite le théâtre de l'Absurde Ionesco Beckett Adamov époque de Sartre et Camus sans cesse propulsé de l'avant-dernier cri Nouveau Roman j'ai atteint mon terminus j'ai beau me hâter bondir d'une pièce à l'autre trier ranger mes affaires j'ai la poitrine écrasée la gorge serrée perdu dans cet inextricable fouillis l'immense déménagement que je m'inflige est la répétition du Grand Départ

la deuxième malle est pleine, je dois un instant respirer, la troisième à commencer, besoin de m'arracher à cet étouffement de chaussures, de bottes, de bottines, quand je pense qu'il y aura après les grands cartons, tous les bouquins à y ranger, il faudra choisir, je ne veux pas, je ne peux pas, je les aime tous, des centaines et des centaines sur les rayons de mon bureau, impossible de tous les emporter, va être un casse-tête, un crève-cœur, les livres que j'emporte, ceux que je suis contraint d'abandonner, sera pour plus tard, je n'en suis pas encore là, je prévoyais un déracinement douloureux, mais pas à ce point, je me redresse d'un seul coup, je traverse à grands pas le long couloir jusqu'au living, vastes fenêtres découpent un immense pan de ciel, douzième étage dans les airs, soleil du matin au soir, je m'arrête debout je plonge dans l'azur, me baigne dans l'espace, me retrempe dans l'éclatante lumière, ablution de la rétine, mon angoisse se dissout, tout mon être embrasé dans l'embrasure, mais il y a aussi les soirs avec des ciels hallucinants de splendeur, comme un tableau abstrait infini étalant des plaques mauves, rouges, virant par endroits au rose pâle, bordées de traînées sombres, grisâtres ou quasi noires, quoi que je fasse, aux instants toujours très brefs du crépuscule, je me lève soudain, je contemple l'ultime fulguration adoucie d'un ciel qui s'éteint peu à peu, dix minutes à peine, et brusque nuit opaque, les petits feux vacillants brasillent aux myriades de fenêtres verticales, ces doux vertiges vont cruellement me manquer, je suis amoureux de mes fenêtres

pas seulement des vitres
sans vis-à-vis qui me projettent dans un espace
immense quand je suis cloîtré dans mes
pensées qu'à m'arrêter là debout
elles me lancent hors de moi vers l'infini
elles me décloisonnent dans chaque pièce
de l'appartement longiligne découpent une

perspective différente un angle nouveau sur la ville sur ma vie le grand bureau du fond j'ai sur tous les murs tous mes livres remplissant à craquer les rayonnages de bois laqué classés par ordre avec méthode je sais exactement où chercher *L'Éthique* de Spinoza *Le Temps retrouvé* de Proust les ouvrages du Grand Siècle mon gagne-pain et puis l'alignement des Freud en allemand en anglais et en français les romans modernes ceux que je reçois rarement achète tous là sinon dans ma mémoire au moins sur leurs rayons mon grand bureau autrefois luisant dépoli juste devant la fenêtre entassement de lettres de papiers c'est là où je fais mes comptes où je les règle affaires pratiques courantes portefeuille cartes de crédit chéquiers dans le tiroir étroit du milieu sais par cœur coins et recoins de chaque pièce les quatre et les trois salles de bains attenantes je les alterne selon l'humeur de mes excrétions tantôt l'une tantôt l'autre la plus proche mais au moment de déjeuner j'aime les wc juste avant le vaste living salle à manger sous son lustre d'étain noirci par les ans pas de beaux meubles j'ai eu trop de déménagements meublé de bric et de broc mais toujours confortables c'est l'essentiel du reste ne reçois pas beaucoup vaste appartement suffisant pour une existence solitaire quelques collègues amis de passage mais je les emmène le plus souvent au restaurant l'Italien juste en bas exquis à trois cents mètres *Café Español* mon lieu de prédilection réservé à la famille aux intimes et tous les bistrots d'alentour italiens chinois japonais brésilien que sais-je même un tibétain vrai j'aime ce quartier en bas toujours vibrant vivant toutes les classes se mélangent Noirs Blancs Jaunes les gens m'en font voir de toutes les couleurs intellos et populo la panoplie des bobos profs étudiants drogués et camés un quartier caméléon se métamorphose en un clin d'œil des rues tranquilles presque désertes le matin que de gros camions qui déchargent leurs cargaisons au supermarché en face bus de ramassage scolaire arrêt autour de la circulation les gosses montent à la queue leu leu bus s'ébranle trafic matinal reprend les ménagères qui vaquent à leurs courses mais le samedi soir le quartier s'éclate venus des quatre coins de la ville et des banlieues les jeunes débraillés assiègent les boîtes de jazz les clubs les bars débordent après minuit sur les trottoirs d'alcool plein la gueule gueulent vocifèrent parties de rigolade déchaînées jamais de bagarres rires mais pas rixes saines obscènes explosions de gaieté peut-être des voisins que ça dérange se plaignent de ne pouvoir dormir moi je regarde de haut de ma fenêtre du salon ne me gêne pas quand j'ai envie de dormir j'enlève mes appareils auditifs prothèses de sourd plus un bruit la vie devient un film muet comme un souvenir dans la tête

assez rêvassé, peux pas perdre mon temps plongé debout dans le rayonnement lumineux de ma fenêtre, son miroitement est déjà du passé, il faut que je m'arrache à ces lieux que je vais quitter pour toujours dans trois semaines, me remettre à emballer tout ce qui est transportable, la quatrième malle avec les articles de cuisine, m'attend béante, je sais, il faut, je devrais, en avant marche, au pas de deux, le temps presse, mes pensées n'arrivent pas à se détacher de mon appartement, de ce quartier, mes entours si familiers à l'agonie, les parcours et les reparcours dans ma tête, j'étouffe trop ici, ce départ irréversible m'oppresse trop, depuis ce matin fourrant dans les malles ce que je veux sauver de ce naufrage, cinquante ans de vie qui sombrent, vingt-huit ans dans cet appartement, trop, je m'y noie, mémoire engloutie, pour m'en sortir, c'est décidé d'un seul coup, il faut que je sorte, prendre l'air même s'il est glacé, je vais dans ma chambre à coucher décrocher la seule veste de tweed qui reste, je vais chercher dans mon petit bureau le manteau marron gardé pour le voyage, qui pèse une tonne, n'oublie pas les gants en peau de mouton, le bonnet de laine qui me couvre les oreilles, prêt, j'ouvre la lourde porte de métal, je file le long du couloir aux murs peints en bleu qui n'en finit pas, jusqu'aux ascenseurs, quatre, dont un réservé pour le service, une vraie caserne, des dizaines et des dizaines d'appartements en ligne droite, j'appuie sur le bouton, j'attends mon tour devant l'un des trois ascenseurs sans cesse en mouvement, je suis impatient, cela peut prendre deux minutes ou durer des heures, ce gros immeuble est une fourmilière, avec des centaines de locataires, heureusement c'est l'heure du déjeuner, l'ascenseur du milieu s'arrête s'ouvre je monte, personne dedans, d'emblée en bas, vite vers la porte d'entrée fermée à cause du froid, salue le portier au passage, j'ouvre la grande porte vitrée, une bise glaciale me coupe le visage, les trottoirs qui relient les énormes immeubles de brique en quadrilatère forment des couloirs à courants d'air brutaux, ils frappent et giflent avec violence, je serre un peu plus mon écharpe, relève le col de mon manteau, je m'engouffre dans la turbulence hivernale

A grands pas je traverse la rue, dépasse le supermarché, tourne à gauche, je suis bientôt sur le large boulevard qui fend la ville en deux, je tourne à droite, le connais par cœur. Au cœur. Mon échappée pédestre la plus intime, c'est automatique. Été, hiver, il faut que j'aille là-bas au bout me retremper dans l'eau lustrale. Mon chemin de croix à l'envers, mes petites rues parallèles viennent se jeter tous les cent mètres à angle droit sur l'artère. Connais leur ordre, leur succession, leurs noms s'égrènent l'un après l'autre dans ma tête. Parcours sacré, consacré, mes jambes me portent. Je suis secoué par les rafales violentes de vent glacé. Qu'importe, cela me nettoie les idées, balaie mes angoisses, fait le vide en moi. Des éclats de soleil dans des tourbillons de vent, voilà. Le seul remède à mes maux, mon dictame. Arrivé à l'avenue qui remonte à sens unique, fourmillante de taxis, de camions, de voitures qui filent à fond de train, je dois m'arrêter aux feux. Je traverse, toujours tout droit les avenues qui coupent ma marche, les passants, le trafic se raréfient. J'avance peu à peu dans un désert urbain. Des bâtiments où personne n'entre, des entrepôts d'où personne ne sort. Ultime étape, je passe par le tunnel qui troue l'écrasant building éboulé là comme pour barrer la route. Au bout du tunnel bée soudain la vastitude où s'évapore, s'évanouit d'un seul coup la ville, qui aspire mon regard à chaque fois émerveillé. Je suis jeté par cette vue hors de moi-même. Encore le périphérique à traverser. Ruée des bolides qui sillonnent les voies à vitesse folle, encore un feu vert à guetter. Six voies, il faut se dépêcher de traverser pour ne pas rester coincé au beau milieu pendant une heure. Enfin de l'autre côté, la cité s'efface, je suis sur les quais. Le quai 40 certes n'est pas ma destination. Un parking érigé là massif sur trois étages pour des centaines de voitures, avec même dans une cour un terrain de base-ball. Par ce froid, personne. Je dépasse rapidement la bâtisse qui bouche la vue. Soudain, quai 38, VISION. Si brusque, brute, brutale, j'en perds le souffle. Dépasse l'imagination. Ma promenade favorite, obligatoire, après déjeuner, après ma matinée de travail. Mes pas me portent invariablement vers le fleuve, mon fleuve, HUDSON RIVER. Dès que je pénètre sur le quai par la grille ouverte, *no dogs allowed*, dès l'entrée je suis saisi, terrassé par le spectacle. Englouti dans la scène. La Seine, sans parapets, sans œuvres d'art autour, sans les joyaux des ponts sculptés. Mais dénudée, minérale, dix, vingt fois plus large, une masse d'eau colossale qui flue lentement, une sorte d'éternité, nature d'avant l'homme, on touche au tréfonds de l'être. Le Rhin, le Danube à côté sont des mini-écoulements d'onde étroite, policée. L'Hudson a la sauvagerie de l'incréé, un bras de mer qui fend l'écorce terrestre, une immensité où le regard s'évanouit. A mesure que j'avance sur le quai, je plonge dans l'extase, ravi à moi-même. Volatilisé dans l'espace sous un ciel bleu étincelant et glacé. J'avance toujours jusqu'à l'extrême bout du quai étroit qui borde le mur du garage. Je suis juste au-dessus de l'eau saumâtre, appuyé contre le garde-fou. Le paysage se recrée, s'organise, s'humanise. En face, la rive lointaine du New Jersey se hérisse de gratte-ciel disséminés, par endroits agglomérés, poussés au hasard au cours des ans sur le roc, j'ai vu des échafaudages surgir, des bâtiments jaillir, là où il n'y avait avant que rochers et marécages. Dispersés, il reste entre eux de grands vides. Je regarde vers le sud, sur ma gauche. Là la rive se dresse sans une faille sur des kilomètres en tours de verre, buildings de brique d'au moins soixante étages chaque. Mon œil glisse jusqu'à la pointe de l'île, vers Battery Park. J'aperçois, après le World Financial Center de structure géométrique, mi-verre mi-pierre luisant comme du marbre, un peu plus bas l'immeuble géant où habite ma fille aînée, vingt-sixième étage à l'aplomb du fleuve, d'où l'on voit la superbe marina incrustée au flanc de la ville, avec ses bateaux volumineux ses yachts de luxe, soudain le fleuve se fait moins désertique, il est habité de voiliers dansant sur l'eau avec nonchalance, sillonné de canots à moteur vibrants, lancés à toute allure. Le week-end, régulièrement, je vois venir, de mon poste d'observation, de grands paquebots à deux ou trois cheminées glissant immobiles, imperceptiblement s'éloignant vers la baie au-delà de la Statue de la Liberté et d'Ellis Island, vers le large, ils passent sous Verrazano Bridge, arche immense qui ferme l'anse où se jettent et se rejoignent les deux fleuves, Hudson, East River, pour aller disparaître sous le gigantesque pont quasi aérien, au-delà vers l'océan, dans l'Atlantique. C'est ma direction. Au loin, si loin, là-bas, six jours, sur les navires défunts de la Cunard, en mon temps j'ai pris le *Queen Elizabeth*, le *Queen Mary*, plus de quatre-vingt mille tonneaux, si lourds qu'ils restaient sans l'ombre de roulis et de tangage parmi les vagues démontées de l'océan, moins grands le *United States* et le *France* parfois ballottés par les flots. Toutes mes nefs d'antan passées depuis des lustres à la casse. Je vais bientôt passer à la casse comme les paquebots de ma mémoire, ai servi mon temps, hors d'usage. Maintenant il y a des bateaux plus petits, bien dessinés, de l'allure, la ligne *Norway,* encore plus petits, *Carnival Line*, ils desservent seulement les Antilles. J'aime quand même les voir arriver, je les suis d'un long regard, de vie, d'envie. Ces nouveaux venus, ces pygmées, eux au moins ils ont de l'avenir. Joyeux, en direction des Caraïbes. L'été, sous le soleil éclatant, je me ressaisis, je veux profiter de chaque instant, après m'être imbibé au fleuve. Je m'assieds au bout du quai sur un banc ou, s'il y en a un de libre, sur un fauteuil en plastique dérobé au centre voisin de kayaks. Je commence à lire le *New York Times*, par moments je relève les yeux, me baigne de nouveau dans l'Hudson, j'aperçois le pont, les îles, du bout de mon quai. Tête couverte par ma casquette, je me laisse aller à la joie de transpirer dans les 30 degrés de l'éblouissant soleil. Seulement nous sommes maintenant en janvier. Bien au-dessous de zéro, mais je suis venu pour dire adieu à mon site favori. Mon parcours de prédilection, j'ai besoin de lui rendre visite malgré la froidure intense, le vent coupant. Je traverse West Way après une interminable attente pour le feu vert, qui me transit. Je dépasse le mur de brique du parking qui cache la vue. Et là soudain, à l'entrée même du *Pier 38*, souffle arrêté, je suffoque. Brusquement, si imprévue, inhabituel. Extraordinaire. Dépasse cette fois l'imagination. Rien à voir avec mes extases estivales, mes émerveillements d'onde coruscante au soleil de plomb. Je n'en crois pas mes yeux. L'Hudson ne coule plus. A disparu. Sur l'immense étendue du fleuve, une nappe de glace blanche miroite sous un soleil pâle. Elle va d'un bord à l'autre en un seul bloc sans fissure. L'Hudson s'est solidifié, toute sa surface gelée aussi loin que je peux voir. La Statue de la

Liberté flambeau éteint prise dans la glace. Du jamais-vu. Je n'aurais pas pu même imaginer. Toute la baie forme un seul bloc. On pourrait marcher jusqu'à Ellis Island. La dernière fois que j'ai eu un choc pareil, c'était l'hiver 41. On pouvait traverser à pied d'une rive à l'autre de la Seine. Et comme on était mal nourri en ce temps-là, on était glacé jusqu'à l'os devant un tel gel. Gel béni, miraculeux, il a glacé les panzers de la Wehrmacht devant Moscou. Malgré la splendeur médusante du spectacle, en dépit de mon lourd manteau, de mes gants épais, de mon bonnet de laine, je commence à geler moi aussi, pris comme toute la surface du fleuve dans le marbre blanc étiré à l'infini. Ressorti par la grille, une dernière fois je me retourne, je me ressource. Je ne puis détacher mon regard qui se promène d'un bout de l'horizon à l'autre. Avec le regret lancinant d'avoir à quitter un tel lieu, qui tant de fois a illuminé mes étés. Je le quitte comme je ne l'avais encore jamais vu, ébloui par cet éclat frigide de neige.

détourne les yeux, me détourne, m'arrache, une déchirure de plus, double le pas, froid de canard, doit faire moins quinze, besoin de me réchauffer, je presse l'allure, je retraverse West Way, frigorifié au feu rouge, le temps d'attendre, j'ai les doigts, les pieds gourds, arrêt soudain des bolides, je fonce. Le feu vert me relance dans ma course, retour rapide à mon ex-chez-moi, de nouveau sur West Houston, après Greenwich, passe devant l'école protégée par ses barreaux de fer, derrière lesquels l'été un SDF a élu domicile, niché dans un coin, protégé par le grillage, s'est fabriqué une demeure en carton, écoute dehors la radio ou lit son journal, assis sur un siège impassible devant les passants, suis habitué à sa présence, doit être maintenant dans un abri, je dois rejoindre mon appartement au plus vite, Varick, il y a toujours des files infinies de voitures, vont vers Holland Tunnel vers le New Jersey, Hudson ensuite, monte vers le haut de la ville en sens inverse, beaucoup de voitures aussi mais moins, j'enjambe, enfin la 6e Avenue, je me rapproche, le terrain de base-ball grillagé, et puis les restaurants commencent, sous les trottoirs, ils sont tous nichés au bas des marches, italien, tibétain, espagnol, n'y ai presque jamais mangé, des demi-caves sur Houston Street sans cesse ébranlé par le flot des véhicules, les taxis jaunes à folle allure, sirènes à crever le tympan des pompiers de la police jour et nuit, heureusement je suis sourd, n'entends rien quand je me couche, mais pour les ouïes fines doit être l'enfer, MacDougal Sullivan, enfin Thomson Street, je dépasse l'affreux resto à hamburgers, tourne sur La Guardia, quelques enjambées et je suis presque arrivé

je rase les boutiques, chaussures, articles religieux, *Bruno's Bakery*, notre pâtisserie, avec ma fille aînée après notre repas japonais tous les samedis, notre rituel, on vient y déguster une tarte aux myrtilles ou un brownie, ils ne font plus leur délicieux *apple crumb cake*, resto mexicain, je traverse au coin de la *Grand Union*, à présent *Morton Williams*, meilleure qualité, plus classe, j'y fais la plupart de mes emplettes, remplis ma poussette métallique, y mets tous mes mets, j'ai ma liste dans ma tête, mes doigts les attrapent au passage, connais les linéaires par cœur, ici c'est ouvert 24 heures sur 24, 7 jours sur 7, comme le métro, commode, j'y fais parfois du shopping à onze heures, minuit, pour compléter un oubli mes pas m'y portent sans que j'y pense, juste en bas de chez moi, j'habite en face, je n'habite pas dans mon quartier, il m'habite, coins et recoins, chaque détail inscrits dans mon corps, ma topographie intime dans mes jambes, comment est-il possible, pensable que dans quelques jours tout cela va d'un seul coup s'évaporer, disparaître, coupé de ce quartier sans quartier, vingt-huit ans qui vont sombrer dans le néant du souvenir, alors que mes habitudes sont si vives ici vivantes, tout entières insérées dans mes chairs, ressenties dans mes fibres, comment imaginer qu'en moi, massif, solide comme un roc, soudain va s'écrouler, s'effondrer NEW YORK

me fait la même sensation que, l'image effroyable, me revient soudain, comme un renvoi de mémoire, haut-le-cœur, hoquet brutal, je halète, non mais non, pas possible pas pensable que, un jour pareil aux autres jours, un matin comme tous les matins, quelle heure, sais pas, dans mon travail je ne consulte jamais de montre, me pointe pas, cours pas en flèche à peine réveillé, bus, métro, à mon boulot, mon boulot c'est dans mon ciboulot, me presse pas, prends mon temps, prends mon petit déjeuner sans hâte, règle immuable, d'abord un yaourt aux fruits sans sucre ni matières grasses, Danone c'est Dannon ici, un peu de cottage cheese Breakstone lait à deux pour cent de m.g. au lieu de quatre, je coupe en deux mon muffin, glisse les deux tranches dans le grille-pain, choix invariable, rite immuable, d'accord j'ai mes habitudes, mon carcan de manies pour gouverner ma carcasse, après douche, soins méticuleux, je m'habille m'assortis des pieds à la tête, la tête justement il est temps de la mettre au travail, elle me loge, me nourrit et me fait vivre, elle qui donne un sens à la vie, ce matin semblable aux autres, tous identiques, prêt, je m'installe à mon bureau de beau bois ciré, calé sur ma chaise bien rembourrée, avant d'ouvrir le livre qui m'attend, je dois préparer mon cours du soir, avant je ne peux pas m'en empêcher, m'en dispenser, obligatoire, les deux coudes sur lesquels j'appuie mon menton posés sur le bois du bureau, toujours, JE REGARDE, par la vaste fenêtre, en direct, en droite ligne, TOUT, la ville est pour moi l'absolu spectacle, *downtown Manhattan* surgit, saille dans le ciel bleuté d'un soleil encore doux, en bas les trois *Silver Towers* érigeant leurs trente étages autour du buste de Sylvette, du Picasso agrandi en plaques de ciment, l'œil plonge, longe les rues roides étroites qui vont se jeter jusqu'à Canal Street, on bute soudain contre l'énorme bâtiment en briques d'A.T.&T., ocre centrale téléphonique, rebondis dans l'immensité céruléenne, j'y baigne les yeux, chaque matin je m'y ressource, baptême d'azur, toujours avant de bouquiner, je m'y retrempe, je balaie l'espace du New Jersey au clocher pointu de City Hall, toute l'étendue vierge qui s'offre, m'y noie, retombe sur le grouillement des gratte-ciel, coudes appuyés sur la table, JE REGARDE, soudain pas pensable pas possible, haut-le-cœur haut-le-corps, ce matin, JE VOIS, abasourdi, écrasé, estomaqué, assommé, LÀ-BAS, EN FACE, en direct, en droite ligne, à peine quelques kilomètres, mes TWIN TOWERS, dominent le fouillis des petits gratte-ciel de soixante étages du haut de leur 117e, dans le surgissement parallèle de leurs fûts de métal étincelant, ils sont écrits inscrits dans tous mes livres, sur la couverture de *La Vie l'instant* trônent, que se passe-t-il, je rêve, de la première Tour je vois monter, se dérouler dans les airs lentement un rouleau épais de fumée noire, qui se déplie et déploie souillant l'azur, quel incendie gigantesque a pu éclater sur le faîte, les volutes noirâtres au volume croissant de minute en minute sous mes yeux incrédules, rivés sur l'affreux, insolite spectacle, combien de temps je reste assis terrassé sur mon siège, combien de temps je contemple éberlué par la fenêtre juste en face de moi, LÀ-BAS, perdu éperdu, tressaille brusquement tressaute, on m'a touché le bras gauche, ma fille, ne l'ai pas entendu venir, *Daddy, they let us out of work*, Cathy qui se tient subitement là l'air effaré, comme je suis sourd et qu'elle a la clé de l'appartement, elle est arrivée jusqu'à moi sans que je l'entende, *what's up, honey, what's going on?*, elle répond, *something is happening, they let us go,* ma fille brusquement incarnée à mes côtés n'a aucune idée de ce qui se passe, moi non plus, pourquoi à son bureau on a renvoyé en pleine matinée les employés, elle se penche, je l'embrasse, au moins dans ce total désarroi nous sommes deux, moi toujours assis, elle contre moi, sans mot dire, pétrifiés, on reste à regarder par la fenêtre l'incendie, il gagne sans cesse en ampleur, le ciel tout autour s'obscurcit, la première Tour qui flambe nous brûle les yeux, ET ALORS, l'impossible plus impossible encore est arrivé, après tout, un incendie peut se déclarer partout, horrible mais compréhensible, LÀ MA FILLE ET MOI AVONS POUSSÉ UN CRI, pas croyable, sous nos yeux encore plus incrédules, la seconde Tour derrière l'autre, en plein milieu sur le côté, une bombe a dû éclater, une explosion à gauche énorme, là à gauche à mi-hauteur, la foudre qui tombe, les éclairs qui jaillissent dans tous les sens, en un gigantesque embrasement de feu céleste, on ne comprend plus, on est dépassés, cette immense fulguration ne peut être une conflagration démesurée mais banale, C'EST PLUS, C'EST QUOI, je reste cloué sur ma chaise, anéanti, ma fille a le réflexe américain, pour comprendre la réalité elle court jusqu'à la télévision du salon, je me lève enfin à mon tour, m'engage dans le couloir, soudain l'entends qui hurle, *Daddy, it's an attack, what we saw was a plane crashing into the Tower,* un avion cette explosion sur le côté de la seconde Tour, ce fracas de feu, embrasement tonitruant dans les yeux dans les oreilles, dans l'armature de métal trou de flamme béant, j'en suis bouche bée

je traverse Bleecker Street ce New York ancré dans mes pas dans mon corps dans mes yeux bizarre c'est vrai pour moi c'est comme l'effondrement d'une vie d'une ville l'image dévastatrice me revient d'un coup la régurgite écœurement total vision fatale dans quelques jours je vais disparaître mon tour mes Tours mes filles vont terriblement me manquer samedi notre déjeuner japonais avec Renée en bas de chez elle tout à la pointe de Battery Park tables dehors vue imprenable juste au-dessous à pic l'immense baie où vient se jeter l'Hudson la Statue de la Liberté juste en face Ellis Island le soleil qui balaie les flots scintillants dimanche réglé comme du papier à musique notre dîner chinois avec Cathy livré à dix heures de chez Susie's l'après-midi elle fait mon ménage cent dollars j'adore la gâter mais avant tout notre promenade dans le Village tantôt East 8e Rue restaurant afghan le long des fringues indiennes la bohème rue toujours vivante les gens ne sont pas habillés mais déguisés foule sur les trottoirs cultivant ses accoutrements à la hippie parfois on va jusqu'à Tompkins Square après la 1re Avenue soudain tranquille des bancs libres on s'assied bavarde si bon une sorte de plénitude quelques

minutes   tantôt West on peut remonter
University Place jusqu'à Union Square
toujours beaucoup de monde étudiants des fumeurs
de joints venus d'autres quartiers populo middle class
paisible tout s'y mêle les manifs *Out of Irak Kick Bush out*
sur les pancartes toujours en lisière de la 14e Rue
          tout cela déjà d'avance dépassé du passé
          inaccessible irretrouvable   il faut
toujours qu'une moitié de moi me manque
  avant c'était ma mère   depuis cinquante
ans j'ai mis l'Atlantique entre moi et moi
  maintenant retour aux malles faire mes bagages
          je liquide et je m'en vais de l'appartement
trois chambres trois salles de bains le grand living aux
vastes fenêtres niché là depuis vingt-huit ans
  la bise est glaciale quand on arrive à Washington
Square Village, la façon dont cet énorme bloc de
briques est construit en quadrilatère, forme des
couloirs où le vent souffle, siffle, j'arrive au 3, j'ouvre
la porte d'entrée fermée par ce temps de janvier, un
autre portier, mexicain, portoricain, toujours latinos,
toujours polis, aimables, je le salue de la tête, je
traverse le vaste hall marbré jusqu'aux ascenseurs

                    le hall n'est pas le dernier cri du chic comme chez Renée, pas de vastes baies vitrées avec canapés et fauteuils en cuir ni de grands vases de vraies fleurs, pas en plastique comme ici, mais avenant, deux canapés parallèles en tissu sombre, quatre ascenseurs, mais le quatrième jamais en service, réservé aux déménagements, avant, j'ai été à tout hasard dans la grande salle attenante aux murs tapissés de casiers métalliques verrouillés, ouvre machinalement le mien, pas de courrier, je suis déjà aux trois quarts parti, plus là, lassant d'avoir toujours en tête la même scie qui vous fend l'âme, je ne puis penser à rien d'autre, ce départ me taraude, il s'enfonce en moi comme un clou. Cette fois, je n'ai pas eu à attendre longtemps l'ascenseur, le deuxième est arrivé très vite. Quatre femmes attendent aussi, je les laisse monter d'abord. Il y a tellement de gens logés par l'université ici, j'en connais à peine quelques-uns. Tous des étrangers, dans tous les sens du terme. Sur les quatre, il y a une Blanche, une Américaine, elle doit avoir la cinquantaine passée, moche et binoclarde, avec une grosse sacoche en cuir, gonflée de bouquins, sous les bras, sûrement une prof. Les trois autres, naturellement, sont des Asiatiques. Depuis dix ans, il n'y a plus qu'elles dans les ascenseurs. A croire qu'on est à Hong Kong ou à Tokyo. Elles sont toutes jeunes, et il en est une très jolie. Elle s'est allongée par rapport aux autres, comme si c'était l'influence américaine, sur ce continent elle a pris des formes, plus de poitrine plate, ses seins lui bombent le torse, pas de manteau, sortie rien qu'avec un tricot par ce temps, solide. Et savamment maquillée. Pas jolie, elle est superbe. J'aurai passé cinquante ans ici sans toucher une Asiatique. Impardonnable, mais là, je m'y connais très peu. Je ne saurais pas même distinguer une Japonaise d'une Chinoise, une Coréenne d'une Vietnamienne. Alors que je reconnais à la seconde une Française d'une Anglaise, une Américaine d'une Allemande ou d'une Slave. Tant pis, ce sera une de mes lacunes. Dans cette nation sans cesse en flux, les vagues se succèdent. A la fin des années soixante, quand j'ai été nommé ici, on avait nombre de Juifs, fuyant les joies du communisme en Europe de l'Est. Ils parlaient tous couramment français, avec un gros accent qui roule les *r*, des Roumains, des Tchèques, aussi des Russes, mais ceux-là on ne les voyait pas, ils allaient tout droit dans le département de mathématiques. Maintenant, c'est l'Asie qui débarque. En rangs serrés. Dans nos bâtiments universitaires, notre pré carré jouxtant Washington Square, il est impossible de prendre l'ascenseur sans rencontrer l'Extrême-Orient. J'ai même eu des étudiantes chinoises dans mon cours de français et, parmi les doctorants en littérature française, un remarquable Japonais. Tous venus faire leurs études de français en Amérique. Paradoxal, mais ils sont intelligents et travailleurs, tant mieux. Ils sont partout, dans tous les domaines. Et donc aussi immanquablement dans l'ascenseur, chaque fois que je le prends. Ils arrivent. Je m'en vais. Nous nous croisons sans cesse. Les trois mignonnes s'arrêtent au 8ᵉ. J'ai poussé le bouton sur 12. La prof moche et binoclarde sur 17. Le top. Elle doit avoir de là-haut une vue encore plus belle que la mienne. Mais seulement si elle est au sud comme moi. Une chance sur deux, elle est peut-être du côté nord, ça me console. Les Noirs, on n'en voit presque jamais dans l'ascenseur. Ils ont encore toute une ascension à faire. Je n'en ai pratiquement jamais dans mes classes, mais ils font partie des cours. Aimé Césaire, Léopold Senghor, Edouard Glissant et d'autres sont au programme, *cultural studies*, ainsi qu'on les nomme. Depuis une dizaine d'années, la francophonie est le dernier cri de l'écrit. Une fois j'ai demandé à une réunion du département, et *les Québécois*? On m'a regardé comme si j'avais proféré une énormité. Les auteurs canadiens ne font pas partie, eux, des cours. La francophonie est réservée aux Caraïbes, à l'Afrique et au Maghreb. Les trois jeunes filles descendues au 8ᵉ, l'ascenseur s'arrête au 12ᵉ. Mon tour. Je sors. L'autre poursuit jusqu'au 17ᵉ, elle est plus haut dans la hiérarchie. J'ai longé l'interminable couloir sans fenêtres, éclairé nuit et jour, les économies de minuterie ne sont ici pas de mise. Un détail qui sépare la France de l'Amérique aussi sûrement que l'Atlantique. *12-M,* arrivé à ma porte blindée, je sors mon trousseau de clés, j'ouvre. Le même miracle se reproduit. Je vais jusqu'à la fenêtre du living sans allumer. Dans le crépuscule rapide qui dure un quart d'heure, le ciel rosit, des fûts de lumières verticales scintillent déjà dans les airs, les gratte-ciel brasillent et tapissent l'horizon de leur clignotement géométrique. Seules manquent douloureusement les deux Tours géantes qui escaladaient, là-bas, au bout, d'un élan parallèle, le firmament. Je m'immobilise au bord de la fenêtre, happé totalement une fois encore par la vision, je contemple une fois encore le spectacle sidérant sidéral, pour l'inscrire à jamais dans la mémoire, pour le revivre quand il aura bientôt disparu.

Tellement absorbé, j'ai oublié de déjeuner. J'avale à la hâte quelques crackers et une tranche de jambon de Virginie, puis une orange de Californie. Celles de Floride sont seulement bonnes pour faire du jus. Il faut me remettre au travail, de deuil aussi, bien sûr, inévitable. J'enterre les deux tiers de ma vie. 1955-2005. En ce début de janvier 2006, ce n'est plus « la vie devant soi ». La vie derrière soi, là que j'en suis. J'aborde la dernière phase. Combien d'années, nul ne le sait. Je sais pourtant qu'elles sont comptées. C'est ce qui compte. J'arrive, plus ou moins vite, au bout du rouleau. Mon père, 55, c'était la guerre. Ma mère, 69, un accident de la rue. Moi, j'en suis à 78. J'ai du mal à envisager ma mort qui approche. Pas envie, peu pressé de retourner au néant. Ce n'est pas que j'en aie peur. La mort n'est rien, retour au rien. Malheur, j'aime être. Il me faut apprendre à conjuguer le verbe au passé, et non au futur. Maintenant je dois faire mes malles. Tous les détails d'un pareil chambardement sont sinistres. J'ai la sinistrose. Je m'arrache à la vue de la fenêtre, aux visions d'un autre temps. Je dois reprendre la route du présent. Après les deux malles vestimentaires, je dois passer à la malle cuisine. Il est des objets même sans valeur qui ont valeur de permanence, saveur de continuité, j'arrive dans la cuisine, toute de métal peint en blanc, vite, je commence par ouvrir les deux tiroirs de droite, dans le premier, assemblage hétéroclite de tire-bouchons, de couteaux à découper au manche branlant, fouillis d'ustensiles rouillés, tordus, abandonnés par mes derniers sous-locataires, je les laisse à mes successeurs, que les suivants se débrouillent avec, je referme le tiroir, le second est une autre affaire, je suis attaché aux couteaux noirs, japonais sans doute à l'époque, maintenant tout est chinois, manches noirs légers, lames dentées coupant comme un rasoir, j'emporte aussi l'ensemble assorti de couteaux, fourchettes, cuillers de métal inoxydable, ils font tous partie de ma vie, vingt-huit années, trois repas, si on multiplie par le nombre de jours, ils s'insinuent dans la trame de l'existence, en face le placard aux assiettes et celui des verres, j'ouvre, je croule sous la quantité, j'élimine tout ce qui est ébréché, adieu aux assiettes roses pour les dîners chinois du dimanche, les assiettes blanches épaisses de bistro, je les aime pour déjeuner, aussi les jolies assiettes anglaises au marli doré, je garde, le reste, je jette, mais le service complet, splendide porcelaine avec des enjolivures en spirales noires sur fond blanc neigeux, larges, évasées, complet, vastes assiettes, petites, tasses, soucoupes toujours en noir et blanc, gamme de plats, à salade, à fruits, à hors-d'œuvre, toutes les formes, cadeau de mariage de mes beaux-parents en 56, à ma surprise d'alors, dessous *made in Germany*, ça me gêne pour un mariage célébré par un rabbin, je n'en voulais pas de rabbin, pas dans mes habitudes, je n'ai rien à voir avec, juif mais laïque, tout à fait séculier, père, oncles, famille toute communiste, un rabbin non, veux pas, me rappelle, de cette vaisselle de luxe remonte la scène, 16 juin 56, Cindy, Jeff me supplient, en Amérique un conjungo avec bénédiction et prières est nécessaire, ils ont déjà retenu les services d'un rabbin, mais réformé, pas orthodoxe, pas conservateur, le rabbin minimum presque laïque, j'ai dû obtempérer, d'ailleurs c'était un rabbin moderne, trois mois plus tard j'ai appris son divorce, mais vaisselle faite en Allemagne quand même un peu fort, heureusement sous l'inscription il y avait le nom de l'artiste qui avait dessiné le splendide service, Raymond Loewy, l'honneur est sauf, ma fille aînée m'avait demandé de lui laisser l'ensemble, avec les grands verres à vin arrondis de jais transparent, non, je ne peux pas m'en séparer, ma fille l'aura, c'est promis, mais après ma mort, un premier mariage, même au bout de vingt-neuf ans de divorce, ça laisse des traces, après cinquante ans tout me revient comme si c'était hier

Waban   banlieue chic de Boston   vastes maisons de bois peint ou brique ocre   tout autour les pelouses impeccablement tondues les magnolias épanouis   dévalant Larkspur Road certaines avec leurs piscines   soleil éclatant de juin jusqu'à Quinobequin Road   magnifique avenue bordée d'arbres longeant un bras mort de

Charles River j'aime marcher sur le sentier d'herbes folles qui suivent la rive cachée du fleuve dans un fouillis d'arbres de buissons de fleurs sauvages Cindy ce jour-là rayonnante elle me serre dans ses bras en m'embrassant Jeff souriant de toutes ses dents en costume d'été flambant neuf moi poussant la porte du porche grillagé devant la maison de rêve *come in Serge we were just waiting for you* je dis *I can't wait* si hospitaliers si généreux aimants en entrant dans la maison fleurie pimpante déjà beaucoup d'invités moi j'arrive de Peterborough Street ma ruelle loin d'ici à Boston une seconde famille une nouvelle vie en pénétrant dans la maison j'entre au cœur de l'Amérique elle m'accueille à bras ouverts on me présente un ami de la famille a une maison sur Beacon Hill quartier le plus ancien le plus anglais de Boston un banquier *you must come and visit us* j'accepte l'invitation avec plaisir nous invite aussi dans son domaine au bord de la mer dans le Maine Claudia n'est pas encore descendue je passe d'un invité à l'autre l'un a une usine l'autre une grande entreprise de transport suis transporté j'arrive à peine de notre jardin délabré du Vésinet de mes courses en Mobylette pour me rendre au lycée Pothier à Orléans à midi cantine des fonctionnaires le soir maigre fricot dans ma chambre pas de fric trente-deux mille francs par mois pour survivre d'un seul coup j'entre dans le temple du Veau d'Or pénètre dans la haute plus de pognon les uns que les autres moi instructeur à Harvard un beau titre mais quatre mille cinq cents dollars par an la nouvelle voiture de Jeff en vaut quinze mille une seconde famille une seconde vie je laisse la première la morte derrière moi sors des cendres de l'Holocauste des quintes horribles de mon père les poumons bouffés aux bacilles sa toux à vous arracher la poitrine tubard agonisant moi dans le jardin torse nu dehors près du petit bois m'efforçant de préparer dans un dégoulinage de sueur sur les tempes sur la poitrine les râles de mon père par la fenêtre ouverte me crevant les oreilles le cœur il faut je dois ma seule chance préparer le concours d'entrée de Normale sup j'intègre ou sinon la famille est désintégrée grouillot calicot caissier plus qu'à devenir n'importe quoi pour bouffer *I'll be very happy to take you and your wife on my yacht to my house on Martha's Vineyard* il espère un jour nous emmener sur son yacht à sa maison du Saint-Trop du Massachusetts

remuement remous dans l'assemblée le photographe braque son appareil je braque mes yeux Claudia arrive descend les marches du premier étage où elle avait mis au point sa toilette pas un faux pli dans quelques minutes ma femme à n'y pas croire cheveux blonds bouclés yeux bleus teint exquis avec ses petites taches de rousseur aux joues mon rêve parmi tous ces Juifs une pure Aryenne crins d'or écrin de beauté slave germanique ma revanche sur les Boches je cours à elle la serre dans mes bras l'embrasse sur la bouche son rouge à lèvres sur les miennes ma femme on n'attend plus que l'officiant officiel le rabbin de service la maison toute blanche ma maison au milieu du tapis vert des pelouses rases Quinobequin Road j'avais 28 ans elle dans sa robe bleue assortie à ses yeux 23 les cadeaux affluent on nous a donné six mille dollars de quoi faire dans ma vieille Buick le tour de l'Amérique et du Mexique la tête m'en tourne

alors, bien sûr, pas question de laisser à Renée le service de table chargé de mémoire, ma vaisselle nuptiale, elle qui l'aura, promis juré, après moi, comme elle a trente-deux ans de moins que moi, elle en jouira encore longtemps, en attendant, il va falloir envelopper chaque pièce dans des épaisseurs de papier, tout soigneusement déposer dans des cartons scotchés, avant de les ranger dans la malle, méticuleuses précautions pour ces verres si délicats, que tout n'arrive pas en fragments brisés, le passé en miettes, cela prend du temps, je ne compte plus les minutes perdues à rassembler, ramasser les restes d'une vie, les grands verres à eau solides je jette, mais les six coupes à trépied ciselées main, épis de blé gracieusement taillés sur les fines parois, achetées avec Rachel à Provincetown, quand on est allés la voir dans la maison rustique de sa mère en compagnie de Cathy tout près de l'immense plage de sable blanc, quand au juste, en 75 ou 76, je ne sais plus, si loin déjà, dans une autre existence, Norman Mailer y avait sa propre maison, là qu'il a donné son fameux coup de couteau à sa femme, curieux, Provincetown me revient, élégant refuge pour l'élite tout en bas du Massachusetts sur une splendide presqu'île enrobée de plages pour intellos et homos, aussi des artistes, pour ça que le père de Rachel avait acheté sa demeure lorsqu'elle était abordable, ces coupes j'y tiens, faites pour les vins capiteux, je capitule, va prendre combien de temps pour ranger, arranger toutes ces choses du souvenir, ces madeleines de Proust, ça en fait quand même beaucoup, va peser des tonnes, coûter des milliers de dollars, la troisième malle déjà aux trois quarts remplie, et il en reste à emballer, vider un grand appartement prend un temps fou, et moi, le temps, il me reste moins d'un mois qui va diminuant à folle allure, on liquide et on s'en va, facile à dire, plus dur à faire, et à faire sans sentiment, c'est impossible, chaque meuble, chaque article, chaque objet collent à vingt-huit ans de séjour, si pénible de faire un tri, lieux pétris de souvenirs, quand on s'y est attaché, comment se détacher, torture des choix, choisir n'a jamais été mon fort, dans des moments critiques j'ai été le roi de l'indécision, lorsque Rachel m'a dit et redit *quitte ta femme, c'est elle ou moi,* j'ai pesé le oui et le non huit ans pour me décider, avant que Rachel ne me quitte, mais maintenant je n'ai pas le choix, je ne peux pas tout emporter, je ne peux pas caser tout un appartement dans un autre, toute une vie dans une autre existence

il ne reste plus que deux verres sur l'étagère, très simples, ordinaires, pourquoi ne pas les laisser, sur les verres en grosses lettres, INGLENOOK, plus petit en dessous, *Napa Valley,* le cœur du vin californien, cadeau de ma fille Cathy, lors de son premier voyage au loin, jusqu'à la côte Ouest, ne pas prendre ces verres avec moi n'est pas pensable, je les enveloppe avec soin comme si c'était des Baccarat, enfin j'en ai à peu près terminé avec la cuisine, il reste encore un peu de place dans la malle, j'ai décoré l'appui de la fenêtre du living avec des objets fétiches accumulés au cours des ans, un grand verre bleu, cadeau de mon cousin Jackie lors d'un passage à New York, dans son métier de journaliste d'investigation Jacques Derogy a l'habitude de sillonner les continents, cette fois le consul français à Chicago qui s'est noyé en tombant avec sa voiture dans le lac Michigan, je demande, *un accident,* il rit, *non un suicide*, le consul avec toutes sortes d'histoires personnelles s'est jeté dans le lac pour que sa femme touche une très grosse assurance, pas assez intéressant pour publier l'enquête dans *L'Express*, je lui dis, *alors tu as perdu ton temps*, il sourit, *pas tout à fait*, je souris, j'ai été l'attendre à l'aéroport La Guardia et l'ai vu arriver babillant guilleret avec une très belle femme, chaque métier a ses inconvénients, il faut bien qu'il y ait aussi des avantages, c'était quand, en 67 ou 68, quand j'habitais encore en famille dans ma belle maison de Queens, quarante ans déjà ce verre, ce souvenir du grand verre bleu et d'autres objets disparates, certains remontent à Rachel, ils ornaient déjà son petit appartement de Perry Street lors de notre première rencontre, là je peux dater exactement, septembre 70, ses cheveux longs de jais encadrant sa jolie fine frimousse, ses yeux pétillant d'intelligence, une jeune collègue de Columbia, ce soir-là dans la foule des invités chez Timmie, je l'ai repérée à la seconde dès mon arrivée, je ne puis pas emporter tous ces objets, que la poussière retourne à la poussière, mais au moins il y en a un, celui-là impossible de l'abandonner, un petit vase rouge avec des dessins dorés une menora au-dessus une étoile de David, surmontée, pour être complet, d'une Torah, la tubulure ornée d'entrelacs eux aussi dorés, formant le pied du vase, je n'ai aucun goût pour les symboles religieux, pas mon genre, comment le type a vu a su, à la seconde, il m'a reniflé, *venez avec moi, j'ai des choses à vous montrer,* elle me dit en souriant, *vas-y, je t'attends ici*, l'Italien râblé me précède, je suis malgré moi intrigué, dehors on s'était arrêtés pour regarder l'étalage de sa boutique, tous les objets d'art du coin, les verres, les vases, les colliers, toute une verroterie rutilante, lui sort, veut m'emmener à l'intérieur, on arrive à une petite salle sur le côté, au fond, il me fait entrer, surprise, que des objets de culte hébraïque, un vrai Tabernacle, le petit vase rouge vif a attiré mon regard, je demande, *combien,* me répond, *je vous ferai un prix*, comment savait-il que, est-ce que j'ai à ce point le faciès, on se croirait revenu au temps de l'exposition *le Juif et la France,* le type à la seconde a vu su que j'avais le type, à la fois intrigué et agacé, je demande, *vous êtes juif*, il s'esclaffe, *moi, pas du tout, je suis un bon catholique,* encore plus agacé et intrigué, *alors comment est-ce que,* il précise, *Monsieur, nous avons une clientèle, question de métier*, parle un français impeccable, il aurait fait un flic formidable au temps des rafles, il aurait même pu trouver un poste important dans le Commissariat aux Questions Juives, il a un pif, apparemment moi aussi, je sors des lires, reçois un paquet cadeau délicat, si j'ai acheté ce vase, c'est à cause d'elle, en souvenir d'une rencontre éblouie, paroxystique, totale, fatale, dans quatre jours je dois la ramener à Munich, pour qu'elle attrape à temps le train qui doit la ramener à Prague, elle doit se marier à la mi-août, nous sommes fin juillet, je n'ai jamais éprouvé une ardeur aussi folle pour une femme, une passion physique aussi extrême, attirance aussi immédiate, irrésistible, dès que je me suis assis à côté d'elle sur le banc aux Tuileries, en surplomb de la place de la Concorde, ce n'est pas dans mes habitudes, je ne suis pas un dragueur, je lui ai aussitôt parlé, n'a pas répondu, a fini par me répondre, une étudiante en médecine, ce visage parfait aux hautes pommettes, ces yeux pers, perçants, ces cheveux courts d'un blond presque blanc au soleil de juillet, une Slave, une Tchèque, venue pour la première fois à Paris à cause d'un congrès professionnel, revenais de l'ambassade de Serbie, deux visas me revient d'un coup, en poche pour Berthe et moi, destination Yougoslavie, Berthe Yougoslavie d'un coup oubliées, Eliska n'avait jamais vu la mer, n'a pas accepté tout de suite, fini par la convaincre, ma Peugeot nous a emmenés jusqu'à ce vieil hôtel branlant à Ambleteuse, juste au bord de la Manche encore dorée dans le crépuscule, elle et moi on est restés immobiles, sans nous parler nous toucher face aux flots, et puis retour dîner, englouti en elle, pour la première fois depuis deux jours dormi ensemble sans contact, séparés, et soudain dans le lit à Ambleteuse, s'est tournée vers moi, me suis jeté sur elle, noyé, toutes les foutaises sur l'homme qui domine, pénètre en conquérant la femme, elle m'a avalé tout entier, barbotant dans ses vagues tumultueuses, moi en elle, elle en moi, tempête de désir, orage de plaisir, dans un foudroiement d'orgasme on s'est explosés ensemble, disparus après l'un contre l'autre dans la nuit, jamais connu ça avec aucune femme, avec aucune autre rien de pareil, et dans quinze jours j'allais la perdre pour jamais, chaque pouce de sa peau sucé de mes lèvres démentes, toute droite dans sa robe de taffetas bleu, son corps encore plus bronzé, après notre bref séjour à Sirmione sur le lac de Garde, allongée presque nue sur la terrasse, ses cheveux maintenant encore plus blonds encore plus blancs, silhouette si galbée, si svelte, elle 22 ans, moi 38, à l'apogée de notre éros, VISION, m'attendant debout dans le soleil quand je suis sorti de la boutique, sur l'île de Murano, à Venise, ABSOLUE, voyage fou à travers France et Italie, je voulais déployer pour elle toutes les merveilles, demain nous repartirons vers le nord, vers Munich, son train pour Prague, elle va s'y marier à la mi-août, moi femme et filles à New York, arrachée de mon corps de mon cœur à la gare où je l'ai accompagnée, quand j'ai vu son train partir, brisé, chacun vers sa vie, vers notre mort

sourire bras nus, taffetas bleu, surgissant déesse dans la lumière éclatante à Murano, à Venise, je tiens mon petit vase rouge hébraïque entre les mains, il est revenu me frapper en pleine poitrine, juillet 66, ça fait quarante ans, ma nymphe devenue une rombière, moi un vioque en fin de septuagénariat, bientôt il faudra vérifier l'état de mon adénome prostatique, une ordonnance de Viagra, c'est à dégueuler, le temps, l'âge, quand je pense avec Elisabeth comme on faisait on créait l'amour le jour la nuit deux fois trois fois de suite jusqu'à en expirer, je hais d'être devenu ce senior égrotant, pas le moment de se laisser aller aux états d'âme, je garde l'IMAGE, en moi intacte, j'enveloppe le vase dans plusieurs couches de papier, je le glisse à l'abri dans un carton, à côté du verre magnifique de mon cousin lorsqu'il est passé par Queens, je lève les yeux, j'aperçois les seuls deux tableaux que j'aie achetés dans ma vie, de retour d'une conférence à l'université de Buffalo, j'arrête la voiture pour me restaurer, *upstate New York*, presque à la frontière canadienne, ça fait des centaines et des centaines de kilomètres de route, dans la salle je vois une exposition de tableaux, je demande ce que c'est, œuvres d'un des peintres qui habitent dans ces forêts perdues, ils sont à vendre, une nature morte à la moderne fruits bouteille cafetière sur fond bistre ocre pommes vertes, pas laid, signé *L. Orzel*, je demande combien, le patron me dit 25 dollars, c'est dans mes prix, j'en prends un autre, prairie verte avec des marguerites peintes en fort relief, ça me rappellera un jour mes randonnées, quand je sillonnais l'Amérique, de conférence en conférence, en voiture, j'adorais les autoroutes avec *motel* le long de l'infini où s'arrêter le soir, à côté l'inévitable *diner* avec d'excellents *steaks* ou *fried scallops,* de New York à Iowa City aller retour tout seul en bagnole plus de six mille kilomètres, pure joie, j'achète deux *Orzel* en souvenir de ces escapades, nature morte accrochée dans le living, la pelouse verte dans la chambre à coucher, maintenant par terre à côté de la malle quasiment pleine, c'est trop une partie de moi, une sensation d'Amérique, je les emporte aussi, je les emballe soigneusement comme si ces croûtes étaient des Picasso, à vrai dire, pour des œuvres d'amateur elles n'étaient pas si mauvaises

l'appartement semble maintenant presque vide, les ornements, les vêtements ont disparu, la cuisine est déserte, soudain une pesante fatigue m'envahit, je regarde ma montre, dix heures, pas déjeuné aujourd'hui, à l'heure du repas de midi, j'ai eu besoin d'un rassasiement des yeux au bord du fleuve, une fringale de mon New York aimé pour me remonter l'âme, mais le corps a aussi ses raisons, lui a besoin à présent de réparer ses forces, l'envie de me restaurer me point, là au creux du ventre, si tard plus le temps de commander un dîner chinois chez *Susie's*, la livraison prendrait vingt minutes une demi-heure, ne peux plus attendre, l'idée me vient, manger ce soir ce que j'aurais dû manger à midi, pas dans mes habitudes, froid pour le déjeuner, chaud pour le dîner, mais mes habitudes justement sont détruites, sur la table ronde de chêne épais de la salle à manger, je mets mon couvert avec une des assiettes ébréchées, couteau et fourchettes tordus que je laisse aux futurs locataires, il me reste une bouteille de bon vin chilien, mais pour le déguster, rien qu'une coupe, ébréchée elle aussi, que je jetterai avant de partir dans le vide-ordures du couloir, un repas froid, quand il est glacé, quand on n'a pas eu le temps de le réchauffer, immangeable, vais être bien obligé de le manger, je sors du frigo sacs en plastique maintenant demi-vides, *honey turkey, olive loaf*, jambon de Virginie, achetés en bas chez *Morton Williams*, il reste une tomate, avec le *Northern Italian dressing*, ma sauce salade préférée, fera l'affaire, je sors, ne pas oublier le fromage, un morceau de cheddar au porto que l'on trouve chez *Gristides*, assez d'emballages pour aujourd'hui

r e p a s   r e p o s
je me détends un peu à table   ronde en
bois de chêne épais sous le lustre d'étain
appartenaient à Rachel   les a laissés en
quittant la 113e Rue en me quittant   j'y ai
ma place   depuis vingt-huit ans inamovible
en face de la vaste fenêtre   le soir
quand New York s'allume   vue encore plus
superbe que le jour   surtout ELLES me
manquent tant   mes TWIN TOWERS mes
deux Tours   deux fûts illuminés de lumières

vibrantes allant se jeter tout droit dans le ciel noir
en buvant mon vin en me relaxant à mesure
que la soirée avance j'avais toujours les yeux
fixés sur les Tours dépassant aplatissant
le reste de la ville s'élançant solitaires
là-bas là-haut effacées éteintes
téléphone soudain qui sonne
la voix de ma fille l'autre Renée
d'habitude si maîtresse d'elle-même
inflexions contrôlées à Wall Street on ne
fait pas de sentiment sa voix chevrote
tout entière tremble au fond de mon oreille
perdu dans ce spectacle de mort
me rappelle à la réalité sa réalité son
immeuble si élégant sur l'Hudson juste en contrebas
des Tours heureusement à cette heure elle
ne peut plus être chez elle forcément à
son boulot mais son appartement au-dessus
du fleuve à l'embouchure de la baie peut-être balayé dans la tourmente tourmenté
soudain en plein cœur elle crie
Fariz is safe *I just heard from him* *you can't know how anguished I was* *waiting for him to call*
pour elle je n'étais pas inquiet je
la savais à son travail son mari a sa propre
affaire il se lève un peu plus tard qu'elle
mais il doit avoir depuis longtemps déguerpi
hoquette *this morning he overslept* il s'est réveillé
plus tard que d'habitude là le hic
pour prendre le métro au World Trade Center il
passe juste entre les deux Tours se dépêche
pour s'habiller avale son petit déjeuner à la hâte
l'entrée du *subway* est de l'autre côté de

l'esplanade son mari très en retard se hâte commence à grimper les marches une paralysie soudaine l'arrête pris dans une tornade de hurlements lève les yeux ne peut pas les croire en plein incendie des gens se jettent par les fenêtres de la Tour devant lui à quelques mètres des corps s'écrasent la foule fuit dans tous les sens parmi des ruisseaux de sang des membres arrachés le type à côté de lui qui se dirigeait lui aussi vers le métro s'affaisse terrassé par une crise cardiaque Fariz lui-même est projeté par le souffle de l'explosion sur les dalles des marches se casse les dents à deux minutes près hurlements course affolée des survivants qui ont perdu la tête lui sauve la sienne par miracle dans le sauve-qui-peut général parti à son heure habituelle s'il n'avait pas été en retard il serait mort *HE IS ALIVE* Renée retrouve sa voix sûre jubile *he just called me he is now walking to my office* j'éprouve un soulagement immense Renée dit qu'elle ne sait pas si elle pourra rentrer chez elle si son building est encore debout éventré jeté à bas dans l'Hudson je lui dis naturellement de venir dormir ici ce soir et tout le temps qu'il faudra

pourquoi ce souvenir, déjà plus de cinq ans après, me remonte ainsi en mémoire, en mastiquant les tranches de dinde au miel, de jambon de Virginie, il me revient du dehors par la fenêtre obscure là où étincelaient ses plus beaux feux, absence qui va être bientôt la mienne, sans attaque cardiaque, comme le type tombé à côté de Fariz, mais disparition soudain d'un coup de cinquante ans d'Amérique, un vaste pan de vie qui meurt, j'ai déjà été souvent mort, morcelé, au cours de mon existence, cette tranche d'Amérique a elle-même été dix fois brisée, je n'ai fait que déménager au gré de mes postes successifs dans des universités diverses, 8 Plympton Street à Boston, quand je suis arrivé frais débarqué à Harvard, président Eisenhower vice-président Richard Nixon, une autre ère déjà lointaine dans l'histoire et dans ma vie, je me trompe d'adresse, 8 Plympton Street c'était la seconde année à Harvard après mon mariage quand nous habitions Cambridge, la première année où j'ai habité seul à Boston dans un petit appartement près de Mrs Gardner Museum, j'ai oublié l'adresse, 31 Peterborough Street, je crois, trop étroit, étranglé, tout ce que je pouvais m'offrir à l'époque, mieux quand même que ma chambre chez ma logeuse à Orléans, elle venait jeter un coup d'œil furtif pour s'assurer que je n'avais pas d'hôte femelle, ici au moins Claudia vient passer des soirées chez moi, le lit n'est pas confortable, mais on pouvait de temps en temps s'y envoyer en l'air, elle rentrait toujours la nuit chez elle dans la voiture neuve de son père, toujours une Ford, toujours neuve chaque septembre, l'Amérique qui a réussi c'est ça, et la belle maison de Waban parmi les pelouses impeccablement tondues, repeinte régulièrement en blanc brillant sous le soleil, enfin j'ai moi aussi ma voiture, une Nash d'occasion délabrée, mieux que ma Mobylette l'année dernière à Orléans, sauf que les pneus de la Nash étaient si usés qu'en me rendant à Harvard faire mes cours un matin la bagnole a fait un soudain tête-à-queue sur le pont de métal mouillé par la pluie, j'ai failli passer par-dessus bord et tomber dans Charles River, au lieu la portière s'est ouverte, j'ai été précipité tête la première sur le métal du pont, sonné, assommé, je me suis finalement relevé sans rien de cassé, que ma confiance en la Nash, il faut que je fasse des économies pour m'acheter une autre voiture, vue magnifique de Charles River qui va en s'évasant vers Boston, failli y perdre la vie

curieux
cette image qui resurgit intacte
interstices des poutrelles couvertes de pluie
ma tête qui cogne corps qui s'écroule
l'Amérique de l'entrée à la sortie de
mes débuts à ma fin affalé sur ma chaise
sous le lustre à lumière douce
les yeux plongeant par la fenêtre dans la nuit trouée d'étincelles jusqu'à la pointe de l'Ile *downtown*
Manhattan sur la droite constellée de feux qui montent où manquent les deux si j'y pense tant j'approche moi aussi de mon extinction
ALERTE brusquement résonne retentit dans nos oreilles *Vite, mon petit,*
droit à la cave attention aux marches
raides rêches de ciment par endroits effrité
pas de rampe où s'accrocher en cas de chute
quel imbécile d'architecte a pu concevoir à l'extérieur de la maison l'escalier qui mène à la cave
je m'appuie autant que je puis de la main droite à la paroi lisse *vite* vite dit pas envie de tomber dans le vide contre les marches
Maman tient ma sœur encore enfant dans ses doigts serrés moi elle m'enjoint du regard presque dix minutes que la sirène

a lancé son appel lugubre ululement lancinant juste au moment de se mettre à la table du soir dans la cuisine derrière moi Grand-père à son âge vacillant fin septembre début octobre 39 on vient d'entrer en guerre à nous les bombardements ce qui rend la descente difficile de la main gauche je dois tenir mon masque à gaz mon père descendu le premier dévalant les marches il a ouvert la porte en bois de la cave mis l'électricité pour éclairer notre abri le banc deux chaises vermoulues il va falloir nous tasser là combien de temps personne n'a la moindre idée trouille au ventre alerte quand la sirène retentit injonction absolue descendre à la cave au cas où *vite, mon petit* j'ai fait de mon mieux pour obéir sans dégringoler mon père a refermé la porte rien d'autre à faire que se terrer s'asseoir comme on peut un peu frisco sous le plafond bas de la cave elle ne servait à rien qu'à ça abri pour alerte pas une bouteille de vin rien sur les étagères assis là à attendre la fin de l'alerte pour moi des moments sans fin dans le froid humide ça dure une éternité la sirène résonne à nouveau danger passé plus qu'à remonter en quatrième vitesse toujours comme ça MAIS PAS CETTE FOIS septembre ou octobre ou novembre 39 sais plus ce coup-là on n'a pas ri bruit soudain énorme à faire péter le tympan bombardements aériens cette fois UN VRAI éclate dans nos oreilles dans nos têtes UNE BOMBE TOMBÉE PAS LOIN cœur qui bat détonation qui ébranle les murs secousse sismique mon père a ordonné *ne bougez pas* il s'est levé pour aller voir courir à travers le jardin jusqu'à la grille il est revenu a dit *vous verrez demain* maintenant il faut dîner et nous coucher demain école pour lui l'atelier de tailleur à Paris j'ai eu du mal à m'endormir tellement curieux effrayé on l'a échappé belle au réveil j'ai couru de toutes mes jambes jusqu'au cratère juste au coin de notre rue Henri-Cloppet et du boulevard des États-Unis à deux cents mètres de chez nous attroupement autour des voisins aussi venus voir l'état des lieux du sinistre les rangées de maisons dans leurs jardins tranquilles Le Vésinet si paisible bombe lâchée à une seconde près plus tôt plus tard tous écrabouillés anéantis s'est passé à deux doigts de chez nous NOUS VAINCRONS PARCE QUE NOUS SOMMES LES PLUS FORTS tu parles l'affiche partout sur les murs à une seconde près FICHUS notre maison de pierres et de moellons s'écroulant sur les marches de l'escalier nous enterrés morts ou vifs dans la cave bombe puissante un tel trou au croisement des deux rues tous les voisins qu'on ne voit jamais accourus penchés tous ensemble sur l'abîme rêvasserie avinée, là affalé sur ma chaise, soudain me réveille, je regarde ma montre, presque onze heures, pourrais écouter les nouvelles à la télé, ABC ou CBS ou CNN, l'alphabet cathodique, catholique aussi, Bill O'Reilly, sur Fox News, si bigot, réac qu'il en devient parfois drôle, pas envie ce soir d'entendre ses conneries, pas envie d'allumer la télé, va être encore l'Irak, d'avance on sait qu'on aura les attentats kamikazes de la journée, 46 morts ici et deux cents blessés, ailleurs six soldats américains explosés par bombe posée sur leur route ou abattus par des tireurs, connais d'avance la musique, quartier chiite de Bagdad, triangle sunnite, la guerre civile, tous les jours pareil, l'Amérique embourbée dans son merdier, quand je suis arrivé, président Eisenhower, elle gagnait ses guerres, quand je pars, président Bush, c'est la déculottée, j'ai mes propres désastres en ce moment, pas besoin de ceux des autres, je laisse la télé endormie, pas en humeur non plus de me rincer l'œil sur Channel 35 *« escorts »*, mais d'un genre spécial, des pépées bien roulées à gros nibards qui se gouinent avec délice, des mecs bien râblés qui se sucent, les sado-maso, on donne pour chaque ébat les numéros de téléphone, pour s'exciter l'oreille, discuter le bout de gras, pas autre chose, serait interdit par la loi, du simple télé porno, moi m'amuse pas, curieux au début de voir jusqu'où ça allait, au pays des évangélistes chrétiens, apparemment ils sont encore au sud, pas encore envahi le nord, je me verse une autre rasade, tous ces préparatifs me rasent, me harassent, j'en ai franchement marre, et ce n'est pas fini, demain la suite, le tour des bouquins, il va falloir choisir ceux que j'élimine et ceux que j'empilerai dans les gros cartons, sur les rayons de mon grand bureau, il y en a des centaines et des centaines, moi qui n'ai jamais jeté un seul livre, gardé même ceux que je ne lirai jamais, mais c'est une question de principe, un livre c'est sacré, serai obligé demain matin d'être sacrilège

à mesure que la soirée avance, je m'enfonce dans les souvenirs, l'appartement n'est pas seulement peuplé d'objets, il est habité de fantômes, maintenant ils reviennent me hanter, je tourne les yeux vers le couloir, première porte sur la gauche, mon petit bureau, là où je prépare mes cours le matin, sur la grande table au coin de la fenêtre toujours lumineuse, je n'y lis presque jamais avec une lampe, certains matins je baigne déjà dans le soleil, ce soir-là, en pleine nuit, on a eu notre engueulade nocturne, cette fois violente, elle se sent violentée chaque fois qu'il est question de mes filles, *tu ne penses toujours qu'à elles, jamais à moi*, je rétorque, *c'est idiot, l'un n'exclut pas l'autre*, ricane, *quand elles sont là je suis exclue,* je suis obligé de prendre des précautions extraordinaires, dans ma propre université mais dans la *business school* Renée prépare son *BA, senior* en dernière année, pour se faire un peu d'argent de poche, travaille après ses cours à Vanderbilt Building, à côté de chez moi, j'ai fini mon cours gradué de 4 à 6, j'en profite pour aller voir ma fille, parler un peu avec elle, voir où elle en est dans ses études et dans sa vie, svelte, blonde, elle a beaucoup de prétendants, j'aime savoir ce qui se passe pour elle, en elle, pour cela il faut un peu de silence, un endroit tranquille, il est tout trouvé, je descends dans le sous-sol du grand bâtiment de brique rouge où elle travaille, *hi Dad, hi sweetheart*, contact aussitôt établi, l'embrasse, on bavarde, elle me raconte, je l'écoute tendrement, drôlement intelligente et belle, ma fille, je suis fier d'elle, elle demande, *what about you*, je dis, *everything is alright*, soudain me rappelle à l'ordre, égaré dans nos propos j'ai laissé passer l'heure, huit heures moins le quart, Ilse sait que mon cours finit à six heures, comment expliquer mon retard, si elle savait que je m'étais attardé auprès de ma fille, au lieu de rentrer tout droit à la maison, c'est pire que si j'avais essayé de draguer une môme du campus, je quitte Renée précipitamment, me hâte vers l'ascenseur, ouvre à grand bruit la porte du 12-M, *hi honey, how are you,* Ilse me regarde sans répondre, je cours l'embrasser, elle détourne la tête, s'enquiert, *où étais-tu, ton cours finit à six heures, il est presque huit heures*, je lui explique, j'ai eu un rendez-vous important à mon bureau, un étudiant, vaut mieux qu'une étudiante, avait des problèmes avec sa thèse, j'ai dû en discuter longuement avec lui, la barbe mais fait partie de mon boulot, elle ne répond rien, cette fois j'échappe à l'orage, je dois rendre visite à Renée en cachette, mais ce soir-là, ça ne s'est pas passé en douce en douceur, *je suis exclue*, je hausse les épaules, *on ne va pas recommencer*, elle hurle, *je recommencerai quand je veux, pourquoi ne me fais-tu pas un enfant à moi,* presque minuit, elle remet ça sur le tapis, je me hérisse à mon tour, *tu sais que ce n'est pas le moment,* en effet à cinquante ans et plus, avec déjà deux filles, l'une au début l'autre en fin d'adolescence, ça ne me paraît pas le moment, la met hors d'elle, *avec toi ce n'est jamais le moment*, déjà tard, il vaut mieux me taire, sinon elle va continuer à vociférer, elle poursuit sur sa lancée, *tu n'avais qu'à épouser une femme de ton âge,* vrai, mais je n'aime pas les femmes de mon âge, je les aime jeunes, un élixir de jouvence, puis sans un mot elle se lève, pas remarqué tout de suite, elle avait mis sa robe de chambre, elle voulait se coucher pour me punir de mon retard, mais curieusement elle ne gagne pas notre chambre, la deuxième, aux lits jumeaux, elle entre dans mon petit bureau en claquant la porte, va-t-elle se coucher dans le canapé-lit, je veux en avoir le cœur net, attablé sous le lustre de la salle à manger, mon verre à demi rempli d'un délicieux chianti, elle a déjà eu sa ration et plus, inquiet quand même je me lève à mon tour, j'ouvre la porte du petit bureau qu'elle a fermée, et là, choc à l'estomac coup au cœur, me coupe le souffle, je crie, *nom de Dieu qu'est-ce que tu fais,* comme il n'y a pas d'enfant en bas âge dans l'appartement, il n'y a pas de garde-fou à la fenêtre, elle l'a ouverte, l'a enjambée, un pied dehors déjà dans le vide, je hurle *arrête*, sa robe de chambre a glissé sur elle, elle est presque à poil, elle a soulevé la vitre, enjambé l'appui de la fenêtre, d'un instant à l'autre elle peut basculer dans la rue à pic du douzième étage, je me précipite sur elle, l'empoigne juste au moment où elle allait sauter, la tire violemment en arrière, j'ai des tressauts dans la poitrine, ça me cogne si fort, je frappe, une gifle à réveiller un mort, *mourir c'est ça que tu voulais me faire*, je lui file un autre gnon, elle geint, elle gît sur le canapé, du douzième sur le trottoir elle voulait, elle m'attire vers elle, si j'étais arrivé trois secondes plus tard, mon cœur en bat la breloque, secousse de la tête aux pieds, image insoutenable, un écrabouillement de boyaux dans des flots de sang sur le trottoir, je me raidis, elle m'attire de plus belle, me serre contre elle, met ses lèvres sur les miennes, elle murmure, *je t'en prie fais-moi un enfant*

des fantômes féminins s'agitent, enfouis dans l'ombre de l'appartement se lèvent, flottent dans ma tête, engourdie de vin et de sommeil, l'obscurité se peuple de silhouettes de plus en plus visibles,

Ilse s'estompe, a quitté ces lieux depuis des années, s'est fixée sur l'autre rive de l'océan, a quitté la vie, la bouteille de vodka, 7,2 mg d'alcool dans le sang, « dose mortelle pour tout individu », médecin légiste *dixit*, l'appartement à jamais vide d'elle, devenu soudain un désert, au moment où elle allait revenir, le repeupler, ma thébaïde, stylite juché sur mon 12-M, accablé par la dépression, la solitude, même le spectacle par la fenêtre drapé de noir, disparu, Ilse New York envolés, moi avec, mes filles m'ont secouru autant qu'elles pouvaient, un soutien un amour sans faille, mais elles ont leur vie, et moi je n'ai plus la mienne, m'en rebâtir une, j'ai essayé, les ombres là qui s'agitent dans ma tête rigolent, l'étudiante en beaux-arts peinture, pleine de talent, blonde mignonne rencontrée à un dîner de notre Maison française, placée par hasard près de moi, on bavarde, on babille comme de coutume, l'invite à dîner dans une boîte de jazz, sur notre propre rue, University Place, ai oublié le nom, de la boîte, de la fille, revois les lieux, salle comble avec une foule debout à l'arrière, l'artiste jeunette, blonde chemisier blanc, à la fin quand la trompette attaque, j'ai donné l'assaut, passé subrepticement mon bras gauche sur son dossier, essayé de la prendre peu à peu par l'épaule, j'y pose des doigts délicats, je serre, réponse ne s'est pas fait attendre, me repousse, épaules elle les a secouées ferme, tournée d'un air offensé vers moi, à la sortie m'a déclaré sans ambages que si je continuais ainsi, fini entre nous, je suis monté une fois chez elle, m'a montré ses peintures étalées sur le tapis, amoureuse d'un Coréen qui suit les mêmes cours, rentré chez moi 12-M vide livide, j'ai reçu deux jours après un mot d'elle, me remerciant gentiment du dîner, mais précisant *when you touched me, I felt nauseous,* quand je l'ai touchée je lui ai donné la nausée, elle n'a pas par politesse ajouté, *an old man like you*, un vieux comme vous, elle ne l'avait pas écrit mais c'était pleinement lisible, j'ai jeté sa lettre dans la corbeille, mais j'ai fait une drôle de gueule

ma gueule n'est pas drôle, elle m'obsède, déjà à quarante ans, en me rasant le matin, j'épiais une ride sur le front, un gonflement des paupières, un affaissement des joues, tout ce qui peut nous vieillir, face à face, MOI ÇA, pas possible, j'étais mieux avant, dans la glace plus moi, un autre, on m'a substitué à moi-même, ma lotion après-rasage picote, m'arrache à l'image dans le miroir, se mirer sans s'admirer, Narcisse en se contemplant qui se dégoûte, tâche quotidienne ingrate, maintenant que je suis pour de bon un vioque, je vaque à mes obligations matinales à l'inverse, après tout je ne suis pas si mal pour mon âge, bon pied bon œil, pas trop décati, cheveux un peu grisonnants aux tempes, mais encore bruns, naturellement les taches bistres me tavellent la joue gauche, la main droite, me trahissent, mais quand même je ne fais pas mon âge, l'artiste peintre, c'était en quelle année, sais plus, sans doute début des années quatre-vingt-dix, n'était pas de cet avis, que j'aie voulu pendant ce dîner dans la boîte de jazz lui prendre l'épaule, lui a donné un haut-le-cœur, quel âge j'avais *the wrong side of sixty*, soixantaine avancée, déjà bien avant, l'image m'est toujours restée, plantée à vif dans ma mémoire, me flotte entre les yeux, je la revois, une de mes étudiantes d'alors, Susan Saslow, coin 8ᵉ Rue et University Place, juste devant le restaurant *The Cookery*, on avait dîné dans son petit appartement West 10th Street, le quartier homo et bohème, au dessert, me fais tendre, un tendron, devait avoir vingt-trois ou vingt-quatre, j'insiste, on s'est déshabillés, prof étudiantes, courant à l'époque, tombé en Amérique en pleine libération, *sexplosion*, on s'entre-baisait à tire-larigot, pas le règne de Bush mais du bouche-à-bouche, le second soir j'ai sauté Susan en levrette sur son canapé, j'aimais bien cette position-là, celle des bêtes, vive la nature, Susan était d'un érotique naturel, avec elle je bandais ferme, normal on approche de l'été, de la fin des cours, prévoir l'avenir, au coin *Cookery* et 8e Rue debout tous deux juste en face de mon bureau du département de français, *you'll come to France this summer and we'll take a nice trip together, wherever you want to go,* elle pince les lèvres, me regarde droit dans les yeux, son fin visage auréolé de sa chevelure auburn ondulante yeux verts, elle lâche, *I won't go with you to France this summer*, moi j'avais déjà mon scénario tout prêt, bagnole, on file au sud vers la Grande Bleue, on se baigne on se baise, estomaqué je m'écrie, *why,* pourquoi, quinze jours à peine je la grimpais sur son canapé, elle avait l'air d'apprécier, pourquoi soudain elle ne veut pas d'un agréable séjour avec moi en France, je reçois sa réponse en pleine poire, *YOU'RE TOO OLD*, à quarante ans je suis trop vieux pour avoir avec moi autre chose qu'une brève passade, j'en suis resté pantois, moi, les femmes je les aime beaucoup plus jeunes que moi, elles sont mon élixir de jouvence, si je veux une femme de mon âge, j'ai la mienne, mais nous sommes avec le temps devenus très chastes, moi j'ai besoin d'être embrasé, embrassé le soir en rentrant chez moi sur la joue ne suffit plus, délire au lit, tout nouveau tout beau, il faut renouveler la clientèle, seulement voilà, *TOO OLD*, si on m'envoie ça dans la gueule, je m'écroule, un croulant pour cette garce à QUARANTE ANS, c'est là que j'ai commencé à me regarder le matin dans la glace, pour les cheveux *hair tonic*, front joues un peu de crème, sous les yeux pas encore de poches, inspection quotidienne de mes charmes, quand même j'ai eu ma revanche, deux trois ans après, pour les treize ans de ma fille aînée, j'ai voulu l'emmener dîner dans un bon restaurant de New York, nous nous installons, inspectons le menu, surprise, qui vient prendre la commande, Susan elle-même, après toutes ses études, pour les payer, elle a dû passer les commandes à la cuisine, Susan impassible, moi tout sourire, j'ai même dû raconter l'histoire à ma fille, entre nous on est très libres

puisque Renée avait treize ans, c'était en 1973, à la rentrée de septembre, lorsqu'on réunit collègues et nouveaux étudiants à la Maison française pour faire connaissance, cela devait être deux ans avant que j'avais tout de suite repéré dans la cohue le joli minois de Susan, minois et plus tard minet, toujours été ma tactique au début de chaque année universitaire, l'Amérique de la belle époque, aujourd'hui première circulaire de l'administration, mise en garde à la rentrée contre le harcèlement sexuel, dès le premier soupçon, un regard furtif, fautif, droit à l'aréopage de vieilles guenons qui veillent à la vertu collective, peuvent vous virer en cas d'incartade, dû apercevoir Susan dans la foule vers 70 ou 71, l'ai draguée dans la foulée, j'avais 42 ou 43 ans, si loin tout ça, sur une autre planète, pourquoi ce souvenir qui me remonte soudain dans ma tête avinée, doit être le départ imminent, je quitte après cinquante ans l'Amérique, des réminiscences se baladent dans ma caboche, Susan c'était du temps où je vivais avec épouse et filles dans ma maison en briques et beau porche de bois à Queens, la seule fois de ma vie où j'ai eu un toit à moi, une demeure qui m'appartienne dans un coin de faubourg coquet avec magnolias et pelouses, 138-17 78th Road Flushing, ma chambre-bureau au premier sur la rue, entre les fenêtres, tous les rayons laqués de livres autour sur trois côtés entre les fenêtres, ma femme sa chambre sur jardin, mes filles leurs pièces respectives, le gros commerçant à Lincoln en face, le psychiatre à la Cadillac à notre gauche, sur la rue en pente, je glisse, me retrouve dans l'appartement, les deux divans de tissu à fleurs, mous, profonds, de chaque côté de la table basse, entre, au fond contre la fenêtre l'énorme fauteuil inconfortable où jamais je ne m'assois, une fois assis presque impossible de se lever, là devant moi, quand je m'assieds à la table de chêne ronde pour dîner, depuis vingt-huit ans, le grand divan contre le mur de fantômes se peuple, silhouettes à demi effacées, et soudain par moments si claires, si nettes, vivantes, New York University ne m'a pas seulement fait vivre, a été mon vivier amoureux, Ilse à mon cours sur Sartre, là que j'ai rencontré ma deuxième femme, à une soirée donnée par un étudiant à Walker Street, pourquoi je me souviens du nom de la rue, j'en ai oublié tant d'autres, on joue avec sa mémoire, la mémoire se joue de nous, par accès remonte, soudain s'efface, je suis criblé de trous de mémoire, et puis des visions comme si j'y étais, doit être le fait de plier bagage, de déménager à l'autre bout de la terre

Ilse   curieux   partout et nulle part dans l'appartement   l'a quitté depuis tant d'années   a voulu s'installer à Paris   n'est plus revenue à New York elle a emporté toutes ses affaires   pas seulement ses vêtements mais jusqu'à son dernier livre il ne reste plus rien d'elle ici que les scènes avec mes filles ou à propos de mes filles avec Cathy n'ayant pas d'enfant à elle a voulu être sa mère la prendre en main dévore les magazines découvre en en lisant un il y a maintenant des moyens de diagnostiquer le degré la nature de l'arriération pour cela analyse des selles nécessaire achète un pot de chambre veut que Cathy fasse dedans Cathy refuse bagarre homérique *I won't do it I don't need it* Ilse insiste cris engueulades moi je ne m'en mêle pas c'est entre elles peut-être sans doute j'ai eu tort de ne pas intervenir je suis le père mais le papa gâteau pour les sorties les promenades le long de l'Hudson les dîners à ses restaurants préférés *Kentucky Fried Chicken* et les autres de son goût la plupart du temps travaille porte fermée dans mon bureau dans l'appartement de Rachel d'abord à la 113e Rue puis ici Ilse est la bonté même parle des heures avec Cathy lui prépare des repas délicieux le malheur veut être sa mère et de mère Cathy en a déjà une Ilse veut faire examiner les selles Cathy refuse net elles se crêpent le chignon Cathy finit par s'exécuter s'enferme dans les toilettes avec le pot de chambre elle dit *I am going home* elle file illico hurlement d'Ilse je sors de mon bureau Cathy a laissé le pot de chambre plein de merde en plein milieu de la jolie petite table de l'entrée Ilse en trépignait de colère mais ce n'était pas fini j'ai eu mon tour il fallait impérativement porter ces essentielles excrétions à un hôpital ou une clinique spécialisés dans ce genre de recherche avons dû voyager avec le précieux emballage sais plus le nom dans une ville assez loin quelque part *upstate New York* dans les bois n'oublierai jamais notre arrivée hôpital clinique d'enfants arriérés au dernier degré des gosses littéralement rampaient sur le sol incapables de se redresser pas même des bipèdes à quatre pattes impression de remonter de l'*homo sapiens* aux singes et puis des vomissures partout sur les parquets ceux qui tenaient encore debout l'air égaré un Charenton de chérubins Ilse elle va droit demander un docteur moi j'ai eu un tel haut-le-cœur j'ai dû aussitôt ressortir à l'air libre résultat la vraie mère a refusé que sa fille prenne les médications qu'était allée chercher au fond des bois de la plus nauséabonde détresse humaine la mère adoptive Walhalla qu'il s'appelait je crois ce lieu de rejetons rejetés dans leur vomi dans leur merde

et la fois où j'ai dû escorter Ilse jusque au coin de la rue chancelante tenant à peine sur ses jambes à onze heures du matin pas croyable déjà ivre est montée dans le taxi une telle intensité de désespoir dans les yeux pour aller consulter un docteur un spécialiste un psychiatre est revenue l'après-midi avec une ordonnance de lithium n'a pas servi à grand-chose autant que je m'en souvienne quand on va soi-même vers sa fin direction mort pas loin tout droit dernière portion de vie il remonte tant de souvenirs remontés du cours des décennies il y a des siècles forcément il y en a des vrais des faux comment faire le tri de sa vie sans tricher laisser faire laisser affleurer se laisser envahir peu importe sous une forme ou sous une autre à visage découvert ou masqués toujours des morceaux d'existence tronqués truqués toujours des relents d'existence qui se recrachent je me verse encore une rasade du californien mondavi cuvée merlot à 13°5 je n'aime que les vins capiteux

et puis merde, trop de cafard familial qui me revient, heureusement, j'ai mes histoires de fesses à caresser, là sur le haut du fauteuil, comment elle a grimpé jusqu'en haut, ses jambes son corps repliés, comme suspendus en l'air, moi assis sur le petit divan, la belle Belge, Gilberte, quand, sais plus, peu importe, l'image se détache nettement en face de moi, trois mois qu'on a passés ensemble, tout le premier semestre ou presque, va repartir vers Bruxelles, son fiancé là-bas l'attend, un grand corps dodu, des seins pulpeux, cheveux de jais, une Juive, yeux d'un noir éclatant, quelque part dans la vingtaine, c'est après un cours sur Corneille, de 6 à 8, on va dans la même direction, m'accompagne à travers Washington Square Village jusqu'au 3, devait être en octobre, début du cours, je débute, coup classique, *puisque vous avez l'air si intéressée par Corneille, si vous avez une minute, montons boire un verre chez moi,* elle accepte, ce soir-là avec Gilberte, on est restés assis face à face sur les divans, fesse à fesse sais plus combien de temps ça a pris, on s'est retrouvés au lit, je nage sur son corps volumineux, voluptueux, cas limite, j'ai peu l'Œdipe adipeux, mais elle s'arrête juste à la frontière, bien roulée, des tétons à mordre dedans, bras jambes torse léchés tâtonnés sans sentir les os, que de la chair molle mais canaille, s'anime, se crispe, lorsqu'on arrive vers le plaisir suprême, se raidit brusque, s'arc-boute, elle lâche son cri, je lâche mon jus, gicle fonds en elle, on jouit noyés l'un dans l'autre, mardi, de 6 à 8, *Main Building, Room 805*, Corneille, après on dîne au *Café Español*, homards grillés, ou gambas à l'ail qu'on sert en marmite, ou alors chinois chez *Susie's* sur le trottoir d'en face, puis, pendant trois mois, d'octobre à décembre, elle monte chez moi, je la monte, la grimpette vous rajeunit, on s'envoie en l'air, je vole ailes déployées, là-haut sur son perchoir, corps en équilibre juché sur le haut du fauteuil, la regarde, je sais que c'est la fin, retourne à Bruxelles, revient avec le fiancé, terminé, tout a une fin, soirée d'adieu, au moins on a eu un sacré bon temps ensemble, soudain elle ouvre la bouche, tout sourire, elle dit *on a eu trois agréables mois ensemble,* j'opine de la tête, elle ajoute, *sauf sur le plan sexuel,* j'en avale ma salive, coup de poing brutal dans la poitrine, je bredouille, *mais qu'est-ce que tu veux dire,* sa bouche fait une petite moue, *tu sais, tu n'as pas été toujours égal, parfois je suis restée sur ma faim,* ajoute, *mais ce n'est pas grave, on a eu trois bons mois ensemble,* elle me saisit en pleine soixantaine déclinante, moi je croyais qu'on avait eu notre ascension au septième ciel, ça me revient en mémoire, une fille délurée, va chercher son fiancé, mais elle m'a un peu raconté sa vie, on a eu le temps, a eu pas mal de gaillards au cours des ans, surtout, elle m'a un soir expliqué, elle avait fait un long séjour en Israël, elle voulait apprendre l'hébreu, et là elle m'a dit qu'elle avait rencontré des types formidables, elle avait même eu une liaison passionnée avec un lieutenant de l'armée de terre versé dans les chars, avait fait une guerre triomphale en 73, celle du Kippour, il avait fait sauter trois chars égyptiens, alors si en pleine jeunesse il la sautait pareil, évident, peux pas rivaliser à mon âge avec un lieutenant de l'armée israélienne

assise aussi sur le grand canapé à fleurs tissu doux moelleux jaune quand on s'y assoit on s'y enfonce sentiment d'abandon mou CÉLINE c'est tout autre chose plutôt petite ronde bien faite fraîche frimousse souriante pour une fois une Française ça me change des Américaines dans la vingtaine comme toujours moi à chaque tour d'année je vieillis d'un cran elles restent éternellement jeunes d'où une attirance irrésistible pour moi mais avec Céline c'est différent je la trouve très jolie désirable avenante et le reste à l'avenant cheveux bruns coupés court surtout les yeux ils éclatent étincellent lorsqu'elle s'anime il y a des femmes placides elle est toujours gestes regards mouvements vive ce qui m'accroche chez elle c'est bien sûr ses charmes mais au-delà au-dessus SON INTELLIGENCE naturellement pour suivre des cours avancés dans

notre université pour y être admis   il faut
des facultés intellectuelles adéquates un curriculum
examiné avec soin avant d'être accepté
mais ce qui me frappe sa curiosité allègre toujours
en éveil   elle a une culture déjà solide
    a fait un long séjour en Autriche elle a déjà
un master d'allemand   qu'est-ce qu'elle est
venue chercher à New York   une expérience
nouvelle le désir de perfectionner son anglais pour
une carrière en littérature comparée
mais ne suis pas sûr qu'elle veuille poursuivre dans
l'enseignement ce qu'elle veut je n'en suis pas sûr
peut-être elle non plus   ce qu'elle vaut là il
n'y a pas de doute   une de mes meilleures
étudiantes   elle sur tous les sujets point de
vue original   une fois la seule fois de ma vie
    j'ai eu un cours de « creative writing »
    pour cet atelier d'écriture en français à New
York   n'ai eu qu'une poignée d'étudiants
    normal qu'importe   Céline bien sûr
P.A. un athlète de l'intellect et des arts martiaux un
Libanais arabe plutôt porté sur la poésie que la fiction
la fille de l'ambassadeur de France non seulement
ravissante mais d'une imagination romanesque fertile
    Céline ce qui m'a frappé c'est le caractère à
peine déguisé de son expérience personnelle
proche d'une autofiction   a appris ainsi à la
mieux connaître   des moyens exceptionnels
un but incertain   ses histoires d'hommes je
les devine sous leurs oripeaux allemands
dans ce domaine je ne crois pas qu'elle ait atteint son
épanouissement complet   naturellement
j'ai songé à y contribuer   on a souvent parlé

spontanément à la sortie du cours tous deux des Français d'Amérique ça rapproche on a plusieurs fois dîné ensemble au restaurant ou chez moi je me rappelle on a déjeuné dans un resto polonais de l'East Village tout près de chez elle habitait alors Tompkins Square plus abordable que Washington Square pour les bourses estudiantines je l'ai raccompagnée jusqu'à son logis c'était pittoresque pour moi quartier de bohème étranger proches mais pas dans la même situation le même entourage elle au début moi vers la fin de ma carrière parfois me raconte des histoires qui me renversent pas habitué peut-être choqué elle me dit *la nuit dernière je me sentais seule un peu déprimée j'avais envie d'avoir un homme près de moi qu'on couche ensemble j'ai appelé un copain il était libre il est venu* je dis *comme ça* un éclair d'étonnement jaillit dans ses yeux *mais oui* demande *il était amoureux de toi* répond *non ni moi de lui un bon copain on a passé une agréable nuit ensemble c'est tout et c'était très bien* j'avoue les femmes d'aujourd'hui parfois m'estomaquent on téléphone à l'improviste à un type qu'on connaît sans plus par pur désir sans amour ma pauvre mère en aurait été retournée moi aussi un peu je me dis *pourquoi pas moi* du coup l'invite un soir à dîner chez moi avant on prend un verre ou deux tous deux assis enfoncés dans le grand divan jaune à fleurs comme cela est déjà arrivé on se bécote un tantinet je passe le bras autour de sa taille je suggère *et si on allait un peu plus loin* j'ai senti soudain son corps se raidir redresse la tête tout son torse se durcit me regarde droit dans les yeux *mais Serge vous avez un an de plus que mon grand-père* cataclysme catastrophe ça me tombe dessus m'écrase je m'écarte pétrifié m'a assené mon arrêt de mort une figure paternelle ça va ça plaît même à beaucoup de femmes comme je recherche à travers elles ma mère elles cherchent un père me présente en voilà un tout trouvé MAIS UN GRAND-PÈRE là d'un coup ça ne marche plus ça dépasse la limite d'âge Céline me fait percevoir mon inanité mon insanité fini les jeunes filles en fleurs terminé les bains de jouvence J'AI PASSÉ L'ÂGE amours condamné à mort des ébats du lit suis porté dans une civière à la morgue pas mon orgueil quelque chose de plus profond qui craque pulsion vitale qui depuis des décennies me propulse se brise net il faut changer de carcasse mon carcan Céline ne lui en veux pas du tout au contraire m'a ouvert les yeux je vois ma déliquescence cœur qui bat la breloque Céline m'a interloqué on est passés à table au lieu de passer au lit après des années la scène est restée gravée en moi Céline demeure pour moi une pythie et une amitié amoureuse

Je regarde ma montre, presque minuit. Je me suis laissé engloutir dans l'ombre, les ombres de l'appartement qui rôdent de meuble en meuble, de pièce en pièce, le long du couloir. *Tomorrow will be another day.* Je suis loin d'avoir bouclé les malles, fini les rangements. La besogne infinie m'attend au réveil. Pourtant je m'attarde un peu plus longtemps, ces morceaux, ces bribes de souvenirs redeviennent un instant présents, mais par fragments quasi insaisissables qui ôtent toute épaisseur au temps. Pour une seconde, bien sûr, après on redevient opaque à soi-même. Mais tout vécu est un instantané, que l'instant présent racole et qui, l'espace d'un soupir, s'y recolle. Toutes ces figures de jeunes femmes subitement reparues, avant de s'évanouir, si disparates, si vite disparues, ont un sens commun, une direction identique. Elles indiquent ma fin. Mon amoindrissement, ma déchéance d'homme. Ainsi soit-il, soient-elles. Je m'amenuise, d'accord. Il reste encore un cul de bouteille de cet excellent mondavi. Je me verse un autre verre. Après tout, c'est une soirée exceptionnelle, une soirée *Titanic* où tout coule. Pourquoi pas le vin. Si je vais jusqu'à la troisième chambre, la *master bedroom* dont j'ai fait un vaste bureau, sur la droite un lit, recouvert d'un tapis rouge mexicain superbe. Une des reliques que Rachel avait laissées derrière elle, en quittant la 113e Rue. Sur ce tapis rouge où j'ai passé la nuit les yeux ouverts à la mort d'Ilse, tant d'années plus tard j'ai eu ma revanche, sur le destin, sur les larmes, sur la mort. Mais naturellement, comme le reste, de l'instantané qui s'est fixé dans un recoin de ma mémoire. Flash-back illusoire, un souvenir n'est jamais du réel, il n'y a de temps que perdu. Celui qu'on retrouve n'est pas une résurrection, récit continu, suite logique. Une simple phosphorescence, qui se dissipe aussitôt dans la nuit. Mais l'instant qu'elle dure est éblouissant.

Anna était éblouissante de beauté. Presque aussi grande que moi, pas une silhouette longiligne comme les minettes d'aujourd'hui. Un corps s'affirmant dans la rondeur de ses formes, seins, hanches, le modelé de ses bras, de ses jambes. Visage parfait, teint clair sous une cascade de cheveux roux. Pas une Française ni une Américaine. Une Slave, une Serbe de Belgrade. Suit des cours de ballet, assidue des sessions de jazz. Prépare un master de français dans notre antenne parisienne. Là que je l'ai rencontrée, devait être en 93. D'emblée attirés l'un par l'autre. Elle me dit, *vous savez, je vous connaissais avant de vous rencontrer.* Étonné, je demande *comment ça ?* Elle sourit, *j'ai lu votre livre sur la Nouvelle Critique, il a été traduit en serbe.* Lointain, j'avais oublié. Me fait drôle de tomber sur une lectrice de là-bas. Sert toujours d'écrire, ça réserve des surprises. Agréables dans son cas. Nous avons dîné, déjeuné ensemble. Habitait dans le XVe, juste derrière les tours incongrues de l'Avant-Seine. Je ne connais pas bien ce quartier, cela m'a changé du mien. Jamais connu de Serge, cela l'a changée des autres. Un accent délicieux, me suis enquis pourquoi elle avait choisi d'obtenir un diplôme de français dans une université américaine. Voulait se dépayser, sortir d'Europe, connaître l'Amérique. Avec le plein accord de son père, pourvoyeur des fonds. De fil en aiguille, un soir je lui ai proposé après les cours de venir prendre un verre chez moi. Elle accepte, nous remontons ma rue, code, j'ouvre la lourde porte de l'immeuble. Je me sens d'un seul coup tout excité. Je sors mes clés. A soixante-cinq ans, belle aventure avec ma belle danseuse polyglotte. Ce n'est pas un soir où j'attends la visite d'Elle. Pas son jour, pousse la porte. Un cri soudain à l'autre bout de l'appartement dans la chambre à coucher. ELLE, là, hurlante quand elle a entraperçu mon accompagnatrice. Elle déjà dans le lit, Elle a sa cuite, mais l'oreille fine. Elle a dû entendre nos voix derrière la porte. Le hall résonne, il répercute les échos. J'attrape mon invitée par le bras, l'entraîne vivement vers la sortie. Avant que l'autre ait eu le temps de sauter du lit et de se lancer à notre poursuite, Anna n'ouvre pas les lèvres, ne dit rien. Nous dévalons ma rue à toute vitesse en sens inverse. Arrivé à l'avenue Paul-Doumer, sur la droite, en face, heureusement il y a un grand café. Nous nous précipitons à l'intérieur. Sauvés. Je respire. Après tout, cela ne doit pas trop choquer Anna que j'aie une amie, même un peu fantasque, puisqu'elle m'a raconté qu'elle avait une histoire avec le directeur de son club de jazz. Seulement je humais son corps magnifique, j'étais déjà en plongée érotique, je la déshabillais déjà fébrilement. Vlan, fichu, tout est foutu en l'air, parce qu'Elle vient cuver son vin chez moi, un soir où elle n'est pas attendue, à l'improviste. Pas eu le temps de m'expliquer avec Anna, qui a l'air pas mal secouée. A peine j'ouvre la bouche, la grande porte vitrée du café est violemment poussée, Elle débarque en vociférant, nous jette un tourbillon d'insultes à la tête. Tous les clients du café ont l'air figés de surprise. Anna se lève soudain, sans un mot elle déguerpit. Comment Elle a pu retrouver notre piste. J'en suis bouche bée, je dis *calme-toi, on est en public*, Elle vocifère, *salaud, ordure,* me lève à mon tour, paie la note. Elle est salée. Décampe à mon tour. Elle ne me lâche pas, continue à me traiter de tous les noms d'oiseaux. On rentre ensemble dans mon appartement, elle se recouche. Elle dit, *viens t'allonger près de moi.* En silence je m'allonge. Seulement, ce n'est pas près d'Elle que j'avais eu l'envie vivace de m'allonger.

après perds la trace d'Anna on me dit qu'elle est rentrée dans son pays sans finir sa thèse rappelée par son père du côté de la Serbie commence à barder je me demande comment elle prend ces sauvages tueries et puis je l'oublie un fiasco à ajouter à ma liste au bout de deux ou trois ans sais plus dans ma boîte à lettres un mot d'elle est à New York habite pas loin de chez moi *Lower East Side* un des bas quartiers où débarquent les nouveaux immigrants début du XXe les Juifs maintenant les Hispaniques et des Chinois bien sûr partout avec de multiples affiches en idéogrammes je l'ai revue elle n'était pas rentrée chez elle avait décidé de rester encore à New York plus à l'université mais en travaillant tant bien que mal et plutôt mal que bien m'enquiers *pourquoi n'es-tu pas rentrée dans ton pays chez ton père* là le hic a voulu se prouver son indépendance je pressens qu'il y a d'autres raisons mais ne la presse pas de questions toujours belle les yeux verts les cheveux roux toujours ce corps splendide mais plus une beauté de jeune fille de jeune femme *quels sont tes projets d'avenir* *je ne sais pas je serai peut-être obligée de rentrer chez moi* demande *pourquoi* dit *mon père ma famille* je ne lui parle pas de la guerre qui sévit nous nous sommes revus plusieurs fois mais en amis on a dîné parfois ensemble mais rien qui reste du foudroiement d'antan ardeur en sommeil parfois un reste un zeste de désir relent de tendresse dans la voix elle a quitté les études l'université nous ne vivons plus dans le même milieu je voudrais savoir quel est le sien je demande *fais-tu toujours de la danse* elle hausse un peu les épaules dit *je n'ai plus les moyens* j'insiste lui demande alors *que fais-tu ici* elle a mis longtemps à me répondre toujours évasive *j'ai travaillé dans des restaurants des choses de ce genre* je dis *ça ne rapporte pas beaucoup, comment fais-tu pour vivre, ton père t'envoie-t-il toujours de l'argent* elle secoue la tête et puis un soir soudain elle m'a dit *tu veux vraiment savoir ce que je fais pour vivre* je dis *bien sûr* elle a un rire amer presque grinçant *je fouette je flagelle* *tu quoi* n'en reviens pas interloqué elle se paie ma tête *figure-toi je travaille dans un petit hôtel sur la 23e Rue une boîte maso* *quoi comment qu'est-ce que tu veux dire* décidément on vit dans des mondes totalement séparés je n'ai pas la moindre idée le moindre soupçon du sien elle raconte *c'est un endroit où les gens les hommes viennent pour s'humilier se rabaisser ils paient par session comme avec une pute* *mais ils n'ont pas le droit de nous toucher* *strictement interdit d'ailleurs où serait leur plaisir* *ils viennent pour quémander ce qu'ils savent ne pas pouvoir obtenir* *ils viennent pour se faire du mal nous raconter leurs échecs leurs fiascos leurs misères ils sont à genoux moi nue debout fouet à la main* toutes les filles qui officient et il y en a pas mal doivent être de solides gaillardes *il faut frapper dur et ferme* *à la longue c'est fatigant* elle me détaille tous les exercices auxquels elle se livre certains préfèrent les coups sur les doigts d'autres sur le dos ou les fesses il faut aussi les ravaler sans cesse voire les engueuler elle rit *j'ai même eu quelques rabbins*

pauvre Rousseau s'il avait connu de tels bordels il aurait pu se faire donner la fessée à cœur joie lui qui n'a jamais osé le quémander à ses maîtresses le dîner touche à sa fin toujours aussi rousse aussi belle un flux de désir remonte en moi je dis *et si l'on se rapprochait de façon plus classique* elle ne dit rien qui ne dit mot pour la première fois depuis toutes ces années consent je me lève l'entraîne doucement le long du couloir jusqu'à mon grand bureau nous nous sommes allongés sur le tapis rouge mexicain sur lequel j'avais passé toute la nuit les yeux ouverts à l'annonce de la mort d'Ilse il y avait au moins dix ans atterré par le coup de téléphone tardif de mon cousin Jackie *Julien c'est fini*

je n'oublierai jamais cet appel téléphonique de Paris je l'entends encore qui résonne à mes oreilles je l'entends quand je m'étends contre Anna sur le couvre-lit mexicain on s'est embrassés embrasés elle me laisse déboutonner son corsage mettre peu à peu ce corps pulpeux ses seins amples mais fermes à nu nos vêtements entrelacés roulent en désordre au pied du lit explosion je reviens peu à peu à moi à elle à la faible lumière de la lampe de mon bureau j'aperçois sur le parquet juste en bas du tapis rouge tombée là une culotte de soie rose je la caresse du regard soudain elle dit *après-demain je dois rentrer à Belgrade*

engourdi la tête de plus en plus sommeilleuse, les coudes sur le bois de chêne épais de la table ronde, je m'attarde encore un instant sur l'ultime éclair érotique qui ait illuminé l'appartement, assis immobile, devrais me lever aller me coucher, demain il faut continuer à faire mes bagages, je veux emporter avec moi quelques souvenirs qui affleurent dans les ténèbres du logis, dans la nuit de ma mémoire, encore une rasade la dernière, la bouteille est presque vide, après promis juré je me couche, d'un coup ma mémoire vire, je chavire dans les souvenirs lancinants d'autres de tout autres amours, ont de semaine en semaine empli ma demeure qui se vide, le samedi, c'est Renée, pour déjeuner à une heure pile, elle ouvre ma porte, bien sûr mes deux filles ont mes clés, j'entends de mon bureau à l'autre bout de l'appartement sa voix joyeuse qui résonne dans l'entrée, *hi Dad*, samedi une heure pile, sacré, consacré à ma fille aînée, au cœur de mes habitudes, de ma vie ici, je me lève de mon bureau, me précipite vers elle, on s'embrasse, *how do you feel today, fine, glad to hear it, glad to see you, me too,* je dis *just a second, I'll be right back*, pardessus, simple veste, laine, cuir, selon le temps, prêt, partons, porte métal claque derrière nous, nous enfilons le couloir jusqu'aux ascenseurs, échangeons les nouvelles de la semaine, dehors tout droit le long de Bleecker les bars bobos les restos chinois joaillerie clinquante boutiques Inde Tibet chemises tricots les gadgets orientaux, arrivés à MacDougal Street, tournons à droite, en face du grand restaurant brésilien, le petit restaurant japonais, nous y sommes, entrons, le meilleur du coin pour le sushi, nous mangeons froid, cru, poissons variés, incroyable multitude de combinaisons culinaires, nos choix varient dans cette complexité gourmande, c'est notre complicité, nous avons le même goût en ce domaine, avec son mari sri-lankais elle fréquente les endroits chic de Soho et Tribeca, mets épicés, indiens, thaïlandais, avec moi c'est japonais, on nous connaît, l'accueil est souriant, pour le dessert, nous revenons vers *Bruno's Bakery*, excellente pâtisserie en bas de chez moi, je prends invariablement *a blueberry tart*, elle a sous ses ordres trente-deux personnes, hommes, femmes, je lui demande, *what do you do exactly*, j'essaie de comprendre ce qu'elle fait, elle supervise toute une section du bon fonctionnement des ordinateurs, eux, ils sont dans un gratte-ciel de sa compagnie dans le New Jersey, elle a son bureau sur la 43e Rue, plus elle m'explique, moins je comprends ce qu'elle fait, ce que je fais, bien sûr, elle sait ce qu'est le travail d'un professeur d'université, elle a même été étudiante dans la mienne, à la Business School, moi mon business est dans la section *Arts & Science*, nos domaines sont distants, ne communiquent pas, elle sait aussi que j'écris, des livres que j'appelle autofictions, je lui explique qu'ils racontent des épisodes de ma vie, mis en romans, formatés par les exigences du texte et du style, quand j'ai eu le prix Médicis pour *Le Livre brisé,* Renée a été très heureuse du fond du cœur, lorsqu'on m'a passé au cou la médaille de Commandeur des Arts et des Lettres au consulat de France son visage rayonnait, j'ai la photo, mais elle ne peut pas me lire, elle m'a dit *some day when you are no more I'll have the book translated for me word by word,* elle a connu de l'intérieur mon histoire avec Ilse, elle est même dedans, elle sait que j'écris aussi sur elle, elle ne m'a jamais demandé à en savoir plus, elle veut se faire traduire pour elle littéralement le bouquin, mais après ma mort, Renée est fière de son père, moi je suis fier de ma fille, dans un monde fermé aux femmes, elle est arrivée très haut, pas loin du sommet, elle travaille très dur, parfois le week-end, deux fois elle a dû suivre dans mon université des cours de recyclage en informatique, au bout de quelques années ce qu'on sait en ce domaine se périme, je suis très fier de sa réussite, elle est très fière de mes succès, on s'admire sans se connaître, ce que nous avons chacun accompli nous reste étranger, nous parlons des langues étrangères, l'anglais est sa langue maternelle, il est ma langue paternelle, apprise sur le tard, nous sommes à distance l'un de l'autre, et pourtant très proches, je sais que Renée, je lui ai donné le prénom de ma mère, m'aime profondément, c'est réciproque, nous communions dans nos habitudes, samedi à une heure pile, elle sonne à ma porte et entre, toujours nous déjeunons japonais, toujours dans le même restaurant sur MacDougal Street, l'été c'est l'inverse, je prends un taxi, à New York il y en a toujours un en bas de chez moi qui passe, je le hèle, droit chez elle, le long de l'Hudson, sur Westway jusqu'à Liberty Street, puis jusqu'au cul-de-sac qui s'arrête au bord du fleuve, rendez-vous toujours au même restaurant japonais, le *Waiver*, vue imprenable, nous mangeons dehors, vue à pic sur la baie immense, on voit de la table la Statue de la Liberté, Ellis Island, au loin Verrazano Bridge, au-delà invisible mais présente, l'Atlantique, elle ou moi qui arrive en premier, il n'y a plus qu'à s'asseoir à notre table et commander notre mets unique ici, notre maki au homard frais instants de plénitude heureux d'être ensemble au soleil devant cet horizon qui m'émerveille nous faisons notre promenade ensuite jusqu'à Battery Park à la pointe extrême de Manhattan entre l'eau de la vaste baie où se jettent l'Hudson et East River et derrière nous la paroi de verre de la rangée des nouveaux gratte-ciel dont un magnifique tout bleu arrondi cette promenade ma fille ne la fait qu'avec moi son mari n'aime pas marcher pour le plaisir de regarder de humer d'aimer un paysage il marche des heures mais quand il y a un but précis un rendez-vous une visite Renée et moi déambulons pour le plaisir des yeux et des sens me rappelle quand elle était petite quand j'enseignais à Smith College au fin fond du Massachusetts dans les bois d'Amherst sur la colline notre ferme perchée perdue dans la forêt vierge en compagnie de Renée jusqu'à Quabbin Reservoir avec la voiture et après à pied tout autour de l'immense réservoir comme un lac de montagne embaumés par les senteurs sylvestres tout seuls pas d'autres promeneurs sa petite main dans la mienne je chois soudain plus de quarante ans en arrière dans une autre vie morte décédée sauf par instants lorsqu'elle ressurgit ce qu'on appelle la mémoire une image notre imagerie intime interne réalité depuis plus de quatre décennies retombée dans le néant mais vision brève nette hallucination ma fille sa main dans la mienne le long du lac les lettres de ma mère *R.F.D.#2* route rurale boîte à lettres fichée au bord de la route sur un piquet de métal   vie morte tellement vive chute dans le trou noir d'un demi-siècle   presque   ou alors j'emmenais Renée dans les étables de l'Université de l'Etat voir les vaches odeurs champêtres pénétrantes de litière   ou quand je la déposais le matin à sa crèche où elle courait retrouver David tout amoureuse à cinq ans   comme j'ai aimé cette partie de ma vie si lointaine insaisissable disparue sauf dans la façon dont Renée à quarante-cinq ans côte à côte sans se toucher aime marcher le long de Battery Park jusqu'à l'embarcadère du ferry pour Staten Island   après notre repas japonais au *Waiver* le samedi   avec son père

et Cathy   elle va me manquer aussi terriblement   bien sûr aujourd'hui   pas comme au temps de ma mère   il y a le téléphone   on peut s'appeler chaque jour et puis les voyages les vacances l'été   et puis tradition familiale il y a les fêtes de Noël chez ma sœur en Angleterre indispensables contacts mais pas ceux de la vie quotidienne   comme on fait son lit on couche   avec leur mère une Américaine n'a pas voulu s'installer en Europe   mais moi en Europe j'ai ma mère ma mère patrie   commencé les va-et-vient transatlantiques tous les étés   au début avec femme et enfants puis seul   Claudia n'a plus voulu me suivre faire la navette s'est cherché des boulots l'été   moi d'un côté de l'Atlantique   Claudia de l'autre   ce mariage était fêlé dès son orée

j'ai moi-même dès l'orée de ma vie ma fêlure
toujours coupé en deux me coupe
maintenant de mes filles au bout de quatre
ans Claudia m'agresse *si tu ne me fais pas*
un autre enfant je te quitte ç'avait déjà été
sa tactique avec le premier enfant *si tu je te*
dac ! pas envie de me retrouver soudain
tout seul mieux trois que zéro
maintenant elle en veut un autre *one is no*
family j'ai mis longtemps à obtempérer pas
envie d'ajouter encore une autre vie notre
trio est suffisant mais pas pour Claudia
veut pas en démordre c'est un second gosse
ou je finis par céder je gicle au
moment favorable Claudia a tout calculé
même le cul quand j'ai appris que
j'avais à l'hôpital de Northampton une autre fille
pas même au moins pour changer un fils
j'ai ravalé ma salive que faire je suis
englué de toutes parts dans le féminin le jus femelle
ma mère ma sœur ma femme ma belle-mère
maintenant deux filles haut-le-cœur
maintenant sans mes filles je ne peux pas vivre

Cathy, c'est très différent de Renée, pas une ultra brillante comme sa sœur, dès sa naissance, signes alarmants, elle semble arriérée dans son développement, hypothèses des médecins, de toute façon on ne peut rien faire, rien y faire, accepter, il a fallu, la prendre comme elle est, école spéciale, orthophoniste, psychiatre, elle a même eu avec lui un beau lapsus, au lieu de l'appeler *Dr Farber*, elle l'a appelé *Dr Father*, sa mère l'a voulue, elle gère le quotidien, les docteurs, les crises, les écoles, les coups de pied dans le mur, les cris, attention de ne pas ameuter les voisins, moi, quand je ne suis pas parti en France, je joue avec elle, on va jouer aux boules dans un grand établissement *Bowling Alley* sur Crossbay Boulevard, pas loin de ma maison de Queens, juste après la section italienne, elle envoie les boules de tous les côtés, elle rit, je rigole, on s'amuse toujours bien ensemble, elle ne peut pas comprendre un seul instant qui est son père, ce qu'il fait, ne peut pas l'imaginer, c'est hors de son imaginaire, si elle ne peut pas se mettre à ma place, je peux me mettre instantanément à la sienne, de quarante-sept ou huit ans j'en lâche quarante, j'en ai sept ou huit, avec Cathy je retombe illico en enfance, on s'amuse à des bêtises comme des fous, une fois furieuse contre leur professeur, elle dit *the fucking teacher*, je fais semblant de froncer les sourcils, je lui dis *don't say that in front of your mother*, on se marre, elle dit, *with you I can say everything*, avec moi on peut tout dire, sans se gêner, où il y a de la gêne il n'y a pas de plaisir, et on a trop de plaisir à être ensemble, pendant de brefs moments, les sorties à Rockaway Beach le dimanche, je laisse mes bouquins sur mon bureau, je sors la voiture du garage, on descend Crossbay Boulevard bien après *Bowling Alley*, après le quartier italien, au-delà de la section grecque, jusqu'au refuge pour tous les oiseaux aquatiques, *the bird sanctuary*, sacré on descend dans l'immense fondrière peuplée d'arbustes rabougris et d'herbes folles avec des sentiers tortueux, les volatiles s'envolent de partout à notre approche, de toutes espèces, je ne reconnais que les mouettes, tous deux ignares mais heureux dans ce morceau d'Amérique vierge, au loin Kennedy Airport, aujourd'hui pas ma destination, seulement mon destin, à intervalles réguliers je m'y envole, disparais dans le ciel, aujourd'hui le tour des oiseaux criailleurs à tire-d'aile, les poumons récurés, on regagne la voiture, problème, on passe devant le petit *playland,* deux ou trois attractions foraines juchées entre les fouillis d'arbres, Cathy dit, *I prefer to stop at the other,* l'autre mini-Luna Park, sur la plage lui plaît plus, il est plus grand, plus varié, pas un Eurodisney mais ça lui suffit, à présent l'immense parc au-dessus de la baie, on arrive, je gare ma voiture où je peux près de la plage, on longe la route qui borde l'océan, nous y voilà, je sors des dollars en nombre suffisant de ma poche, à elle de choisir, il y a *le fun house*, des fois elle s'y embarque dans le petit train, un peu peur à cause des têtes qui vous frôlent, des fantômes qui surgissent, *a bit scary,* elle dit en sortant de cette aventure, je réponds, *that's part of the game,* maintenant le stand aux quilles que l'on abat à coups de boules, si on en abat assez on a droit à un colifichet en récompense, pas le cas aujourd'hui, maintenant mon tour, *we're going to the beach,* elle demande, *which way,* en effet il y en a deux, on peut monter sur le *boardwalk,* qui longe la plage en hauteur sur des kilomètres, Deauville mais suspendu dans les airs, ou en bas le sable, mais brûlant l'été, on préfère généralement le bordwalk de planches traîtresses, parfois des échardes, une planche usée par le temps qui se fendille, faire attention, mais on plonge les yeux dans le ressac tourbillonnant des énormes vagues, pas le calme lisse de la Grande Bleue, flots se soulèvent viennent se fracasser sur la plage, pas pu résister, on est descendus, l'écume nous éclabousse, et puis Cathy se met à courir à perdre haleine à ras des vagues, toute mince, toute vive, elle rit, je n'arrive pas à la rattraper, mes bains de mer, c'est mes bains d'elle, l'image colle à mes yeux fermés, illumine ma tête engourdie, rouvre les paupières, me retrouve bras appuyés contre la table, plus de trente ans après, assailli par ces résurgences d'enfance, la sienne, la mienne, Cathy est la seule personne au monde avec qui je ris

tout tournique dans ma cervelle, d'un seul coup, plus personne, suis seul, au volant de ma voiture, autoroutes infinies, en route pour où, peut-être Iowa City, invité à y faire une conférence, laquelle, j'en ai tant fait, une fois plus de quatorze en une seule année universitaire, comme la semaine où j'ai baisé trois filles différentes, unique, quatorze universités d'affilée en six mois, n'étreins plus de corps, j'embrasse l'Amérique, aussi excitant, là dans ma voiture, laquelle, la Plymouth blanche, ou la marron, que j'ai achetée ensuite, neuve, ne m'est pas arrivé souvent, où, sais plus, qu'importe, m'emporte sur le ruban de bitume infini, Iowa City, Salt Lake City, la croûte de sel étincelant sous le soleil, ou le Mid-West, invité à Case Western par Jean Alter, son nom me revient soudain, revu dix quinze ans plus tard à l'université de Philadelphie, colloque sur l'autofiction, déjà ma marchandise, la vends quand on m'en demande, mais plus lointain, lac gelé l'autre rivage invisible, lac Erié grand comme une mer de glace, ou Michigan en allant vers Chicago, University of Madison dans le Wisconsin, une des plus belles, avec son immense arboretum aux mille espèces d'arbres, des éclairs de souvenirs tournicotent, j'adore, au fil infini de l'autoroute, et si brusquement fatigué, on s'arrête au premier motel qu'on trouve sur son chemin, à côté l'inévitable *diner*, excellent, un steak, découpé selon la région, *scallops with tartar sauce*, pour finir une tranche de *cherry* ou d'*apple pie,* réglé comme du papier à musique, quand on règle, jamais de surprise, toujours raisonnable, de quoi je parle, dépend des époques, j'ai eu mes années Nouvelle Critique, puis théâtre classique, Corneille m'a valu mon plus beau voyage, mars 1984, là je puis dater, trois centième anniversaire de la mort de Corneille, reçois un appel téléphonique lointain, on organise un colloque pour célébrer l'événement, on m'offre d'être le *keynote speaker*, je ne peux m'empêcher de dire, *mais j'ai déjà écrit sur lui six cents pages, que raconter d'autre*, mon interlocuteur français me répond, *c'est à vous de réfléchir*, fait une pause, *vous savez cela aura lieu à l'université de Tucson dans l'Arizona,* dans l'Arizona, là mon sang ne fait qu'un tour, jamais vu, jamais été là-bas, il ajoute, *c'est tout proche du désert*, suffit, je viens, j'accours, fixé en mars le rendez-vous, trois mois pour inventer du nouveau sur Corneille, pas de problème, j'y ai eu une des visions les plus extraordinaires, quittant la froidure humide, neigeuse de New York, j'atterris dans les rues bordées d'orangers en fleur qui odorent légèrement, embaument doucement les narines, j'ai apporté mon topo, *Corneille : Masculin/Féminin,* masculin-féminin déjà des décennies que je patauge dedans, au plus profond de mon être, alors en relisant *La Place Royale, Le Cid,* je n'ai pas de mal à repérer ce mélange, cette mélasse chez Corneille, me souviens plus comment s'est passé ce colloque, aucune trace, par contre quand j'ai décidé de rester un jour de plus, tout seul, quand j'ai loué une voiture, ai décidé de me rendre au fameux observatoire, en plein désert à cinquante kilomètres, rochers ocre à l'infini fouillis de cactus, j'ai roulé cinquante kilomètres sans croiser une voiture, pas de station d'essence, la solitude absolue m'enivre, et puis soudain l'observatoire géant dresse sa forteresse de télescopes pointés dans toutes les directions, longs tubes d'acier saillant des murailles métalliques, je me suis arrêté, je suis entré, j'ai visité, pas foule dans ce monument de science au bout du monde, on nous a expliqué, il a fallu des années de recherche au gouvernement fédéral pour sélectionner le lieu idéal pour bâtir cette station astronomique, finalement le choix s'est fait ici, trois cents jours par an d'ensoleillement, après cette visite à la planète Mars, retour à la voiture dans le parking, retraversé le désert de pierre en sens inverse, cris intermittents d'hyènes ou de chacals, les brochures touristiques expliquent que ce sont eux qui dévorent les Mexicains qui tentent d'entrer en douce sur le territoire américain et laissent sur le sol des traînées d'ossements, je reste prudemment dans ma voiture, ne m'aventure pas dans cette région de rocaille déserte, de nouveau je rentre à Tucson sans avoir croisé un véhicule

je me réveille brusquement de ma rêverie, emporté en des lieux si lointains dans le temps et dans l'espace, sur toute la surface que j'ai sillonnée au cours des ans en Amérique, voguant parmi les écheveaux d'autoroutes de New York à San Francisco, de Montréal au Texas, Nouvelle Critique, théâtre classique, autofiction m'ont projeté dans les coins et recoins du continent, je me suis sur cinquante ans dans des espaces immenses épandu, je me retrouve immobile, les deux coudes appuyés à la table à manger ronde de chêne épais, le menton appuyé entre mes deux mains, sous le lustre d'étain dépoli, au moment de quitter l'Amérique, je cours toujours sur ses routes qui s'entremêlent et s'entrecroisent à l'infini, j'adore New York, je suis tombé aussitôt amoureux de La Nouvelle-Orléans, je me souviens avec tendresse de Boston où j'ai débuté, de la campagne perdue au fond du Massachusetts où j'ai enseigné et vécu dans une euphorie de tous mes sens, je voulais du temps de Smith College nous faire bâtir une maison un jour sur Arnold Road, d'où la vue fait surgir les montagnes de la Nouvelle-Angleterre jusqu'au New Hampshire par beau temps, grand temps d'aller me coucher, *tomorrow is another day,* et des jours il ne m'en reste plus beaucoup pour boucler mes bagages, quand même, je me dis, choisis, deux seulement, de toutes tes vues, tes visions à travers routes de l'espace américain, si tu devais en retenir deux, ce serait lesquelles, je t'accorde juste dix minutes avant d'aller te jeter dans ton lit, t'ensevelir au fond du sommeil, les deux vues les deux visions qui t'auront sur cinquante ans le plus frappé, ce que tu reverrais un instant, ce que tu ressusciterais en un éclair avant de mourir

réponse immédiate, presque réflexe, la première apparition c'est l'été 56, dans les montagnes quasi vierges du Montana, sur le chemin du retour vers Boston, pendant notre voyage de noces tout autour du continent jusqu'au Texas, de là au sud de la Californie, après San Francisco on rebrousse à contrecœur le chemin, déjà deux mois presque que nous fonçons toujours tout droit toujours plus loin jusqu'à Mexico, en car cette fois, on a retrouvé la vieille bagnole à Laredo, toujours vaillante malgré son âge, dix ans, ses kilomètres, sans doute des centaines de milliers, quand même en plein périple du retour, en plein Montana, en plein milieu de la forêt vierge, la Buick pachydermique a fini par tomber en panne, subitement, d'un seul coup le moteur antédiluvien halète, grogne, s'arrête, tout juste le temps de nous garer sur le côté de la route déserte, une vieille route s'allongeant péniblement à travers la forêt, Claudia et moi coincés soudain, où, aucune idée, serais incapable de nous repérer sur la carte, à peine quelques villes incroyablement distantes l'une de l'autre, où sommes-nous, pas le moindre soupçon, je demande, je me demande à haute voix, *qu'est-ce qu'on va faire,* Claudia répond calmement, *il va falloir attendre qu'une voiture passe,* auto-stop, demander qu'on la conduise à la ville la plus proche, au premier garage venu, elle ira chercher secours, j'attendrai dans la Buick qui a rendu l'âme qu'on vienne la ranimer, pas d'autre choix, la solution ne me plaît qu'à moitié, évidemment on ne saurait abandonner toutes nos affaires au creux du néant, mais je n'aime pas l'idée qu'une jeune femme de vingt-trois ans monte dans une auto inconnue pour chercher du secours, Claudia est toujours très positive, on n'a pas le choix, il faut attendre qu'un véhicule passe, on a attendu des heures, du matin jusqu'à l'après-midi sans le moindre déjeuner, nous comptions nous arrêter pour casser la croûte, nous sommes plus que nous le voulions arrêtés, des heures épiant, guettant, pas le moindre véhicule sur cette maudite route, des heures interminables, on ne peut pas passer dans un tel endroit solitaire la nuit, je commence à être vraiment inquiet, soudain un léger bruit à travers arbres, une voiture qui cahote tant bien que mal sur le goudron crevassé, nous nous précipitons, main levée en un appel anxieux, l'auto crachote, s'arrête, des fermiers du coin sans doute, dur de comprendre leur accent, mais ils comprennent notre demande d'aide, soulagé une famille avec femme et enfants, Claudia ne court aucun risque, ils se serrent gentiment à l'arrière pour la laisser monter, je demande combien de temps il faudra pour atteindre la prochaine ville, *more than an hour,* et après naturellement il faut le temps qu'on vienne me chercher, que Claudia déniche le garagiste qui, etc., la bagnole providentielle s'éloigne, disparaît, Claudia avec, moi là, debout au bord de la route

je me suis assis dans la Buick, toutes fenêtres ouvertes, je respire cette solitude absolue, ce silence total, ce parfait abandon sur le haut de la montagne, parmi la forêt vierge, pas un sentier, à l'infini, dans la chaleur subtil mélange de senteurs, feuilles des cent variétés d'arbres, des fleurs sauvages autour des troncs, des folles herbes, curieux j'aurais dû être inquiet, et si Claudia ne trouvait pas facilement de l'aide, et si à la nuit tombée, j'étais encore planté là tout seul, rien mangé depuis le petit déjeuner, l'estomac vide, la tête pleine, peur, angoisse, déréliction, et si, qu'est-ce qui pourrait, une inopinée voiture de malandrins cette fois, qui se jettent sur moi, me dévalisent, qui sait, m'agressent, m'en fiche, pas une seconde la moindre crainte, je n'éprouve aucune appréhension, plutôt un calme inhabituel, inaltérable, je mc laisse aller à cette engourdissante quiétude, je suis immobile, seul, au bout du monde, une joie sourde me pénètre, plongé dans un étrange bonheur, sur mon siège avant affalé, entouré écrasé d'arbres odorants, j'éprouve une félicité unique englouti dans l'immensité de la forêt, loin des hommes, terre dépeuplée, j'essaie de comprendre, qu'est-ce qui me comble ainsi dans cet entier abandon, presque une extase, j'oublie tout, Claudia, le secours qui se fait attendre depuis des heures, que les odeurs, les arbres, la forêt vierge sur une hauteur du Montana, une phrase me revient soudain, me souviens plus si c'est d'Héraclite ou de Parménide, POURQUOI Y A-T-IL QUELQUE

CHOSE PLUTÔT QUE RIEN, cloué sur mon siège, je reçois la réponse en pleine gueule, L'ÊTRE EST, il ne peut faire autre chose qu'être, pas une fissure pour le rien, l'existant un plein absolu, total, Spinoza, Dieu est la Nature, pas d'antécédent, de faille, la Nature me pénètre jusqu'au fond des os, je suis envahi par l'être, l'être est, l'être est moi, un point c'est tout, une immanence pure, incréée par une quelconque transcendance, rien en deçà rien au-delà, rien ne peut faire que l'être ne soit pas, il ne peut pas y avoir rien plutôt que quelque chose, confondue avec la forêt infinie une aveuglante évidence, me réveille soudain, ébloui par les phares, Claudia saute de la camionnette du garagiste et accourt vers moi, *tu ne peux pas savoir à quelle distance était la ville la plus proche,* heureux de la voir, d'être délivré, le mécanicien ouvre le capot, regarde le moteur, je suis simplement sur une vieille route d'un vieux massif du Montana

et l'autre fois où j'ai été interloqué, agrippé par un paysage hors de moi, projeté dans un espace cosmique, c'était en 68, l'été, j'avais été invité à un colloque d'écrivains et d'universitaires à Sainte-Adèle, au nord de Montréal, j'aime l'hospitalité chaleureuse des Québécois, aucun souvenir des propos tenus, pas même du thème de cette rencontre, elle a disparu de ma mémoire, mais ce que je me rappelle ressens avec une parfaite clarté, c'est la suite, chacun après les péroraisons regagne ses pénates, les miennes à des centaines et des centaines de kilomètres, non, ce n'était pas en 68, alors j'habitais déjà à New York, et j'étais venu de Boston, signe irréfutable, j'étais venu dans ma Chrysler bleue, remonte à loin, de ça je suis sûr, la Chrysler d'occasion bien sûr, pendant qu'elle roulait encore, j'ai à la fin du colloque décidé de m'en servir, connaître mieux la région, pour une fois que je ne suis pas à Montréal même, j'adore la ville, des belles demeures d'Outremont à la vieille ville aux maisons de bois, avant d'arriver, le Thousand Islands Bridge, toutes les îles boisées saupoudrant l'immense Saint-Laurent, naturellement j'ai souvent admiré les chutes du Niagara, splendides du côté canadien, de l'autre que des motels alignés pour jeunes mariés, gâche la vue, pour une fois que je suis au nord, n'y ai jamais été avant, avec la Chrysler j'ai envie de remonter plus loin, plus haut, à travers le magnifique paysage de bois et de prés découpés à la française bien délimités, ils commencent dès le Vermont aux Etats-Unis, on sait qu'on approche de la frontière canadienne, là suis au nord, au nord je vais, j'ai roulé des heures tout seul sur une route toute droite, çà et là quelques maisons, à peine quelques villages, et puis plus rien, je continue à filer en droite ligne parmi les rochers éparpillés sur la lande sauvage, les fleurs les ronces, il fait un soleil d'été éclatant, je suis heureux au volant de la Chrysler énorme, boîte de vitesses automatique, avec boutons métalliques qu'on pousse selon les besoins sur le tableau de bord, ma guimbarde encore vaillante, soudain un gros poteau sur la route, STOP, je freine, m'arrête, LA ROUTE S'ARRÊTE, la civilisation cesse d'un coup, ne va pas plus loin, plus loin il y a le Nord du Québec, le Groenland, plus loin encore l'océan Arctique, la vie humaine trouve ici sa frontière, sa limite, STOP, cela ne signifie pas un croisement de routes, mais la fin des routes, je suis arrivé au bout du monde humain, ce n'est plus notre espace notre espèce, des centaines de milliers de kilomètres carrés d'avant nous hors de nous, monde avant et après l'homme, comme si nous n'avions jamais existé, ça m'a fait un choc, je dois dire, un coup au creux de l'estomac, j'en suis resté pantelant, debout, hors de la voiture, les yeux écarquillés, écrasé par ce bloc énorme de Nature brute, poids planétaire d'Être sans humains, spectacle somptueux à l'infini de notre disparition

ZIGZAGS

lumière crue
réveillé en plein rêve voudrais continuer à rêver
mes filles les filles les routes l'Amérique
splendeurs éteintes d'un coup
j'aurais pu voulu dormir plus longtemps
ici pas possible les volets n'existent pas
sur les fenêtres à guillotine on accroche un
store suffit pas pour atténuer la lumière
Renée m'a gentiment installé des rideaux mais il n'y
en a pas ici d'épais d'opaques le jour vous frappe
droit dans les yeux réduit la nuit à porter
un masque comme on vous en offre dans les avions
j'ai dû le ramener d'un de mes voyages
lointains l'élastique s'est desserré
pourrais pas supporter s'il comprimait ma nuque
mais même le masque n'enfouit pas dans les ténèbres
le retire jour brutal quelle heure
implacable la pendule marque 9 heures 25
suis encore tout abruti aurais pu encore
pioncer au moins une heure pas possible
je vis au forcing debout et plus vite que ça
me souviens plus quand je me suis couché

hier soir 1 heure 2 heures sais plus le travail attend pas une minute de repos je dois me lever les malles sont à peu près faites mais il reste tous les cartons empilés dans le cagibi n'ai pas osé les compter mais il doit y en avoir plus d'une dizaine tous les papiers accumulés depuis le commencement des temps mon obsession ma manie de ne rien jeter j'accumule carton après carton de déménagement en déménagement les emporte sais même plus ce qu'il y a dedans peut y avoir des documents importants obligé de vérifier ce qu'ils contiennent va être mon boulot pour toute la journée un sacré boulot patauger dans tous ces papiers effort suprême je me dégage des draps écarte les couvertures debout suis complètement hébété ai dû me coucher trop tard avec tout ce travail à faire d'un coup de reins je me lève la tête me tourne je chancelle en direction de la fenêtre tire les rideaux lève le store ébloui soleil glacé de janvier déjà au rendez-vous dans un ciel bleu pâle à peine quelques nuages qui s'y promènent j'ouvre la vitre que j'avais baissée à cause du froid hiver new-yorkais la bise me gèle les joues me réveille comme toujours je reste à contempler derrière la vitre magnificence magie des matins après celle des soirs étendue qui se déplie presque du New Jersey sur la droite en passant par la tour de City Hall vers les approches de Kennedy Airport à gauche là-bas ne le vois pas mais je devine le sens sera bientôt ma direction dans le fouillis des bâtiments sillonné de grands taxis jaunes un adieu qui me coupera de moi-même fendu en deux depuis un demi-siècle juillet 1955 janvier 2006 va tout entière s'effondrer ma partie américaine je retourne dans ma patrie

levé lavé breakfast rapide, il faut à présent m'atteler à ma tâche. J'ouvre la porte du cabinet de débarras, attenante à mon grand bureau, au fond du couloir. Pas même une prise électrique, il faut tirer une ficelle pour allumer, je regarde. Tous les vêtements, toutes les loques démodées ont disparu. Envolé le grand tas de couvertures. Du plancher au plafond, sur toutes les étagères, de gros cartons. Cette fois je les compte, puisque je dois compter avec eux. Douze, treize, quatorze. Plus que je ne croyais. Cabinet de débarras, maintenant il s'agit de débarrasser. Le premier carton sur le plancher pèse une tonne. Je le fais glisser, puis le soulève à grand-peine. Le dépose devant mon fauteuil orange, où je lis le soir, sur le tapis. Un amoncellement de paperasses à ras bord. Commence la fouille. Passionnant, des déclarations de revenus de 1966, 1967, des factures d'électricité Con Edison, toutes les époques. Pas de factures de gaz, il est compris dans le loyer. Carnets de chèques de Chemical Bank, des talons et des talons, dû faire des mois, des années. Ne me souviens même pas d'avoir jamais eu un compte dans cette banque. Pourquoi avoir ainsi gardé, stocké tout ce fatras. Des ordonnances de médicaments, je ne reconnais même pas les noms, Merinax 1 le soir, Pereflat 2 comprimés aux repas, pour quel malaise ou quelle maladie. J'en ai eu tant. Je ne peux plus me reconnaître dans ma pharmacopée.

Comme pour les vêtements à jeter, j'ai à côté de mon fauteuil un grand sac-poubelle. J'y fourre tous ces papiers inutiles, avant de les incinérer dans le vide-ordures. En dessous, des chemises de carton de toutes couleurs entassées les unes sur les autres. Je prends la première, d'un beige défraîchi. *Femmes écrivains du XVII*[e] *siècle*. Il n'y avait pas encore d'écrivaines. Notes de cours, ce cours je ne l'ai fait qu'une fois, 1967, à mes débuts à New York University. Madame de Sévigné, bien sûr, mais surtout Madame de La Fayette, toute une tartine de notes, j'ai toujours eu un vif amour pour *La Princesse de Clèves*. Me revient le premier article que j'ai publié, à *La Table Ronde*, « *La Princesse de Clèves* : une interprétation existentielle », devait être dans ces années-là. D'épais dossiers sur Corneille, Racine, Molière, chaque pièce que j'ai enseignée, je feuillette, avec des rajouts à l'encre rouge. Ai eu le temps de changer d'avis, d'optique, avec les années. J'ai eu ma période existentialiste, puis psychanalytique. Une chemise après l'autre : Sartre, *Nausée*. Rien que cela fait trois dossiers. Sartre, *Les Mots*. Là, de mots, c'est un déluge. J'ai pondu articles sur articles au cours des ans. Ce trajet me traverse du début à la fin de mon enseignement. Au début pour mes cours sur Sartre, j'avais plus de vingt étudiants. A la fin, il n'y en avait qu'une. Jolie, mais insuffisant. Cours annulé, exit Sartre. Aurait fallu Foucault ou Derrida. Une sorte de pressentiment, je vais chercher le carton suivant à même le plancher. Toujours des notes de cours, sur Freud, cette fois. Chemises rouges, vertes, marron. Commence en 1968. M'en a fait voir de toutes les couleurs. 1968, pour moi, ce ne sont pas les « événements de Mai ». J'étais à New York à l'époque, j'ai bien sûr, suivi, subi cette vaste secousse sociale, j'en ai lu avec passion dans le *New York Times* les détails. Vive la révolte anti-bourgeoise, je l'ai vécue confortablement installé dans le lumineux bureau de la maison de Queens. L'époque où les magnolias le long de la rue commencent à fleurir, leurs pétales pointus luisant d'un bleu, d'un mauve odorants, qui embaument les trottoirs. Mais cette fois, je les sentais à peine, écrasé net par la catastrophe de ma vie, la mort de ma mère en février. Entré en analyse, pour survivre, en mars. C'est ça 68 pour moi, une année maudite, que j'ai traînée tout au long de mon existence comme un boulet. Entassées dans le second carton, les chemises « psy ». En même temps que j'ai appris à déchiffrer mes rêves avec Akeret, je me suis mis à étudier *The Interpretation of Dreams*, Freud en anglais, tout ce que j'avais sous la main à l'époque. Avant de reprendre *Die Traumdeutung* en allemand, vingt ans plus tard. Je me contente de la Standard Edition de James Strachey, en livre de poche de la « Pelican Freud Library » Chemise beige, une, deux, trois. J'étais un étudiant systématique. En rose, les *Études sur l'hystérie.* En marron, des notes supplémentaires sur le rêve princeps, « L'injection faite à Irma ». Et des notes sur l'analyse qu'en fait Erikson. Bigre. Qu'est-ce que fait là, en bleu, « Le cas Dora ». Beaucoup plus tardif, je jette un coup d'œil, l'interprétation est faite à partir du texte allemand. En vert, « Freud romancier ». Là je me souviens clairement, c'est un cours que j'ai fait au printemps 88, après la mort d'Ilse. En hommage. C'est par elle que j'ai eu accès à l'allemand, à force d'aller tous les étés à Linz chez ses parents en Autriche. 78-88. Après, j'ai un peu abandonné Freud. Et Lacan, *Écrits,* sur chaque page des passages soulignés au crayon, au Bic noir, bleu, rouge. Me rappelle cet énorme travail. Maintenant, j'ai décroché. Suis plus accro de la psychanalyse. Elle a été entourée prise pour moi entre deux morts, ma mère, Ilse. Pour ma mère, ces années d'analyse m'ont permis de survivre, de vivre. Pour Ilse, pas dans l'ordre des choses qu'une épouse de 36 ans meure d'alcoolisme. J'ai essayé une autre tranche d'analyse. Ne m'a pas empêché de tomber dans une profonde dépression. Je crois me souvenir d'un passage des *Etudes sur l'hystérie*, qui m'avait frappé. Je fouille dans mes notes. Le voilà, c'est la conclusion. *« Mais vous me dites vous-même que mon mal est en rapport avec les circonstances de ma vie, avec mon destin. Alors comment pouvez-vous m'aider ? » J'ai alors donné la réponse suivante : « Certes, il est hors de doute qu'il serait plus facile au destin qu'à moi-même de vous débarrasser de vos maux, mais vous pouvez vous convaincre d'une chose, c'est que vous trouverez grand avantage, en cas de réussite, à transformer votre misère hystérique en malheur banal. »* *Common,* dit l'anglais, le malheur commun, le destin, j'ai souligné deux fois ce mot dans mes notes, à chacun, en toute solitude, de tenter de les surmonter. La psychanalyse ne supprime en rien la tragédie. Ni le destin. *Fate, Schicksal*, indépassables. Tous ces cahiers de notes s'empilent à côté du fauteuil. Plus fort que moi, impossible de les jeter dans le sac-poubelle. Il est probable, sûr, que je ne les relirai, utiliserai jamais plus. Fini l'enseignement, peut-être même la critique. Alors à quoi bon. Je ne sais pas, mais je garde ces traces de décennies de labeur. Je les remets dans le carton à emporter avec moi. Font partie de moi. Troisième carton, toujours sur le plancher. Des lettres d'amis, depuis décédés, de collègues m'offrant de faire une conférence ici ou là. Du nord au sud, d'Iowa à Rice University au Texas, les *Gauss Lectures* fort décemment rémunérées à Princeton. Je retrouve avec plaisir la lettre de Victor Brombert. Henri Peyre, notre père à tous, le plus célèbre représentant des lettres françaises en Amérique, à la fois coupant, tranchant et d'une générosité, d'une gentillesse incomparables. M'invite à faire un topo à Yale, Harvard-Yale-Princeton, le gratin du gratin. C'était après 66, après la publication de mon livre *Pourquoi la Nouvelle Critique.* Sans point d'interrogation, c'est une explication. D'heureux moments quand même, qui jalonnent mon parcours franco-américain. Peux pas jeter ces lettres, pas possible. Elles m'apportent de bons souvenirs, elles viennent combler mes oublis. Une ancienne étudiante devenue professeur qui m'invite à Madison University, Wisconsin. Des milliers de kilomètres, bien sûr, j'y vais en voiture. Laquelle c'était à l'époque, la Plymouth blanche, ou la marron que j'ai achetée après, quand la blanche a rendu l'âme. Sais plus. Mes voitures successives jalonnent aussi ma vie. Au début, Nash, la Buick antédiluvienne avec laquelle j'ai fait le tour de l'Amérique pour notre voyage de noces en 56, Studebaker, Chrysler, toutes d'occasion, toutes en mauvais état, quand j'ai pu m'en payer des neuves, c'étaient les moins chères. Plymouth, mauvaise qualité, elles ont un jour disparu. Comme les Oldsmobile, restent les Buick. En cinquante ans d'Amérique, j'ai vu naître et disparaître tant de marques. Et puis un jour plus récent, ç'a été l'invasion japonaise, le Pearl Harbor des bagnoles américaines. Coulées. Mais du japonais, n'en aurais jamais acheté ni de l'allemand. Question d'Histoire. Alors avec l'un ou l'autre de mes tacots, j'ai été jusqu'à l'université de Madison, dans le Wisconsin. Magnifique, face au lac rutilant en cette fin d'automne, vue superbe, et puis le merveilleux arboretum, des arbres de toutes les variétés, de toutes les couleurs. Jardin botanique sylvestre. Sacrés souvenirs, comme les promenades autour du lac à

Wellesley College. Toutes ces conférences, des invites à des bains de beauté. A des moissons fructueuses de fric aussi. Pas comme en France, là-bas, on vous paie. La parole est d'argent. Beaucoup parfois. J'ai eu des éclats fugitifs de paysages d'Amérique, vrai puzzle qu'il est impossible de réunir en une vision cohérente. Quoi de commun entre le *French Quarter* de La Nouvelle-Orléans, bordé de petits bâtiments de brique avec des balcons de fer forgé couverts de fleurs, et l'immensité déserte et plate de l'université de Miami, non pas en Floride, mais dans l'Ohio, au cœur du Middle West, deux rues, High Street et Main Street se croisant à angle droit, avec quinze mille étudiants et professeurs, abandonnés dans une plaine monotone à perte de vue et le premier aéroport à cent cinquante kilomètres. Les rues en vallonnements et monticules de San Francisco débouchant sur l'océan ensoleillé et la réserve d'Indiens que j'ai visitée au fond des bois, lors d'une invitation à l'université du Colorado, à Boulder. Bien sûr, il y a de telles disparités dans tous les pays, mais ici, comme le reste, elles sont portées à l'extrême. J'ai tellement aimé ce tourbillon d'images que m'ont valu, selon l'époque, mes causeries sur la Nouvelle Critique, Sartre et Camus, Corneille ou Racine, sur le tard l'autofiction. *French Thought* m'a ouvert l'Amérique. Projeté en tous sens parmi ses splendeurs.

Au fond de ce troisième carton, toutes ces lettres de collègues ont fait resurgir en moi des fragments instantanés, dispersés, d'Amérique. Ce qui me reste de toutes ces vadrouilles savantes, ce sont des éclats, éclairs de paysages. Quand j'ai été lire à la réunion annuelle de la Modern Languages Association en Californie une communication sur Sartre, juste après Noël 1974, ce qui me frappe, me coupe le souffle en y pensant, c'est la vue, la vision qu'on a de l'avion. Après des heures de plaine infinie, couverte de neige, tapis de blancheur étincelante étalé sur des milliers de kilomètres, soudain saillent d'un seul jet sous l'avion les crocs aigus des pics rocheux, se rapprochent de l'appareil, on va tout droit sur ce jaillissement de dents pointues dénudées, ce hérissement soudain surgi sous nous, la carlingue va s'y écraser nous avec, l'avion frôle, rase les sommets de ces si bien nommées montagnes Rocheuses, plus hautes que les Alpes, et puis non, l'avion glisse juste au-dessus de cette énorme barrière contre quoi vient se heurter l'immense étendue de la plaine blanche, on survole de longs moments l'énorme massif lui aussi recouvert de neige, et tout à coup en quelques secondes on dégringole dans des fouillis de palmiers, des champs d'agrumes sous un soleil éblouissant, pas de neige ici, c'est l'éternel été qui succède, à peine le temps de respirer, à la rigueur mortelle du froid polaire, subitement projetés dans les tropiques, l'avion commence sa descente, on voit mieux rangées après rangées d'orangers, de citronniers, des palmiers encore et encore, on roule sur le tarmac, nous sommes en Californie, on a en une minute changé abruptement de continent

je garde la plupart des invitations à en-tête des divers colloques, universités et instituts que j'ai amassées au cours des ans, je me lève, vais chercher le quatrième carton sur la première étagère, et là un amas de lettres personnelles en vrac, 55, 56, 72, 82, toutes les décennies confondues dans un inextricable pêle-mêle des années, un grouillement d'adresses diverses, j'en ai tant de fois changé dans ma vie, je prends au hasard la première enveloppe qui me tombe sous la main, *M. Serge J. Doubrovsky, 605 West 113 St., New York, NY 10025, USA,* même pas besoin de savoir qui m'a envoyé cette lettre, c'est mon oncle. Il n'y a que lui qui m'appelle *Serge J.*, au lieu de *Julien S.*, 1er janvier 78, la date me frappe, une des pires de mes années, 78 année maudite, entre Rachel et moi, discorde continue ou contenue, mais chaque fois qu'elle me parle, sa voix est rogue, sans cesse en rogne, moi-même je ne suis pas très doux, très tendre, quand on est près de se quitter on ne tient l'autre jamais quitte, tous les torts remontent comme du fiel dans la bouche, 113e Rue, rien que l'adresse me rend malade, peu à peu elle m'a obligé à laisser ma jolie maison de Queens derrière sa pelouse, pour venir habiter ce long appartement au nord glacial de la ville, deux pas de Harlem, récemment un collègue de Columbia en train de se garer, arraché de son siège, poignardé, volé, voilà le quartier dans lequel elle a fini par m'attirer, ce n'était pas par amour, mais par haine, pour me forcer à divorcer si je voulais continuer nos rapports alors qu'elle savait déjà qu'elle allait quitter New York, me quitter, adieu Columbia University, cherchait un poste ailleurs, au loin, l'Amérique est vaste, huit ans qu'on s'est chamaillé, elle a sa ritournelle *épouse-moi ou*, moi mon invariable réplique *oui mais*, juste au moment où à l'arraché j'ai finalement obtenu mon divorce, en un suprême effort où j'ai perdu ma maison, ma raison, je n'ai pas le droit de rester dans son appartement, on n'y a droit que si l'on travaille à Columbia, elle m'annonce froidement que tout est terminé entre nous, elle a trouvé un boulot à Providence, pour elle c'est un nom parfait, ne saurait trouver mieux, dans le Rhode Island, pas trop distant de New York où vit sa famille, suffisamment distant de moi, me signifie mon congé, avril 78, divorce j'ai perdu ma demeure, dans son appartement je n'ai pas le droit de séjourner, je suis littéralement à la rue, quand elle m'a claironné ses nouvelles dispositions, j'ai eu envie de l'étrangler, de lui enfoncer mon coutelas espagnol en pleine tripe, ma fille regardait la télé à l'autre bout de la grande salle de séjour, elle se retourne soudain, demande *what's going on ?* je dis *nothing*, me retiens, au lieu de me venger avec mon couteau, je le ferai avec ma plume, heureusement les écrivains ont cette ressource, je lui ai réglé son compte, le mien aussi du même coup, livre scandale en 82, *Un amour de soi* refusé par Galligrasseuil, trop intime, atteinte à la vie privée, le livre on le trouve à présent en Folio pour quelques euros, la page est tournée

janvier 78, mon oncle c'est tout autre chose, né en 1900, moi en 28, une génération entière entre nous, ma tante est morte l'année d'avant, je ne sais pas exactement combien de temps ils ont passé ensemble, sans doute quarante-cinq ou cinquante ans

Mon Grand,
J'ai toutes tes lettres devant moi et j'ai du mal à y répondre. Je me rends compte que tout ce que je faisais de potable dans la vie, c'était pour Paule, avec Paule. J'avais besoin de sa présence, même silencieuse. C'est bête ce que je vais te dire : elle témoignait de mon existence. Sans elle, je ne suis pas sûr de vivre ou plutôt d'être.

Il décline gentiment mon offre de faire une causerie à propos de son émission à la radio sur le vieux Trocadéro, celui de son enfance, démoli en 36 pour construire le Chaillot pachydermique d'aujourd'hui, le vieux Troca où se prodiguaient aux matinées de gala Mounet-Sully, Paul Mounet, de Max, tous les grands acteurs tragiques de l'époque, même une fois Sarah Bernhardt, plus tout à fait dans sa forme, mais un beau vestige, et puis les visites de Buffalo Bill avec ses chevaux, de Chaplin, la danse nue d'Isadora Duncan, mon grand-père avait la concession du buffet, mon oncle, ma mère, ils ont été élevés en pleine magie du grand théâtre, mon oncle a tenu à laisser une trace de leur existence d'enfance émerveillée. Comme il a travaillé sur le tard à la radio, on est venu lui demander de contribuer à la série « Mémoire du siècle », on lui a demandé de parler de la Résistance, il s'est fâché, *il y en a tellement qui y ont participé plus glorieusement que moi,* alors qu'il parle de son expérience du surréalisme, il a chez lui un exemplaire dédicacé par André Breton, *Les Vases communicants,* il refuse *il y en a tant qui ont connu ce milieu bien mieux que moi,* alors quoi communiquer, il dit, *Paris avant 1914*, là il n'y a plus une foule de gens qui peuvent le faire, il m'a souvent affirmé, *j'ai tous mes souvenirs depuis l'âge de six ans,* alors le trajet du Madeleine-Bastille, tiré par des chevaux qui sentaient bon le crottin, ils avaient leur écurie en haut de la rue de Longchamp, là où il y a eu depuis les bâtiments de la Société Générale et maintenant un centre d'affaires, les dames qui relevaient leur jupe pour grimper sur l'impériale et on voyait les chevilles avec extase, sur le tertre du milieu de la place, au lieu de la statue de Foch, un kiosque à musique militaire le dimanche, et puis ma mère qui allait avant 14 passer tous ses étés chez son grand-père à Oberschaeffolsheim en Alsace, la jument blanche Biquette dans sa petite écurie, après l'arrêt des policiers à casque à pointe à la frontière de Lorraine à Forbach, elle plongeait dans son village en plein patois alsacien, oui, décidément une autre époque, une autre ère, mon oncle a voulu évoquer, lui, le vieux Trocadéro, moi, j'aurais aimé dire mon impression de ce passé qui n'est pas le mien mais qui m'englobe, faire une causerie à mon tour, mais il refuse, *1er janvier 78,* après la mort de ma tante, mon oncle semble s'être démis de lui-même, tous les vêtements de ma tante sont rangés, intouchés, dans leur placard, c'était une autre génération, mon oncle a copieusement trompé ma tante, dans les mille circonstances de la vie de journaliste, il m'a lui-même raconté certains épisodes croustillants, une fois je lui ai demandé s'il avait jamais songé à divorcer, il m'a regardé avec des yeux arrondis de stupeur, sa voix en tremble, *mais voyons ce ne me serait pas même venu à l'esprit, ta tante c'est ma vie,* le reste des amusements passagers pour tempéraments un peu chauds, rien d'autre, la dame qui monte dans le wagon-lit à l'arrêt d'Avignon en route pour Marseille, le contrôleur qui dit, *il n'y a plus de place*, mon oncle galant lui offre la sienne, la dame qui répond, *mais il doit y avoir de la place pour deux dans les couchettes,* le train repart, mon oncle part d'un grand éclat de rire, *je t'assure qu'on n'a pas beaucoup dormi entre Avignon et Marseille,* c'est ça c'est tout, *pour moi Paule était sacrée*, un mâle de sa génération, comme mon père, moi, c'est différent, chaque rencontre érotique devient amoureuse, chaque nouvel amour ébranle ma vie, une vie j'en imagine aussitôt une autre avec une autre, parfois comme avec Rachel je résiste, il n'y a plus grand-chose entre ma femme et moi sur le plan charnel, mais j'ai mes enfants, j'ai ma maison de Queens, ma femme je l'aurais quittée sans beaucoup de mal, mais entre Rachel et moi il y a ma maison et dedans mes filles, alors j'ai fait traîner huit ans ma décision, et, comme de juste, quand je me suis à moi-même arraché mon divorce, Rachel m'a plaqué

Je replace pieusement la lettre dans le carton, impossible de la jeter, serait sacrilège, mon père est mort des suites de la guerre en 48, depuis mon oncle est comme un second père, de loin il suit mes errances, ses lettres m'arrivent régulièrement à chaque nouveau domicile, pour l'heure je quitte le *605 W 113th Street*, de malheureuse mémoire, mon psy n'habitait pas loin, croisement de West End Avenue et 96e Rue, odeur de passé émane de ces cartons, un parfum fané qui ranime les souvenirs, çà et là, sans ordre, sans la savante ordonnance d'une autobiographie, des relents, des régurgitations, une vie ce sont des fragments brisés, des morceaux épars qui reviennent au gré des hasards, des humeurs, des bribes dispersées le long de notre chemin, je suis saisi d'un coup par toutes ces lettres entassées pêle-mêle dans ces cartons, et qui chacune est une résurgence inopinée de ce qu'il faut bien appeler ma vie, mes vies, en fait, j'en ai eu tellement qui sans lien se superposent, s'entrecroisent, s'effilochent, n'en reste plus rien, que ces traces, là, dans ces cartons, je sors au hasard une autre lettre, *DAD*, une carte de ma fille aînée, *just a little reminder on Father's Day*, j'arrive à peine à lire la date sur l'enveloppe, 1982, je crois, je conserve précieusement toutes ces cartes, anniversaire, Saint-Valentin, fête des pères, Noël bien sûr, et Thanksgiving, Nouvel An, rien n'y manque, que le fait que je ne serai jamais pour personne *Papa*, tels sont les aléas de l'existence, mes filles sont américaines cent pour cent, leurs cartes d'amour au gré des ans s'amoncellent, j'en ressens à travers les années la même joie, *Dear Daddy, Especially for you on Father's Day,* joli dessin, *May the good and beautiful things of the earth be yours !* à la main, *Love,* Cathy, perdu l'enveloppe, c'est sans date, entre Cathy et moi, Renée et moi, l'amour date de toujours, certaines cartes de vœux sont inventives, elles analysent finement, bien qu'industriellement, les nuances du sentiment, *If you had not been the father you are, I would not be the daughter I am or the woman I've become,* Renée, à la main, *May your next book be your crowning achievement, Love always,* elle n'oublie jamais que j'écris des livres, je ne l'oublie jamais dans ce que j'écris et qu'elle ne pourra jamais lire, coupure nouvelle entre nous, je suis pratiquement intraduisible, accroché à tous les jeux des mots dans ma langue qu'on ne peut faire passer dans une autre, avec mes filles ma langue paternelle est l'anglais, ma langue maternelle le français, père et mère divorcés, depuis 1977, l'un ici, l'autre là, jamais ensemble, mes filles ont dû s'habituer au cours des ans à cette séparation fondamentale, géographique aussi, elles en Amérique, moi la moitié du temps en France, viennent bien sûr me voir à Noël, parfois à Pâques, adorent Paris, mais c'est quand même une division irréductible de l'espace familial, avant c'était la même faille avec ma mère, elle à Paris, moi à Boston ou New York, naturellement j'arrivais pile en juin dès les derniers jours de classe, repartais pile fin août pour le début des cours, pas même de téléphone à l'époque, trop cher, nos rapports étaient principalement épistolaires, toutes les cartes de mes filles sont envoyées rue Vital, à mon adresse parisienne depuis trente ans, je retire une autre large enveloppe, les cartes de vœux sont aussitôt reconnaissables, *May 22, 2000, Dear Daddy, I've always known / that you trusted me/and believed in me / but that if I let you down /, you'd understand somehow / and give me another chance. / I guess what I'm saying is I've always known/you love me… / and just hope you've always known / how much I love you back. HAPPY BIRTHDAY,* à la main dessous, *Your loving daughter, Cathy,* elle a un art subtil de choisir, parmi les dizaines de cartes déjà imprimées, celle qui exprime le mieux ce qu'elle ne saurait pas exactement dire elle-même, Renée n'envoie pas du tout les mêmes cartes que sa sœur, chacune selon son style, une véritable industrie publicitaire doit travailler d'avance le langage pour que chacun y trouve le sien, j'ai beau le savoir, ces cartes font mouche, m'atteignent en plein cœur

la preuve, je les ai gardées toutes à travers les années, ce n'est pas maintenant que je vais m'en séparer, je ne les relirai sans doute jamais, mais elles seront là, comme une présence enfouie, le sac-poubelle n'est pas pour elles, mais cela pose problème, je ne suis pas là pour jouer, jouir de mes états d'âme, mais pour faire un rangement, il me reste encore tant de cartons à explorer, il va falloir en acheter de plus grands pour leur imminent transport, transfert de cendres, sur l'autre rive de l'océan, par bonheur le carton suivant est de nouveau rempli de quittances depuis longtemps périmées, acte de vente de la maison de Queens vieux de presque trente ans, frais de réparations de mes voitures, comptabilité inexorable, ils n'y vont pas de main morte, des centaines et des centaines de dollars, consultations d'avocat en vue du divorce, tout un fatras légal, droit au sac-poubelle, enfin des papiers que je jette, bon débarras, me lève guilleret, vais chercher le prochain carton dans le cabinet poussiéreux, je fouille à présent la première étagère, le travail avance, je me rassieds sur le fauteuil orange, fouine dans l'amas de lettres, j'en retire deux trois sans enveloppes, *Lundi 13 août,* quelle année, je bascule soudain d'un coup en arrière, à l'autre bout de ma vie,

Ma chère petite Maman adorée,
Une bonne nouvelle. Je viens de me peser : 62 kg juste (sans chaussures). Ce qui fait qu'en trois semaines j'ai grossi de 3 kg. C'est bien et je voudrais continuer

bon sang, ce lundi 13 août, c'est en 1946, premières vacances curatives d'après-guerre, envoyé me refaire une santé chez Madame Chevalier, épicière à Saint-Hymer, en Normandie, tiré d'un coup sec soixante ans en arrière, 3 kg en 3 semaines, régime des années quarante, arrivé comme un crevard, à peine je bouffe, tout fier de mes 62 kg, tu parles, j'en fais maintenant 95, mais c'est soixante ans plus tard, l'enfant n'est plus Renée ou Cathy, c'est moi,

Nous avons visité hier une vraie ferme avec Papa… Vaches, porcs, dindons, poules, oies, cheval, âne, chiens et chats, rien ne manque… J'ai pensé à ma sœur qui aurait bien aimé se trouver là… Nous allons aller à la pêche aux truites (espérons que ce pluriel sera justifié !)

Je suis en train de lire du Kant, et m'aperçois que M. Ouy avait formulé contre sa morale des objections qui me paraissent à l'examen très discutables…

Baisers, baisers, baisers,

Ton petit Julien

Rien ne manque, en effet. Maman, Papa, ma sœur, mon prof de philo et Julien, dix-huit ans. Moi au complet, avec les éblouissantes merveilles qui vous font prendre 3 kg en 3 semaines, bon pain avec du vrai beurre à volonté, crème fraîche, viande et légumes en veux-tu en voilà. Et Kant. Quand même, je ne reconnais absolument pas mon écriture. Elle aurait pu être celle d'un autre.

> *Le temps est au beau, et nous allons aller à Trouville-Deauville cette semaine. La plage est déminée et les gens se baignent. Je ne résisterai certainement pas au plaisir d'aller me tremper dans l'eau de mer, ce que je n'ai pas fait depuis 1939…*

39, 46, ce sont mes dates. Plage déminée. Je m'y retrouve instantanément. Ces détails d'époque sont pour moi toujours au présent. Pas de plus belle formule que celle de Ricœur : *Soi-même comme un autre.* On pourrait dire aussi : *un autre comme soi-même.* Plutôt ce que je ressens, lettre à la main, dans mon fauteuil new-yorkais. Le fauteuil n'est pas celui de l'analyste. Maman adorée, ton petit Julien, rapport fusionnel à la mère. Pas ça ici qui m'intéresse. Ce qui m'importe, c'est la mémoire. Quand je relis cette lettre, de quoi est-ce que je me souviens réellement. L'épicerie de Madame Chevalier, Saint-Hymer, la grande bouffe, aucun souvenir. Pas seulement la plage, moi aussi je suis déminé. J'ai perdu les images qui vous explosent dans la tête. Qui font revivre le passé. Même Kant, j'ai oublié sa morale.

Promenade avec mon père, voyage à Deauville, les mots font naître de vagues ombres dans l'imagination, ce ne sont pas des souvenirs. Qui s'imposent à l'instant comme une réalité. Vagues sensations de chemins bordés de haies me frôlent. De ce premier séjour salvateur après la guerre, lieux, visages, gestes, rien ne reste. Cette lettre sur papier froissé, jauni, document idéal pour l'historien, le biographe. Inutile pour qui essaie de revivre de l'intérieur sa propre vie. La seule scène dont je me souviens et qui flambe dans ma tête, l'arrivée pour une nuit, un repas, un simple café, je ne sais pas, mais un couple splendide de blanc vêtu, l'homme très jeune, son nom, Chris Marker, devenu depuis un très connu cinéaste, surtout sa compagne d'une beauté blonde éclatante. Une fulguration, rien de plus. Mais je me rappelle, image fulmine. On pourrait bien sûr, se rasseoir dans le fauteuil de l'analyste. Mais ce n'est pas ici ce qui m'intéresse. Ce qui m'intéresse, c'est ce qu'il reste consciemment d'une vie vécue et qui voudrait se revivre, avant d'arriver à son terme. Qui j'ai été, quel j'ai été, il n'y a pas d'autre jugement final que celui qu'on porte sur soi-même. Les deux autres missives, l'une datée *mardi 8 septembre 1947* l'autre *vendredi 5*, sont celles d'un parfait étranger. En un an, l'écriture elle-même a changé du tout au tout. Claire, régulière, presque calligraphique. J'y apprends que j'ai été à l'hôtel à Chambéry, visite à Monaco, à Menton sous un éclatant soleil. Détails pour ma mère sur la nourriture, les prix, santé et le reste. Le seul détail auquel je puis m'identifier, la nourriture de l'intellect :

> *P-S : Commander s.v.p. les MÉDITATIONS CARTÉSIENNES de Husserl, chez l'éditeur Vrin, car je n'ai pu le faire en août, la maison d'édition étant fermée.*

A peine admis à Normale sup, je pense déjà à l'agrégation de philo.

Bien moi. Mais une philo non mêlée à des pensées purement philosophiques.

Mayer arrivera ici le 10. Sans l'attendre j'ai été rendre visite à ses cousines de Monaco (j'en ai vu une qui était très jolie). D'autre part, demain et dimanche, il y a à Menton un grand bal de la Libération. Je vais tâcher de nouer connaissance avec les beautés du cru… Je vous tiendrai au courant du succès de l'opération.

Je n'ai pas le moindre souvenir de ce voyage à Monaco et à Menton en 47.
Je ne reconnais pas l'écriture, mais je reconnais la signature.

De toutes ces années évaporées de ma mémoire surgit soudain un document historique, dûment dactylographié, lettres inégales des machines à écrire antiques de ces temps-là.

LYCÉE CLAUDE-DEBUSSY

SAINT-GERMAIN-EN-LAYE
72, Rue Léon-Désoyer

Saint-Germain, le 5 juillet 1945

Monsieur,

J'ai l'avantage et le très vif plaisir de vous informer officiellement que votre fils Julien vient de mériter le premier prix de Dissertation Philosophique Concours général des Lycées et Collèges.

C'est une récompense magnifique dont le lustre rejaillit sur notre établissement, j'adresse à Julien mes compliments les plus chaleureux en même temps que mes remerciements pour l'honneur qu'il nous fait.

La distribution des Prix aura lieu au grand amphithéâtre de la Sorbonne le mercredi 11 juillet à 9 h ½ du matin. Il faudra qu'il se présente là-bas à 9 h au plus tard. Il pourrait se joindre à la délégation de 20 élèves qui partiraient de St Germain par le train de 7 h 43.

Je vous prie d'agréer, Monsieur, l'expression de

Le Proviseur

Signature illisible. Ainsi que j'ai appris la nouvelle. Lettre adressée à *Monsieur,* il n'y avait pas de *Madame* apparemment pour les documents d'importance, en ce temps-là. Aucun souvenir de cette lettre officielle du Proviseur, j'ignore si je me suis joint à la délégation de 20 élèves ou si je suis venu tout bonnement avec mes parents. Nuit noire. Après, soudain, explosion de souvenirs, fulgurants, si présents qu'ils pourraient dater d'aujourd'hui. Je les ai évoqués lyriquement dans tous mes livres. Une des plus grandes, éclatantes joies de ma vie. L'Amphithéâtre plein à craquer, le jury sur l'estrade au complet, le Général au milieu. On appelle les autres prix d'abord, le mien en dernier. Applaudissements, je gravis lentement les marches, gonflé de bonheur à exploser. Pour mon père et ma mère, d'abord et surtout, pour nos sauveurs, Riri et Nénette, qui nous ont cachés neuf mois chez eux à leurs risques et périls, j'essaie de leur rendre un peu selon mes moyens, ils sont tous au bord des larmes, je suis si heureux de leur donner ce bonheur, à ceux qui m'ont donné et ceux qui m'ont sauvé la vie, à eux que je pense en gravissant les marches de l'estrade, et puis d'un seul coup devant moi, tout petit face à LUI. Il se lève, me tend un vase de Sèvres bleu magnifique et une carte, *Charles de Gaulle à Julien Doubrovsky,* non, personne ne peut aujourd'hui imaginer ce qu'ont pu être pour moi ces moments, là c'est mon bonheur *à moi*, ma joie suprême, pendant quatre ans, chaque jour, jour et nuit, je n'ai été qu'un sous-homme, une brebis galeuse, *interdit aux chiens et aux Juifs*, à l'entrée des parcs, des boutiques, en dehors d'une ou deux heures chichement accordées pour les indispensables commissions, non, vous ne pouvez pas imaginer, moi-même j'ai du mal mais ça me revient, un renvoi dans la gorge de ces années pestiférées, un goût de fiel dans la bouche, tous les journaux qui quotidiennement crachent sur nous leurs vomissures, *Paris-Midi, La France au travail, Le Matin, Paris-Soir, L'Œuvre, La Gerbe,* à gerber, *mort au Juif oui M.O.R.T. le Juif n'est pas un homme,* ça c'était dans *Le Pilori,* après la rafle du Vel d'Hiv, *le Juif n'est pas un homme c'est une bête puante on se débarrasse des poux on combat les épidémies on se défend contre le mal contre la mort donc contre les Juifs cinq mille parasites de moins dans le grand Paris la première ponction est faite d'autres suivront,* à Radio-Vichy Philippe Henriot prêchant l'assassinat d'une voix suave, Harold Paquis à Radio-Paris éructant *l'Angleterre comme Carthage sera détruite,* mon premier prix de philo ce n'est pas une seconde un contentement de soi, une fierté intellectuelle, non, le vase de Sèvres, la carte de De Gaulle, les œuvres complètes de Bergson et quoi encore, C'EST MA REVANCHE SUR LES BOCHES, SUR LES COLLABOCHES, oui pour moi c'est MA VICTOIRE, vrai, j'aurais aimé triompher pas avec des mots, avec des balles, être dans la vraie Résistance au lieu à quinze ans d'aller me cacher, neuf mois durant enfermé sans même pouvoir m'approcher de la fenêtre de peur d'être vu, peur voilà c'est ça, chaque fois qu'on sort, peur de ne pas rentrer, pris dans une rafle, cueilli dans son lit, foutu à coups de crosses dans la gueule par les gendarmes français, déportation dans les bus, moi, j'aurais voulu tirer en pleine tripaille dans cette racaille franco-boche de vraies balles, descendre pour de bon des schleus, des miliciens, Commissariat Général aux Questions Juives, Exposition : Le Juif et la France, un fusil, une mitraillette, une mitrailleuse, QUELQUE CHOSE QUI TUE, au lieu de ça, je suis sacré philosophe, *philo* (ami) *sophie* (sagesse), ami de la sagesse au lieu de foudroyant guerrier, mais tant pis, aujourd'hui, quand même c'est bien MA VICTOIRE

ces instants, René Capitant, ministre de l'Education me remettant mes trophées, comme un éclair dans ma tête revenus me ressuscitant, j'ai dix-sept ans, la scène dans l'amphithéâtre c'est plus que la revoir, je la revis, dans mon corps cisaillé d'une douleur intense, je souffre le martyre en gravissant les marches, peux à peine marcher, atteint là dans mes parties youpines, circoncis portais ma mort entre mes jambes, maintenant c'est dans les couilles, les bacilles que crache en quintes dévorantes mon père, les poumons à force de travaux forcés à l'atelier, qui nous maintiennent en vie et qui le tuent, ses poumons bouffés aux mites me sont descendus plus bas, logés dans mes bourses, nom savant, épididymite, lancinent d'incessants tiraillements atroces, Prix à payer pour ma victoire est lourd, parfois s'assourdit, de brefs répits, je revois revis la scène dans mes parties invisibles, et puis, tout s'éteint, plus rien, qu'est-ce qui s'est passé après la cérémonie, nuit noire, est-on rentrés à la maison avons-nous fêté l'événement avec Riri et Nénette, mon oncle était-il là, frère de sa sœur bien-aimée, sûrement, mais il est absent de la scène, un souvenir ça luit, illumine soudain, et puis trou total, ténèbres où s'allume de temps en temps une étincelle de réalité, passée, après néant, les lettres de jeunesse que je retrouve racontent des vacances tombées dans un radical oubli, accès momentané et dérisoire à soi qu'on lit comme si c'était un roman, une histoire qu'à partir des mots on imagine, ma personne devenue un personnage, et pourtant ses faits et gestes il faut que bon gré mal gré je les assume, de ce moi devenu comme le moi d'un autre je suis responsable

45 46 47, qu'est-ce qui reste de ces années cruciales formatrices dans ma tête, mon père si vaillant valeureux luttant chaque jour contre la mort, râles lui raclant la poitrine, moi assis à ma table de travail dans le petit bois de la propriété du Vésinet, torse nu, en sueur tant il fait chaud même dans l'ombre sous les arbres, j'entends ses poumons qui se déchirent, se délitent, me percent le cœur tous ses cris, histoire je dois apprendre la liste des ministères sous Charles X et Louis-Philippe, les batailles de Napoléon en détail, ou c'est de l'histoire romaine, Hannibal on ne sait comment traversant les Alpes avec ses éléphants pour marcher sur Rome, Carthage vaincue par Scipion l'Africain, puis rasée, détruite par Scipion Émilien, préparation du concours d'entrée à Normale sup, j'entends encore la phtisie galopante de mon père, fenêtre entrouverte, je sens encore mon corps se durcir suintant sous l'effort d'apprendre, de réviser, de me fourrer toute cette marmelade de savoir sous le crâne, ce passé je ne l'ai jamais perdu, perdure, n'ai pas à le retrouver, ni la scène avec ma mère devant la porte du 45, rue d'Ulm, affichés à gauche du portail sur une fenêtre du pavillon du gardien, les résultats, il m'est impossible de lever les yeux, de regarder, n'ai pas la force, je sens la main de ma mère qui presse la mienne, ferme et douce, *mon petit, tu es reçu*, lève enfin les yeux, regarde,

reçu 3e du premier coup à 19 ans, joie et soulagement immenses, l'âge d'homme commence, mes parents ne peuvent plus me nourrir, plus un sou à la maison, à peine pour ma sœur et ma mère, à la limite extrême, suis SAUVÉ, la seconde fois que ça m'arrive depuis les Boches, d'une autre façon, sinon aurais été obligé d'accepter n'importe quel boulot pour vivre, cette fois je prends en main ma vie, devant moi s'ouvre ma carrière

ces lettres de 46, 47, relatant des détails sans doute banals, n'ayant d'intérêt que pour ma mère, ma famille, dont je ne reconnais même pas l'écriture, ne me lâchent pas, elles me hantent, qu'est-ce que vers la fin de ma vie, je retiens d'elle, comment la comprendre, la reconstruire, la juger, lorsqu'il en reste çà et là des fragments désarticulés, des pans lumineux qui s'éclairent un instant, intacts, et retombent aussitôt dans la nuit, promotion 47, qu'est-ce qui me reste en mémoire, quels cours ai-je suivis, impossible de le dire, si, un souvenir précis, en septembre me rends à la thurne qui m'a été assignée, y rencontre Jean Gillet, sympathie immédiate, il est mon plus vieil ami à ce jour, mais quel visage, quelle allure avait-il, serais incapable de le dire, de le voir, je ne puis imaginer que le Gillet d'aujourd'hui à quatre-vingt-trois ans, n'est plus le même, le bon camarade rencontré en septembre 47 est mort, je sais que j'ai fait sa connaissance alors, ne me souviens de rien, ni de son visage d'époque ni de la thurne elle-même, où, dans quelle partie de l'École située, aucune idée, je sais mais je ne revois rien, je sais beaucoup de choses, que j'ai dû cette année-là faire une licence de philo, quels cours suivis, aucune idée, une image reparaît, séminaire de Merleau-Ponty, argumentaire patient, voix posée, m'a frappé, ça me reste, mais de quoi a-t-il parlé, ai-je suivi régulièrement son cours, je ne crois pas, à la Sorbonne dans la vaste salle bondée, Bachelard, large barbe marxienne ou freudienne des sages du siècle dernier, flux bouillonnant de paroles sans consulter une fois ses notes, même les citations les savait par cœur, image nette, de quoi il parlait, évanoui, ressuscité l'événement clé de cette année, au bout de quelques semaines de dortoir bruyant, on se croyait dans un régiment, pas pu supporter ce régime de caserne, voulu rentrer chez moi, au Vésinet chez ma mère, nouveau statut d'externe libre, ma mère n'était pas ravie, malgré ma pension que je lui verse, un travail supplémentaire pour elle, mais moi peux pas supporter la vie collective, un point c'est tout, grimace de ma mère, la porte du jardin sur la rue Henri-Cloppet ouverte, j'entre, rentre avec ma valoche à la main, savais d'avance, une mère ne peut pas refuser son toit à son fils, cela est vrai, ce n'est pas imaginé, mais imaginaire, à partir de ce que je sais, je recrée une scène floue, visage flouté de ma mère, ma mémoire est fiable, fidèle, mais dedans ce n'est pas un souvenir réel, copie conforme

soudain m'arrête à la date, entrée à l'École normale, sûr, c'est en septembre 47, mon père était toujours en vie, aurait-il ainsi toléré que je me tire à peine entré, que je fuie une expérience commune, lui qui était communiste, il n'avait plus tous ses poumons mais il avait toute sa tête, il n'est pas pensable qu'il ait admis que je déserte mon poste de nouveau normalien, parce qu'il comporte des aspects pénibles, la vie est un apprentissage, depuis toujours sa devise avec moi dès l'enfance, *être un homme,* je me souviens parfaitement être rentré vivre à la maison à l'automne 47, mais mon père n'est mort qu'en janvier 48, et il aurait sans hésiter mis son veto à ce retour à la maison, à l'enfance, je suis à présent à l'âge d'homme, souvenir précis, aigu, en même temps impossibilité logique, comment résoudre ce problème, coincé dans cette contradiction, je passe à ma sœur un coup de fil en Angleterre, *te rappelles-tu si,* ne se rappelle pas, étrange, de six années plus jeune que moi, avait 13 ans à l'époque, elle réfléchit, suggère, *tu sais que Papa avait été se reposer sur la côte d'Azur, c'est peut-être en son absence que tu,* ni elle ni moi ne nous souvenons à quelle date mon père était parti sur conseil médical pour son séjour à Grasse, aurait-ce été pendant son absence que je, après un mieux là-bas, à son retour sa phtisie s'est mise à galoper, bientôt parti à l'hôpital de Saint-Germain, aurait eu d'autres inquiétudes que celle de ma virilité, mais cela n'est que pure supposition, reste incertain, je suis *sûr* que j'ai vite regagné mes pénates après avoir goûté aux joies du dortoir en première année, allées venues à toute heure de la nuit, il est aussi *certain* que mon père encore en vie n'aurait pas toléré ce dégonflage, souvenir absolument sûr, probabilité tout à fait incertaine, drôle de statut de la mémoire, comment se raconter sa propre histoire

brusquement je décide d'en finir avec ces lettres d'un moi perdu, je les remets dans leur carton, je plonge la main au milieu de cet entassement de lettres, j'en retire quelques-unes au hasard, curieusement il semble y avoir un ordre dans ce désordre, des liasses resserrées par un élastique, suis plus soigneux que je n'aurais cru, des années d'après-guerre je saute soudain en 1971, ces paquets de lettres sont séparés mais tous de la même année, ces lettres sont toutes envoyées à la même adresse, *22, rue des Sablons, Paris 16e, France*, la rue des Sablons, il m'arrive souvent de la traverser, lorsque je vais faire des courses rue des Belles-Feuilles, c'est vrai, quand je passe devant le 22, vague immeuble de pierre banal de quelques étages, je ne puis m'empêcher de penser au 3e, au petit appartement où j'ai pour un an habité, la première fois où New York University m'a envoyé diriger son programme de Paris qui vient juste d'être commencé l'année précédente, cette fois, c'est à moi que l'on confie notre groupe d'une vingtaine d'étudiants de français venus polir leur maniement de la langue, ma mère morte, plus d'habitation à Paris, en chercher une dans les petites annonces du *Figaro* est une incroyable humiliation, suis obligé, pas le choix, vois *22, rue des Sablons,* je téléphone, prends rendez-vous, visite, je prends, non que les lieux aient un quelconque attrait, mais ils sont proches de la rue Chardin, Commission franco-américaine nous loue une salle provisoirement, suis devenu moi-même un Franco-Américain, plus de demeure fixe à Paris, maison du Vésinet, appartement de la rue Duperré, appartement de ma mère, vendus, plus une attache ma maison est à Queens, ici je suis maintenant un nomade, un sans-abri, *heimatlos*, Juif errant, mais soudain ce 22, rue des Sablons me rapproche de MON ONCLE, 118, rue de la Pompe, s'y est installé en 1932, quarante ans déjà, 5e étage en haut des marches à tringle dorée et tapis rouge, remonte à ma plus lointaine enfance, tante Paule qui nous reçoit à de succulents déjeuners le samedi ou le dimanche, oncle Henri qui nous embrasse à nous étouffer, à quelques pas du Trocadéro, lieu géométrique, métaphysique de la famille, dès avant mon grand-père, du temps de son beau-frère l'oncle Derogy, lui qui a la concession du restaurant depuis 1913 ou même avant, a fait la charge des cuirassiers de Reichshoffen en 1870, ça y est, je replonge dans le plus lointain passé avant ma naissance, en sortant du 22 ai couru jusqu'au café juste au coin de la rue Greuze, *Passy 20-80,* voix de mon oncle, je crie, *j'ai trouvé à me loger tout près de chez toi au 22, rue des,* je l'entends qui soupire d'aise, on s'entend comme Père et Fils, maintenant j'ai un havre parisien au moins cette année, dans MON quartier, regarde ces paquets de lettres envoyées en 71 à cette adresse, je reconnais l'écriture nerveuse, serrée, Rachel, amour, que des lettres d'amour, avec moi dans le deux-pièces pendant le semestre d'automne, elle a obtenu à Columbia un semestre de congé pour les recherches sur son étude, *La Foule chez Balzac,* fin janvier elle a dû repartir à New York, y reprendre ses cours, moi je continue les miens ici jusqu'à l'été, j'enlève l'élastique, au moins une vingtaine de lettres, le plus souvent écrites à la main, j'ai du mal à les relire, parfois heureusement tapées à la machine, le plus souvent en anglais, de temps à autre en français, Américaine mais elle a fait ses classes au Lycée français de New York, pratiquement bilingue, mais le plus profondément elle-même en anglais, moi bien sûr l'inverse, images en miroir l'un de l'autre, dédoublées mais antithétiques, je l'ai accompagnée tout en larmes jusqu'au Luxembourg où elle prenait l'avion le moins cher, l'avion des profs, sur *Icelandic Airlines* à l'époque, l'ai pris au retour l'été, panorama grisâtre sur la lande désolée, déserte, crevée de trous coniques des volcans éteints, d'une beauté sublime, seulement ce n'était qu'une étape, il fallait dix-huit heures pour Paris-New York dans les avions à hélices, arrêt de plus d'une heure à Reykjavík, il m'est arrivé de prendre cette ligne, question d'économie, une fois, après le déploiement magique des volcans morts, l'avion est descendu pour atterrir, soudain, il manque la piste passe au-dessus d'elle, il va tout droit plonger dans l'océan, peur bleue, chacun retient son souffle, vrombissement redoublé des moteurs, l'avion de justesse se redresse, lentement fait demi-tour en remontant, descend enfin sur la piste, je crois que ç'a été mon dernier voyage avec *Icelandic,* me revient en la regardant pleurer sous son bonnet de fourrure, elle dit, *tu m'écriras*, je dis *bien sûr*, elle dit *souvent,* j'opine du menton, je dis, *dans six mois je serai de retour à New York,* mots semblent arrachés à sa gorge, *c'est long,* je dis, *quand tu auras repris tes cours, le temps passera vite,* silence, d'une petite voix elle dit, *tu feras ce que tu as promis,* j'opine encore de la tête, là elle s'est détournée d'un coup, a été droit vers les contrôles, sans se retourner pour un signe d'adieu, elle disparaît de ma vue, de ma vie

rentré 22, rue des Sablons, sans elle c'est vide, depuis septembre ensemble chaque minute, Rachel travaillant sur la grande table du living, moi à mon étroit bureau face à la fenêtre, pointe de la Tour Eiffel là-bas dans l'œil, le quartier brusquement me paraît morne, elle manque ici, poitrine oppressée, j'étouffe entre les quatre murs, sensation physique, il va falloir à mon tour que je me remette à travailler, que je prépare mon cours sur le roman contemporain, Proust, Malraux, Céline, Camus, Sartre, de quoi m'occuper, je ne suis pas resté trop longtemps solitaire, je regarde le gros paquet de lettres que j'ai sorties du carton, des missives familiales 46, 47, d'un coup projeté janvier 72, *Dearest Sweetheart, My dear Sweetie, Mon amour, je suis comblée. Trois jours, trois lettres, à raison d'une lettre par jour, My precious darling, My Dearest Darling,* jamais la même formule, j'ai droit à tous les noms d'oiseau d'Éros, suis très touché en relisant, en avril, le ton change un peu, certaines pensées se précisent, *irrationally I need something tangible, something concrete that marks an irreversible change in my-our lives,* ça y est, nous y voilà, c'était trop beau toutes ces éruptions de tendresse, maintenant je dois payer cash, *instinctively I feel that your wife's prime motivation in not telling Renée is a deep, if inarticulated hope that if she just hangs on in, things will blow over and there will be nothing to tell,* ma femme arrive sur le tapis, elle ne veut rien dire à Renée parce qu'elle espère que toute cette histoire va se dissiper en fumée, donc pas besoin d'en parler à ma fille, de lettre en lettre les impératifs se durcissent, pourtant moi aussi je lui dis de lettre en lettre combien elle me manque, comme le 22, rue des Sablons me semble vide depuis son départ, j'ai beau réitérer les mots les plus caressants de l'amour, elle en veut plus, toujours davantage, d'une missive l'autre, *it will be up to you to reassure me, indeed demonstrate to me by filing for separation as soon as possible,* les déclarations ne suffisent plus, il lui faut une séparation en bonne et due forme, le plus vite possible, et que ça bouge, on ne croirait pas qu'elle est une femme de lettres, mais une juriste, me débite les termes de la loi par cœur, *it takes a year from the date of separation to become a divorce in New York State,* divorce le mot est lâché, répété assidûment, à satiété, *the alternative is a quickie divorce in Haiti or the Dominican Republic, or six weeks in Reno,* on peut divorcer en deux temps trois mouvements dans ces lieux choisis, comme il y a des paradis fiscaux dans les Bermudes, mais elle ne m'inflige pas ces solutions exotiques et expéditives, il suffit que je prenne un avocat dès maintenant, sinon *I'll be glad to get one and have him send you the papers,* tu parles comme elle se ferait un plaisir, si je n'ai pas d'avocat, de m'en trouver un qui m'envoie illico tous les papiers nécessaires, dans une autre lettre elle ajoute, *if you fail to file for separation in July, our marriage is more than a year away,* elle ne mâche pas ses mots, il s'agit d'un mariage dans les délais les plus brefs, la séparation d'avec ma femme ne suffit pas, il faut un conjungo rapide, attendre un an est trop long, et puis maintenant c'est lettre après lettre qu'elle m'assigne en justice, elle ne me laisse pas souffler, c'est vrai, je suis très épris de Rachel, son visage si joli et fin encadré de longs cheveux noirs, sa bouche sensuelle, ses yeux de velours noirs aussi, assortis à sa chevelure, quand je les contemple je me noie en eux, corps et âme, à table, l'un en face de l'autre, au lit, l'un contre l'autre, c'est la jeune femme la plus intelligente, la plus cultivée, que j'aie rencontrée, elle tient de son père grand artiste peintre, si elle me quittait j'en aurais le cœur brisé, mais de là, au bout de quelques mois, à peine une année AVOCAT SÉPARATION DIVORCE MARIAGE, elle va un peu vite en besogne, Rachel, elle galope, je ne suis plus un galopin, 44 ans, âge mûr, les grandes décisions doivent mûrir, moi, je ne suis pas encore décidé à divorcer, refaire ma vie trop vite, ma femme et moi sommes mariés depuis seize ans, j'y suis encore très attaché, évidemment la frénésie amoureuse du début s'est amortie, une fois au lit le soir, on ne s'envoie plus très souvent en l'air, ce n'est plus le lyrisme des corps comme aux premiers temps, mais nous avons encore des liens solides, nous avons nos habitudes, surtout nous avons nos filles, cela n'est pas rien, mes filles j'y tiens énormément, c'est diablement compliqué, je tiens aussi, autrement, à Rachel, quand elle est allongée sur le dos, soutien-gorge échancré, petite culotte affriolante, quand je lui mets la main au cul, secousse électrique, électrochoc, bandaison féroce quand je m'allonge sur elle, ça me rajeunit à 44 ans de m'engloutir dans les soubresauts d'une femme de 27, ventre si doux, si lisse, je la lèche comme du bon lait, nez dans ses nénés, une autre histoire, pas du même ordre, si je me lance bille en tête en un second mariage, il risque de tourner comme le premier, alors à quoi bon tout chambouler, déjà Claudia m'écrit elle aussi régulièrement, dans une lettre elle me demande de lui envoyer 200 dollars pour réparer la chaudière, dans une autre 75 pour visites de docteur, cela en plus de ce que je lui donne chaque mois, un avocat ça se paie, un divorce ça se monnaie, pension alimentaire pour l'ex et pour les enfants, déjà avec Rachel on fait chaque mois nos comptes, mon compte est bon, si je divorce, je n'ai pas des mille et des cents, juste un traitement décent, coupé en deux, ça me coupe les vivres, pour les ébats momentanées de ma queue, tirer le diable par la queue, reste à voir, pas une décision facile, je n'ai pas pris de décision, depuis des mois j'ai pris une indécision, je m'y tiens, pas d'autre politique possible pour l'instant, ménager la chèvre et le chou, côté chèvre, Rachel a des élans de cabri, côté chou j'ai mes bouts de chou, bien sûr Rachel m'affirme que je pourrais les voir, les recevoir autant que je voudrais CHEZ ELLE, seulement voilà, j'aime être avec mes filles CHEZ MOI, dans leur lieu milieu naturel, pas dans un appartement étroit, resserré de Manhattan qui vous étrangle, mais à Queens, dans la rue aux belles demeures tranquilles bordées de beaux arbres, entourée de belles pelouses, je veux mes filles A LA MAISON, ma maison j'y tiens bigrement, briques rouges, toit d'ardoises, avec un grand porche grillagé où l'on peut s'asseoir l'été sans craindre les moustiques, et ma chambre-bureau au premier étage, la plus grande pièce, plein sud plein soleil, mes livres sur les rayons laqués tout autour, mon profond fauteuil de skaï noir où je plonge dans des lectures confortables, Renée sa chambre à côté sur le même palier, Cathy en bas, Claudia dans sa petite chambre retirée, me laisse en paix, Rachel sans cesse après moi, quand est-ce que tu vas voir un avocat, quand est-ce que tu divorces, qu'on se marie, bientôt elle voudra aussi un enfant, merci deux suffisent, si Claudia m'excitait encore, tout serait simple, rien n'est simple, Claudia à la rigueur, s'il le fallait absolument, pourrais la quitter, mais MA MAISON, pas question, la première fois de ma vie où je possède mon logement, pas aussi splendide qu'au Vésinet, pas de parc, de parterres de fleurs, de potager avec des arbres fruitiers, sans parler de la salle à manger d'été et du chenil à côté du garage, Queens n'est pas de la même classe, petit, pas grand-bourgeois, mais ma bicoque est A MOI, pour la première fois de mon existence, avant, toujours chez les autres, Rachel exagère, elle veut me désentripailler, en m'arrachant à mes entours familiers, familiaux, vrai, Rachel me donne des plaisirs qui me font vibrer des pieds à la tête, la tête elle me la fait perdre, tête-à-tête voluptueux ou savants, on peut parler tendresse ou littérature, bien sûr, je suis l'aîné, le Pygmalion, une plus longue expérience, mais elle a l'intelligence si vive, entre nous pas seulement le langage des corps mais aussi des conversations que je ne puis avoir avec ma femme, Claudia c'est la politique, les sujets sociaux, les droits civiques des Noirs, la maléfique intervention militaire des Américains au Guatemala en 53 est son sujet de thèse à Harvard, bien, parfait, une vraie citoyenne, une libérale au sens américain, j'approuve, j'apprends, ce n'est pas ma tasse de thé, avec Rachel on parle Barthes ou Derrida, elle Balzac, Zola, moi Corneille, Racine, faut-il préférer la notion d'écriture à celle de style, son père peintre remarquable à la Chagall, avec rabbins barbus et violonistes volant dans les airs, il a des toiles au musée de Tel-Aviv, sa mère joaillière de talent, avec Rachel c'est une tout autre atmosphère que chez moi, avec elle je change de moi, je détesterais la perdre, mais je détesterais aussi perdre famille et maison, alors quoi, attendre, promettre, ne rien décider, ne rien hâter, jouir du moment, ce problème angoissant, choisir, alternative cruciale, finiront par se résoudre tout seuls, d'une façon ou d'une autre

22, rue des Sablons, automne 72, voyage au Pays de Tendre sur Inclination, Tendre sur Fornication, chez Mademoiselle de Scudéry tous deux, Rachel et moi à Paris, quand je relis, revis ces lettres venues d'une autre ère, à trente-cinq ans de distance, c'est comme si je lisais, vivais le roman d'un autre, et pourtant aussi le mien, les souvenirs, les sensations remontent, je les ressens, ils me saisissent en plein cœur, sur le vif, et tout ça est mort depuis des décennies, c'est à la fois inscrit dans le plus intime et totalement étranger, le Julien Doubrovsky des lettres de 1947, je l'imagine à partir des mots, des phrases comme Julien Sorel, c'est un personnage que j'imagine et qui n'est pas imaginaire, réalité devenue fiction, autofiction, telle est la mémoire de soi, sa personne à demi oubliée se transforme en personnage, je suis devenu pour moi un être imaginaire, cela ne veut pas dire qu'il soit faux, mais fictif, je me revis à une distance incomblable de moi-même, pareil pour toutes ces lettres de Rachel, elle a depuis des lustres disparu, je suis si loin de celui que j'étais, pourtant cela me ressaisit avec une brutalité immédiate, me serre la gorge, je me dégoûte, dire que j'ai été si pleutre, je ne puis m'empêcher d'avoir honte de mes subterfuges, de ma faiblesse, je veux l'impossible, tout et le contraire de tout, serais-je différent, meilleur maintenant, ne peux pas revivre presque en ma quatre-vingtième année la situation où j'étais à 44 ans, je ne suis plus le même homme, comment dire la façon dont je me comporterais *si*, question absurde, elle me tourmente, assez lu de lettres, je dois finir de tout empaqueter pour l'ultime voyage vers Paris, vers la vieillesse, vers la mort, je remets les lettres de Rachel dans leur enveloppe, remets l'élastique qui les entoure, je les replace dans le carton à emporter, je ne peux pas jeter dans le sac-poubelle mon passé, il faut bien que je le garde, sous les lettres de Rachel, je vois par terre une enveloppe de papier kraft, petite mais gonflée

je la prends, regarde ce qu'il y a dedans, de nouveau des lettres, une large enveloppe VIA AEREA, des timbres argentins, je ne vois pas qui peut m'écrire de Buenos Aires, j'en retire un faire-part de mariage, envoyé à l'adresse de mon oncle, 118, rue de la Pompe, 75016 Paris, faire-part en espagnol, *Elena con el señor, En Buenos Aires, El Dia 10 de Octobre 1974,* juste en dessous dans l'espace libre, *je t'embrasse très très fort et je t'écrirai bientôt,* trois *x* pour les baisers à l'américaine, *Elena*, qui est-ce, date de la rue des Sablons, me revient, en 72, deux ans avant, une fille de mon cours rue Chardin, sûrement, une jolie fille, je ne regarde pas les autres, mais comment avons-nous fait plus intime connaissance qu'en classe, aucune idée, aucun souvenir, je ne revois aucun visage à mettre sur cette *Elena,* quand même si elle m'embrasse « très très fort » le jour de son mariage, elle devait tenir à moi deux ans après, je retire une autre lettre adressée à New York University aux États-Unis, *10-3-75,* deux pages entières, me raconte son installation avec son mari dans un coquet appartement, cherche du travail sans en avoir encore trouvé, une vague de « nationalisme » traverse le pays en ce moment, mais *« je suis heureuse, mon mari est un être merveilleux qui me comprend et me stimule, Et toi ? Quels cours enseignes-tu maintenant ? Quels sont tes projets littéraires et critiques ? Quel sera ton prochain livre une fois "Le Monstre" paru ? »* après quoi elle termine, *je suis encore tout émue par ta lettre, je t'aime beaucoup beaucoup, je t'embrasse très très fort, Elena,* deux ans après, au sein d'un heureux mariage, garde un souvenir ardent de moi, moi, je n'ai aucun souvenir d'elle, pourtant je lui écrivais aussi apparemment, autre lettre, *Paris, le 8 avril 74, Tu sais je pense beaucoup à toi et souvent, en passant par la rue des Sablons, j'ai envie de monter te voir. J'aimerais bien te revoir avant – est-ce possible ?* Quand je relis sous sa plume *rue des Sablons,* je ressens une vibration, des années après elle se souvient, a dû la marquer, ça y est, je sens s'agiter en moi une grande fille blonde, ne peux pas voir son visage, mais son grand corps blanc tressaille contre moi, 18 ou 19 ans, blanc musclé*, undergraduate* je mordille ses lèvres, soudain j'entends les ressorts du vieux lit dans la chambre qui grincent à chaque soubresaut, ce bruit métallique, l'entends qui craque sous les élans de nos reins quand je m'enfonce en elle, qu'elle se raidit en un violent spasme, bruit spasmodique des ressorts retentit encore, me résonne dans les oreilles, c'est Elena, personne d'autre, mais rien d'autre, inscrit dans mes nerfs, mais coupé du reste, ma mémoire évaporée efface les traces, rien qu'un fragment, débris du passé, vivant, vibrant, mais je ne puis le raccorder à un visage, une histoire, des parties de jambes en l'air trépidantes, ça c'est sûr, mais quand ai-je rencontré Elena ailleurs qu'en classe, au second semestre, Rachel repartie en Amérique, reprend ses cours à Columbia, moi resté tout seul mélancolique à Paris, reprends les miens rue Chardin, Elena a dû me frapper, elle était très belle, moi très triste, alors comment nous sommes-nous rapprochés, déjeuner ou dîner offert accepté, sans doute, mais combien de temps sommes-nous restés amants, une fois, dix fois, cent fois dans ce plumard défoncé, bruissant, aucune idée, un jour elle est montée, je l'ai montée, cavalcade héroïque, entretemps j'écrivais régulièrement à Rachel, une chose n'empêche pas l'autre, un amour un autre, d'une autre sorte, l'un passager, l'autre porté vers le futur, quatre ans plus tard, Elena m'envoie encore une longue lettre d'Afrique du Sud où son mari chirurgien est en stage. *Le 17 juin 1976, Mon cher Serge, Bien avant de quitter Buenos Aires, j'ai reçu ta lettre extraordinaire et belle qui m'a fait sentir que tu étais très très proche de moi. Il m'a fallu du temps pour me remettre du choc avant de pouvoir te répondre,* je lui écrivais donc toujours quatre ans après notre brève rencontre, je ne l'avais pas oubliée, moi j'ai totalement oublié que je ne l'avais pas oubliée, à la lire je m'aperçois qu'elle suivait à la trace mes problèmes de publication du *Monstre* devenu *Fils,* m'assurait qu'un jour on publierait l'intégralité du texte, ce qui curieusement est vrai en 2007 grâce à une remarquable équipe de l'ITEM, dirigée par Isabelle Grell, mais comment Elena pouvait-elle espérer que se réaliserait un jour cette gageure que 2 600 pages, une folie, dispersées en Angleterre chez ma sœur en haut dans sa chambre de débarras du passé, dans un placard de ma cave en bas à Paris, dans mon étroit cagibi à New York, maintenant rassemblées ressuscitées bientôt en CD-ROM par le zèle de chercheurs ingénieux et attentifs, j'aurai peut-être la chance grâce à eux de me relire de me relier à ce tourbillon de pages dont j'avais fait depuis trente-cinq ans ou plus mon deuil, avant ma mort, joie de renaître inopinée, inespérée, sauf par Elena, dans cette dernière lettre, *le 17 juin 1976,* une ultime réapparition, *le 8 juin 77,* pour me dire qu'elle retourne à Buenos Aires cette fois pour y rester, *je réorganise un peu ma vie and one of the first steps is to locate you again, whether in New York or in Paris, I don't ever want to lose you, I think about you so often – tu m'importes beaucoup et je t'aime beaucoup, je t'embrasse très très fort,* et puis sombre dans la nuit ma fervente à jamais disparue dulcinée italo-hispano-anglo-franco-américaine

ces missives messages d'amour me reviennent d'outre-tombe, dispersés disjoints pourtant revécus un instant, leurs relents m'envahissent, il a eu de la chance, elle l'aimait, *lui* ce n'est pas *moi, moi* suis un peu *lui,* mais comme un autre, il a le même nom que moi, *mon cher Serge,* mais ce Serge est comme Elena, il fut, le temps d'une lecture, il, elle, ne sont plus que les fantômes émanant des lettres, sauf le grincement métallique des ressorts du lit qui tressautent à chaque coup de reins quand je m'enfonce dans cette blancheur laiteuse musclée, le bruit résonne encore en moi vivant vivace, me tinte en direct au tympan, tout le reste s'est évanoui, moi elle, Elena, ma belle Hélène, moi son Paris New York, ruines de Troie détruite, nos amours ne sont plus que légende, j'entoure d'un élastique ce cimetière de lettres, le replace dans l'enveloppe jaunie de papier kraft, à l'intérieur il y a une autre liasse de lettres, entourée aussi d'un élastique, je les extrais avec curiosité de l'enveloppe, je saisis la première lettre, petit format d'une simple carte, *Professeur Serge Doubrovsky, 22, rue des Sablons, Paris 16e,* décidément ce séjour de quelques mois rue des Sablons, deux pièces cuisine un peu délabrées, meubles quelque peu vacillants, attention aux chaises, m'a valu une ample correspondance, des dizaines et des dizaines de lettres de Rachel, un nombre plus limité de lettres de ma femme, sujets toujours précis, style concis, réparation de la chaudière, divers travaux dans la maison, nouvelles de mes filles, *I need 250 dollars more,* maintenant cette courte carte envoyée à mon domicile par une de mes étudiantes, *Cher Professeur Doubrovsky, Dans le pêle-mêle de notre « échange d'expériences » mercredi soir (Proust d'ailleurs connaissait bien les délices du hachisch), j'ai oublié de vous dire une chose : étant donné que vous faites l'expérience pour la première fois, il serait plutôt souhaitable que vous ne soyez pas seul. Ne vous affolez pas, comme je vous l'ai déjà dit, on ne se jette pas par la fenêtre. Pourtant, il est bien plus agréable, je dirais même plus rassurant d'être en la compagnie d'autrui. Vous avez sûrement des amis qui connaissent le « truc », Sinon, excusez-moi de ne pas avoir suggéré de vous « accompagner » : j'en serais contente, dans le cas où l'occasion se présenterait, Bien amicalement, Wendy D.*

d'un coup revenu, là c'est clair, revois la scène comme si j'y étais encore, pour une fois pas moi qui l'ai draguée, elle qui m'a relancé, Wendy, visage rond, beauté gironde, des cheveux noirs épais artistement coupés, bien découplée, les aime un peu plus élancées, mais elle est charmante, charmeuse comme elle est, Wendy donc, étudiants et professeurs, surtout dans un petit groupe, après les cours on se parlait facilement, facilite les rapports, me demande un jour tout à trac si je suis porté sur l'herbe, si j'aime en fumer, lui dis que ça ne m'est jamais arrivé, pas dans mes habitudes, elle se met à rire, pas possible, à votre âge, vrai j'ai 43 ans, elle la vingtaine, et alors elle m'agace un tantinet, m'embête, je me sens comme un vieux schnock, gentiment m'offre ses services pour remédier à cette lacune dans mon expérience, lui dis que je n'ai aucun tuyau, même si je voulais en tâter, pour me procurer du hasch, toujours rieuse, voire moqueuse, me réplique qu'elle s'en charge, parmi les étudiants, la marijuana circule comme le tabac, je dis *on verra,* avec elle c'est tout vu, je reçois cette lettre, un soir elle est venue dîner rue des Sablons, pas la moindre gêne, une môme sûre d'elle, l'un en face de l'autre à la grande table branlante du séjour assis, nous avons mangé et plus encore bu sans hâte, devisant de chose et d'autre, d'où elle vient, originaire de l'Iowa, où elle va, quelle carrière elle envisage, pas du tout l'enseignement, veut devenir psy, psychologue ou psychanalyste, ne sait pas encore très bien, lui demande ce qu'elle est venue faire dans notre groupe en France, par plaisir parfaire sa culture, venue d'où, venue pour, et puis on en vient au dessert à l'essentiel, elle ouvre son sac, en sort un joint, bien roulé, comme elle, l'allume me le tend, après tout pourquoi pas, une fois dans ma vie, avec une jolie fille, j'aspire une bouffée, elle prend la cibiche à son tour, on se la passe et repasse sans hâte, en prenant tout notre temps, mégot fini, écrasé dans le cendrier, j'attends, elle me regarde, j'attends encore, rien, *rien,* je lui dis, *ça ne me fait aucun effet, je ne ressens rien de spécial,* elle sourit, se lève, elle se tient en face de moi, je me lève à mon tour, peut-être qu'elle veut partir, parce que la fameuse expérience n'a rien donné, soudain son ventre enfle, se gonfle, la boucle qui ferme sa ceinture sur ses jeans se dilate, je l'ouvre, je déboutonne son pantalon, le fais glisser sur ses jambes, elle toujours debout en face de moi, je me déboutonne à mon tour, tombe le grimpant, on n'a même pas été jusqu'au lit dans la chambre, écroulés sur le canapé du salon, soudain drôle de sensation, comme si j'étais sur orbite, mon corps se soulève, je suis en lévitation, en l'air au-dessus d'elle, je plane, je regarde le corps nu sur le canapé avec la sensation d'être au-dessus au plafond, je vois la pièce d'en haut, elle pousse un cri, je retombe sur elle, la pénètre où comment, je crie à mon tour, sensation que je coule en elle, m'engloutis dans son tréfonds, noyé, perdu conscience, me réveille, ouvre les yeux, les siens sont fermés, tiré ma crampe sans m'en apercevoir, elle l'a bue, avalée, moi affalé entre ses jambes, ouvre à son tour ses yeux embués de jouissance, jamais fait l'amour comme ça avant, très étrange, possédé par le désir et dépossédé de moi, j'en halète encore, elle retrouve soudain sa voix, rieuse, moqueuse, *alors ça ne vous a rien fait*

la tête encore tout embourbée, nouveau pour moi, histoire d'amour avec un grand Hasch, ne m'était jamais arrivé, seize ans que j'habite l'Amérique en surface, sans avoir pénétré dans ses mœurs, il faut qu'une Américaine me l'apprenne à Paris, le comble, nous sommes restés allongés sur le canapé, en silence, revois revis la scène, c'était quand au juste, peux pas dire, une expérience déconnectée, on ne l'a jamais recommencée, de cela suis sûr, ça s'est poursuivi d'autre façon, *another kind of trip,* peux pas dire ça en français, l'ai emmenée à Dieppe, un de mes séjours préférés pour la romance, hôtel de l'Univers, en face de la mer, la haute falaise sur la gauche, fenêtre entrouverte, elle allongée sur le ventre dans le grand lit, moi sur elle, en elle, la mer plein les yeux, regard noyé, corps fondu en elle, sa jouissance me rappelle à moi, c'est rauque, fort, son dos tressaille, elle crie, bientôt c'est mon tour, je revois revis, quand c'était, sais pas sais plus, jaillissement soudain du passé, c'est coupé du temps, c'est en n'étant plus, assis dans mon fauteuil orange, je prends la lettre suivante, Wendy ne date jamais ses lettres, celle-ci est adressée au *Department of French and Italian, 19 University Place, New York,* quand même l'estampille de la poste est visible, 25 3 1972, j'ai dû rentrer chez moi pour Pâques, revoir mes gosses ma femme ma maison, France-Amérique, ma double attache, sans cesse projeté de l'une à l'autre rive de l'océan, pour toujours divisé entre elles, séparé de moi, clivé d'une moitié de mon être, mes filles je les retrouve toujours avec joie, je sais qu'entre elles c'est l'incessante bagarre, différence d'âge, cinq ans, de mentalité, l'aînée brillante, la cadette attardée, crée des frictions inévitables, des crises hurlantes, j'arrive, tout rentre dans l'ordre, avec Renée je vais voir un beau film, on en discute ferme après, quand je me mets à table le soir pour mon dîner tardif dans la cuisine qui donne sur notre jardin, j'ouvre ma bouteille d'antinori ou de chianti, Cathy, Claudia couchées, commence mon repas tout seul, descendue de sa chambre sans faire un bruit, Renée s'installe près de moi, plus il se fait tard, plus on est proches, me raconte ses études, elle dit qu'elle voudrait faire du piano, je dis, d'accord on va en louer un, il y a de la place dans le salon, aussi me confie ses peines de cœur, à 15 ans forcé il y a des gars qui tourniquent autour d'elle, elle est blonde aux yeux bleus mon type, ravissante autant qu'intelligente, mais il y a aussi les cassures, les ruptures, j'essaie de la consoler, onze heures et demie on n'est plus à la table bleue de la cuisine côte à côte, mais cœur à cœur, avec elle je parle du livre que j'ai commencé à écrire, proximité douce que je n'ai ici avec personne d'autre, celle que j'avais avec ma mère, mais depuis quatre ans elle est morte, une grande partie de moi avec, Renée me ranime, ma fille aînée, complice, me redonne vie, avec Cathy la cadette, complètement différent, mais amour semblable, avec elle je retombe en enfance, étant la seule personne au monde avec qui je ris, on a des fous rires qui me ravigotent, elle me raconte comment dans sa classe, école spéciale, pour les moins doués, pendant que la maîtresse était au tableau, Richard a grimpé par la fenêtre et fait des pieds de nez au professeur, je dis, c'est très mal, *this is naughty,* on se tord en songeant à la mine que l'institutrice a faite quand elle s'est brusquement retournée et a vu Richard sorti par la fenêtre au-dessus du vide, je lui propose, *let's go to the Bowling Alley,* nous sautons dans ma voiture, on démarre en vitesse, arrêt brusque devant la *Bowling Alley* en avant les boules, elle manque les quilles qui restent debout, m'essaie à mon tour, je ne fais guère mieux, *you're very awkward, Daddy,* je reconnais, pour cette sorte d'exercice je suis une gourde, lui dis, *but you are a klutz too*, on s'esclaffe, le yiddish s'entremêle dans l'américain, nos maladresses s'entrelacent, on passe ainsi de bons moments sans se lasser de nos clowneries, après je lui achète un muffin ou un brownie, je suis le papa gâteau, elle me dévore des yeux, je raffole d'elle, ma femme se plaint toujours, moi je dois m'occuper de Cathy sans cesse, surveiller ses crises de nerfs, m'entreposer entre elle et sa sœur dans leurs disputes, l'orthophoniste, le psychiatre, c'est moi qui dois l'y emmener, pendant ce temps, moi, je paie de ma personne pour son éducation, je dis, moi, je paie de mes dollars, ma femme s'échauffe, pourquoi ne pas les gagner ici, la moitié du temps partir en France, je connais ses griefs par cœur, que faire, mes besoins sont contradictoires, j'ai besoin comme écrivain de passer la moitié de ma vie en France, comme père j'ai besoin de passer l'autre moitié en Amérique, même pendant mon année française je reviens humer, aimer mes gosses à Pâques, quinze jours de paternité ce n'est pas rien, et cet été je serai de retour à la maison, mon chez-moi de Queens, mon schéma que je pratiquais déjà avec ma mère, assis dans le fauteuil orange de mon bureau, je regarde de nouveau l'adresse sur la lettre de Wendy, *Mr. Serge DOUBROVSKY, Department of French and Italian, 19 University Place*

Mon Serge, Il fait toujours aussi beau. Je sens pourtant que le jour est moins ensoleillé, que les promenades que je fais sans toi manquent de quelque chose. Ce dialogue à travers lequel on fait appel et on répond à l'autre, inévitablement à soi-même, que même mon corps revient à moi seule, sans ton regard perçant et interrogatif, Curieux… plutôt exaltant, surtout rare entre moi et les hommes, tes mains, tes yeux, J'ai envie de toi, De tes caresses merveilleuses, Je ferme les yeux et je plane, plus bas, N'oublie pas de rappeler au pilote que tu tiens à rentrer à Paris sans histoires, qu'une jeune femme t'attend, plus bas, *je t'embrasse tendrement, W.,* en relisant trente-quatre ans après cet aérogramme un peu froissé, je me sens très ému, à la différence d'Elena, qui n'existe plus que dans ses lettres et dans un éclair de mémoire, Wendy me revient tout entière, je me souviens d'elle dans tous les détails, on n'a plus eu besoin d'un joint entre nous, pour joindre nos corps et nos pensées, en rentrant ainsi chez moi à Pâques, je n'ai pas eu seulement des contacts renouvelés avec mes filles, des remontrances répétées de ma femme, j'ai bien sûr eu droit aussi aux assauts vociférants de Rachel, quand vas-tu voir un avocat, quand vas-tu demander ta séparation, quand vas-tu cesser de rentrer à Queens, au lieu d'habiter avec moi, quand vas-tu enfin obtenir ton divorce, chaque fois que je vais à Perry Street lui rendre visite, je sais d'avance la session que je vais avoir, l'obsession qui va s'emparer de Rachel toute la soirée, j'aurai beau lui expliquer que, en long et en large, son appartement est trop étroit, il n'y a pas de place pour deux, plus tard, un jour, lorsqu'elle sera bien logée dans un des appartements de Columbia, alors on verra, avec elle tout vu, un déferlement de reproches, une pluie d'engueulades, elle passe tellement de temps à me remonter les bretelles que j'ai à peine l'occasion de desserrer la ceinture, parfois tard à une heure avancée, cris et larmes enfin épuisés, on s'allonge l'un contre l'autre dans son lit, chaud au corps, au cœur, douces étreintes, c'est déjà du matrimonial

lettre tapée à la machine, Wendy doit être rentrée chez elle à Chicago, avec des parents tendres mais dominateurs rapports difficiles, *j'attends avec impatience ta voix au téléphone, et oui, si tu veux qu'on se voie à New York, je voudrais bien venir te voir, même la pensée de te revoir bientôt m'excite et me ravit, je suis quand même drôlement amoureuse de toi, comment ça se fait ça ? Je t'embrasse fort. W.*, ses embrassades m'embrasent encore à trente-quatre ans de distance, surgie intacte du passé si longtemps éteint, la pensée m'avait traversé l'esprit à l'époque, pourquoi ne pas rester avec Wendy, me décharger de Rachel, Wendy ne veut pas m'arracher à ma vie de famille, elle y ajoute un supplément explosif, elle vit à Chicago, encore plus loin de Paris que New York, mais ce n'est pas même cela, elle est au milieu de ses études, devenir psy, où est-ce que ça va nous, me mener, Rachel, c'est moins explosif mais plus proche, mêmes intérêts, littérature française, même métier, enseignement à l'université, encore deux trois lettres de Wendy, cette fois, elle m'écrit cet été 72 directement chez moi, *138-17 78th Rd., Flushing, NY 11367, Mon chéri Serge, Bien, Écoute, tu me manques, ça me fait chier que nous ne soyons pas ensemble, que tu as encore une autre fille, Que tu fais l'amour avec elle, Je me permets de piquer une crise de jalousie par lettre J'ai envie de toi – Où en es-tu ? En même temps j'admets la possibilité que cette fille, ce rapport-là, cette « routine »-là, soit satisfaisante, même une bonne chose, Ambivalence, Je souffre, De ne pas pouvoir te parler me tue, De ne pas pouvoir t'embrasser me tue, De ne pas pouvoir être caressée par toi, Je traverse un moment d'égoïsme, Je me protège un peu, N'empêche que je t'aime et voudrais être avec toi et voudrais probablement savoir que tu voudrais, W.*, j'ai presque fini de relire ses dernières lettres, *Tu me manques énormément, Je m'excuse si j'ai été un peu difficile ces jours-ci au téléphone : je suis incapable de regarder se dérouler cette histoire, comme l'artiste chez Joyce « detached, invisible, paring his fingernails »... J'ai de quoi être drôlement impliquée psychologiquement dans ce drame moi aussi, car le fait qu'on se soit connus a laissé ses traces les plus subtiles et parfois effrayantes quant à leur pouvoir magique – ou pour mieux dire – symbolique. Tu arrives au but, à la fin d'un long et Dieu sait pénible voyage, Courage, Je t'embrasse de tout cœur de tout corps, comme à Dieppe, riante, te désirant, toi, Serge, ma joie, W., comme à Dieppe*, la fin de l'histoire renvoie au commencement, dans la chambre d'hôtel face à la mer, moment parfait, extase marine, moi les yeux noyés dans l'opale iridescent des flots, elle empalée, gémissante, jouissante, à plat ventre sur le lit, moi sur elle, la pénétrant, pénétré d'elle, délices fusionnelles, effusions après enlacés entre mes bras, serrés, Wendy a disparu dans la nuit des temps, les quelques lettres remises dans l'enveloppe kraft, n'ai plus eu de ses nouvelles, si, je crois, des années après, quelques mots pour me dire qu'elle était installée dans un cabinet de thérapeutes à Iowa City, et moi, devenu quoi, demande, devenu quoi, une bonne question, devenu un corps alourdi par l'âge, ventre rondelet, des taches brunes tavelures de vieillesse sur les mains sur le visage, hideux à moi-même quand je me regarde dans une glace, le type que Wendy a aimé était grand, mince, il existe encore sur photos d'époque, un calvaire quand il m'en tombe une sous la main en fouillant dans un tiroir, ce type-là, eh bien oui, il faut l'admettre il était beau, une quarantaine qui séduisait les filles de 20 ans, pas un Alain Delon ni Jean Marais, bien sûr, mais une tête pensive d'intello, plaisait aux jeunes femmes elles-mêmes portées sur l'intellect, pas une poitrine de lutteur, des biceps de boxeur, là non ce n'a jamais été mon fort, pas un sportif, un tennisman accompli, je jongle avec les mots et les idées, ça ma gymnastique, infatigable bretteur je m'escrime avec les textes des autres, article sur article savant, d'abord les classiques, auteurs modernes, Sartre, Camus, naturellement, mais également Ionesco, Claude Simon, les ai connus personnellement, été chez eux, amicalement reçu, par Nathalie Sarraute aussi dans son si bel appartement rue

Pierre-Ier-de-Serbie, me suis beaucoup occupé de ce qu'on appelait alors le théâtre de l'Absurde, des livres, Corneille, Proust, mais en dehors des livres à moi, sur moi, déjà *Le Jour S,* roman discontinu mais traditionnel, et puis *La Dispersion,* ma dette envers les auteurs du Nouveau Roman, quand Elena et Wendy m'ont aimé, j'étais en pleine éruption, volcan de vocables, mes trois ans déjà d'analyse faite en anglais avaient besoin d'être écrits en français, il fallait retrouver le rythme, la richesse de l'expérience, *Le Monstre,* trois quatre heures tous les matins, des centaines grimpant jusqu'aux milliers de pages, si loin de moi à présent, l'homme couvert de pages, de femmes, est déjà depuis longtemps mort, comme Elena, Wendy quelques instants ressuscitées, avant de disparaître dans les cartons, je ne les relirai sans doute jamais, mais je les range avec les autres souvenirs, je les emporte avec moi dans ce départ irréversible vers l'autre rive, quand même quand j'y pense, je me demande où je trouvais cette énergie, cours à préparer, à faire, écriture quotidienne des heures, et puis le premier semestre 71, Rachel installée au 22, rue des Sablons, souvent sortis le soir, des amis à moi, à elle, dîners parisiens, théâtre, cinéma souvent à la cinémathèque toute proche de Chaillot, second semestre, printemps 72, Elena, Wendy, Elena ça n'a pas duré longtemps, vivait avec un type à Paris, j'ai dû faire impression sur elle, m'a écrit des années, mais le contact de chair a été bref, avec Wendy duré plus longtemps des mois torrides, mais retombés au silence, relégués à l'oubli après l'été l'émoi des corps et des cœurs, j'ai même, le comble, pendant les vacances de Noël, j'ai eu, toujours au 22, rue des Sablons, la visite de Renée et de sa mère, et dans le plumard grinçant j'ai couché avec ma femme, très exactement pour la dernière fois, ma fille, 11 ans, avait en fouinant dans les recoins trouvé une petite culotte noire de Rachel, larguée pour la circonstance en Angleterre, à Cambridge chez des amis, d'une voix innocente, Renée demande, *what's that, Daddy ?* Claudia la coupe d'un ton sec, *you don't ask things like that,* à sa façon idoine Claudia m'a sorti d'embarras, début de l'été je suis rentré à New York

quarante-quatre ans, l'âge où un homme se rassemble dans toute sa force, j'essaime, je m'éparpille, de page en page, de lit en lit, de femme en femme, je me transbahute de continent en continent, ma vie divisée de ville en ville, New York-Paris, Paris-New York, d'un côté célibataire, de l'autre père de famille, tantôt professeur tantôt écrivain, basculant sans cesse de langue en langue, la paternelle c'est l'anglais, la maternelle le français, un drôle de zigue, une existence en zigzags, d'un lieu l'autre, sans cesse sans cesse emporté déporté de-ci de-là, faut être juste ma bougeotte est aussi professionnelle, pour grimper dans la hiérarchie, obligé d'aller de poste en poste, selon les offres, l'Université une échelle mobile, on ne reste pas longtemps à la même place, avant New York, Boston, deux ans à Harvard, puis Brandeis, banlieue de Boston, quatre ans, propulsé à Smith College en pleine cambrousse, au fin fond du Massachusetts, parmi les collines verdoyantes, un jour au lit légère grippe, le téléphone sonne, je décroche, *I am the chairman of the Department of French and Italian at New York University,* étonné lui dis, *Thank you for calling,* tout à trac demande, *How much do you earn at Smith College,* je réponds, *12 500 dollars,* il dit, *if you come to us, we'll offer you 20 000,* sacré Bill Starr, de but en blanc comme ça en Amérique, ma femme a sauté de joie, ainsi que je me suis retrouvé à New York University après onze ans d'errances, 1966, l'ai quittée en 2006, quarante ans fixé à New York, fixé ce n'est pas le terme exact, à peine installé dans ma propre maison à Queens, achetée avec l'aide de mon beau-père, heureux comme un roi d'être chez moi dans ma grande chambre du premier si lumineuse, mes bouquins sur leurs rayons laqués tout autour, à côté Renée, Claudia, chacune leur chambre, en bas Cathy dans la sienne, à une soirée chez une collègue, il a fallu que je rencontre Rachel, certes très jolie, certes supérieurement intelligente, mais collante, ma femme je ne couche plus avec que rarement, dernière fois Noël 71, alors pourquoi pas un peu de grimpette avec d'autres, d'ailleurs suis plutôt sérieux, fidèle, une compagne me fait dix ans, Claudia l'ai épousée en 56, l'ai un peu trompée avec Béatrice à Paris, fin 65, la première fois, et ça n'a pas duré longtemps, Rachel, à part le printemps 72, n'ai pas touché à une autre femme jusqu'à ce que je sache qu'elle me quitte, au bout de huit ans, pareil avec Ilse, dix ans, dix ans presque avant d'avoir une liaison avec ma belle Belge, avant que son ivrognerie ait dépassé mes limites, mais Rachel, j'avoue que j'ai eu une sacrée dent contre elle, m'a arraché peu à peu à ma maison coquette de Queens pour venir habiter avec elle à la 113e Rue, à douze rues de Harlem, alors que je vivais à Queens dans une rue ombragée d'arbres, parmi des pelouses bien tondues et des magnolias odorants, entre un psychiatre et un industriel, Cadillac dans la maison d'un côté, Lincoln en face, forcé d'aller chercher Cathy chez elle pour passer une journée avec elle, aller-retour permanent sur des autoroutes surpeuplées de véhicules forcenés, pas de foyer pour moi, sais plus où j'habite, à New York ou à Paris, car je bondis régulièrement sur le bord opposé de l'Atlantique, ma mère, ma sœur pendant l'été dans notre vieille propriété du Vésinet, là suis chez moi puisque nous sommes chez nous, ma chambre au premier avec mes livres, le bruit des trains le soir j'ai vite fait de me réhabituer, suis un Vésigondin enraciné entre pelouses, petit bois et potager, seulement ça ne dure que trois mois, après, bateau ou avion, suis propulsé à Boston, Amherst ou New York, je vis de domicile en domicile, plus aucun à moi, à la 113e Rue chez Rachel, chez Claudia à Queens, à Paris chez un très vieil ami qui me loue son appartement pendant que je suis en France et qu'il est en Australie

Il y a encore dans les cartons des dizaines et des dizaines de lettres, de ma sœur, de mon oncle, quelques-unes de ma mère, de mon père, bravant le temps, soixante ans déjà qu'il est mort, ma mère quarante. Mes mains, mes doigts plongent dans les cartons, fouillent les papiers accumulés sur des décennies. En entassant mon passé, je l'enterre. Toute une correspondance avec Eliska, ma Tchèque, rencontrée dans un coup de foudre aux Tuileries, juillet 66, retraversant pour moi le rideau de fer, en 67, 68, 69, Elisabeth, la passion la plus violente de ma vie. Soudain, je m'arrête de fouiner, de relire, je me réveille de mes songes. Le passé, c'est comme les rêves. Un instant il nous habite, image d'absolue réalité. Les paupières s'ouvrent, il se dissipe, s'évanouit. Notre existence passée retourne alors à son néant. Assis dans mon fauteuil orange, je retrouve d'un seul coup mon imminent départ. Mes préparatifs urgents m'agressent. Complètement réveillé, par la fenêtre de mon bureau, le ciel s'obscurcit, il va bientôt basculer dans la nuit. Je regarde ma montre. Près de cinq heures. Même pas déjeuné, même pas faim. Que de moi-même. Depuis ce matin, je suis resté englouti dans des survivances lointaines. Mes avatars, mes aventures de jeunesse s'estompent. Je rentre dans ma peau de septuagénaire à l'agonie. L'octogénaire se profile quelques mois encore, il va assassiner le septuagénaire. Le poids de tant d'existences révolues m'écrase, et pourtant la seule existence que j'ai n'est qu'en cet instant fugitif, suivi d'un autre instant, une pure succession d'instants, qui s'évaporent aussitôt. Je n'ai de vie qu'assis là dans ce fauteuil orange, en un pur présent. Une vie qui cesse n'est que l'éclair de ce pur présent, de cette immédiate présence à soi qui disparaît. A ma place, plus rien. D'un seul coup, néant. Ma vie semble toujours si courte, tous les instants accumulés au cours de décennies sont légers comme l'air. Seulement, tant que j'existe, il y a mémoire. Traces, pistes. Des fragments, bien sûr, des débris, de l'écriture qui consigne, des photos qui conservent. Elles viennent m'habiter, sur le moment elles m'épaississent, m'alourdissent, elles me lestent de réalité. Perdue, mais soudain retrouvée. Momentané, mais ce poids peut être écrasant. *Cogito ergo sum,* mon être est pure présence instantanée à soi. *Cogito ergo somme,* je suis aussi la totalité dispersée de tout ce que j'ai vécu. En désordre, par morceaux, sans jamais atteindre la souveraine solidité du Temps retrouvé proustien. Descartes, Proust, on est pris dans un étau entre les deux. Curieusement aussi, ces lettres relues m'impliquent, restent d'une façon collées à moi. *22, rue des Sablons,* c'est mon tribunal. En quelques mois, quelques semaines, je couche avec quatre femmes qui, chacune à sa manière, m'aiment. Femmes fantômes certes, mais elles ont leur mot à dire sur moi. Surmoi, j'en ai un, comme tout le monde. Il me juge. Me suis-je joué d'Elena, de Wendy, encore plus de Rachel, de ma femme. Agréable d'être un joli cœur. « Je t'embrasse très très fort », fait du bien par où ça passe. Mais se passe où, dans des relations tordues, entortillées les unes aux autres, Elena et Wendy se chevauchent dans leurs lettres, je ne puis les avoir chevauchées en même temps, c'est l'une après l'autre, en suis-je si sûr, leurs lettres n'ont pas de dates, les estampilles de la poste ne sont pas toujours déchiffrables, l'une après l'autre, je suis un coureur de jupons, de nos jours plutôt de jeans, l'une en même temps que l'autre, je suis un salaud, coureur ou salaud, mon Surmoi oscille, et puis ma femme et ma fille entre-temps en visite à Noël, Claudia en passant je l'ai aussi baisée, quant à Rachel, pendant le premier semestre, m'a accompagné à Luchon pour soigner mes maux de gorge, compagne de mes jours de mes nuits, peuplant le petit appartement, le baignant de prévenances, de tendresse, de présence féminine, ça y est le mot est lâché, avec les femmes il m'arrive d'être lâche, je ne peux pas leur résister, plus fort que moi, elles sont plus fortes que moi, si elles me désirent, leur désir est irrésistible, je les emmêle les unes aux autres dans un tourbillon aphrodisiaque, perdu ma boussole, dans ce domaine, je suis sans repères éthiqucs, à leurs envies je réponds du tac au tac, menteur, ma tactique est de me faire être par ELLES, ce n'est pas à leur désir que je réponds, c'est au mien, besoin absolu, infini, insatiable de FEMME, le pluriel est un singulier, des dizaines que j'ai connues au cours de ma vie, chacune est une incarnation DU FÉMININ, *La Treizième revient, c'est toujours la première,* évidemment, fonds de tendresse inépuisable, odeur même de son cou, de ses joues quand je l'embrasse me fait tout chaud au cœur au corps, si j'ai en moi une défaillance, un affaissement, c'est bien connu, quand les poilus sortaient des tranchées pour aller se faire crever le ventre par une mitrailleuse ou une baïonnette, dans leur agonie leur dernier cri était *maman,* dernier râle de la virilité mourante, moi, je me souviens, quand j'étais jeune et même plus tard à l'âge adulte quand j'arrivais, bandé comme un arc, au dernier spasme, quand s'arrachait de moi ce long giclement au bas du ventre, éventré coulant à pic, j'ai toujours au bout de l'orgasme geint ou hurlé *maman*

je me suis levé du fauteuil orange, à l'intérieur tout barbouillé, relent de ces lettres, fier bien sûr d'avoir inspiré ces émois amoureux, vrai à l'époque je n'étais pas mal, plutôt beau gosse, grand, taille élancée, visage fin aux traits réguliers, *tes yeux de velours,* comme a murmuré en fin de soirée de fin d'année une fofolle à demi pâmée, me coinçant contre une porte, Salomé, son nom me revient, une étudiante de plus de 40 ans, moi juste 50, mon cinquantième anniversaire c'était ce soir-là, quand même son exclamation m'est restée, mes yeux de velours, mes châsses marron mêlé de vert ont fait pendant des décennies des ravages, me flatte, forcé, mais j'ai été parfois cruel, il y a des souvenirs que je n'ai jamais racontés et dont j'ai honte, encore aujourd'hui, après plus de cinquante ans, en 52, tubard guérissant passé du sana de montagne à la post-cure rue Quatrefages, puis à celle de Sceaux, allongé toute la matinée, sieste jusqu'à trois heures, puis libres de sortir, reprendre des études, permission de minuit le samedi, pas loin de là, à Robinson, haut lieu de la danse j'allais guincher, tâcher de soulever une môme, comme on disait en ce temps-là, rencontré un soir une Martiniquaise, grande, beau corps, babil avec des intonations exotiques, on échange nos numéros de téléphone, je ne l'ai jamais appelée, un soir c'est elle qui m'a contacté à la postcure, demande quand on se revoit, ma gorge s'est serrée, je ne sais plus ce que j'ai dit, décliné l'offre, j'entends encore au bout du fil, au bout de plus de cinquante ans, sa voix qui tremble, elle s'est mise à pleurer, ses larmes encore me poursuivent, tubard à peine remis, devais être honoré qu'une belle fille m'appelle, j'ai refusé, elle a dû sentir pourquoi, elle était *noire,* un repoussoir, je rêvais cheveux blonds yeux bleus, le type aryen, j'avais la quéquette raciste, moi un youpin rescapé des années quarante, noire ou asiatique, jamais pu baiser une femme de couleur, il me faut des blanches, des blondes, je me cracherais à la figure, je me dégoûte, une bite de Boche, le zizi nazi, un comble, j'entends encore ses larmes au téléphone, moi la gorge serrée, ça m'étrangle encore quand j'y pense, j'essaie de ne jamais y penser, ce souvenir me poursuit, me térèbre

j'ai besoin de me dégourdir les jambes, assis depuis le matin dans mon fauteuil, plongé dans ce fouillis de lettres, dans un tourbillon de souvenirs. Je suis allé vers la fenêtre. Déjà New York de ses fûts brillants s'allume, scintille de ses feux verticaux *downtown,* les immeubles alignent leurs clignotements dans la nuit déjà tombée. L'espèce d'angelot perché en haut de City Hall semble noyé dans une lumière jaune. J'aime les nuits new-yorkaises, elles ne ressemblent à aucune autre. *Figurez-vous qu'elle était debout leur ville, absolument droite. New York c'est une ville debout.* On ne peut pas mieux dire que Céline. Par la fenêtre de mon grand bureau, je regarde de haut en bas, de bas en haut, l'œil ébloui. Dans ma contemplation, je ressens des tiraillements au creux du ventre. Oublié à nouveau de déjeuner, rien mangé depuis ce matin. Je rebrousse chemin, vais vers ma cuisine en cul-de-sac, sans fenêtre. *Honey turkey*, jambon de Virginie, je sors deux paquets de crackers, je croque un peu. Assis à la table ronde de chêne sous le lustre d'étain aux huit ampoules, je réfléchis. Je n'ai encore exploré qu'un carton. Il en reste beaucoup d'autres. Vais-je pouvoir emporter au loin avec moi cette énorme paperasserie ? Est-ce raisonnable ? En ce domaine du souvenir, la raison n'a jamais avec moi le dernier mot. J'aime garder mon passé, il est à moi, il est moi, même si je ne le revis qu'une seconde. J'ai déjà fait au début de la matinée tout un classement. Papiers d'affaires révolues, je les ai jetés dans le sac-poubelle. Dans un grand classeur, lettres de famille, lettres d'amour. Là sont déposées les lettres que je viens de relire. Il y a aussi fourrées là les dizaines de lettres de Rachel, en remontant dans le passé celles d'Eliska, plus loin encore fin des années quarante début cinquante, les innombrables lettres de mon Irlandaise de Dublin. Nous avons été si intimes, en Irlande d'alors, préservatifs interdits. *Ulysse* de Joyce aussi, il fallait les ramener d'Angleterre. Josie a fait une chose impensable, commis un forfait. Parfaite catholique, elle est venue chaque semaine jusqu'au studio que j'avais loué en ville, pour échapper aux touffeurs de Trinity College, où j'avais mon vaste logis de *visiting lecturer,* et où il était formellement interdit d'inviter des personnes du beau sexe. J'avais même reçu à ce propos une lettre menaçante du chef de département, un certain Arnout, si j'ai bonne mémoire, me prévenant que si j'enfreignais le règlement sur ce point précis, je serais illico renvoyé en France. J'avais dû déjà l'enfreindre.

Rencontré Josie, superbe blonde aux longs cheveux ondulés, les yeux bleu ciel, serrée contre moi, aux *Four Provinces,* un dancing local. Quand même, elle est venue me rejoindre dans mon logis de secours Lower Baggot Street chaque samedi soir, deux ans. Elle s'est laissé faire, chaque samedi nus l'un contre l'autre, haletants, l'amour. Aussi bien que j'en étais capable à l'époque, vingt ans, inexpérimenté, quasi vierge, je n'arrivais pas toujours à dominer mes élans, j'avais des éjaculations parfois précoces. Moi, en rage contre moi-même, humilié, Josie n'a jamais dit un mot. Elle m'aimait comme j'étais, et moi, je l'aimais comme elle était, ouvrière dans une fabrique de gants et autres articles. Nous n'étions pas du même bord, de la même classe, c'est la seule fois de ma vie où j'ai eu deux ans de romance avec une fille du peuple, qui faisait parfois des fautes d'orthographe en anglais et malmenait la grammaire dans une langue que j'étais spécifiquement venu pour apprendre. Tant de gentillesse effacée, de tendresse fidèle, tant de discret dévouement je n'ai jamais rencontré depuis, jamais un mot plus haut que l'autre. Tubard, elle m'a écrit pendant deux ans, sana, postcure. Josie. Une lettre par semaine, sans faille. Ma mère a été touchée au point, ultime sacrifice de sa morale, de me laisser inviter Josie chez nous, au Vésinet. Elle est venue. J'avais alors obtenu le droit de me promener l'après-midi. Trains partis de la gare du Vésinet jusqu'à la gare Saint-Lazare. 21, 27, les autobus nous attendaient. Quartier Latin, Luxembourg, il y a de nous des photos, jardin des Tuileries, le Louvre, et même une photo de Josie avec ma mère. Elle avait acquis droit de cité à la maison. *Dear Julien, I miss you very much,* Josie est la seule femme qui m'ait appelé *Julien,* comme ma famille, alors que pour toutes les autres femmes depuis et même mes filles, je suis *Serge.* De retour à Dublin, elle a envoyé une lettre de gratitude à ma mère. Notre correspondance a continué encore longtemps, il y a une lettre d'elle datée 1953. Et puis le courrier a cessé. Pas un mot d'adieu, *Dear Julien*, comme d'habitude, *I worked very hard this week,* brusquement plus rien. Aucune nouvelle. Ai-je mis plus de temps à répondre à ses lettres, engagé dans de nouvelles amours. Est-ce elle qui a pris une décision soudaine. Elle savait dès le début que notre liaison aurait une fin. Que je n'allais pas me mettre à vivre en Irlande. Qu'elle n'aurait pu vivre en France. Que nous n'étions pas du même milieu, de la même catégorie sociale. Elle ne m'a d'ailleurs à aucun moment pendant trois ans demandé le moindre engagement, la moindre promesse. Elle savait qu'elle m'aimait à fonds perdus. Je l'ai laissée faire. Ça m'arrangeait d'avoir une *girlfriend* belle comme elle, pendant que j'étais à Dublin. Ça m'arrangeait aussi de recevoir toutes ces lettres immanquablement fidèles pendant que j'étais des heures allongé sur le dos en sana, respirant l'air glacé des montagnes de Saint-Hilaire. J'avais même acheté pour une somme, vu mes moyens, considérable, un petit revolver chargé à un patient vietcong. Je ne serais pas ainsi affalé toute une vie. La fameuse tomo de sortie qui, alors qu'on se croyait guéri, vous condamnait à des mois, des années d'attente de nouveau dans les hauteurs blanches. Non merci, si c'était mon cas, si je devais finir comme mon père, merci, une balle dans la tête ou le cœur, au choix. Précieux revolver caché au fond de ma valise, mais naturellement encore plus précieuses les lettres de Josie et leur intarissable amour. Aurais-je dû moi-même à un certain moment lui faire comprendre qu'elle ne devait pas, pour son propre intérêt, persister dans une relation impossible, privée d'avenir. Je n'en ai pas eu le courage. Ni avant ma maladie ni après. Besoin pour vivre, survivre de me sentir aimé. Mais elle en avait sans doute aussi besoin, à son âge elle était responsable de ses actes. En vérité, j'ai sans doute été lâche, et elle faible. En vérité, nous ne nous sommes jamais vraiment expliqués. Nous ne nous sommes pas vraiment connus. Qui elle est, qui je suis, quels mobiles dans la vie nous poussent. Je ne crois pas lui avoir jamais parlé des années quarante. Elle, catholique pratiquante, assidue à la messe, une bonne Irlandaise, comment a-t-elle pu venir faire l'amour tous les samedis soir dans mon antre de Baggot Street. Qu'a-t-elle pu dire ou ne pas dire à confesse. Aucune idée. On n'en a jamais parlé. C'est son affaire. Je n'avais pas à m'en mêler. Ni à mêler sa foi et mon incroyance. Puisque nous ne pouvions ni l'un ni l'autre avoir l'illusion de faire jamais vie commune. En remontant à ce passé maintenant si lointain, j'ai quand même mauvaise conscience. Quand on reparcourt sa vie en sens inverse, après le temps des *Confessions* vient immanquablement celui de *Rousseau juge de Jean-Jacques*. Doubrovsky ne donne pas aussi facilement l'absolution au *Julien* d'Irlande.

J'ai fini de croquer ma pomme. Dessert rapide, puis un café. Je me sens un peu mieux de m'être, fût-ce tardivement, sustenté. Et après le café, quoi. Là le hic. Je dois prendre une décision pénible. Cela n'a jamais été mon fort. Il reste encore des cartons de lettres et paperasses diverses. Paris-New York, New York-Paris, cet amas, avec moi sans cesse le trimbale, le traîne. Aujourd'hui, je l'étrenne. Pour la première fois, le dernier jour, je me replonge dans cet entassement d'années. Cet informe dossier archive mon cas. « Monsieur

Cas », comme j'avais songé à intituler un de mes premiers écrits. Du temps où j'avais entrepris mon analyse. Entrepris aussi de la transférer d'anglais en français, d'oral en écrit, un autre de mes va-et-vient, de mes aller-retour. J'ai passé mon existence à bouger d'un endroit à l'autre, pas de lieu fixe. Alors, forcé, pour me conserver, j'emporte mes traces d'un endroit à l'autre, je me transporte partout avec moi. Ces traces, c'est moi. Ce qui reste de moi. Comme mes livres. Livres et lettres, je ne les relis jamais. A peine, par-ci par-là, selon les besoins. Je vais de l'avant. Aujourd'hui, je suis tiré en arrière. Arrachement à cinquante ans d'existence, mon port d'attache officiel, New York. Quarante ans j'ai enseigné à New York University. Je décroche, prends ma retraite, bats en retraite. Je n'ai plus la vie devant moi, mais derrière moi. Je plie bagage. Je sais que je vais emmener avec moi mes restes. Je ne sais, nul ne sait, combien d'années, de jours me restent. De toute façon, j'entre dans la phase finale. Dans quelques mois, j'entrerai dans la vieillesse. Quatre-vingts ans est un seuil fatal, il n'y a qu'à lire les notices nécrologiques dans les journaux. Beaucoup n'y arrivent même pas, souvent entre 70 et 80 s'éteignent, même avant, les meilleurs, Foucault, Derrida, que je revois tout jeunes à l'École. Fin des années quarante, début des années cinquante, Le caïman de philo d'alors, Althusser. Lévi-Strauss, presque centenaire, Barthes, Lacan il les a enterrés tous. Je survis, à ma petite place. Pour combien de temps. Je n'y pense pas sans cesse, je ne suis pas un obsédé de longévité. Mais avec ce départ, cet arrachement imminent, forcément, la question se pose. S'entrouvre comme un gouffre. J'y dégringole tout entier.

MORTS

Au fond du trou noir béant précipité. Le téléphone sonne soudain dans la nuit. Je me lève de mon fauteuil d'osier, je me précipite vers mon petit bureau, où il y a un téléphone. Je décroche, j'entends une voix grave, sourde, à l'inverse de son habituel éclat sonore. *Ici Johnny.* Surpris je reconnais la voix de mon ami Jean Nahman. Appel soudain, inattendu, depuis la lointaine Genève où il habite. *J'ai quelque chose de pénible à t'annoncer. Je viens de recevoir un coup de téléphone de son fils, Konrad, de la Nouvelle-Zélande. Walter est mort.* Johnny me donne quelques détails, Walter était atteint d'une maladie, il ne sait pas exactement laquelle, mais qui devenait de plus en plus insupportable, dégradait son existence au-delà de l'acceptable. *Il s'est suicidé à l'oxyde de carbone.* Je demande comment, par quel moyen. Dans son garage, avec le moteur de sa voiture en marche. L'oxyde de carbone craché par des camions dans un espace clos, ç'a été la première technique utilisée par les Allemands pour le génocide des Juifs. En Russie, en Ukraine. En Nouvelle-Zélande, comment Walter a fait, comment il a pu. Johnny dit, *je ne sais pas.* Moi, j'ai toujours dans l'armoire de ma salle de bains un petit étui de lames de rasoir Gillette fines. En cas semblable, je m'ouvre les veines, je me cisaille les poignets, à la romaine. Je demande à Johnny, *quel âge avait-il ?* Autour de 82 ans. Johnny, Walter, moi et quelques autres, nous formions un cercle étroit d'amis à Dublin, quand j'étais lecteur de français à Trinity College. J'ai raconté les si chaleureuses soirées que nous passions chez l'un ou chez l'autre dans *Laissé pour conte.* Si cela était écrit dans un roman, on crierait au subterfuge de romancier. Juste au moment où le narrateur-auteur s'apprête à décrocher d'Amérique pour toujours, de dissiper dans la fumée des souvenirs, cinquante ans de vie, juste à l'instant où il choit au fin fond du vide, du néant. Coup de téléphone subit, MORT de Walter. Le premier de notre trio fringant d'amis en 49, en Irlande, du temps de Josie, disparaît. Walter, le plus grand, le plus bruyant, le plus véhément et passionné d'entre nous, lui le premier à mourir. Après, à qui le tour. Je suis à l'orée de 80 ans. Peut-être le mien. On s'écrivait une fois par an, fidèlement, une longue lettre, à l'époque des vœux. Pour échanger nos nouvelles, garder le contact. A l'autre bout de la terre, pendant je ne sais combien de décennies. Pour nous donner signe de vie et d'amitié. Walter, la faconde féconde des Irlandais, torrent de paroles joviales, joie de vivre des pieds à la tête. Ses joues un peu roses, ses cheveux frisés en désordre. Sa générosité totale, le cœur sur la main, l'immense culture trilingue, anglais, allemand, français, jaillissant sans cesse de sa bouche. A jamais close, lettre que je m'apprêtais à lui envoyer, inutile désormais. Nous n'échangerons plus nos nouvelles. Après cet appel téléphonique, je tombe encore plus loin, plus noir au tréfonds de l'abîme.

Je suis lentement revenu, le long du couloir, vers le living. Drôle de mot, le *living. After the dead.* Je suis encore de ce côté-ci de l'écorce terrestre. Pour combien de temps. Quel qu'il soit, il est désormais compté. Les amis de notre génération qui meurent nous enterrent. Un flot de souvenirs qui remontent se jettent à présent dans le vide. Walter, le plus solide, le plus costaud d'entre nous, je me le rappelle tel qu'il était dans sa vitalité radieuse, il y a cinquante-sept ans. Une perte supplémentaire qui vient s'ajouter à la mienne. J'éprouve une vive douleur. Nous nous sommes à peine revus depuis plus d'un demi-siècle, mais il m'était toujours présent. Honneur, bonheur suprêmes. Il était venu un été nous visiter au Vésinet, il a fait la connaissance de ma mère, qui a été très heureuse de le recevoir. Admis dans le saint des saints, Walter faisait désormais un peu partie de la famille. Un degré au-dessus de l'amitié. C'était quand. Je ne suis plus sûr de la date. C'était lors d'un de ses rares retours en Europe. De la Nouvelle-Zélande où il enseignait à l'Université, jusqu'à l'Europe, une sacrée distance. Un voyage très onéreux. Des retours très espacés par trop d'espace. L'année où je l'ai revu au Vésinet, je crois que c'est la dernière fois où je l'ai revu. Quand était-ce, je cherche, je fouille ma mémoire. Quand, impossible à dire. C'était il y a très longtemps. Du temps où notre propriété du Vésinet existait encore. C'est donc avant 1964. Ou en 1964, lorsque ma mère songeait à la vendre, mais nous étions encore chez nous. Ultime été. Soudain un grand frisson me parcourt, j'ai la gorge, le ventre serrés. CE DEVAIT ÊTRE. Oui, C'ÉTAIT. Logique, sa femme, Danuta, enfin a été autorisée à retrouver sa famille, à rentrer dans son pays. A remettre, au bout de vingt ans, les pieds sur sa terre natale. Il fallait une occasion aussi prodigieuse, une raison aussi impérieuse, pour faire une telle dépense, un voile soudain se déchire, C'ÉTAIT

à la fin de sa visite, près de la grille ouverte du jardin, Walter m'a dit, *Serge, écoute, tu devrais venir nous voir là-bas,* il riait de son rire éclatant, *il faut en profiter, c'est peut-être la dernière fois où nous pourrons faire un tel voyage,* je me lève du fauteuil où je suis assis à la table de chêne, je cours au fond du couloir à l'autre bout de l'appartement, parfois mes cartons sont classés par année, 74-75, 82-83, je cherche, *1964*, je fouille fébrilement, une sorte d'instinct, les voilà, LES DEUX CARTES, *Mme Doubrovsky et Mme Chicken, 29 Cloppet, Le Vésinet, Seine-et-Oise, France,* 23/6/64, *Coucou ! bien arrivé. Temps superbe. Walter m'attendait très gentiment à la gare. Ai été merveilleusement reçu dans sa famille. Commencé à voir la ville. TOUT a été reconstruit pierre par pierre et maison par maison. Ce qui n'a pas été reconstruit porte des traces de balles de mitrailleuse… Ici rien n'a été épargné.* Normal, Hitler avait donné l'ordre de rayer la ville de la carte, qu'il n'en reste plus rien que des ruines fumantes. Fumantes, le mot juste, chaque maison était passée au lance-flammes, des milliers et des milliers de résistants en armes se soulèvent, une ville en insurrection. Il faut écraser la révolte, annihiler Varsovie. C'est fait, rue par rue, maison par maison. Les Allemands avaient la force, population déportée ou assassinée. Après les Juifs du ghetto, les habitants de Varsovie. Chacun son tour. En face, à pied d'œuvre, de l'autre côté de la Vistule, l'armée russe. Ne bouge pas. Laisse les Boches faire. Attendent patiemment qu'ils aient fini. Les Polonais que l'on massacre, ce sont les mauvais, ceux qui écoutent le gouvernement en exil à Londres. Les Allemands lui épargnent le boulot. C'est mieux ainsi. Danuta était dans la résistance, elle a été déportée vers l'ouest. Comment elle a réussi à survivre, à gagner plus tard l'Angleterre. Walter a dû me le dire. Je ne me souviens plus. Ni de l'appartement où j'ai été accueilli par sa famille, un été momentanément recomposée, au bout de vingt ans d'exil. Aucun souvenir non plus de la capitale reconstruite. Le seul endroit que je voulais voir, que je revois en tenant ma carte postale envoyée de là-bas à ma mère à ma sœur, est le seul que je nomme. Du ghetto, pas une trace, sinon un beau monument aux morts, ça que j'étais parti de Paris pour voir, qui m'avait décidé à faire le voyage au pays de la mort. Quand Walter, qui avait appris le polonais et le parlait couramment, la langue de sa femme, m'a demandé ce qu'en premier je voudrais visiter, pour une fois que j'étais à Varsovie. J'ai répondu sans commentaire : *le Ghetto.* Walter et son beau-frère Jozef, après déjeuner, m'y ont conduit en voiture. Ciel d'azur étincelant, par un après-midi idyllique. Sur ma carte, j'ai écrit : *Du ghetto, pas une trace, sinon un beau monument aux morts.* Beau, tu parles. Juste une stèle de pierre grisâtre, et autour, sur quelques mètres, quelques briques abandonnées par le destin. Je me suis senti envahi par ces centaines de milliers, vieillards, femmes, enfants, enfermés dans leur nauséabonde prison urbaine et, au cours des ans, effacés. On a fait Treblinka pour eux. Plus rien que cette stèle, quelques briques. Un peuple, une culture, une langue, une riche littérature évaporés, évanouis. Je suis accablé par l'insignifiance de ces restes. J'ai les larmes aux yeux. Soudain, un homme se dirige vers nous dans cette zone déserte. Je le vois qui s'approche à pas prudents de nous.

Comme Jozef ne parle pas français, nous parlions tous les trois anglais. L'homme s'adresse à nous, *are you visitors from abroad ?* Walter dit, *two of us at least,* le type dit, *I'm American, I wanted to see this spot. I came here yesterday and,* il nous raconte son histoire. Venu hier après-midi pour saluer les morts du ghetto, juif lui-même, il s'est agenouillé devant la stèle, pendant qu'il se recueillait, un inconnu a marché droit sur lui et lui a jeté une pierre à la tête, l'injuriant à voix stridente en polonais. L'Américain en était encore tout ému, il parlait presque à voix basse. Cet incident inattendu m'a remué. M'a rappelé où on était. Dans un pays qui détestait ses Juifs presque autant que les nazis. Les Polaks en ont même pendant la guerre tué eux-mêmes un bon nombre. Après la guerre aussi ont persécuté les rares survivants, les ont expulsés, leurs maisons distribuées à la population aryenne. Mon grand-père maternel, né ici à Dombrowicz, a quitté son pays aussitôt qu'il a pu, dès les années quatre-vingt du XIXe. Son ex-pays n'a pas changé dans la seconde moitié du XXe. L'Américain et nous sommes restés silencieux, puis nous lui avons serré la main. Il est parti, et nous aussi peu après. J'ai fait mon pèlerinage. Ci-gît, complètement rasé, le Ghetto de Varsovie. Fier quand même de penser qu'en 42, avant de disparaître, une poignée d'insurgés a envoyé quelques salves vengeresses dans la chair des Boches surpris. Ils n'avaient jamais imaginé qu'il pourrait y avoir une révolte parmi ces troupeaux de Juifs. Rien changé, mais sauvé l'honneur. Je salue avec émotion les combattants du Ghetto dans ma mémoire et sur les lieux de leurs combats. Et puis, Walter et Jozef m'ont emmené pour me montrer la ville ressortie de ses décombres, reconstruite. Je n'en garde aucun souvenir.

Je ne pouvais abuser de la gentillesse de mes hôtes. J'étais là déjà depuis presque une semaine et je me sentais un peu gêné. Forcément, entre eux, le soir à dîner, toujours excellent d'ailleurs, ils parlaient leur langue et j'admirais avec quelle aisance et quelle verve mon ami Walter, Irlandais s'il en fut jusqu'à la moelle des os, s'exprimait en polonais. Il devait souvent faire des plaisanteries, car toute la compagnie riait. Mais justement, moi, je me sentais mal à l'aise. La visite au fantôme du Ghetto m'avait remis en mémoire l'histoire des rapports entre Polonais et Juifs. Sans même remonter à Pilsudski et aux colonels d'avant-guerre. Pendant la guerre et après. Les badauds qui venaient regarder les enfermés du Ghetto avec le sourire. Les exactions après 45. Mais il faut être juste, il y avait aussi les réseaux de résistance qui avaient fait passer des armes aux insurgés du Ghetto. Et les Juifs qui avaient survécu, c'est uniquement parce qu'ils avaient été sauvés par des Polonais. Comme en France, il y a eu les bons et les mauvais. On a eu Vichy la milice et les collabos. Ici ils ont eu les supercathos et puis les cocos. Des racailles qui se valent. Mais aussi des résistants, des gens de cœur, ceux qui ont risqué leur peau pour sauvegarder celle des autres. Ne pas l'oublier, ne pas être injuste. En face de moi, dans la même pièce, Danuta, combattante de l'insurrection de Varsovie, déportée, Jozef si hospitalier, à l'étroit dans ses frontières, à l'écoute du reste du monde. Et leurs parents si affables et généreux. Il ne faut pas que l'histoire de l'Américain à genoux devant la stèle commémorant le Ghetto, et assailli, caillassé par une brute, me fasse oublier les autres, les Justes, les braves gens et les gens braves. Le vin aidant, je me suis détendu dans la soirée, après dîner. Walter s'est soudain tourné vers moi, et en français me demande, *avant de repartir, y a-t-il quelque chose que tu aimerais voir, Jozef et moi sommes à ton entière disposition ce week-end ?* J'ai, sans réfléchir, opiné de la tête. J'ai dit à Walter, *je te remercie de cette offre, oui, il y a quelque chose que je voudrais absolument voir avant de partir.* Sans même demander quoi, Walter m'a dit *d'accord, il faut que je voie si Jozef est libre demain. Il faudrait nous mettre en route dans la matinée.* Il s'est mis à parler à Jozef en polonais, celui-ci semblait avoir aussitôt acquiescé. Walter s'est tourné vers moi, *demain matin vers dix heures et demie.*

Je dois avouer que j'avais une vive appréhension. J'ai senti cœur et ventre se serrer dans ma carcasse. Mais, au fond, c'est pour cela que j'ai immédiatement accepté l'invitation de Walter à lui rendre visite vers la fin juin, alors que je venais à peine d'arriver chez ma mère au Vésinet, juste débarqué d'Amérique. Il fallait un puissant appel pour m'arracher si vite des liens, des lieux de famille, alors que je n'avais que l'été pour séjourner en France. Curiosité prodigieuse et non moins terrible crainte. PEUR. Mais c'est pour cela que j'étais venu, il fallait. J'ai été me coucher assez tôt, je devais calmer ma fébrilité et être prêt à l'heure. La porte de ma chambre refermée, j'entendais la conversation générale qui continuait gaiement, avec quelques éclats de rire. Moi qui ai le sommeil si léger, qui suis si sensible au bruit, je me suis déshabillé à la hâte, ai fait une toilette rapide, je me suis, une fois sous la couverture, endormi d'un bloc. Au réveil, j'ai trouvé Walter et Jozef qui prenaient leur petit déjeuner. *Bien dormi ? Oui merci.* Sans plus de cérémonie, nous avons dit au revoir aux autres membres de la famille et sommes sortis. Toujours le même ciel illuminé de soleil matinal, un début d'été splendide. Nous avons été chercher la voiture de Walter, autour de laquelle il y avait déjà un attroupement. Des gamins l'œil ébahi, mais aussi des adultes penchés sur la carrosserie, scrutant l'intérieur par les vitres. Walter souriait de toutes ses dents, tout fier. Jozef se tourne vers moi, amusé par cette scène insolite dans son quartier. *Serge, you must understand that they're not used to seeing such a marvel here.* Jozef travaillait à la télévision, il avait un anglais parfait. Que les gens d'ici n'étaient pas habitués à voir une bagnole comme celle-là, c'était évident. Ils en béaient d'admiration et d'envie. Pas courant ici une voiture pareille, rutilante toute neuve, vous pensez UNE DS 21. De Nouvelle-Zélande où ils habitaient, Danuta avait voulu malgré le coût revenir en Europe pour retrouver sa famille, perdue depuis des années. Walter, lui, avait une raison supplémentaire, il rêvait de s'acheter une voiture neuve et inégalable, d'où son passage à Paris et sa visite au Vésinet. Moi-même, je l'avoue, j'aurais bien aimé en avoir une pareille, au lieu de mes tacots américains d'occasion. Alors, imaginez une DS bleu ciel, éclatante, à Varsovie. A l'époque. Un miracle sur roues. En route, Walter se dirige tête haute vers la portière, l'ouvre, nous fait signe. Nous fendons la petite foule des curieux et le suivons. Nous sommes rapidement sortis de la ville, poursuivis par les regards de tous les passants. Petit sourire en coin, il avait l'air heureux, Walter, et Jozef aussi. Vite parmi les bosquets et les champs, en pleine nature, j'ai oublié mon angoisse. Si agréable, reposant, de filer ainsi le long de la route, sans un accroc, sans un sursaut, comme si on planait à travers airs, en avion plutôt qu'en voiture. Il faut le reconnaître, une sacrée automobile. Les prés, les blés, les arbres, dans un soleil rayonnant, merveilleuse randonnée, une vraie partie de campagne. Walter, Jozef et moi, nous étions tous trois souriants d'aise. J'ai fini par demander, *c'est encore loin?,* Walter et Jozef ont conféré en polonais, Jozef a dit que nous n'y serions pas avant le début de l'après-midi et nous conseille de nous arrêter déjeuner quelque part. Je demande, quand. Jozef se tourne vers moi, assis sur la banquette arrière. *When we'll get to Cracow, that seems reasonable.* Je dis, *of course.* On a encore le temps de rouler, je n'éprouve pas la moindre faim. D'ailleurs, à mesure qu'on se rapproche, me coupe l'appétit. Quelques guimbardes nous croisent en klaxonnant. Pas habitués à voir ici une si belle voiture française avec plaques d'immatriculation françaises. On finit par arriver aux portes de la ville, la circulation auparavant presque inexistante s'épaissit. Walter dit, *we had better not get too far in, let's find a place where we could have lunch.* En français ajoute, *mon estomac gronde.* Le mien se serre. Soudain, oubliée la pittoresque et savoureuse randonnée. Nous touchons au but, au bout.

Walter gare sa DS, toujours point de mire des passants, devant un restaurant de quartier, d'allure modeste mais avenante. Des tables libres, nous nous asseyons pas trop loin de la fenêtre entrouverte, pour avoir une vue sur la rue très vivante à cette heure-ci. Je ne comprends rien au menu, par le menu Walter m'explique. Je fais mon choix, Walter et Jozef le leur. Soudain, nous apercevons, à la table voisine, deux jolies filles. Charme slave, évidemment, cheveux blonds, l'une bouclée l'autre frisée, d'un blond tirant sur le blanc, comme transparent. Très beaux yeux bleus. Hautes pommettes. Probablement des étudiantes. Jozef me dit, *We'e not far from the university of Cracow, a very good one.* Lui aussi zyeute les filles avec attention, Walter itou. Ils ont laissé leurs épouses à Varsovie. Les deux blondes jacassent et rient, elles jettent un regard dans notre direction. Le serveur nous apporte nos plats, nous commençons à manger. Je dis à Jozef, *these girls are very pretty.* Il acquiesce, nous avons les yeux fixés sur elles, elles nous retournent de temps en temps nos regards. Au dessert, Walter toujours entreprenant, énergique, leur adresse la parole. En polonais, je n'ai aucune idée de ce qu'il dit. Elles sourient, répondent, une conversation entre Walter, Jozef et elles s'engage. Ont l'air engageantes, mais je ne pige pas un traître mot, bien sûr, ils baragouinent dans leur idiome, espagnol, italien, je saisirais une bribe de phrase au passage. Là, je suis perdu, retiré sur mon siège et dans mon assiette. Soudain, elles se lèvent et viennent s'asseoir à notre table. Walter me confie, *je les ai invitées à prendre un café avec nous.* On va vite en besogne ici. Moi, toujours à part, exclu de la conversation animée et des sourires enjôleurs. Mes deux compagnons sont en train de draguer les gonzesses. Elles semblent se prêter de bonne grâce au jeu. Je demande bas à Walter, *qui sont-elles.* Répond, *des étudiantes de droit à la Faculté.* Cafés bus, addition réglée, Walter regarde sa montre, il se remet à parler en souriant à nos interlocutrices. Elles ont l'air de se consulter un instant, elles font un signe de la tête, Walter me dit, *nous les avons invitées, elles vont venir avec nous.* J'avale ma salive, sidéré, qu'ils aient pu leur demander. Je n'en crois pas mes oreilles. Je dis à Walter, *mais tu leur as dit où nous allons.* Il hoche la tête, oui, elles ont dit que ça les intéressait, qu'elles n'y avaient jamais été. Il me décline leurs prénoms, je n'y comprends que dalle, je suis stupéfait. Choqué. Ce sont mes hôtes, ils me conduisent là où je les ai priés de m'emmener, pour eux un long voyage. J'ai le bec cloué. On ressort, à la vue de la DS, les étudiantes s'exclament, elles n'en croient pas leurs yeux, elles rient. Pour elles, décidément, une première. Walter se met au volant, une des mignonnes à son côté. L'autre monte derrière, dans le coin, à la droite de Jozef, moi écrasé dans l'autre coin, tassé sur moi-même. Le moteur ronronne, la DS s'ébranle, les nanas s'ébrouent, elles hennissent de plaisir.

Les gens ne devaient, même dans une grande ville, pas avoir souvent vu de DS flambant neuve sillonner leurs rues, habitués à leurs vieilles Trabants du monde soviétique, ils nous suivaient des yeux. Cela faisait les délices de Walter et de Jozef, des deux étudiantes aussi, à en croire leurs mines réjouies. Moi, je commençais à me sentir de plus en plus mal à l'aise, comme en porte-à-faux. Nous avons de nouveau retrouvé les grands espaces de la campagne scintillant de soleil, presque seuls, il y avait très peu de véhicules sur la route, parfois de gros camions bâchés cahotant sur la chaussée inégale. Nous dans la DS planions toujours dans les airs. Soudain, conduisant de la main gauche, Walter a passé le bras droit sur les épaules de sa voisine, caressant légèrement des doigts son cou. Du coup, Jozef empoigne carrément la sienne, elle penche la tête contre lui. C'est la rigolade générale en polonais dans la voiture. Avec rires, cris et piaillerie. Je ne comprends pas un mot, je me sens de seconde en seconde plus gêné, recroquevillé dans mon coin. Ça devient carrément obscène. Des mains glissent sous les jupes, l'hilarité redouble, pourtant on doit approcher. Je ne pipe pas, quoi dire, une sorte d'arrêt pour camions sans doute à droite, sur la route. Walter se gare sur la pierraille. J'assiste muet à un pelotage effréné. Walter et Jozef ne caressent plus les filles, ils les triturent. Horrifié, je me demande s'ils vont bientôt les enfiler. Je suis furieux, je m'indigne. Pas seulement parce que je suis hors jeu, dois assister de l'extérieur à leurs ébats. Un peu de cela, bien sûr. Mais c'est surtout une horreur sacrée. Ont-ils oublié où nous allons. Cette partie de touche-pipi ici est sacrilège. Comme s'ils faisaient ça dans une église, une synagogue. On ne doit plus être très loin. Je n'en crois ni mes yeux ni mes oreilles. Si je pouvais je sortirais de la voiture, mais je ne peux pas. Enfin, leurs ardeurs ont commencé à ralentir. Ils sentaient à regret qu'ils ne pouvaient pousser plus avant. Les drôlesses ont remis de l'ordre dans leurs vêtements, Walter a repris le volant. Jozef s'est redressé sur la banquette. Je humais autour de moi une envie débridée inassouvie. Walter a remis le moteur en marche, est remonté sur la chaussée. Je lui demande, *y serons-nous bientôt.* Il opine de la tête. Nous sommes de nouveau à 120 à l'heure et brusquement, brutalement un panneau vert, la direction, j'ai beau ne pas comprendre un mot de polonais, là je pige à la seconde, *OŚWIĘCIM*.

Là que je voulais aller. Pour cela que je suis venu, quand Walter m'a invité à le rejoindre. Après le Ghetto disparu, rien d'autre ne m'attire ici. Que ÇA. Soudain là. Du polonais on est passé d'un seul coup à l'allemand. Sur le sol, les rails du chemin de fer, ternis par les ans. On ouvrait les portes des wagons à bestiaux surpeuplés, où par centaines étaient comprimés, entassés demi-cadavres et cadavres. *OŚWIĘCIM*, le nom local, pour les indigènes. Le nom authentique, universel, AUSCHWITZ. Nous sommes arrivés, on y est. J'en ai le souffle coupé, je reste un long moment immobile. Là où les rails s'arrêtent. Pas besoin d'aller plus loin, c'est la destination. Le destin. De plus d'un million d'êtres sous-humains non humains. *Untermenschen, Unmenschen.* Ici, la seule langue. Dans mes yeux s'enfoncent les énormes lettres de métal en arc au-dessus du portail, ARBEIT MACHT FREI. *Le travail libère,* joli mot d'esprit au moment où l'on enferme à jamais. A mort. Ce que l'on voit dans les images des films, des documentaires, SOUDAIN C'EST RÉEL. Ça me crève les yeux. Le cœur. Qui se met à battre. Tout est en place, tout est prêt pour la prochaine fois. La muraille de barbelés électrifiés, le mirador d'où l'on domine et surveille l'alignement bâtisse après bâtisse de brique salie, rosâtre. Selon une géométrie essentielle, démentielle. Les Boches aiment l'ordre. Les ordres, *schnell, schnell,* toujours plus vite, il y a d'autres trains qui vont arriver. Il faut leur laisser la place. Par les portes ouvertes enfin après trois jours, il faut extraire les corps incrustés les uns dans les autres, tellement enchâssés, enchiassés. Les demi-cadavres qui bougent encore. Les vrais cadavres qui ne bougent plus. Qui jonchent, tordus dans leur dernière crispation des muscles, le plancher excrémentiel. Il y a sûrement des brigades de détenus pour tirer, trier les arrivants de leur mélasse de sang, de merde et de vomi. La corvée de vidange. Je vois, j'imagine, je reste cloué au sol.

Walter me tire par le bras, me réveille, il dit *entrons.* Sa voix est devenue sobre, sèche. Les autres nous suivent. Malgré moi, j'avance. Où. Dans quelle file. On m'a extirpé du wagon plus mort que vif. C'est l'officier S.S., posté là, qui décide. File de droite, vieillards, femmes, enfants, les faibles, les inutiles. Directement vers la chambre à gaz. Hommes, même femmes, l'air costaud, solide, file de gauche. Bons pour les travaux forcés. Il y en a pour tout le monde. Y compris ceux qui transportent les cadavres des chambres à gaz jusqu'aux fours crématoires. *Sonderkommando,* tâche ingrate, non seulement horrible à exécuter, mais après deux ou trois mois on les exécute. Pourraient parler, témoigner. La plus grande tuerie de l'histoire ne doit laisser aucune trace, comme si elle n'avait jamais existé. Walter me tire un peu, j'ai du mal à avancer jusqu'à l'entrée des visiteurs, pour moi, quinze ans, dos voûté, l'air malingre, je suis envoyé tout droit dans la file de droite, droit à la douche, comme ils disaient, la douche au Zyklon B. Avaient essayé l'oxyde de carbone des camions, ça tuait bien, mais pas assez vite. *Schnell, schnell.* Ils ont maintenant le gaz qui gaze, fabriqué spécialement à cet usage. Mon compte était bon. Peut-être était-ce mieux ainsi, crever écrasé par les autres corps, étouffé, perdant souffle et vie dans des contorsions atroces. Que de trimer en pyjama rayé dans l'hiver polonais, avec une soupe de déchets pour toute nourriture dans le ventre. Des semaines, des mois, jusqu'à l'épuisement final. Et les coups des kapos, insultes, humiliations permanentes, peut-être valait-il mieux clamser vite, clapoter d'emblée. Sais pas, saurai jamais. Je ne peux qu'imaginer, et même imaginer est impossible. En entrant dans la salle des visiteurs, ce qui m'a frappé à la seconde, l'immense panneau sur un mur. Une multitude de grosses flèches rouges, partant toutes, de tous les pays d'Europe, vers le centre, Auschwitz. De Drancy à Auschwitz, c'était 1 350 kilomètres. Mon trajet, celui des miens, qui nous attendait mois après mois. Après la rafle du Vel d'Hiv de juillet 42. Ses grosses lèvres tremblantes, balbutiant, le coupeur roumain dans l'atelier de mon père, qui demande, qui supplie, *dites, patron, nous sommes en règle, il ne peut rien nous arriver,* disparu dans la première grande rafle, sa femme, sa fille en pleurs après dans l'atelier. Là qu'il est arrivé. En juillet 42. Là que ses grosses lippes secouées d'angoisse, ses yeux dilatés de peur, quémandant une assurance, un réconfort de mon père, là qu'il s'est dissipé en fumée. Ces 1350 kilomètres m'attendaient aussi. Perdu dans la contemplation des flèches rouges, Walter m'a de nouveau gentiment tiré par la manche. Je le suis d'un pas hébété. Devant nous une succession de vitrines. Dans la première, une accumulation de valises usagées, défoncées, des noms, des adresses, en lettres blanches. *Wien, Hamburg, Berlin, Toulouse, Rosenblatt, Frankreich,* toutes les adresses, les inscriptions s'entremêlent. L'unique valise qu'on avait le droit d'emporter, deux chemises, trois caleçons, cinq mouchoirs, quelques paires de chaussettes. Embarqués, chez nous, c'était par des flics français. Les coups de crosses dans le dos, dans la nuque, montez plus vite, serrez, les autobus débordent jusque sur les plates-formes. Après les valises, il y a la vitrine aux cheveux, des tonnes, empilés, d'hommes, de femmes, de toutes les teintes. Et puis la vitrine aux vêtements. Je ne peux plus regarder, j'ai la nausée. Sens de la visite, on nous a montré où était la chambre à gaz. Ça s'efface de ma mémoire, je gomme. J'ai mon compte. Pas encore. Pire que les chambres à gaz, on n'en parle jamais, mais on les voit, encore là, intactes. Des sortes de cheminées étroites, parallèles, avec une ouverture en bas, fermée par une plaque de fer. On y glisse les récalcitrants, pas d'air ou si peu, une fois glissé dedans, enfermé là, c'est l'asphyxie lente, des heures et des heures d'étouffement progressif. Comment les détenus qui n'ont pas été gazés à l'arrivée ont-ils pu supporter toutes ces nuits grelottantes dans leurs pyjamas rayés, empilés les uns contre les autres, les uns sur les autres, allongés sur les planches de la baraque que nous visitons à présent. Je ne sais pas comment ils ont pu. Finir cette indicible horreur était pourtant très simple. Se jeter sur les barbelés électrifiés, électrocutés net. Moi, c'est, j'en suis sûr, ce que j'aurais fait. Pourquoi si peu l'ont fait. Très rarement. Comprends pas. Tenaient-ils même dans ces conditions à encore vivre, jusqu'à l'épuisement, l'effondrement ultimes de corps squelettiques. Quelques-uns, une infime minorité, se sont si bien accrochés à la vie qu'ils ont survécu. Je n'aurais pas eu cette obstination ou ce courage, cette folie héroïque. Je les admire du fin fond de mes tripes. Mais moi, je me serais précipité sur les barbelés, choc et fin. J'ai toujours pensé que, quand la vie est intenable, il n'y a qu'une solution. Le suicide. Si on me découvre un jour un cancer incurable, une maladie irréversible, je m'ouvre les veines avec mes lames de rasoir. Je les ai toujours à ma portée, au cas où. Eux, ils avaient les fils de fer électrifiés. Peut-être qu'à un certain degré de fatigue on n'a plus la force. Peut-être qu'il est dans ces corps désintégrés une lueur d'espoir indestructible. On a fait la visite complète. Chambre à gaz, avec le trou dans le plafond où le Zyklon B était déversé. Cheminées des fours. Du camp adjoint de Birkenau, plus grand, encore plus assassin, il reste rangée après rangée de baraques jusqu'au bout de l'horizon. Je suis à bout de forces. Je dis à Walter, *partons.* Me tournant vers lui, j'ai aperçu que son visage aux teintes roses était livide. Nous avons fait demi-tour. Les autres avaient déjà filé. Nous repassons devant le grand panneau mural avec les flèches rouges. Drancy-Paris, 1 350 kilomètres. Je pense à lui. Début novembre 43, très tôt le matin, la cloche de la grille du jardin sonne très fort. Nous avons tous pâli, saisis d'une terrible angoisse. Mon père a dit, *restez ici, je vais aller voir.* Nous, de l'intérieur, les yeux rivés sur lui. Il ouvre le vasistas de la porte du jardin. Un homme en civil, monté sur sa bicyclette. Juste une phrase courte, *dans une heure je viens vous arrêter.* Reparti aussitôt sur son vélo. Pas un mot de plus. Ça a suffi à nous épargner les 1 350 kilomètres dans les wagons à bestiaux. Ça a suffi à nous sauver la vie. Devant le panneau sur le mur, je pense à LUI de tout mon cœur, de tout mon être. Je dis MERCI. Vingt et un ans de vie en rab que je dois à ce flic inconnu. Ce flic miracle. Chaque début novembre, c'est un an de plus. Naturellement, seul, ce n'aurait pas été assez. Il y a EUX. Face aux flèches des panneaux, ils ressuscitent instantanément en moi. *S'il arrive quelque chose, venez chez nous.* 30, allée de la Gare, Villiers-sur-Marne. Neuf mois, au risque de leur vie, ils ont abrité, sauvé la nôtre. Tante Nénette, Riri, Grand-Père. Ils sont avec moi ICI. Comment ressentir, exprimer assez de gratitude, une éternelle reconnaissance. Fasciné par ce panneau, je m'y arrache. Ne peux plus rester ici une minute de plus. Brochures, livres, je n'en ai pas besoin. Je connais l'histoire, on n'a pas besoin de me la raconter. En ressortant avec Walter, j'ai aperçu dans la cour un gibet, que je n'avais pas remarqué. Avec les cordes pendantes. Il a dû servir tant et plus. A tant et plus et plus d'agonie. Mais un souvenir me réconforte. Une fois, une unique fois, ce gibet a servi la bonne cause. En 1947, les Polonais y ont pendu Rudolf Höss, le commandant d'Auschwitz.

Les trois autres nous attendaient dehors. On n'a pas échangé un mot. Nous avons regagné la DS 21 en silence. Remontés, nous sommes partis, toujours sans une parole. Les taquineries, les pelotages de l'aller, terminés. Les deux filles qui habitaient Cracovie non loin de là n'avaient jamais eu l'idée ou l'envie d'aller jusqu'à *OŚWIĘCIM*. Pour elles, une première et, sans doute, une dernière. Trop éloigné, tout ça, pour les jeunes d'aujourd'hui. Quand même, elles se tenaient raides sur leur siège, rigides. Walter regardait droit devant lui, sans un mot ni un geste. Jozef de même. Apparemment cette petite visite les avait refroidis. On a déposé les deux filles à l'endroit où on les avait rencontrées. Elles sont descendues sans échange de politesses ni d'adresses. Walter et Jozef ont filé vers Varsovie à toute allure pour retrouver leurs épouses.

Replongé dans tout ce passé si présent au fond de la tombe resurgi dur coupant comme de l'acier c'est ce coup de téléphone si inattendu si tendu Walter John moi un trio si soudé en Irlande soudain le premier de nous trois qui meurt cette mort me meurtrit à des profondeurs insoupçonnées Walter si grand si fort était le plus vivant le plus gai parti dans sa lointaine Nouvelle-Zélande je me retrouve douleur au cœur au ventre poignante tous les souvenirs maudits avec les millions de morts qui se fondent en une j'ai la deuxième carte envoyée à ma mère dans ma main *le 29 juin 1964* *J'arriverai sans doute, sauf événement imprévu, dans la journée, mercredi. Je pars de Cracovie lundi. Vous raconterai tout en détail. Bien qu'ayant en fait duré peu de temps, ce voyage est si rempli qu'il me semble avoir duré des semaines.* LOTNICZA PAR AVION ce voyage je ne l'ai jamais raconté dans aucun de mes livres j'ai essayé dans *Laissé pour conte* je n'ai pas pu mon livre l'a refusé la mort brusque de Walter le fait éclater sous mon crâne il est inscrit dans le plus douloureux de ma mémoire Walter Auschwitz ne font plus qu'un affalé dans le fauteuil orange de mon grand bureau je m'arrache à la glu de ma mémoire quarante-deux ans déjà cette descente au fond de la morgue cinquante-sept ans déjà ces soirées éclatantes de rires de plaisanteries bi-ou-trilingues d'amitiés toutes jeunes encore pimpantes nos vies si fraîches à Dublin je regarde ma montre plus de dix heures pas dîné pas faim tous ces rangements encore à faire ces cartons à explorer suffit pour aujourd'hui je me suis levé je suis allé à la vaste fenêtre nuits de New York ce sont les plus envoûtantes les plus belles Paris étale ses merveilles le jour New York c'est la nuit l'obscurité brasille de fûts de lumières clignotantes d'un bout de l'horizon à l'autre par le passé les Twin Towers faisaient jaillir leurs feux étincelants jusqu'au fond du ciel ces lueurs enchanteresses vont me quitter m'échapper pour le reste de ma vie ce qui en reste les déménageurs vont arriver dans quelques jours m'arracher à cette vue à cette vision qui me fascine de splendeur tous les soirs après cette descente dans la plus nauséabonde maléfique ignominie j'ai comme besoin de me laver les yeux dans les ténèbres coruscantes quand même cinquante et un ans de vie en ce Nouveau Monde qui vont d'un coup s'effondrer disparaître retour au monde du début à l'Ancien Monde mieux qu'un départ dans l'Autre Monde qui d'ailleurs n'existe pas

Je ne peux pas passer toute la nuit à la fenêtre je me détourne regarde ce *master bedroom* dont j'ai fait depuis tant d'années mon grand bureau pour la correspondance les comptes dans les tiroirs mes carnets de chèques dans d'autres tiroirs les lettres auxquelles j'ai déjà répondu les autres dans le classeur métallique sur le bois astiqué luisant sur les deux murs opposés rayon après rayon laqués des livres jusqu'au plafond ils ont voyagé trois fois d'abord installés par un charpentier méthodique dans ma chambre du premier étage maison de Queens démolis et transportés puis remontés au fond du couloir de l'appartement de Rachel sur la 113e Rue juste à l'entrée de la pièce qui me sert de bureau une dernière fois véhiculés en bas de la ville au 3 Washington Square Village depuis vingt-huit ans le déménageur m'avait alors prévenu en montant les étagères de bois lustré *you know they won't take another move* déjà un miracle qu'elles aient survécu elles ne bougeront plus d'ici je les laisserai cimetière de livres accrochées aux murs pour le prochain locataire comme les appartements appartiennent à l'Université mon successeur mon repreneur sera sûrement un collègue   je regarde le fauteuil en plastique orange où sous la grande lampe je fais les lectures du soir   au fond le lit recouvert d'un tapis rouge mexicain que m'a laissé Rachel en quittant la 113e Rue   le tapis beige et marron correct sans plus sur le parquet   derrière la porte ma grande salle de bains   les deux autres chambres ont la leur mais en plus petit   *master bedroom* chambre à coucher du maître des lieux depuis trois décennies mon grand bureau   si familier j'en connais chaque recoin il m'a l'air absent vidé vide   comme un corps dont tout le sang s'est écoulé   mon cadavre un de plus   je suis déjà mort tant de fois

après avoir refermé le vasistas de la porte du jardin, mon père s'est précipité sur le perron de la maison, nous étions là, porte ouverte, à attendre, quoi, si tôt le matin, il nous répète l'avertissement, *dans une heure,* allez vite, pas une seconde à perdre nous avons décousu les étoiles jaunes de nos vestes et manteaux, en vitesse vers la vie, vers Villiers, nous avions scié le grillage au fond du potager, le long de la voie ferrée, pour ménager une sortie de secours au cas où, le cas est là, en route en quatrième cinquième vitesse, mon père livide, ma mère tâchant de contrôler l'affolement général, moi trouille me taraudant le ventre, déjà il y a un mois, mon prof de français, Grosclaude, m'avait fait venir après la classe, m'avait dit, *Doubrovsky, ne revenez plus en classe,* on savait, comme Roby, qu'il était dans la Résistance, c'est là que la trouille a commencé, installée depuis dans mes entrailles, partagée évidemment par nous quatre, un homme averti en vaut deux, maintenant la deuxième fois, en direct, de flic à oreille, mais comment voyager avec des valises, serait suspect, va-t-on utiliser la sortie de secours du potager et filer le long de la voie, ou partir par la rue, à cette heure pas grand monde au Vésinet pour nous remarquer, avons-nous pris avec nous des valises, quel chemin avons-nous pris jusqu'à la gare, aucune idée, plus aucun souvenir, s'est effacé de ma mémoire, compliqué d'aller à Villiers à l'époque, métro, chemin de fer, gare de l'Est, sais plus, tellement peur, notre départ a été gommé de mon esprit, on n'est sûrement pas partis avec des valises, aurait été une folie, se faire remarquer décret de mort, pourtant pendant les neuf mois où nous sommes restés enterrés atterrés, chez nos sauveurs, Riri, Nénette, diminutifs d'alors, on avait évidemment des vêtements, comment ils sont arrivés jusqu'au pavillon de Villiers, cherchés par mon père à ses risques, aucune idée, dans la trame de ma vie il y a des lacunes incroyables, on ne se souvient que par fragments, par morceaux, entre eux, trous d'air, on choit dans le vide, la fin de notre enfermement, là, tellement présent, images qui sont la réalité même, reçu permission de sortir du pavillon, de sortir dans la rue, mettre un pied un visage dehors, les Américains sont arrivés, je remonte seul l'allée de la Gare, senteurs estivales des potagers des terrains vagues, qui nous ont aidés à nous nourrir, senteur de liberté, je suis de nouveau un homme, plus au ban de l'humanité, passe sous le pont du chemin de fer, remonte jusqu'à la mairie, la foule rassemblée pour accueillir nos sauveurs, une voiture arrive, uniforme vert-de-gris, des chleuhs, l'assemblée se disperse dans les ruelles, la France fuit comme en juin 40, moi bouge pas, dans le renfoncement d'une boutique, les Fritz ont eu encore plus peur que nous, rebroussent immédiatement chemin, quelques instants après arrive la JEEP, LES AMÉRICAINS, la foule rapplique, sur la place de la mairie, ivresse, liesse, les filles se jettent à leur cou, les embrassent, je sors de mon coin, je respire l'air chaud de l'été comme je n'ai jamais respiré, JE SUIS LIBRE, youpin, youtre, chmoutz, j'en suis fier, je nargue la camarde, ADIEU LA MORT

tu parles, la mort m'a partout suivi, collée au cul, je l'ai toujours eue à mes trousses, délivré en 44, janvier 48, mon père qui agonise à l'hôpital, à force de cracher ses poumons, il respire à peine, les BK lui ont bouffé le mou, le médecin de garde dit à ma mère, *Madame, je ne sais pas comment votre mari est encore en vie, il n'a pratiquement plus de poumons, comme il doit avoir le cœur solide,* oui mon père avait un cœur à toute épreuve, tailleur militaire avant guerre, les Boches l'ont mis aux travaux forcés chez lui, dans son atelier, douze heures par jour à leur faire de beaux uniformes pour célébrer leurs victoires, naturellement, mon père ne recevait que de quoi manger et nous nourrir pour son travail d'esclave, l'argent allait au gérant aryen, Administrateur provisoire près votre entreprise, s'appelait Boulière, nommé par le Commissariat Général aux Questions Juives, il y en avait eu aussi un autre, Delaunay, et puis l'Alsacien qui faisait les essayages, Meyer, un Juif ne pouvait pas toucher un dos allemand, des fesses germaniques, ouvrir ou fermer une braguette teutonne, ça m'avait frappé, la lettre du S.S.-Obersturmführer, à l'automne 42, autorisation de continuer à exercer le métier de tailleur, *wenn Sie mit dem Publikum nicht in Berührung kommen,* à condition de ne pas entrer en contact avec le public, mais *berühren, Berührung,* en boche c'est fort, c'est physique, pas le droit de toucher, d'attoucher, de mettre des doigts de Juif sur, bien sûr, il y avait des officiers qui se moquaient du règlement, qui exigeaient pour avoir leur bel uniforme d'être essayés des mains, juives ou pas, du maître-tailleur, deux fois mon père a dû interrompre son travail, forte fièvre, crachements de sang, Dr Seurée. Dr Darrée, diagnostic pneumonie, traitement sulfamides, pouvait pas rester longtemps absent, Meyer ne pouvait pas le remplacer, personne, il fallait regagner au plus vite la chiourme, miracle que mon père ait pu survivre, nous avec, car sans lui Drancy et hop, après guerre, il a pu aller se reposer quelque temps dans le Midi à Grasse, il avait l'air d'aller mieux, après avoir vendu son atelier rue de l'Arcade, mon père songeait à ouvrir une petite boutique au Vésinet, après les années dures chacun voulait se rhabiller à neuf, et puis les pneumonies ont épelé leur vrai nom, tuberculose, la pire forme, rapide, une milliaire, l'entendais râler l'été dans le jardin me bourrant le crâne pour tenter d'intégrer du premier coup à Normale sup, moi suis entré à l'École en septembre, lui bientôt à l'hôpital, défense de lui rendre visite, contagion, seule ma mère allait, début janvier 48 terminé, sa dernière pensée pas pour lui, pour nous, à ma mère ses derniers mots, *qu'allez-vous devenir*, enterré dans le caveau collectif, les Enfants de la Prévoyance, tous ses amis du ghetto de Tchernigov ou d'ailleurs avaient cotisé avant la guerre pour s'offrir un tombeau décent à Bagneux, j'ai fait l'oraison funèbre, le discours d'adieu, je ne sais comment j'ai eu la force de retenir en cet instant toutes les larmes qui me débordaient des yeux, les sanglots qui montaient dans ma gorge

ma première mort, grand-père au Vésinet en 41, ma mère en était malade, mais il était vieux, souffreteux depuis des années, pas pareil que mon père à 55 ans, il y a eu sa mort, et puis la mienne, les BK je les avais déjà eus aux couilles, douleur atroce, ça a fini par se calmer, mais clamser pas fini, l'été d'après, l'épididymite ayant cessé de me torturer, j'attrape une maladie au nom bizarre, fièvre épouvantable, cloué au lit dans ma chambre du premier au Vésinet, ma mère allant de la cuisine du sous-sol au rez-de-chaussée, du rez-de-chaussée au premier, haletant, ne sachant que faire, enfin, le Dr Weyl en personne est accouru en voiture de Saint-Germain, honneur qu'il réserve à ses patients préférés, m'a longuement ausculté, exploré ma gorge, le jugement tombe comme une condamnation, spirochétose ictérohémorragique, aucune idée de ce que c'est, le docteur non plus, aucun médicament, comment ça se termine, bien ou mal, on en guérit ou on en meurt, plus qu'à attendre, ma mère en larmes raccompagne le Dr Weyl jusqu'à la porte du jardin, de sa voix nasillarde, d'un ton bourru, *Madame, on ne peut pas pleurer avec chaque malade,* dit qu'il reviendra, moi, n'ai aucune idée si j'en reviendrai, d'après le toubib, une quinzaine de cas dans la région, avec mes quarante degrés et plus, je baigne jour après jour dans ma sueur et mon angoisse, ma mère impuissante à mon chevet, et puis dans la journée il faut bien qu'elle travaille, ascenseurs Otis à Levallois, ne la passionne pas mais il faut bien gagner sa vie, fausse propriétaire d'une demeure avec parc et potager, c'est une simple secrétaire de direction, sténo anglaise, dans la journée suis seul avec mes spirochètes et cette fièvre de cheval, sais pas dans quel sens ça va tourner, le bon ou le mauvais, sans cesse à me questionner, j'ai fini par réchapper, tout seul, dois avoir le corps solide, pris des semaines, mais me suis retrouvé sur pied, Weyl est revenu de Saint-Germain, cette fois il avait le sourire et ma mère un visage de miraculée

pas fini, la liste de mes maladies mortelles ne fait que commencer, j'ai eu aussi une méningite, je ne me souviens plus quand, mais c'était toujours mon après-guerre, les suites, de nouveau couché jour après jour dans mon lit du premier, de nouveau le Dr Weyl accouru de Saint-Germain, de nouveau pas de remède, attendre, de nouveau ma mère éplorée, harassée entre son travail et ma maladie, j'ai eu on ne peut pas dire, une jeunesse gaie, pas fait la guerre avec les Fridolins mais avec les microbes, attrapés où, comment, aucune idée, juste encore la mort qui court à mes trousses, avec insupportables fièvre et douleurs, une fois de plus, réchappé de justesse, j'aime mon père mais pas envie de le rejoindre, bon, je vais pouvoir à la rentrée reprendre le chemin de l'École.

A l'École, ce devait être pendant la courte période où j'ai couché dans le dortoir au début, on a demandé à ma sœur de venir d'urgence, j'avais pris une telle dose de Sonéryl, de jolis petits comprimés roses dans un tube de métal vert, barbituriques de l'époque en 47, pas réveillé à midi, on s'inquiète, avec tout le bruit des allées venues nocturnes, j'ai dû prendre comprimé après comprimé jusqu'à ce que le sommeil me gagne, ma sœur a eu une émotion en me voyant dans cette léthargie tardive, je ne me souviens plus de ce qui s'est passé à mon réveil, ma sœur a eu un tel choc, elle se rappelle, vrai j'aurais bien pu ne jamais me réveiller, je n'ai pas compté les comprimés, juste l'un après l'autre, ma sœur est venue me chercher une autre fois, longtemps après, en 63 ou 64, j'enseignais un cours d'été en Avignon aux demoiselles de Smith College, soudain vertiges, impossible de me tenir debout, c'était heureusement, je crois, à la fin du cours, de nouveau accourue, ma sœur a dû arranger mon transport jusqu'à un hôpital parisien, ranger mes affaires, moi dans une sorte de coma, un sacré retour par le train, sais plus comment, jusqu'à l'Hôpital Américain de Neuilly, y ai passé plus d'une semaine, test sur test, les glandes surrénales, moelle épinière, m'y perds, en fin de compte je ne suis pas encore perdu, malaise dû à une extrême fatigue, après ma grosse thèse sur Corneille, six cents pages, ce n'était pas suffisant, il en fallait plus pour obtenir un doctorat d'État à l'époque, une seconde thèse, un autre livre, ai dû dans la hâte faire une étude détaillée d'une pièce illisible de Corneille, *Agésilas,* après « Agésilas, hélas », comme disaient justement certains de ses contemporains, seulement au bout de ce labeur insensé, avec références et notes, du sérieux, du professionnel, quelle connerie l'Université française, seulement c'était un titre impressionnant en Amérique, avancement automatique du rang d'*associate professor* à celui de *full,* pas mal de dollars en plus, me suis crevé jusqu'à l'évanouissement de fatigue, par pure sottise universitaire, un seul gros livre devait suffire, il a fallu, et rapido, un deuxième

des semaines à plat sur le dos pour me remettre, mort d'épuisement, je suis revenu de chez les morts, cette fois n'était pas la bonne, il y a eu pire, en 49, envoyé par l'École à Dublin, assistant à Trinity College, enseignais le français pour apprendre l'anglais, deux années merveilleuses, en ai déjà longuement parlé, pour l'amour, Josie, pour l'amitié, le groupe cultivé et rigolard, Walter, qui vient de disparaître en sa Nouvelle-Zélande lointaine, Johnnie, moi-même et plusieurs autres, Janus Zawisza, accourus ici des quatre coins de la terre, Walter de l'Irlande protestante, John, d'Égypte, Janus de Lituanie, moi de Paris, d'autres de partout, mêlés à des conversations tournoyantes, de 49 à 51, heureux, me porte bien au physique et au moral, QUAND, soirée fatale, fin des cours à Trinity College, retour douloureux en France, dans l'appartement où j'habite, j'ai deux voisins indiens avec qui j'ai eu des relations cordiales, je les invite à un dîner d'adieu chez moi, un seul se présente, l'autre est tombé malade, s'excuse, nous dînons à deux toute la soirée fatale, il me quitte, je m'endors, QUAND JE ME RÉVEILLE, étrange sensation de fatigue, malaise général, les jambes lourdes, je me secoue, il faut partir, pour la première fois, fini le bateau tanguant et roulant en délire sur la mer d'Irlande jusqu'à Liverpool, puis l'Angleterre à traverser en train jusqu'à Douvres, avant d'accoster à Calais, tout le temps rendre tripes et boyaux, terminé, j'ai fait des économies, je m'offre un voyage par avion sur Aer Lingus jusqu'à Paris, l'avion glisse sans un heurt dans les airs, à peine j'ai descendu l'échelle de sortie, touche terre, me sens de plus en plus mal, vagues douleurs dans les membres, j'arrive enfin en me traînant et accablé de bagages jusqu'à la maison du Vésinet, un bon kilomètre à pied de la gare jusqu'à, suis prêt à me laisser tomber, je sonne, ma mère ouvre, joyeuse, elle ne m'a pas vu depuis un an, je lui dis, *Maman je suis malade,* ma mère a l'habitude de mes maladies, mais cette fois elle ne s'y attendait pas, moi non plus, elle m'aide à monter jusqu'à ma chambre, à me jeter dans mon lit, et de ce lit, j'ai mis deux ans à me relever *qu'as-tu, mon petit,* je ne sais pas, peux pas comprendre, il y a trois quatre jours j'étais en pleine forme pour faire mes bagages à Dublin, retour à la terre natale, je m'efforce de ne pas penser que je vais quitter Josie, sa gentillesse complète, son corps aux joies inépuisables, soudain épuisé, j'essaie de me souvenir, il y a huit jours, les deux Indiens sont venus dîner chez moi, pas des intimes mais des copains, le dernier soir, craignant d'être seul, j'ai réinvité mes Indiens, un seul est venu, il m'a expliqué que son ami était soudain tombé malade, je demande, *what's wrong with him,* mon hôte répond, *he caught the mumps,* les oreillons, drôle d'idée à son âge, maladie d'enfant, finalement, fièvre, le cou qui gonfle, douleur sous les oreilles, rituel familial, on appelle le Dr Weyl, il arrive de Saint-Germain avec son tacot, ma mère l'accompagne gorge serrée, il monte dans ma chambre, je lui décris mes symptômes, il me tâte le cou, me palpe, fièvre, de sa voix nasillarde déclare, *vous avez attrapé les oreillons,* je sursaute, *mais c'est une maladie d'enfant,* répond, *on peut dans de rares cas l'attraper à l'âge adulte,* brusquement je me souviens de l'Indien qui n'avait pu venir au dîner d'adieu, mais qui était venu me voir huit jours avant, *he caught the mumps,* lui qui m'a refilé le virus, Weyl demande, *avez-vous déjà eu les oreillons dans votre enfance,* je ne sais pas, ma mère non plus n'est pas sûre, Weyl hoche la tête, *de toute façon les oreillons à l'âge adulte, c'est grave,* surpris un peu je m'enquiers, *comment ça, grave,* une maladie d'enfant, Weyl précise, à l'âge adulte ça peut être mortel, ma mère et moi on a eu le souffle coupé, j'ai reçu ce verdict comme un coup de poing dans l'estomac, je demande voix qui chevrote, *quel traitement y a-t-il dans ce cas,* réponse *aucun,* rester au lit, ne pas bouger, attendre que ça passe ou qu'on trépasse, inutile d'aller à l'hôpital, moi qui ai l'habitude de dormir sur le ventre, j'ai dû rester vingt-quatre heures sur vingt-quatre sur le dos, bientôt une petite planche glissée sous les roupettes, elles ont gonflé, l'épididymite ou pire qui recommence, le feu aux burnes, je dois garder soigneusement mes roustons sur leur planchette de salut, pas d'autre remède, ma mère doit aller travailler, ma sœur suivre ses cours, seul des heures à contempler le plafond, ça a duré tout le mois de juin, il faut que je guérisse tout seul, un mois à attendre la fin ou ma fin

celle-ci n'est pas venue, ce n'était pas encore mon heure, j'ai eu un sursis, les douleurs au cou, aux couilles ont diminué, puis cessé, sauvé, pas tout à fait, la fièvre persiste, plus de 39° chaque jour, pas normal, le Dr Weyl revient, me palpe, m'ausculte, le rituel, son ton est moins nasillard, les sourcils foncés, longuement au stéthoscope il a écouté ma poitrine, il a hoché la tête, *il faudra que vous veniez me voir à mon cabinet, il faut faire une radiographie,* le problème, il habite Saint-Germain, moi Le Vésinet, d'habitude ce n'est rien, j'y allais chaque jour au lycée Debussy pendant des années, souvent ma mère et moi allions y faire le marché le dimanche, mais dans l'état où je suis, Saint-Germain me paraît aussi loin que la Chine, comment m'y traîner, réponse, forcément à pied, pas question de prendre mon vélo, nous n'avons pas de voiture, pas assez d'argent pour appeler un taxi, aller retour, monétairement impossible, j'ai dû littéralement me traîner jusqu'à la grille, immense effort pour l'ouvrir, et dehors, du 29 Cloppet à la gare du Vésinet, d'habitude à peine un quart d'heure de marche, maintenant en haletant j'avance centimètre par centimètre, je ne sais pas comment j'ai pu arriver jusqu'à la gare, prendre le train, à Saint-Germain monter les marches de la gare jusqu'à la sortie, et puis de là rampant rue de la République jusqu'à la rue Léon-Désoyer, presque à la hauteur du lycée, là que Weyl avait son cabinet, m'a fait passer une radioscopie, je l'entends, *bon voilà,* je demande, *quoi,* dit, *ce que je craignais, vous avez en haut du poumon droit un trou grand comme une pièce de cent sous,* en connaisseur il admire, une belle spélonque, sa sentence me transperce des pieds à la tête, me cloue sur place, il dit, *venez,* je m'écroule en face de lui sur une chaise. TUBARD, à mon tour, évident j'ai attrapé les bacilles de mon père, le climat, l'humidité, les pluies d'Irlande n'ont pas amélioré les choses, les oreillons ont été le déclencheur, Weyl dit, *vous allez retourner chez vous, vous mettre au lit, demain je viendrai vous faire un pneumothorax, après une cure en sana,* je demande, *pour combien de temps,* il hausse les épaules, *pas trop longtemps si tout se passe bien, je ne peux pas vous dire la durée,* un an, deux ans, il faut attendre pour voir, je ne sais pas comment j'ai pu regagner la maison, comment j'ai réussi à descendre les marches de la gare de Saint-Germain en sous-sol, un train est arrivé assez vite, et là, je l'avoue, j'ai éprouvé une des plus fortes tentations de ma vie, me jeter dessous, en finir une fois pour toutes, je ne vais pas me mettre à attendre sur le dos des années à 23 ans, peut-être pour rien, pour finir comme mon père en crachant mes poumons, phtisie galopante, ou pire, incurable, étendu en sana à perpète, j'ai vraiment failli me jeter sous le train quand il est arrivé en gare je ne l'ai pas fait, trop hésité, pas eu le temps, le train est arrêté maintenant, j'y monte, il n'a pas suffi d'échapper par miracle à Auschwitz, à présent la mort me rattrape, à peine huit ans de sursis depuis novembre 43, la mort sans cesse me poursuit, j'ai eu une intense envie de me la donner moi-même, ne pas la subir, j'ai hésité une seconde de trop, le train s'était arrêté, je n'ai pas pu, après évidemment larmes de ma mère, elle a soudain en charge son deuxième tubard, elle dit, *toi, c'est quand même différent, tu es pris à temps,* je n'ai pas à travailler en forçat comme mon père, ce n'est plus la guerre, Saint-Hilaire-du-Touvet, sanatorium des étudiants, neige tout autour sur les pics, la fenêtre entrouverte pour que nous respirions le bon air guérisseur, sur le dos du matin au soir, ciel bleu, froid sec autour, paysage splendide, mais je n'étais pas là en touriste, pneumo, quand Weyl me l'a fait chez nous, moi, dos cambré sur la chaise, la péridurale d'abord, l'aiguille enfoncée entre les vertèbres, une des douleurs les plus vives que j'aie jamais ressentie, ne pas bouger, puis une aiguille plus grosse encore entre les côtes, attention, il faut viser juste, il faut introduire l'air très précisément entre les deux membranes de la plèvre, si l'on perce le feuillet viscéral, c'est le poumon qu'on transperce, et si le décollement n'est pas totalement réussi, s'il reste des fragments attachés entre les membranes, on a droit à une section de brides, opération délicate, par bonheur Weyl est adroit, il a visé juste entre les deux feuillets qui se détachent sans attaches, après, à intervalles réguliers, on vous regonfle, en comprimant le poumon atteint on doit aider la caverne à se cicatriser, tel est le but, mais il est lointain, je suis encore resté quelque temps dans mon lit du Vésinet, et puis, après une succession de journées identiques au sana de Saint-Hilaire pour étudiants, tout en haut des Alpes entre les pics toujours neigeux, incapable de saisir le temps qui passe, de le mesurer à un autre repère que le regonflage du pneumo chaque semaine, jour après jour immobile dans une chambre à trois, on ne parle que maladie ou filles, dernière nouvelle, Henri Vernier devait sortir, il avait fait presque ses trois ans, ultime vérification avant d'être relâché, la tomographie de sortie, et là, crac, on lui a découvert un nouvel infiltrat, plus de sortie, retour au lit, à la chambre à l'air si pur, combien de temps, qui peut le dire, c'est tout à recommencer, et puis l'infiltrat plus ou moins résorbé, tomo de sortie, on peut découvrir alors des nodules, retour en chambre, cloîtré à vie, non pas pour moi, la guerre faisait rage en Indochine, mais il y avait un membre du Viet-Minh soigné ici, je l'ai rencontré lors de nos quelques récréations permises, pour 5 000 balles de l'époque, il m'a vendu un revolver et six cartouches, je l'ai caché précieusement dans ma valise, si je dois aller de rechute en rechute, comme c'est le cas pour tant d'entre nous, pour moi, c'est tout décidé, je me fais sauter le caisson

je n'en étais pas encore là, puisque après tant de mois, je n'étais pas guéri, pas question de récidive, de rechute, j'en étais à la première chute, lire oui, c'était dans la mesure de mes forces, possible, il y avait une bibliothèque au sana des étudiants, pas mal fournie, j'ai continué aussi à travailler mon vocabulaire anglais, je n'allais pas perdre deux ans d'Irlande pour rien, il y aurait quand même un jour l'agrégation d'anglais, il s'agissait de continuer à la préparer même ici, dans mon manuel de vocabulaire anglais j'apprenais des listes par cœur, *runway*, la coursive d'un navire, des termes de ce genre, occupait un peu l'étirement infini des jours, les deux camarades de chambrée sympathiques, mais la conversation entre nous était limitée, il y avait un Corse, Colonna, jovial et plein d'entrain, car lui, il n'avait qu'un infiltrat, pas de spélonque, pas de pneumo, il avait une chance de s'en tirer assez vite, avec lui on parlait fesses, ça aide un peu dans un sana, Colonna avait des convictions érotiques, la bonne approche, nous répétait-il, est triple, pour le premier coup, il faut faire papa-maman, pour le deuxième c'était en levrette, et pour le troisième dans le cul, son discours de la méthode, au début était amusant, ensuite, faute de pratique possible, à la fin donnait le cafard, j'avais les lettres de Josie, elle écrivait régulièrement et tendrement de sa lointaine Irlande, je lui répondais de même, le règne de l'amour platonique, aucun moyen de pratiquer les conseils de Colonna, d'autant plus que le Dr Douady nous avait prévenus, dans notre état, tirer un coup c'était comme dix kilomètres à pied, le troisième taulard était sympathique, c'était lui le plus à plaindre, un bras atrophié de naissance et maintenant gravement tubard depuis très longtemps, pourtant, admirable, il avait le moral bien plus solide que le mien, une grande force d'âme, et puis, dans ce désert des jours à ciel bleu et froid sec, tournée quotidienne des docteurs, vérifient les températures, l'état des tempéraments, pas de dépression ici, interdit, il faut garder le moral, vous allez voir, ça s'améliore, bientôt vous irez mieux, sourires, encouragements, le grand toubib en tête, derrière, la cohorte des apprentis médecins, suspendus au moindre mot de sa bouche, les infirmières là aussi, la panoplie médicale au complet, docteur j'ai une sorte de point qui me fait très mal en haut de la poitrine, le patron réfléchit, on va vous apporter un antalgique, de toute façon vous aurez votre radio à la fin de la semaine, Jugement Dernier de la Science, vous verrez, vous irez de mieux en mieux

et c'est ainsi, jour après jour, semaine après semaine, mois après mois, certains additionnent les années, rarement de la pluie, un orage, l'air toujours frais, le ciel toujours bleu, la fenêtre toujours entrouverte, repas à heure fixe, il faut avoir faim selon les horaires, notre geôle biologique, nous sommes au mitard, de temps à autre, une courte permission, sortie quelques minutes dans l'allée derrière le sana, face aux bois odorants, seulement pour les élus, ceux que l'on juge capables de supporter une telle épreuve, dix minutes debout en liberté, et puis retour en taule, retour au lit, me rappelle l'époque où nous étions cachés chez Riri et Nénette, à Villiers, garçon de seize ans, pas le droit de me montrer, pendant neuf mois pas une minute le pied, le nez dehors, risque de mort, pareil ici, la mort qui rôde, Boches ou bacilles, pareils, déjà connu ça, pas besoin de le revivre, si peu d'années après, est-ce que je vais jamais m'en sortir, pas plus certain qu'à l'époque, ET PUIS, soudain un matin MIRACLE, mon père, Grand-Père et moi penchés sur la T.S.F. de la salle à manger, *ici Londres, les Français parlent aux Français*, tout bas pour ne pas qu'on nous entende, L'INCROYABLE est arrivé, LA NOUVELLE tant de semaines, tant de mois attendue, *6 juin 44,* ILS ONT DEBARQUÉ, nous n'avons pu retenir des larmes de joie, soudain UN MATIN, assoupis dans la morne enfilade des jours mortels, LA PORTE S'OUVRE. À une heure inattendue, le médecin-chef de service apparaît, J'AI QUELQUE CHOSE À VOUS DIRE, nous dressons l'oreille, nous redressons dans notre lit, attentifs c'est peu dire, jamais semblable irruption ne s'est produite, il nous explique, notre hôpital vient de recevoir d'Amérique un médicament nouveau, qui n'a encore jamais été expérimenté en France, une première, c'est un nouvel antibiotique, LA STREPTOMYCINE, qui paraît s'attaquer victorieusement aux bacilles de Koch, y a-t-il ici des volontaires pour tâter de cette potion magique, attention, il y a toujours des risques, comme avec tout remède nouveau, il faut le savoir, y a-t-il parmi vous des patients prêts à prendre ces risques, à essayer ce nouveau médicament qui vient d'être mis au point en Amérique très récemment, tu parles, on a tous en chœur levé la main à la seconde, on était prêts à prendre de la mort-aux-rats pour sortir de notre géhenne

le médecin sauveur nous a fixé à chacun un rendez-vous dans son cabinet en bas, nous y avons été, pas le mot juste, nous y avons couru à l'heure dite, surpris, il n'y avait qu'une dizaine une quinzaine de volontaires, j'avais cru que le sana entier se serait déversé dans la salle d'attente, si bien nommée ce jour-là, mais ce n'était peut-être pas la frousse de servir de cobayes qui avait retenu les malades, il y avait sans doute des horaires différents pour les diverses chambrées, nous ne pouvions pas être les seuls à nous présenter, tant pis, tout pour sortir une bonne fois, même les pieds devant, de cette longueur langueur d'infinies journées, de cette vie vide, Colonna est passé d'abord, il n'avait qu'un infiltrat, il n'a eu besoin que de quelques piqûres, quand je suis passé à l'examen médical à mon tour, le docteur a longuement regardé ma dernière radio, malgré des mois de pneumo, ma caverne n'était pas encore refermée et cicatrisée, rapide consultation avec les confrères présents, *vous aurez besoin de 33 grammes,* une piqûre par jour pendant une huitaine, l'infirmière a commencé à nous administrer cette strepto dès le lendemain matin, piqûre bénite, quand elle a arrêté j'en aurais voulu plus encore, pour aller plus vite dans la course à la guérison, j'ai dû derechef attendre allongé dans mon lit avec les camarades de chambrée, à Max au bras atrophié de naissance, le plus atteint, il avait été prescrit cent cinquante grammes, plus d'un mois s'est passé ainsi, les visites des médecins ont continué sans commentaires, les infirmières bouches cousues, nous-mêmes silencieux entre nous, de nouveau L'ATTENTE, j'ai continué à faire regonfler régulièrement mon pneumo, et puis une fois prêt je m'étais présenté pour le geste rituel, l'assistant n'a pas regonflé mon pneumo m'a fait passer à la radio, STUPEUR, je n'osais en croire mes oreilles, le médecin le front plissé à contempler longuement la radio, soudain a émis d'une voix étrange, comme étonnée, comme s'il était lui-même quelque peu estomaqué, SA SENTENCE, je sens tout mon torse tordu par la contraction des muscles, VOTRE SPÉLONQUE EST CICATRISÉE, il semblait n'en pas croire ses yeux, moi mes oreilles, *on va vous faire une tomographie pour vérifier,* la TOMOGRAPHIE, c'est l'examen, radio par tranches, plus exacte, plus subtile, qui décide de la SORTIE, j'ai dû poireauter encore des jours et des jours, dans l'anxiété de l'espoir, mais j'avais si souvent entendu parler des faux espoirs, de la tomo qui coinçait les types à la sortie, infiltrat, nodules, retour à la cellule du sana, à la case départ, ou plutôt sortie, attente de nouveau interminable, lueur d'espoir qui brille en moi, flambeau olympique qui ouvre la course de la vie, un jour on est venu me chercher, *tomographie,* j'en ai le cœur qui bat la breloque, je descends à la salle des examens, la tomo se fait par coupes successives, prend du temps, serré, enserré dans l'appareil, opération terminée le médecin et deux autres de ses collègues scrutent mes poumons débités par fines tranches, VERDICT, votre spélonque est cicatrisée, vous allez pouvoir sortir, vous allez faire à Paris une postcure en continuant votre pneumo, je suis écrasé de bonheur, joie indicible, je vais RENAÎTRE, c'est comme en août 44 à Villiers, pour la deuxième fois, l'AMÉRIQUE ME SAUVE LA VIE

dans ma jeunesse, échappé plusieurs fois à la mort, de peu, de très peu, sur le fil du rasoir, Boches bacilles ne m'ont pas eu, ni les méningocoques et les spirochètes, par miracle, il était moins cinq, quarante à cinquante, années maudites, j'ai failli à plusieurs reprises y laisser ma peau, mon père n'a pas eu cette chance, Concours général, Normale sup, Irlande, Josie, j'ai eu des explosions de joie, des fulgurations de bonheur, toujours retombées dans les ténèbres, comme si la mort était en attente de moi, m'avait mis dans son cran de mire, j'ai quand même eu la baraka, elle m'a raté, bien sûr un jour elle m'aura, mais je voudrais que ce soit le plus tard possible, j'aime passionnément vivre, les femmes, à commencer par ma mère, mes filles, les filles, épouses, amantes, j'en ai eu beaucoup, et puis les livres à lire ou à écrire, et puis enseigner, transmettre la culture d'une génération aux autres, faire passer les merveilles du Verbe que je ressens à autrui, et puis les choses simples, les joies animales, jouir d'un bon repas, marcher des heures dans les villes et les campagnes, voir les différentes faces de la terre, voyager, regarder, se laisser compénétrer, imbiber de toutes les beautés du monde, j'aime L'ÊTRE, je sais que je suis voué au NÉANT, mais je voudrais que ce soit le plus tard possible, naturellement je ne désire pas vivre à tout prix, mais tant que je suis ingambe, que le corps marche, que l'esprit fonctionne, tant que je peux rester un *homo sapiens,* digne du nom, je souhaite, même arrivé aux portes du grand âge, persévérer longtemps dans l'existence, cependant j'ai beau faire, je suis en train d'enterrer cinquante ans de cette existence à laquelle je m'accroche de toutes mes fibres, en vain, elle s'enfuit si vite, cinquante ans d'Amérique se contractent, se rétractent à une seconde, le temps s'est évaporé d'un coup, de ma vie il ne reste que des faisceaux de sensations qui traversent ma mémoire et s'évanouissent, sillonné de souvenirs éclairs, toute cette durée sans épaisseur, ça une vie, je me balade de pièce en pièce, du fauteuil de paille du living au fauteuil de plastique orange dans mon grand bureau, de fenêtre en fenêtre perdues dans la cité constellée, pleine nuit maintenant, je ne peux tenir en place

coup de téléphone tardif, si inattendu, la mort de Walter me frappe en pleine mort, vrai, n'ai pas le droit de me plaindre, de novembre 43 à janvier 2006, soixante-trois années de rab, miracle, échappé de justesse à la chambre à gaz, au four crématoire, mais il n'y a pas qu'une seule mort dans mon passé, toutes mes maladies mortelles de l'après-guerre, toute la série de bactéries, de bacilles, de virus me conduisaient droit à ma tombe, leur ai aussi échappé, un deuxième miracle, et, quand j'y pense, il y en a aussi un troisième, plus récent mais non moins extraordinaire, aussi prodigieux que les deux autres, une fois guéri de la tuberculose par la strepto tombée du ciel d'Amérique, jusqu'à la fin du siècle dernier, bien sûr, j'ai vécu en France, aux États-Unis, de toubib en toubib, pour finir chez l'analyste, mal ici, souffrant là, comprimé sur pilule, de gouttes en onguents, tâté de toutes les pommades, un an après mon mariage en 56, maladie de foie, peux plus rien avaler, cuisiner devient pour Claudia un exercice quotidien sur la corde raide, dans tous mes voyages, de conférence en conférence, d'Iowa au Texas, de New York à Cleveland ou Madison, j'ai toujours dans mes bagages la petite valise verte pleine à craquer de médicaments, contre l'insomnie rebelle, la digestion difficile, chaque pouce de mon corps a eu ses problèmes, c'est vrai, les 33 grammes de streptomycine administrés en une semaine m'ont sauvé en sana, mais, vingt ans après, devenu de plus en plus sourd, maintenant on sait que les piqûres doivent être administrées à une certaine distance, plusieurs jours l'une de l'autre, en 52, tout beau tout nouveau, on ne connaissait pas les effets indésirables, m'a cicatrisé la caverne du poumon, mais abîmé le nerf auditif à dose si concentrée, Max qui a eu 150 grammes d'affilée, s'il a survécu, doit à présent être sourd comme un pot, les portugaises ensablées, voire cimentées, j'ai connu tous les appareillages, toutes les prothèses auditives au cours des ans, les boîtiers énormes couvrant tout le creux de l'oreille, les petites, les invisibles, intracanal, duré un certain temps, m'a redonné un comportement normal, puis crac, plus assez puissantes, maintenant une véritable usine électronique avec amplificateurs et ordinateurs dans la conque et tous les réglages dans un large tube en plastique le contour, qu'on porte derrière l'oreille, si visible qu'il faudrait être aveugle pour ne pas savoir à la seconde que je suis sourd, et pas qu'un peu, cocktails je ne comprends rien, même si on me hurle dans l'oreille, théâtre, ma passion, terminé, inaudible même assis aux premiers rangs de l'orchestre, cinéma, je comprends la moitié des films, supplice les chansons en français ou en anglais n'ont plus pour moi de paroles, elles ne sont qu'un instrument supplémentaire ajouté aux autres, un médecin américain, à qui je me plaignais des effets tardifs du médicament miracle m'a vertement répondu, *well, you're here, then don't complain,* vrai, je suis là, la médecine m'a rendu une vie devenue de plus en plus difficile avec l'âge, mais je n'ai pas le droit de me plaindre

quand même le plus beau, la dernière occasion que j'ai eue de passer l'arme à gauche, après la jeunesse c'est à l'orée de la vieillesse, de nouveau une incroyable baraka, c'est ma mort qui me sauve la vie, 1999, un an après avoir publié mon dernier livre *Laissé pour conte,* prix de l'Écrit intime, du coup suis invité à une réception honorifique qui a lieu chaque printemps dans un site superbe, au bord de la côte d'Azur, à Cassis, somptueusement accueilli dans un magnifique hôtel au bord des flots, gracieusement logé et superbement nourri le soir de mon arrivée, la cérémonie officielle aura lieu le lendemain après-midi, reposante nuit de sommeil, soleil, éblouissant par la fenêtre marine, je décide de me promener le matin, de me gorger de ciel et de mer, avant de passer plus tard aux plaisirs de la littérature, je suis donc descendu d'un pied allègre vers le petit port, là un moment j'hésite, deux promenades possibles, l'une vers le port avec ses yachts d'estivants et ses barques de pêcheurs, l'autre mène au centre de la petite ville provençale avec les toits de tuiles roses, j'opte pour la Provence, j'y vais rarement, je l'ai assidûment fréquentée dans ma jeunesse, mais ne l'ai pas revue depuis longtemps, donc je délaisse momentanément le chemin du port, je prends la rue qui s'enfonce entre les vieilles maisons, humant l'air et le charme si doux d'une matinée lumineuse, soudain choc brutal, comme une trappe qui s'ouvre, d'un coup mon corps plonge dans le vide, pas même eu le temps d'avoir peur, sidéré à peine conscient, je vois sous moi à l'instant où je m'affaisse l'eau de la mer, douleur soudaine et brutale de mon pied droit, à l'instant où sans comprendre tout mon corps tombait dans le vide, mon pied droit en équerre au-dessus de la fosse m'a retenu, stoppé dans ma chute, je me retrouve suspendu au-dessus de la bouche d'égout dont le couvercle avait été mal ajusté et sur lequel j'avais marché sans prendre garde, retenu au-dessus de l'eau de mer au fond du trou par mes deux coudes et ma jambe droite meurtrie, situation d'un moment à l'autre meurtrière, impossible de me soulever, de m'extraire de cette cavité insolite, si je tombe, noyé dans la mer en bas, paniqué j'appelle au secours, endroit désert à cette heure matinale, dans ma malchance j'ai eu de la chance, un jeune homme vigoureux a répondu à mon attente vociférante, m'a empoigné par les épaules, a réussi à me soulever hors de l'abîme, mon pied gauche resté valide, une fois hissé hors du trou, m'a permis de revenir à la station debout sur terre, seulement quand j'ai voulu poser mon pied droit, je n'ai pas pu retenir un hurlement de douleur, j'ai dû relever le pied droit, j'ai dit, *je dois avoir une entorse,* le jeune homme a hoché la tête *il est probablement cassé,* il y avait un commissariat de police pas loin, garde champêtre venu faire un constat, moi, toujours agrippé à mon jeune homme sauveur, une ambulance est arrivée, j'ai remercié mon sauveur de tout mon cœur, radiographie, pas une entorse, non, le pied en bouillie, la cheville droite bousillée, le tibia arraché du péroné, les malléoles en miettes, toute ma cheville à rebâtir, à refaire, mais où, là le hic, hôpital le plus proche pas recommandable, adieu à mon apparition publique de l'après-midi, disparue la littérature, les dames responsables de l'événement me prennent en charge, elles recommandent un hôpital à Marseille, mais moi, je ne connais personne à Marseille, je veux rentrer à Paris, sur une civière, jambe dans le plâtre, suivi par mes bagages, comment, qui, aucune idée, suis enfermé ligoté dans ma douleur, allongé sur deux fauteuils dans l'avion, rapatrié d'urgence par Europ Assistance, heureux que l'organisme existe, il m'a déjà une fois rapatrié, ma voiture américaine en panne, d'Espagne, maintenant c'est à mon tour, autre ambulance pour m'amener à la clinique Bizet dans mon quartier, un mois de clinique, après longue rééducation à l'Hôpital Sainte-Périne, cannes anglaises, centimètre par centimètre, dû réapprendre à marcher, longtemps sur deux cannes et une jambe, l'autre dans le plâtre en l'air, duré plusieurs mois d'été, enfin sorti, encore trottinant avec mes cannes, je m'apprête à regagner New York, les cours à l'université commencent au début septembre, tournée des adieux aux médecins, mon cardiologue qui me soigne depuis des années et qui était gentiment venu me rendre visite en clinique, me dit sans ambages, *il y a quelque chose d'anormal dans votre cas,* demande avec une curiosité anxieuse, *quoi,* réponse, *alors que vous étiez depuis longtemps sous traitement anticoagulant, vous avez fait une phlébite pendant votre opération, ce n'est pas normal,* je demande, *et qu'est-ce qui a pu causer une telle anomalie,* réponse, *la présence d'un cancer, il faut faire un scanner thoraco-abdominal d'urgence,*

cancer, ce seul mot devrait me donner la pétoche, mon cousin germain Jackie est mort d'un cancer du pancréas, sa femme d'un cancer du rein deux ans plus tard, souffrait tellement qu'elle n'a pas voulu que je reste près d'elle quand je lui ai rendu visite à l'hôpital, elle, toujours maîtresse d'elle-même, affable, m'a renvoyé avec brusquerie en grimaçant de douleur, rien que le mot devrait me faire grincer, grimacer d'appréhension, mais le cancer, c'était dans la famille Weitzmann, il n'y en a jamais eu chez les Doubrovsky, chez eux, nourris dans le bourbier des ghettos russes, on meurt de tuberculose, mon père, sa sœur la tante Dacha, à force de n'avoir rien à manger dans son enfance, on part des poumons dans le crachement de sang, moi, j'ai guéri de ma tuberculose, suis quitte, c'est vrai, j'ai des maladies spéciales à moi, dans la liste de mes morts, j'allais les oublier, le Dr J. me les rappelle, mon cardiologue qui me suit depuis des années, en 93 thrombose soudain dans le mollet gauche, allongé des semaines et des semaines, transporté à la clinique Bizet, si on bouge, si le caillot remonte dans le sang jusqu'au poumon, embolie, on est fichu, justement l'embolie, j'en ai eu une, en Angleterre, chez ma sœur, avec mes filles arrivées de New York à Birmingham pour les vacances de Noël 96, la dinde splendide dégustée, on sort en chœur faire une marche digestive dans les vallonnements du campus de l'université voisine, tous heureux d'être ensemble, de jouir d'un rayon de soleil qui troue les nuages, soudain je suffoque en montant une légère pente, je perds pied, me trouve mal, tombe par terre dans l'effroi général, transporté d'urgence au Queen Elizabeth Hospital, diagnostic immédiat, embolie, danger de mort, de nouveau immobile, ne pas bouger, injection d'Héparine, mais pas dans une chambre particulière comme pour la thrombose à Paris, là, salle commune, une quarantaine de perclus, hommes femmes, qui râlent et agonisent en chœur, j'ai beau avoir sur moi cinq couvertures, je meurs de froid, les Anglais ne sont pas frileux, on m'emmène pour une scintigraphie jusqu'à l'appareil lointain au fond d'un couloir glacé, dans la salle pas de chauffage, vacances de Noël, économie de carburant, j'ai cru crever de froid enveloppé dans mon drap, eh bien non, malgré son régime spartiate, l'Angleterre m'a sauvé, je suis sorti vivant de l'hôpital, me suis reposé, dorloté le temps qu'il fallait, chez ma sœur, j'allais l'oublier, c'est un autre de mes miracles qui m'ont épargné une mort certaine, depuis Auschwitz, seulement voilà, j'ai beau avoir été mis par le Dr J. aux anticoagulants pour le reste de ma vie, chaque mois vérification de l'INR entre 2 et 3, doit être précisément réglé, malgré tout cela avoir fait pendant mon opération de la cheville en 99 une phlébite, trop c'est trop, pas normal, il faut faire un scanner, fin juillet début août pas facile, la médecine privée est en vacances et la publique, merci, j'en ai soupé des hôpitaux et des cliniques, d'ailleurs il n'est pas certain qu'on ne me fasse aussi attendre, et moi, je dois reprendre mes cours à New York University dès les premiers jours de septembre, le lendemain de Labor Day

coup de fil sur coup de fil, j'ai appelé toutes les imageries médicales de mon quartier, en vain, j'ai inlassablement poursuivi mon enquête téléphonique, à droite, à gauche, au centre, rien, *nothing, nichts,* je commence à désespérer dans ce désert parisien, j'accroche un cabinet encore ouvert, rendez-vous immédiat, le radiologue est sur le départ, moi aussi, j'accours l'après-midi même, me déshabille en hâte, m'allonge sur le dos, attends que la machinerie savante se mette en marche, me laisse patiemment mitrailler de rayons tout le temps qu'il faut, fini, *vous pouvez vous rhabiller,* j'obtempère à la seconde, le médecin m'appelle dans son cabinet, les clichés sont déployés sur les parois lumineuses, il a l'air souriant, *voilà, nous avons trouvé,* je demande *quoi,* il indique du doigt sa trouvaille sur le cliché, *là, vous voyez, c'est net,* je scrute la plaque noirâtre, je ne vois rien, que des ombres de diverses densités, *ça y est, regardez donc ici,* il met le doigt sur un point précis, je reste toujours aveugle, pour lui une vérité aveuglante, je finis par distinguer une sorte de tache un peu plus foncée, reste très vague, le médecin dit d'un ton presque joyeux, *on a trouvé la cause de votre phlébite récente,* demande *et c'est quoi,* lui *là, cette tumeur cancéreuse sous le rein droit,* j'ai failli tourner de l'œil, mon cardiologue avait donc raison, il avait deviné juste, qu'est-ce qu'on va faire, opérer, bien sûr, mais où, quand, je cours chez le Dr J., il fronce les sourcils en regardant les clichés, dit, *vous avez de la chance, la tumeur est très nettement en dessous de votre rein droit,* pour de la chance j'ai de la chance, après ma cheville droite en miettes, trois mois de rééducation, à peine je recommence à pouvoir marcher avec une seule canne, maintenant cancer, de quoi se flinguer, le Dr J. se lève de son bureau, me dit, *attendez une minute,* il sort et revient avec un collègue urologue qui a son cabinet dans le même appartement, le confrère regarde les clichés, déclare, *il faut opérer tout de suite, je peux vous retenir dès maintenant un lit dans mon hôpital,* je le remercie mais je ne suis pas si pressé de passer instantanément sur le billard, je décide de consulter un urologue de la clinique Bizet qui par bonheur n'était pas en vacances, ils ont fait un bon travail sur ma cheville, maintenant le rein, je demande, *ai-je besoin d'une intervention immédiate,* le docteur dit, *mais non, là où elle est placée, ce n'est pas une tumeur évolutive, elle est loin du rein, vous pouvez aller faire vos cours à New York et revenir ici à Noël, je vous opérerai,* déjà deux opinions opposées, doit être opéré immédiatement – peut attendre Noël, je choisis la solution qui m'accommode, je vais retourner à New York le premier semestre, faire mes cours, on verra après. De retour là-bas, je me dis que je ferais bien de consulter aussi un spécialiste américain, Tish Hospital, qui est l'hôpital de New York University, est un des meilleurs de New York, *outpatients department, urology,* il y a des spécialistes pour chaque organe, je prends rendez-vous avec le spécialiste des reins, Dr T., je lui explique mon cas, je voudrais faire mes cours du premier semestre, s'il est possible d'attendre, il coupe la poire en deux, *we'll have a cat scan taken again in a month,* scanner de contrôle dans un mois, je pourrai commencer mes cours, entre les trois avis médicaux, je choisis celui du milieu, je sais que c'est reculer pour mieux sauter, mais ce recul n'est pas une reculade, simplement je viens d'avoir une année de demi-congé à Paris, je dois faire mes cours à New York, la moindre des choses, je reprends mon train de vie américain, je déjeune japonais avec ma fille aînée le samedi, je dîne chinois avec ma cadette le dimanche, j'explique Molière, je relis avec délice *L'École des femmes,* une de mes pièces favorites, je me mets sans aucun mal dans la peau d'Arnolphe, Molière avait épousé sa fille adoptive, Arnolphe peut bien épouser la sienne, j'adore ces injections partielles d'un auteur dans son œuvre, soudain me souviens que je dois refaire un scanner, il est temps, je vais à pied jusqu'au Tish Memorial Hospital au coin de la 1re Avenue et la 32e Rue, j'aime marcher dans les rues de New York, la ville-spectacle, me sens en pleine forme, après le scanner rentre chez moi, le lendemain matin, un samedi matin, le Dr T. m'appelle, jour, heure étranges pour un médecin, *your tumor grew by 3 millimeters, we have to operate fast,* me demande de venir le voir lundi à son bureau pour régler les derniers détails, j'y vais, cette fois coincé, on fixe ensemble la date, je lui dis, *finally it was a good thing that I had that phlebitis,* heureux en somme d'avoir eu cette phlébite, le Dr T. a l'air étonné, demande *why,* pourquoi, à mon tour d'être étonné, *it was the sign that I might have had a cancer and that prompted my cardiologist to take that cat scan,* sans cette phlébite inopinée, aucune raison de m'explorer l'abdomen et le thorax, pas de douleurs, pas de sang dans les urines, c'est de m'être cassé la cheville qui m'a sauvé la vie, le Dr T. secoue la tête, *there is no connection,* éberlué je lui demande pourquoi il n'y a aucun rapport, il m'explique qu'il n'y a aucun rapport entre une phlébite et un cancer, un point c'est tout, encore plus sidéré je demande, mais comme je n'avais aucun symptôme, si l'on n'avait pas fait de scanner, il me restait à peu près combien de temps à vivre, le Dr T. hausse légèrement les épaules, *maybe six months,* je suis soufflé, abasourdi, ça m'estomaque, ma foi en la médecine est ébranlée, elle chancelle, déjà à Paris, un chirurgien qui déclare qu'il faut m'opérer d'urgence, l'autre qui opine que je peux attendre et revenir à Noël pour l'intervention, si j'avais écouté son avis, décidé de revenir à Noël, je ne serais jamais revenu, six mois de sursis *maybe,* peut-être, ou peut-être pas, après les Français c'est le tour des Américains, s'ils ont raison, c'est par erreur qu'on m'a fait faire un scanner en France, *no connection,* s'il n'y a aucun rapport entre phlébite et cancer, c'est par erreur que les médecins français m'ont sauvé la vie, ou bien si les Américains ont encore raison, si j'étais resté cette année-là à New York, comme je fais un an sur deux, et que je m'y sois cassé la cheville en butant contre une des dalles de ciment disjointes de leurs trottoirs fendillés, opération, phlébite, ils n'auraient jamais prescrit un scanner thoraco-abdominal, maintenant je boufferais des pissenlits d'outre-Atlantique par les racines

la mort me talonne, elle m'a poursuivi dans toutes les phases de mon existence, je serai quatre-vingts ans resté en vie par miracle, elle n'a tenu qu'à un fil ténu, ma vieillesse d'un coup se rabat sur ma jeunesse, le début du XXIe sur le milieu du XXe siècle, je me heurte à la même absurdité colossale, si le policier en civil n'était pas venu en vélo nous avertir de la rafle imminente, s'il n'avait pas mis sa conscience morale au-dessus de son devoir professionnel, je serais depuis plus de soixante ans passé par la chambre à gaz, parti en fumée dans un four crématoire, par miracle ou chance ou hasard, j'ai échappé à l'immonde, innommable absurdité d'Auschwitz, soixante ans plus tard, si le couvercle de l'égout n'avait pas été mal remis en place à Cassis, si je ne m'étais pas cassé la cheville, si je n'avais pas eu ma phlébite en France, hasard, coïncidence, absurdité, je serais clamsé depuis belle lurette, dans les pires souffrances, je me souviens des douleurs atroces de ma cousine atteinte d'un cancer subit des reins, d'un bout à l'autre de ma vie sauvé de l'absurde par l'absurde, de justesse, d'une mort certaine par une chance folle, j'allais oublier en 56, me rendant en voiture de mon appartement de Boston à Cambridge, pour faire mes cours à Harvard, j'ai dû emprunter sous une pluie battante le pont de métal, une fière idée, les ponts à chaussée métallique, mon vieux tacot aux pneus presque lisses, ma Nash d'occasion à quatre-vingts dollars vire d'un coup, glisse de travers, fonce sur le parapet, droit dans le mur, moi projeté, pas d'airbags ni même de ceinture de sécurité à l'époque, portière sous le choc ouverte, moi précipité sur la chaussée, tête frôlant le parapet, heurtant de plein fouet les plaques ajourées de métal, assommé net, perds quelques instants conscience, me réveille, me relève, pas une égratignure, me mets au volant de la voiture, elle repart, nous repartons ensemble, lentement, très lentement, un coup de pot, bien sûr, j'aurais pu me tuer ou me blesser grièvement, mais c'est de la simple chance ou malchance externes, cela n'est pas logé à l'intérieur de nous-mêmes, des contradictions de l'Histoire ou de la Science, ce n'est pas de fabrication humaine

j'ai déjà vécu tant de morts au cours de mon existence, arriver en vue de mes 80 ans a été si improbable, pas de doute, j'ai eu une sacrée baraka, pas à la mesure de celle de mon oncle Henri, frère de ma mère, mon oncle-fable, comme l'a justement nommé Marie Miguet, une critique de mon livre *L'Après-vivre* où j'ai raconté en détail son impossible survie. Lui, c'était la Baraka avec un B deux fois majuscule, caché zone dite libre, dans la Résistance, deux copains juifs poursuivis par la Gestapo, viennent se réfugier un ou deux soirs chez lui, à Lorette, mon oncle les accueille, le soir même la Gestapo vient les cueillir, suivis à la trace, on embarque mon oncle avec, Montluc à Lyon, interné par la Gestapo, six heures du soir, une brute nazie est en train de frapper une femme nue avec une grosse planche, on l'appellera plus tard Barbie, ici c'est Barbier, l'interrogateur de mon oncle, ironique, français parfait, *vous avez de la chance de ne pas être interrogé par mon collègue,* conversation s'engage, on a découvert des lettres d'André Breton au domicile parisien de mon oncle, explique, il avait fait un moment partie du groupe surréaliste, son interrogateur l'interroge, au milieu des hurlements, ils discutent littérature, surréalisme, une scène surréaliste, l'Allemand soupire, soirée avance, *vous savez, Weitzmann, c'est fatigant le travail que je fais,* il envoie à mon oncle une bourrade, énergique mais presque amicale, gardes approchent, miliciens français demandent, *qu'est-ce qu'on en fait,* cabane aux Juifs, on est fusillé le lendemain matin, cabane aux Résistants, fusillé au prochain attentat, du rabiot, l'Allemand dit, *la cabane aux Résistants,* les deux amis de mon oncle arrêtés chez lui seront fusillés le lendemain matin, mon oncle enfermé avec les Résistants, tout ça grâce à la littérature, pas croyable mais vrai, du temps passe, mon oncle refuse d'obéir à l'ordre d'un S.S. qui par plaisanterie lui ordonne de se déculotter, sans doute pour lui botter le cul histoire de s'amuser devant les autres, mon oncle refuse, l'autre blêmit, ne dit rien, la nuit, vers deux heures, il ouvre la porte de la cellule, *Henri Weitzmann, sans bagages,* clair, mon oncle va être fusillé, c'est la formule rituelle lors des appels nocturnes, sort dans la vaste cour de Montluc, le garde le pousse brutalement dans la file des fusillés du matin, plus rien à perdre, dos au mur, mon oncle pouce à pouce se pousse, la file d'à côté, il y en avait plein la cour, des files, la nouvelle s'ébranle, mon oncle avec, direction, il l'apprend vite, camp de Drancy, et puis direction Auschwitz, après deux jours là-bas, le commandant Brunner examine les déportés un à un, arrivé à mon oncle vérifie, *toi, pas sur la liste, Papiere,Papiere,* mon oncle sans papiers, Brunner se fâche, il ne fait pas partie de ce convoi, *quand tu seras en règle, tu partiras par le prochain,* début de l'été

44, le convoi où mon oncle s'était introduit en fraude sera le dernier, personne n'en reviendra, sauf mon oncle qui n'est pas parti, l'air costaud, on le fait infirmier au camp de Drancy, il assiste les mourants sur les matelas par terre, on sait que les Alliés approchent, un petit comité de Résistance se forme, mon oncle, bien sûr, en est, à deux ou trois on assigne la mission, un ou deux revolvers dans l'équipe, le moment venu attaquer les gardiens, faire sauter les portes, permettre aux détenus de tenter une évasion, avant la prochaine déportation qu'on redoute, mon oncle sait qu'il sera tué dans l'opération, les gardiens ont la supériorité des armes, mais le moment de la rébellion est venu, ce sera pour le lendemain, les internés sont prévenus pour qu'ils se tiennent prêts, mon oncle sait qu'il va mourir en tentant l'attaque, sa dernière nuit, pas d'échappatoire, comme il en a trouvé une à Montluc, cette fois c'est la mort pour de bon, brusquement au petit matin, un incendie dans la cour, un embrasement de papiers qui brûlent, les détenus s'enhardissent, sortent dehors, plus d'Allemands, plus de gendarmes français, personne, ils ont pris la poudre d'escampette avant l'arrivée des Alliés, mon oncle retrouve d'un seul coup la vie, mais consigne, ne laisser personne sortir avant l'arrivée des libérateurs, Américains, soldats de la France libre, on ne sait, arrive soudain un détachement de F.F.I. avec leurs brassards et leurs armes, hurlements de joie dans le camp, mon oncle voit, anéanti de stupeur, en tête du peloton de F.F.I., une femme revolver au poing avance, cette femme c'est sa femme, elle était plus haut placée dans la Résistance que mon oncle ne savait, *tu peux deviner, mon petit, ce qu'a été mon émotion,* libéré par sa propre femme à son insu, mon oncle ce soir-là à Drancy a fait l'amour avec elle sur le matelas ensanglanté où un vieillard deux jours avant s'était écroulé, battu à mort, mon oncle a les yeux embués, *tu ne peux pas t'imaginer ce que ç'a été pour moi qui m'attendais à mourir,* si, je puis l'imaginer, mon oncle et ma tante sont venus à pied jusqu'à Villiers où nous étions cachés, plus de transports, mais transports qui nous ont secoués tout entiers à l'arrivée dans notre cachette de mon oncle retrouvant sa sœur, ma tante la sienne, indescriptible, rires, larmes, étreintes, le lendemain mon oncle, même maigri comme un squelette, a voulu partir pour Paris, en pleine Libération, se battre, sa vitalité extraordinaire veut maintenant sa part du combat, tout le monde s'accroche à lui, après une si mortelle séparation, femme – sœur – belle-sœur le supplient de rester encore un jour avec nous, il a fini par céder, s'il était rentré chez lui la veille, comme il voulait, au coin de la rue de la Pompe et de la rue de Longchamp, des miliciens tiraient du toit sur les passants, un char Leclerc a été appelé, il a passé tout le haut de l'édifice à la mitrailleuse, la chambre à coucher de mon oncle qui fait le coin a été criblée de balles, j'ai vu moi-même plus tard les gros trous dans les volets, les murs au-dessus du lit, si mon oncle était parti quand il voulait, il aurait été réduit en charpie par les balles libératrices, après avoir échappé aux balles de l'ennemi, pas fini, la chance surhumaine de mon oncle, à peu de temps de là, on lui demande de se rendre à Lyon pour faire effacer son nom mis par erreur sur la stèle des martyrs, il retourne à Lyon pour un jour, accomplit les formalités nécessaires, en se dirigeant vers la gare, un gros poteau s'abat sur lui à son passage, sans doute endommagé par les fusillades récentes, assommé sur place, mon oncle est conduit à l'hôpital le plus proche, aurait été un comble, perdre la vie en venant assurer qu'on n'est pas mort, en fin de compte, légères blessures, deux jours d'hôpital, et mon oncle a regagné Paris, de la Baraka comme ça, ici je m'arrête, je n'en connais pas d'autre pareille, mille fois condamné à la mort, il en réchappe, à côté des morts qu'il a vécues les miennes pâlissent, mais au final, lui, moi, tous on perd la partie, l'important c'est de la perdre le plus tard possible sans dégénérer, j'ai vu mon oncle-fable enfermé dans son appartement du cinquième sans ascenseur, prisonnier de son arthrite, toute sa tête jusqu'à sa quatre-vingt-dixième année, mais plus de jambes, se traînant en ahanant le long des couloirs, appuyé péniblement sur une canne, le même homme qui, en 1921, pendant son service militaire, avait battu le record du 100 mètres en 11 secondes, pas mal à l'époque dans l'armée, gémissant en s'asseyant dans le grand fauteuil de son bureau parmi ses livres, toujours attentif aux autres, attentionné à leur égard, mais ne vit plus que pour son petit-fils, quand Pierrot aura enfin trouvé un travail stable, sera installé dans la vie, *alors moi, tu comprends,* assez de se supporter au niveau où il était tombé, il n'avait plus envie de vivre, alors après un ultime déjeuner de famille arrosé de bon beaujolais, on l'a transporté à l'hôpital, il est mort de l'épuisement de sa vie

pareil pour tous, sera pareil pour moi, mais c'est une mort chaque fois différente pour chacun, le cœur, cancer ou quoi, accident, ou simplement l'âge, de nos artères, de nos poumons, de notre chair, dans mon histoire personnelle au beau milieu de l'Histoire avec une grande hache, disait si bien Perec, depuis novembre 43, je suis un miraculé, toutes mes autres maladies mortelles n'ont pu être possibles et surmontées que par ces soixante-trois ans de rabiot, là est ma chance inouïe, en novembre 43 j'ai à jamais cessé d'être un vivant pour devenir un survivant, j'ai eu le temps de faire mes filles et mes livres, de m'accomplir comme homme et comme écrivain, et puis forcément la Camarde viendra, dans pas très longtemps, un jour ou un autre, pas très éloigné, vu mon âge, calmement entouré de ma famille ou dans les affres suraiguës d'un lit d'hôpital, *je* finirai, *ça* descendra au trou, dans une urne à cendres, ou dans un cercueil de bois, sous la dalle où sont inscrits mon grand-père, ma grand-mère, ma mère et ma seconde femme, Ilse, il reste une place, ma place, adresse définitive, allée des Ormes de Klemmer, cimetière parisien de Bagneux, 30e ligne, 4e tombe, seule tombe de la section habitée par des restes humains, les autres sont vides, des cénotaphes, noms juifs, tous morts mêmes années 42 ou 43, les corps partis en fumée, Auschwitz ou ailleurs

IMAGES

quand je me suis réveillé, j'avais l'esprit encore vaseux, les yeux embrumés, malgré le soleil du matin, coulée de lumière à travers les rideaux mal fermés, que Renée m'avait si gentiment achetés et accrochés, pour faire plaisir à son père. En Amérique, il n'y a pas de vrais, opaques rideaux aux fenêtres des chambres. Juste un store qu'on baisse, autant dire rien. Je retire mon masque, cadeau de mon dernier vol transatlantique. Là, je suis carrément aveuglé. A quelle heure me suis-je couché hier soir, je ne sais pas, je ne sais plus. J'ai de la peine à bouger, à me lever. Je reste encore quelques instants immobile, le drap et la couverture remontés jusqu'au çou, car il fait frais. Je coupe toujours le radiateur de ma chambre à coucher, autrement le chauffage est si fort poussé que littéralement on étouffe. Hivers américains, à l'intérieur c'est le mois d'août, à l'extérieur un janvier glacial

recroquevillé dans mon lit   je me laisse à demi replonger les yeux clos   dans les ténèbres du sommeil   me suis couché si tard hier ce coup de téléphone m'annonçant la mort de Walter il ne suffisait pas de mon départ de mon arrachement il me fallait encore le décès d'un ami cher ça a réveillé en moi tant d'échos m'y suis perdu il faut que je retrouve ma tête je n'ai pas fini mes bagages tant de choses encore à trier à emballer ou à jeter dans le sac-poubelle après dans le vide-ordures au fond c'est ma vie moi que j'y jette j'ai du mal à finir ce travail de deuil en vingt-huit ans dans cet appartement j'ai tant accumulé inévitable peut-être mais c'est aussi ma manie ma spécialité tout garder ne rien jeter dans chaque coin et recoin je retrouve mes traces maintenant il faut les effacer m'effacer faire place nette pour le prochain locataire le collègue à qui l'université fera la faveur de l'installer en ces lieux appartement convoité en fait cinq pièces trois salles de bains plein sud toujours du côté du soleil prix dérisoire je paie deux mille dollars par mois pour un tel logement qui dans ce quartier en vaut quatre ou cinq mille appartement de fonction le dois à ma fonction de professeur à New York University depuis quarante ans logement de cette taille destiné à une famille avec enfants j'y loge seul depuis plus de vingt ans rare privilège que je suis bien malgré moi forcé de céder comment je l'ai eu pas croyable en 78 à mon retour de vacances en France avec Ilse on se retrouve dans l'appartement de Rachel qui l'a quitté m'a quitté à la 113e Rue seulement il est au nom de Rachel il appartient à Columbia University n'ai aucun droit d'y loger panique je reçois de Columbia une lettre comminatoire si je n'ai pas vidé les lieux dans les huit jours huissier porte d'entrée scellée police Ilse me dit *cours demander à NYU* la seule solution déjà perdu ma maison aimée de Queens que Claudia a vendue l'année dernière pour aller avec mes enfants habiter chez son mec maintenant fini la 113e Rue du salon une vue superbe sur le fleuve toujours été un fervent de l'Hudson descends en hâte vers Washington Square cours au service des logements je quémande Viola me toise *at present we have nothing to give you we're all full* pas possible que tout soit complet des deux côtés je suis jeté à la rue et pas seul il y a Ilse qui a aussi ses affaires ses livres qui vient de quitter son mari Paul et son logis de la 14e Rue à la rue nous sommes elle et moi dire que j'ai lâché Claudia ma maison de Queens la seule fois de ma vie où j'ai été propriétaire avec pelouses et fleurs arbustes magnolias odorants le long de 138-17 78th Street Flushing pour aller m'enfermer dans l'appartement confiné de Rachel maintenant on m'en chasse le pied au cul en ville dans ce quartier je ne pourrais nous offrir pour deux qu'un appartement minuscule pas envie d'aller vivre à Brooklyn comme les étudiants les plus démunis que faire plus que huit jours chez Rachel et puis dehors et ce Viola qui me raconte qu'il n'y a rien de libre à New York University tellement désemparé il y avait ce jour-là un cocktail en fin d'après-midi à NYU sais plus pourquoi tellement démoralisé j'y ai été pour me distraire bavarder à droite et à gauche tombe sur Mrs Berkowitz que je connais en train de divorcer d'avec son époux chef du département d'anglais je lui dis ma situation pour dire quelque chose rencontre bénite conversation fabuleuse elle me dit *but we visited Michael and I an apartment Mr Viola had proposed to us simply it was too big beautiful but we didn't take it it might still be available*

elle n'a pas eu à me le dire deux fois j'ai couru dès que j'ai pu chez Viola je lui ai dit qu'il me racontait des histoires et qu'il y avait bien un appartement de libre puisqu'il l'avait fait visiter à Mrs Berkowitz Viola a fait la grimace *but you know it's very big and expensive* lui réplique *never mind* j'ai eu les clés il voulait sans doute le réserver pour quelqu'un d'important dans l'administration mais je suis *full professor* rang le plus élevé il est coincé

j'ai fait un saut au 12-M 3 Washington Square Village j'ai ouvert la porte pas pu en croire mes yeux immense lumineux avec vue sur tout *downtown* en face les trois Silver Towers gracieuses tout là-bas l'envol des Twin Towers recours en vitesse chez Viola lui dis *I'm taking it* rien pu faire ni dire après m'avoir cruellement menti obligé d'avaler la pilule ainsi que j'ai eu cet appartement de rêve parce que je ne savais plus que faire que j'ai été à ce cocktail pour me distraire quelques minutes que j'y ai par hasard rencontré Mrs Berkowitz qui par hasard était en train de divorcer qui par hasard s'était vu offrir ce jour même cet appartement que par hasard elle n'avait pas voulu le hasard fait bien les choses ainsi que j'ai eu à l'improviste à l'arraché ce superbe appartement où j'ai vécu quelques années avec Ilse et quand Ilse a décidé de rester en France que j'ai habité des décennies tout seul sauf le dimanche quand Cathy venait faire le ménage et puis mon linge et puis notre promenade dans Washington Square West ou East selon l'humeur ou vers Union Square plus loin même et puis le soir notre dîner chinois livré sur le coup de dix heures *steamed shrimp dumplings roast pork eggplants or mixed vegetables* rituel ainsi tous les dimanches à part mes filles quelques filles mes visiteuses du soir parfois d'un soir qu'importe il s'en est passé des vertes et des pas mûres sur le grand canapé mou du living

Halte-là. Assez rêvassé dans cette somnolence. Une autre journée, une de mes dernières qui commence. Je dois me lever. Il faut reprendre mon travail de fossoyeur. D'un geste brusque, je relève la couverture, regarde l'heure sur mon vieux et fidèle réveil. Neuf heures et demie. La matinée est déjà fortement entamée. Je m'assieds au bord du lit, enfile chaussettes et chaussons. Le matin, au réveil je pisse toujours dans la salle de bains qui me fait face dans le couloir. Avant de déjeuner ou dîner, je jette ma goutte dans la salle de bains qui jouxte le salon-salle à manger.

Le soir, avant de me coucher, je lansquine toujours dans la grande salle de bains du *master bedroom.* Puisque j'en ai trois, il faut bien utiliser toutes les toilettes tour à tour. Une habitude américaine, qui s'évanouit dès que j'arrive à Paris. Je prépare mon petit déjeuner, celui d'ici, avec les produits locaux. Café, bien sûr, mais, avant *cottage cheese* demi-écrémé, toujours *Breakstone,* yaourt aux fruits, mais il y a aussi de grands pots de yaourt à 2 % de matières grasses, excellents, après je coupe un muffin *Thomas* en deux, le fais griller juste à point, un peu de beurre à 50 % de matières grasses, on ne trouve pas moins ici, voilà, petit déjeuner rituel, les habitudes les plus minimes sont l'ancrage le plus solide dans un pays, une terre c'est ses produits du supermarché autant que ses productions littéraires ou artistiques, je savoure lentement un de mes derniers petits déjeuners américains, assis à la grande table ronde de chêne, à la place qui est mienne, buvant en même temps que mon café la lumière étincelante des vitres, j'aperçois, pas encore rangés, les bibelots encore alignés sur l'appui de la fenêtre. J'ai déjà emballé le gros verre bleu offert par mon cousin Jackie lors de son passage, surtout le mince vase rouge hébraïque que j'ai montré, bras dorés, nus dans la robe légère d'été sous le soleil blond, à Eliska à Murano, trésor témoin de sa, de ma, de notre jeunesse ardente à l'amour, vision qui m'éblouira jusqu'à ma mort. Mais il y a tous ces objets disparates, feu la décoration de l'appartement, potiches, trépieds de cuivre à chandelles, des restes de Rachel abandonnés à la 113e Rue après son départ, viennent d'où, aucune idée, j'en ai fait pendant des années ma décoration baroque, disparate, en face des assiettes grecques espagnoles fixées sur le mur, cette fois, il va falloir débarrasser, pour de bon liquider cette brocante, sauf les deux assiettes grecques, souvenir de Rachel encore, la sustentation matinale terminée, j'ai pris un nouveau grand sac-poubelle, j'ai vidé tous ces décors à quatre sous, ces reliques inutiles, les aimais bien, faisaient partie de l'appartement, garde mes deux croûtes au mur surplombant la table aux fruits, sans aucune autre valeur que de m'avoir suivi dans mes errances, mes déménagements successifs, ils étaient ma continuité, je les empile dans le sac, ils se détachent de moi, je me détache de moi-même, les tapis, les meubles, je laisse. Je suis sûr que le portier en chef se chargera de les revendre. Nous nous sommes entendus là-dessus, moyennant les deux cent cinquante dollars que je lui ai refilés. Le futur occupant trouvera place nette, je peux compter sur le portier. A présent, murs tables sont nus. Le problème, il me reste encore tant de cartons. Comme je n'ai longtemps pas eu de domicile à Paris, j'ai emmené lettres, documents ici avec moi. Je ne les consulte jamais. Mais je ne peux pas les jeter, me jeter. Je me transporte dans tous mes transbahutements transatlantiques. Quand j'ai débuté à Harvard célibataire, 91 Peterborough Street à Boston, petit garni dans un coin agréable, puis, marié, 5 Plympton Street à Cambridge, sous-location d'un collègue en congé. A Brandeis University, banlieue de Boston, 99 Central Street, Auburndale, la moitié d'une maison particulière, avec pelouses et arbres autour. Agréable, mais on n'y a pas habité longtemps. Après Brandeis University, Smith College, dans l'arrière-fond rustique du Massachusetts, avec un beau lac en bordure du campus, nous, logés dans une vieille ferme, R.F.D. N° 2, Amherst, en haut de la colline d'Amherst, Pelham Road va se perdre dans la forêt vierge autour, j'ai adoré ce domicile champêtre. Pas duré longtemps, deux ans avec bourse à Paris, au retour New York University. Enfin, ma propre maison, pimpante, en briques avec un joli porche, à Queens, enfin chez moi pour de bon. Pas de chance, je change de femme, je change encore de domicile. J'ai résisté. Rachel m'a eu à la fin, déménagé à la 113e Rue, domaine de Columbia University, mais à quelques rues de Harlem. Pas duré très longtemps non plus, quand Rachel m'a plaqué, dû encore une fois déménager. Enfin la stabilité, durant vingt-huit ans, pour moi un record de stabilité, une permanence. Un an sur deux. Il faut bien couper en deux la vie, si l'on est soi-même schizé en deux. Un an New York. Un an Paris. Je crois bien être le seul à avoir décroché cette combine, New York University Washington Square, New York University in Paris. Je me suis partagé en morceaux égaux pendant plus d'un quart de siècle. Maintenant, fini, il faut tout remballer, je quitte pour toujours le Nouveau Monde. Il faut bien, une fois de plus, une dernière fois, que je trimbale avec moi tous mes restes. Le plus possible. Pas tout, je suis obligé de trier, me séparer de l'insignifiant empilé depuis tant d'années, débarrasser le cabinet de débarras. Je quitte le living, je vais où le travail m'attend. J'ai déjà hier perdu toute une journée. Dans le cabinet, il y a encore plusieurs gros cartons, j'en prends un, je le soulève, il n'est pas très lourd, moins que les autres. Je me demande ce qu'il peut bien y avoir dedans. Je le porte jusqu'au pied du fauteuil orange, m'assieds. J'ouvre. Pour une fois, je ne trouve aucun papier, pas de lettres entassées, pas de factures de gaz et d'électricité, pas de documents officiels, pas de missives amoureuses. A ma surprise, que des photos, en tas, sans ordre, sans classement, les unes détachées, les autres dans des enveloppes, de toutes les tailles, de toutes les couleurs. Les photos, c'est comme les lettres, je les garde, mais ne les regarde jamais. Malgré le temps qui passe, je ne puis résister à l'envie d'y jeter un coup d'œil. Je suis curieux, avant de décider ce que j'en ferai, de les examiner un peu. Je plonge la main dans ce fouillis, retire une poignée de vieilles photos Kodak, minuscules, en noir et blanc. Elles datent de la plus lointaine avant-guerre. Dans un landau, un bébé, seul, à côté un panier, il semble y avoir dedans quelques provisions, comme en excursion. Un gazon hérissé de pierres qui affleurent, de petits arbres malingres au fond. Où est-ce. Qui est-ce. Aucune idée. Sur une autre, une femme avec un certain embonpoint, bras nus, est penchée sur une espèce de poussette remplie à déborder de linge. Deux clichés surannés, noircis par le temps, montrent la même femme tenant le bébé sur ses genoux, l'autre dans ses bras. Une troisième photo éclaire le visage de cette femme penchée vers le bébé qu'elle tient serré dans ses bras contre elle. Elle a un joli visage, des traits réguliers, au fond un bois de pins. Cette femme, je la reconnais, bien que je ne l'aie jamais vue. C'est ma mère. Ma mère à 30 ans, le bébé d'un an ou à peine deux, c'est moi. Aucun doute là-dessus. Car la photo qui suit précise la date. Mon grand-père mince, maigre, une montre dans son gousset, et près de lui, assise avec ce bébé contre une balustrade de la terrasse du Palais du Trocadéro, ma grand-mère, dont je ne garde aucun souvenir, sauf de ses varices violacées sur ses jambes fatiguées par le service au restaurant plus de trente ans, me pouponne sur ses genoux. Pas de doute, au dos, la date *1929*. C'est bien moi et j'ai un an. Mais je me rappelle encore la balustrade de la terrasse, revue tant de fois après. Me voici saisi dans mon origine animale, maternelle et grand-maternelle. Les mâles arrivent, trois hommes sur un banc, derrière les volets de bois fermés d'une demeure inconnue. A gauche, mon grand-père, mince, bien droit dans son costume impeccable, une pochette dans la petite poche de sa veste. C'est le patron, ce doit être dans un recoin du Trocadéro. Mon père, tenue sport, chaussures blanches, a les genoux croisés, moi, je suis dessus, appuyé contre sa large poitrine. Mon grand-père a 61 ans, mon père 37, dans toute la force de l'âge. Le troisième homme sur le banc, je ne le connais ou ne le reconnais pas. Ce doit être un employé, chemise aux manches retroussées, il montre ses bretelles. Et puis, on me porte à tour de rôle, sur le dernier cliché terni mon grand-père me porte debout avec son bras droit, toujours en costume, à ses côtés, splendide, se tient mon père, ce jour-là chemise blanche et cravate, dans un très beau pardessus, la moindre des choses puisqu'il est maître-tailleur. Surprise, du bout des doigts de sa main gauche, il tient une cigarette. Je ne me souviens pas qu'il fumait. Cette sortie en plein air a lieu dans les jardins du Trocadéro, où mon grand-père a la concession du restaurant, au fond saille une des deux tours du Palais. Mon père a l'air si solide, si robuste, drôlement bien baraqué. Tout cela se passe en 1929. Je regarde avec émotion en 2006. C'est à la fois si lointain et si proche, cela me semble si familier et tout à fait étranger. Que je ne retrouve rien de moi dans ce bébé, c'est normal. N'importe quelle image de bébé serait pour moi la même, pourrait être moi. Je ne suis encore personne. Ce qui est plus grave, c'est que ces photos constituent des souvenirs contrefaits. Les photos sont de faux souvenirs. Ils se glissent dans la mémoire et se prennent pour vrais. Ma mère disait souvent, *ton père était trop beau pour un homme,* j'ai dû voir dix fois ces vieux Kodaks dans l'enfance, quand ma mère évoquait la fière allure de mon père en son bel âge, je revois instantanément ces faux souvenirs comme s'ils étaient vrais, j'ai bien dans la mémoire de vagues traces de ses bras musclés me poussant dans l'eau sale saumâtre de la piscine Molitor, où nous allions tous deux le dimanche. Je sais que mon père était un excellent nageur, mais je n'ai aucun souvenir de l'avoir vu nager, j'ai le goût nauséeux de l'eau dans ma bouche. Triste à dire, les souvenirs authentiques que j'ai de lui datent de la guerre et de l'après-guerre immédiat, rentrant de son labeur forcé le soir, les traits tendus, le teint hâve, pas le gaillard bien râblé des années trente. Ou carrément malade, ses pneumonies, toussant dans la chambre, cachée par un rideau jaune, défense pour ma sœur et moi d'entrer, c'est contagieux, debout aussi, quand il avait un répit, maigre, légèrement voûté, je le revois ouvrant la porte d'entrée de la maison du Vésinet, le jour où ma mère et moi, juillet 47, avions été chercher les résultats du concours de l'Ecole normale rue d'Ulm, il avait les larmes aux yeux, lui, nous, si profondément émus, nous par lui. Il avait l'œil sec lorsque nous lui avons dit au revoir, peut-être adieu, le jour où il est parti pour se rendre à la Gestapo de l'avenue Foch pour le renouvellement de son permis de travail, nous tous l'accompagnant jusqu'à la grille sans un mot, le voyant partir de son pas ordinaire, mon père un mec un vrai un dur, pas une mauviette comme moi, si, j'ai des images fortes de lui qui m'habitent encore soixante ans après sa mort, il est toujours vivant en moi. Mais vers la fin, ses quintes de toux, ses crachats de sang m'écorchant les oreilles, moi assis dans la chaleur du petit bois, préparant le Concours, torse nu à l'ombre suant à grosses gouttes, il me déchire les oreilles, le cœur, je me souviens si bien, comme si j'y étais encore, c'était il y a soixante ans. Mon père costaud, musclé, soulevant avec mon oncle poids et haltères, cinquante kilos d'un bras, mon oncle gagnant les cent mètres de l'armée pendant son service en 1921, mon père quittant caché dans un train la Russie, sortant de quelle cachette, comment, je n'ai jamais bien su, il existe plusieurs versions des faits. Des légendes. Dans un tonneau, dissimulé derrière des sacs postaux avec son ami Félix, on ne saura jamais, il n'en a jamais parlé, ce sont des mythes de la famille, c'était l'arrivée éblouie à Paris en 1912. Ma mère raconte, *ton père et son ami Félix devaient partir pour l'Amérique, ils avaient refusé de servir dans l'armée du tsar après tous les pogroms de leur enfance, mais quand ton père a vu sur les Champs-Elysées les calèches, défilant avec de jeunes femmes en robes blanches à dentelles et de jolis chapeaux blancs assortis, il dit que Paris lui suffisait, il n'a pas voulu aller plus loin, Félix est parti seul pour l'Amérique.* Je me suis fabriqué un père, avec les récits de ma mère, des photos Kodak et quelques lueurs vacillantes de mémoire. Parfois avec des souvenirs précis, quand son ami Stern venait voir mon père le samedi, ils avaient fondé ensemble un fonds commun, les Enfants de la Prévoyance, en cotisant avec d'autres émigrés de leur ville d'Ukraine, pour s'acheter une concession commune au cimetière de Bagneux, ils n'avaient pas les moyens de s'offrir des tombes individuelles. Lorsque Stern venait, c'était comme lors des visites de mes tantes le dimanche, tout le monde se mettait à parler yiddish, c'était leur vraie langue, le russe un simple supplément. Ma mère et moi on les écoutait sans comprendre. Sur la photo avec grand-père, venu lui de Pologne, entre eux ils parlaient certainement yiddish. J'étais exclu de leurs propos.

Tout de suite sous les vieux clichés de Kodak, une grande photo, noir et blanc, emplie du haut en bas par ma mère devant l'entrée de la cuisine au Vésinet, une grande belle femme, on voit très bien le visage joli, régulier qu'elle avait. Elle me serre en souriant contre elle, j'offre un petit visage joufflu, bien enveloppé dans des couvertures et bonnet autour de la tête, elle légèrement de profil, moi planté bien en face de l'appareil de photo. Moi ou ma sœur, difficile à dire, pas de date au dos, 29 ou 34, je ne sais pas, le visage de ma mère est illuminé d'amour, Akeret me revient d'un coup à l'esprit, il faisait de la *photoanalysis*, invention qui lui était chère, lecture psychanalytique des photos surtout d'enfance, je me souviens de la séance avec deux petites photos comme celles que je venais d'exhumer, ma mère me tenant à bout de bras, mon père sur l'autre photo me serrant contre lui, interprétation, ce que mon père désirait avant tout était un fils, ma mère selon Akeret aurait aimé chez son mari un amant, pas une maternité aussi rapide et les fardeaux qu'elle impose, mariée le 27 août 1927, je nais le 22 mai 28, presque jour pour jour, neuf mois après, je suis un produit cacher, probablement conçu la nuit dans le bateau qui les emmenait en Corse. Mais Akeret *dixit*, je lui suis tombé dessus trop tôt, trop vite, montre trop bien que ce que mon père désirait, c'était moi, pas elle, par rapport à moi ils ont des gestes opposés, serré distant, si je suis l'analyse d'Akeret et si ma mère regarde avec tant d'amour ce bébé, six ans ont passé, mon père et elle se sont habitués l'un à l'autre, le bébé de la grande photo, c'est ma sœur. Tiens, voilà les Trois Mousquetaires, grande photo de toute évidence professionnelle, au dos date 1933, j'ai cinq ans, mon cousin Serge 7 et son frère 8, c'était au Jardin d'Acclimatation, mon père nous avait confectionné avec un soin méticuleux des sortes de tenues d'époque, avec bottes en gros tissu blanc et chapeaux à plumes sur nos perruques, Aramis, Porthos, d'Artagnan, je suis évidemment le plus petit, mes deux cousins me dépassent, on a tous des ceinturons et des épées tirées, tableau de famille, il a été plus tard agrandi, mis en couleurs, mon oncle l'avait encadré, je crois qu'il l'avait mis dans son bureau ou la salle à manger, mes cousins ont disparu, des trois je suis le seul Mousquetaire qui reste

après je trouve une boîte de Polaroïd, le prix encore sur l'étiquette, 5 dollars 99, pas cher, grandes photos en couleurs, qui n'existent plus aujourd'hui, la première photo qui me tombe sous les yeux, Renée debout, la tête inclinée contre la mienne, moi assis, mes bras lui entourent la taille, la serrent contre moi, le reste de la photo est noir, je crois discerner derrière un buisson, ce doit être dans mon jardin de la maison de Queens, ma fille a 14 ou 15 ans, moi une bonne quarantaine, en une seconde la photo me fait voyager à travers le temps et l'espace, de poupon et de gamin je suis un homme mûr, de mon père je passe soudain à moi comme père, de la France projeté en Amérique, du mini Kodak en noir et blanc promu aux couleurs instantanément saisies. Je regarde avec émotion la photo, peu à peu je m'enfonce en elle. Doit dater de 75 ou 76, l'été, bien sûr, il doit faire très chaud. Ma fille en débardeur blanc, moi en chemise de peau. Avec sa tête contre la mienne, mes bras autour de sa taille, on dirait un couple d'amoureux. Curieusement, en évidence dans son salon, Renée a mis la même photo, prise cette fois dans mon bureau du premier étage. Ma fille est très belle, corps fin et souple, yeux bleus, cheveux blonds tirés en arrière, traits réguliers, avec le visage qui s'étrécit vers le menton. Frappant, le bas de mon visage a la même forme, il existe entre nous une ressemblance étonnante, même si nos traits sont différents. Renée est sans aucun doute ma fille. Je ne suis pas mal non plus, je dois dire, avec la moitié de mon âge en moins. Pas de rides, de taches de vieillesse, de poches sous les yeux, cheveux bruns sans le moindre grisonnement. Jeune et beau, moi aussi. Pas croyable, comme l'âge vous amochit. C'était l'époque de Rachel, la semaine à la 113e Rue, mais, malgré les protestations furibondes de Rachel, le week-end chez moi, dans ma maison. Ma femme filait chez son jules, elle avait sa permission. *Open marriage,* mariage ouvert, aux deux bouts. Lorsqu'elle s'absentait les week-ends, je vérifiais dans un tiroir de sa chambre, Claudia avait emporté son diaphragme, bravo, nous nous cocufions à égalité, je ne me sens plus coupable. D'ailleurs, il n'était pas alors question entre nous de divorce, c'est Rachel qui en parlait sans cesse en hurlant. Pas moi. Je trouvais que c'était une vie équilibrée. Cinq jours à Manhattan dans le grand appartement de Rachel, deux jours dans ma maison à Queens avec mes filles. Là le hic. Si Renée et moi nous tenons sur la photo si serrés l'un contre l'autre, c'est peut-être pour se cacher le ressentiment qu'elle éprouve contre moi. Cinq jours d'abandon par semaine, pas facile de téléphoner quand Rachel est là, à l'écoute. A quoi s'ajoute le fait que je suis absent à Paris un an sur deux. Bien sûr, il y a les voyages à Noël, à Pâques. Ce sont de très agréables intermèdes, ce n'est pas du continu, un vrai foyer. Officiel ou pas, Renée en fait vit un divorce. Je la trompe avec Rachel et Paris. Tendre embrassade sur la photo, c'est peut-être son inconscient qui s'exprime par refoulement. Et le mien, je ne vais pas me mettre à faire de la photoanalyse à l'Akeret. Quand même, cette photo me dérange, tout en me faisant un immense plaisir. Je passe aux trois suivantes. C'est la sœur, Cathy en short et maillot bleu, debout devant la maison, où l'on voit distinctement les murs en briques, les buissons, les fleurs, le gazon. Elle sourit à peine, plutôt l'air impassible, sur une troisième photo, assise à terre, le visage tendu comme pour poser une question. Elle est très jolie aussi, cheveux très bruns, bien coupés. Toujours elle, sirotant dans un café je ne sais où un grand gobelet en carton multicolore avec une longue paille. Probablement du Coca. Sans sourire, l'air toujours énigmatique. Difficile de savoir ce qu'elle pense. Soudain, sur la photo d'après, de nouveau Renée et moi, l'un contre l'autre, mais cette fois contre le mur de la maison dans le jardin. Nous avons tous deux un sourire heureux, nos visages plus rapprochés de l'objectif, plus visibles. Renée est vraiment une adolescente ravissante. Et moi, je suis vraiment un bel homme dans la force de l'âge. Cela me pince le cœur, je suis jaloux de moi. Pas possible que ce type-là, aimé des femmes, Rachel, et puis après, en douce, Elena, Wendy et bien d'autres, soit devenu un vioque pesant et amolli. Pour terminer la boîte aux Polaroïds, Renée, cette fois les cheveux longs, lui vont aussi à merveille, et le dernier, assise sur le fauteuil de plastique orange où je suis en ce moment même assis, en jeans chemisette blanche et bleutée, appuyée aux rayons de la bibliothèque dans ma chambre. Derrière elle, tous mes livres, j'aperçois même derrière son épaule les deux gros volumes de Painter sur Proust. En 74, j'avais publié *La Place de la madeleine : écriture et fantasme chez Proust.* Ou chez Doubrovsky. On l'a souvent remarqué, mais ce n'est pas pour moi une objection. C'est le Maître lui-même qui l'a dit. *En réalité, chaque lecteur est, quand il lit, le propre lecteur de soi-même.* Proust, découvert tard, m'obsédait à l'époque. Normal j'étais en analyse avec Akeret pour attachement fusionnel à ma mère. Et puis, dans les années soixante-dix, les années de ces photos, je me prenais un peu pour Proust. J'ai écrit sur sept ans un self-roman, *Le Monstre,* de 2 600 pages. Raccourci plus tard dans les 500 pages de *Fils.* L'original doit avoir quand même, dans son délire et sa folie des grandeurs, son intérêt. Sept ans sans discontinuer il y a plus de trente ans. Je ne me suis interrompu que trois mois pour rédiger mon étude sur Proust. J'aurai peut-être la surprise et le plaisir de me relire un jour en CD-ROM, si ce projet aboutit. De retrouver l'homme et l'écrivain que j'étais en ces années soixante-dix, à présent si lointaines. C'est la période où ont été prises les photos de mes filles, que je venais de contempler et qui me renvoient mon image.

Professeur, écrivain, père. Je crois avoir été un bon professeur. Un bon écrivain. Mais un bon père. Cela reste à voir. Pas un père éducateur, formateur comme mon père. Il a toujours exigé de moi que je donne le meilleur de moi-même. Pour les compositions au lycée, si tu es premier tu auras cent sous, si tu es second tu n'auras rien. Un peu rustre, un peu russe, il s'est puissamment penché sur moi. Fils de Juif russe, il fallait que j'apprenne à jouer du violon. J'ai appris, j'avais régulièrement les leçons de M. Thévenin. Quand mon père sortait une minute de son atelier, il venait écouter mes coups d'archet, vérifier si je me servais bien du métronome. La guerre a mis fin à la musique. A mon père. Mort depuis maintenant soixante ans, je sens en moi sa présence, son jugement, son profond amour. Il avait tellement voulu avoir des enfants que sa première femme est décédée d'avoir, contre l'avis médical, essayé de lui en donner un. Il a épousé ma mère pour me faire, pour se reproduire. Moi, je n'ai jamais voulu avoir d'enfants. Jamais. Les bébés, les langes, l'élevage m'ont toujours révulsé. Pourquoi. On ne va pas se remettre à rejouer Akeret. Le fait est là. Claudia a dû littéralement me violer, à deux reprises. *Si tu ne me fais pas d'enfant, je te quitte.* Je n'avais pas envie de la perdre. J'ai obtempéré, j'ai giclé au bon moment dans le vagin demandeur. Les soins, les biberons, les repas, les médecins, les différentes phases de l'éducation, j'ai laissé ces tâches à Claudia. Elle qui voulait des enfants, elle qui s'en occupe. Claudia ne m'a jamais pardonné de l'avoir laissée seule pour élever, éduquer nos deux filles. Même le français que Renée apprenait à l'école, c'est Claudia qui le corrigeait. Un comble. Je pourrais invoquer la période historique, j'ai été un bambin des années trente. Hemingway, Malraux, Montherlant. Être un homme, un mâle, un mec. Si j'avais peur de rouler tout seul en vélo, mon père se fâchait, *je n'aime pas les femmelettes.* Quand j'avais la trouille de plonger la tête la première dans la piscine, mon père me poussait, *sois un homme.* Voilà, un homme n'est pas une femme. Sans doute cette maxime s'est glissée tout au fond de mon inconscient. La femme est femme d'intérieur, elle élève les enfants, tient la maison. Son rôle. C'était oublier le fait que ma mère était tout cela, plus le fait que c'est elle qui gérait le magasin, tenait, en plus de la maison, les comptes, s'occupait de la correspondance, travail plein temps. Et les gosses en plus. C'était comme ça, c'était le modèle. Je l'ai intériorisé comme on respire l'air de son temps. Je ne cherche pas là une excuse. Simplement j'essaie de comprendre, de me comprendre. Claudia avait cent fois raison de m'en vouloir, jusqu'à aujourd'hui, de lui avoir laissé tout le boulot de l'enfance. Mon rôle, j'ai toujours payé cash. Rubis sur l'ongle. Ai-je des remords, un sentiment de culpabilité. Non, je n'aurais pas pu me comporter autrement. Quand je vois aujourd'hui de jeunes pères qui poussent le landau du bébé, tandis que l'épouse marche à côté, ou qui, mieux encore, portent leur progéniture en kangourou sur leurs poitrines, je m'en réjouis, c'est un progrès. De même les congés de paternité. Mais ce n'est pas de mon époque. J'ai tissé mes relations avec mes filles autrement. Il faut croire que j'ai réussi, puisqu'elles m'aiment. Comme je les aime. Profondément. Avec les enfants, c'est la loi du *give and take.* Si on ne leur donne rien, on ne reçoit rien. S'ils ne sentent pas un amour, ils n'en éprouvent à leur tour aucun. L'amour, c'est donnant-donnant. Qu'est-ce qu'elles m'ont donné. Un lien de proximité charnelle, que je n'ai eu qu'avec ma mère. Une réincarnation de ma propre enfance. Un réinvestissement de moi en autrui. La progression d'une vie qui lentement chemine vers son apogée, tandis que la mienne lentement décline vers sa fin. Une passation d'être, le vocable dont Sartre se moque dans *Les Mots,* une transsubstantiation. Naturellement, c'est une illusion. Chacun vit enclos dans sa personne, dans son destin. Ce que j'aime surtout en elles, c'est qu'elles soient mes filles. J'ai écrit jadis qu'à la naissance, à l'hôpital Beth Israel de Boston, de ma fille aînée, j'ai fait une drôle de gueule, car je voulais un garçon. C'est une réaction superficielle. Au fond de moi, j'ai toujours aspiré au Féminin dans ma quête sentimentale. Je suis heureux de n'avoir pas eu de fils. Je n'aurais su, comme mon père, en faire un homme, surtout un homme d'aujourd'hui. Mes filles ont eu tous mes week-ends. Les années où je n'étais pas en France. Là je leur offrais de belles vacances de Noël ou de Pâques à Paris, ou j'allais les voir à New York. Mes années américaines, on avait nos sorties ensemble, avec Renée, qui adorait le théâtre, nous avons vu les plus beaux spectacles de Broadway, les plus belles pièces. *Death of a Salesman* ou *Long Day's Journey into Night,* Arthur Miller ou O'Neill ou bien d'autres, avec les acteurs les plus célèbres, Al Pacino, John Malkovich, Dustin Hoffman et tutti quanti de cette trempe, les spectacles parmi les plus parfaits que j'aie vus. Nous avions, Renée et moi, nos tête-à-tête intimes en dînant dans la cuisine face au jardin, quand Claudia qui mangeait plus tôt était déjà montée dans sa chambre pour lire ou dormir. Avec Cathy, le *bowling, les playlands,* elle aimait surtout le *fun house,* nos randonnées par beau temps au *bird sanctuary,* en face de Kennedy Airport, tous les oiseaux sauvages en liberté, et puis Rockaway Beach, la magnifique côte déserte battue des vagues de l'Atlantique, Cathy courant à perdre haleine dans le ressac tumultueux. J'ai apporté à mes filles des plaisirs, des joies qui n'étaient qu'à nous. Art ou nature ensemble, on a touché à de l'essentiel. Claudia s'occupait de l'intendance. Mais comment en aurait-il été autrement, avec la meilleure volonté du monde. J'avais mes cours à préparer le matin, les cours avancés représentent un sacré travail, pas seulement les réflexions à mettre en ordre, mais tous les livres de critique à lire. Pendant ces années j'étais dans Proust. Le matin, bien sûr, des heures dans ma propre écriture. *Le Monstre* oblige. 2600 pages, ça prend forcément du temps. Et puis deux fois par semaine, les séances chez

Akeret. Nécessaires à ma survie. A la même époque que Proust, je me suis plongé dans Freud. Un vaste programme. Rien que pour *L'Interprétation des rêves,* j'ai passé des semaines et des semaines enfermé dans ma chambre, assis dans mon grand fauteuil noir. Je ne pouvais être dérangé sous aucun prétexte. Entre écriture et lecture. Il faut forcément déjeuner et après-déjeuner, obligatoire, ma marche de l'après-midi. Au moins une heure ou plus, par tous les temps. Nécessaire à la digestion et à l'équilibre mental. Tout au long de Park Drive East, surplombant la grande vallée sillonnée de deux autoroutes, Van Wyck Expressway vers le nord, Grand Central Parkway vers Kennedy Airport, mon territoire. Arpenté pour créer un vide en moi, rien que des pas sur les dalles de ciment et dans la tête rien, que la vallée à perte de vue et des véhicules inaudibles. Deux fois par semaine une matinée d'écriture perdue pour aller en haut du West Side m'asseoir en face d'Akeret dans un fauteuil de cuir jaune. Exploration de mon inconscient en face à face. Souvent en larmes, après, assis dans ma Plymouth garée en bas. Et puis en route vers Washington Square sur le West Side Highway pour réendosser le métier de professeur. Heures de bureau pour recevoir les étudiants. Que pouvais-je faire de plus pour mes filles que m'amuser avec elles le week-end. Sans compter que j'avais aussi besoin de godiller. Sous ce rapport, avec Claudia, c'était devenu un peu terne. Parmi les étudiantes, il y en avait tant d'émoustillantes et d'affriolantes. Ça aussi, ça prend du temps et des forces, parfois jusqu'à une heure du matin. Et le lendemain, dès neuf heures, retour à ma machine à écrire et au *Monstre.*

Comment j'ai pu vivre toutes ces années sur un tel rythme. Je ne sais pas. Cela me paraît aujourd'hui impossible, inconcevable. « Soi-même comme un autre », dit Ricœur. On peut aussi dire, « un autre comme soi-même ». Cet autre qui n'existe plus que sur photos, sur des milliers de feuillets et dans ma mémoire, c'est ce qui fut moi. Des fragments qui de-çà de-là subsistent, j'essaie de revivre ma vie, de l'apprécier. *Julien Doubrovsky,* puis *Serge Doubrovsky,* des personnages de ma fiction, qu'il faut au mieux que j'incarne, que je leur donne ce qui me reste de chair. J'ouvre une autre enveloppe bleue. Encore des Polaroïds, toujours mes filles. Mais à Paris cette fois, plus précisément rue de la Pompe. Un autre personnage apparaît, mon oncle, et même sur le balcon du 118, Cathy entourée de mon oncle et de ma tante. Celle-ci sourit de toute sa gentillesse, l'air si robuste. Elle est à quelques années de sa mort. L'appartement me replonge dans mon enfance, il est là, en haut des marches couvertes d'un tapis rouge avec des tringles d'or, au cinquième étage, aussi loin que ma mémoire remonte. Soudain, image incongrue, antérieure. Cathy sans Renée, entourée de Rachel et de sa mère qui l'a amenée sous sa surveillance à Paris, attablées dans une magnifique salle à manger particulière, qu'on ne trouve qu'au restaurant Lapérouse. Je me souviens, la scène date du tout début de la décennie soixante-dix. Rachel, très jolie, porte une superbe robe de laine bleue avec un col roulé fort seyant. C'était l'époque où elle croyait que ma famille serait bientôt sa famille. Illusion qu'elle a mis du temps à perdre. Moi aussi, du reste. Voyage sur papier aux couleurs intactes vers ce temps à présent si lointain. Je ne puis m'empêcher de poursuivre ce voyage. Cabinet de débarras, il faut que je continue à débarrasser. Me débarrasser, une bonne fois, de moi-même. De cette vie qui a été mienne et qui ne l'est plus. Qui l'est encore par instants, par instantanés. Je retire une grosse enveloppe jaune, la sors du carton, je l'ouvre, regarde. Le Paris le plus conventionnel, mais admirablement saisi, toujours sur Kodak, mais il y a une date imprimée, 95. Ce n'est pas celui de mon enfance. Maintenant les photos sur papier glacé rutilent. La Seine vue du pont Mirabeau. Le jardin du Luxembourg, la Tour Eiffel, le Panthéon, Versailles, naturellement Cathy apparaît devant le grand bassin. Ce sont les photos qu'elle a prises, et où elle a voulu aussi se faire prendre. J'ai du mal à croire qu'elle approche de la trentaine. Pas possible. Elle a l'air d'avoir 20 ans à peine. Visage poupin, cheveux noirs longs et un peu en désordre, pas l'ombre d'un maquillage. Son sweatshirt bleu plutôt criard, typiquement américain, deux grosses pommes jaunes, *the Apple State,* c'est l'Etat de New York. Ma New-Yorkaise de fille, bien sûr que c'est elle, mais elle n'a plus rien de commun avec celle des photos de son enfance. Le temps a passé aussi en elle, sur elle. Une jeune femme maintenant, n'en crois pas mes yeux. Elle sourit. Elle n'a plus le regard médusé qu'elle avait sur ses photos d'enfant.

Je ramasse les photos éparpillées sur le tapis, je ne vais pas parcourir tous les monuments de Paris avec Cathy, de toute évidence émerveillée. Soudain, je tombe sur moi, debout devant le bassin du Luxembourg. C'est Cathy qui a sûrement voulu me prendre juste après elle au même endroit. J'ai l'air longiligne, tout droit dressé dans ma veste en daim que j'avais alors, ouverte sur ma poitrine. Curieux, je saisis la photo suivante, toujours moi, veste de cuir cette fois toujours ouverte sur ma poitrine. Dans la cour de l'hôtel de Lamoignon. Horreur, sous le tricot bleu bariolé très laid, ma bedaine boursouflée saille. Je tressaille de me voir ainsi empesé par l'âge. J'ai une bonne soixantaine. C'était déjà moi. L'air assuré, cheveux encore bruns, mais des joues ravinées, et puis ce bide. Moins flatteur que la pose prise devant le bassin. Heureusement, j'ai meilleure mine, avec de nouveau ma veste de daim, un tricot beige qui tombe presque tout droit, le coude nonchalamment appuyé sur la rampe noire métallique d'une ruelle de Montmartre, plongeant à pic. Il ne reste plus de cette enveloppe que deux ou trois photos sur le tapis. Je les ramasse. Étonnement soudain, je n'en reviens pas, sur le papier luisant, nous sommes quatre. Moi dominant au centre, sur ma gauche Cathy repose son épaule contre la mienne. J'ai mon bras qui l'entoure. Et puis serrées près de moi, m'effleurant, la fille et, derrière, la mère. Toutes deux d'une blondeur qui fond au soleil, devient presque blanche. Estomaqué, j'avais perdu le souvenir de l'excursion à quatre vers un parc d'amusement hors de Paris. Gentille attention qu'avait eue, pour faire plaisir à Cathy, celle que j'ai appelée *Elle* dans *L'Après-vivre.* Elle m'avait demandé de ne pas lui donner de nom. Sa fille de douze ou treize ans debout devant elle, aussi blonde, aussi belle que sa mère. Sur l'avant-dernière photo, nous sommes trois, Cathy a dû prendre la photo-souvenir. Moi, l'air assuré, ferme, viril, cheveux bien noirs. Sourire de bonheur, pour une fois je m'aperçois avec quelque fierté. Fier, évidemment, d'avoir serrée à ma droite contre moi cette jeune femme à la beauté resplendissante. Yeux bleus, robe bleue, blonde comme les blés, une étincelante trentaine. Sa fille à ses côtés, aussi jolie qu'elle. Elle ressemble trait pour trait à sa mère. J'avais oublié cette excursion. J'avais oublié à quel point Elle était belle. Cela me revient tout à coup en revoyant cette photo, je me suis reglissé à nouveau dans le bonheur et le malheur de notre histoire. Nous n'étions pas faits l'un pour l'autre, mais l'un par l'autre irrésistiblement attirés. La seule liaison amoureuse que j'aie eue avec une Française, je ne parle pas des passades qui ne comptent pas. Dix ans, elle a duré dix ans, cette passion de nos corps, et aussi de nos cœurs.

Au détour de cette photo je me sens subitement replongé en Elle je range ces dernières photos dans leur enveloppe incroyable unique rencontre ne m'était jamais arrivé avant si seul si désespéré par la mort d'Ilse sans épouse sans présence féminine j'ai perdu mes raisons de vivre je traîne ma carcasse évidée de jour en jour une existence éviscérée quelques coucheries par-ci par-là sans suite sans avenir les samedis après-midi au Lutétia Roland invitait des amis à se réunir à l'improviste j'y ai été assidûment intellectuels parisiens des deux sexes j'ai tâché de nouer des liens avec celui qui m'est vital nécessaire éphémères aventures je ne me souviens plus même des noms tombé si bas si déchu un déchet j'ai fait ce que jamais je n'aurais cru pouvoir faire annonce dans *Le Nouvel Obs* plus de soixante réponses des interviews l'une après l'autre à n'en plus finir sans avoir rien à se dire de café en café à vous donner la déprime plus qu'une avec qui je n'ai pas eu rendez-vous la dernière aurai-je le courage il y en a une qui s'est levée au milieu de la conversation est partie sans dire un mot une dernière fois sera la dernière après je renonce humilié au tréfonds de moi Quartier Latin attablé au Rostand face à l'entrée du Luxembourg j'attends regarde ma montre personne ultime gifle du destin j'en ai ma claque soudain Elle se dirige droit vers moi *je m'excuse si* éblouissante de beauté blonde corps élancé parfait mon type mon archétype érotique qui s'assied en face de moi suis sidéré séduit c'est peu dire fasciné commencé ainsi a duré dix ans entre nous avec des hauts et des bas bien sûr des très hauts et des très bas mais ELLE pendant dix ans a été LA FEMME ma vie est passée d'un coup du vide à mourir au plein à craquer me revient toute m'emplit revois la scène dans tous les détails ne me la rappelle pas J'Y SUIS nous avons été dîner dans un restaurant thaïlandais le Chieng Mai près de la place Maubert où Ilse et moi allions souvent avec plaisir j'apprends un peu à la connaître mariée et mère une fille de cinq ans qu'elle adore un mari qu'elle aime bien avec des interruptions des éruptions de disputes conjugales je dis *je connais* elle a une vie calme trop elle s'ennuie s'intéresse aux arts peinture aurait voulu devenir photographe ou alors actrice danseuse je demande *mais pourquoi n'avez-vous pas essayé* hausse les épaules je ravale pour l'heure mes questions elle garde son mystère soudain après le dessert d'une voix innocente câline elle dit *j'aimerais bien que vous me fassiez l'amour* moi tombé à la renverse appartiens à une époque où il fallait se donner un sacré mal pour les plus petits travaux d'approche autres temps autres mœurs en ai eu le souffle coupé mes 61 ans explosent dans ma poitrine nous sommes rentrés aussitôt chez moi dans ma Ford Sierra toute neuve achetée huit jours avant mars 89 la porte refermée je n'ai pu attendre plus longtemps je l'ai étreinte écrasée dans le noir contre la porte Elle a passé la nuit chez moi

surgie inopinément des trois photos Elle me remplit la mémoire des moments inoubliables la soirée en mai dans le magnifique appartement de sa mère avec vue directe sur la Seine grouillant de monde d'amis de famille à eux moi me sens un peu en dehors je sonne entre je la cherche des yeux ne la vois pas j'avance vers le buffet prendre un verre me donner une contenance soudain l'aperçois là-bas au fond contre la fenêtre jupe très courte haut décolleté jambes moulées dans des bas noirs Elle me voit vient aussitôt vers moi j'ai mis mon costume de velours côtelé vert avec une cravate essayé de me faire beau cacher mon âge Elle m'embrasse me prend par le bras me présente sa mère ses frères cousins cousines les amis des uns et des autres je me sens un peu perdu il y a un invité qui cause avec une dame près de la fenêtre sans nous regarder je lui demande *qui est-ce* réponse laconique *mon mari* elle me pousse vers le coin des enfants qui jouent ensemble elle attrape par le bras une jolie gosse blonde comme elle yeux bleus *ma fille* j'effleure son front légère caresse ma fille à moi a 29 ans la cadette 24 Elle me tient toujours par le bras veut me présenter à une amie d'un seul coup je fais maintenant partie de sa famille au début juin un soir Elle me montre la photo d'une maison dit *elle est située à Saint-Cloud elle est à vendre* me regarde droit dans les yeux *on devrait l'acheter et s'y installer ensemble avec ma fille* un peu pris de court je demande *et ton mari* elle fait une moue *ce n'est pas fait pour rien le divorce* je n'ai rien dit ça m'a fait quand même un peu drôle Elle va vite en besogne une pareille maison à Saint-Cloud doit valoir cher j'ai des économies mais pas des tonnes et puis je ne sais pas je n'en suis pas encore là elle brûle les étapes elle veut remettre sa vie en marche quitter sa maison de Montrouge pour elle une prison fonder un autre foyer dans une banlieue plus attrayante avec un compagnon plus attirant son désir est simple ma vie est complexe je passe un an sur deux en Amérique dans mon université américaine pas d'âge pour la retraite moi j'ai envie de continuer encore pas mal d'années ne suis pas prêt à interrompre mes va-et-vient une maison à Saint-Cloud je ne puis pas me le permettre je n'en ai pas le désir déjà dès le début de nos rapports nos désirs vont en sens contraire et puis quand elle est nue dans mon lit je n'ai pas ressenti pareille frénésie d'entrer me fondre dans une femme rien que lui mordiller les seins me fait bander à éclater pas éprouvé une telle ardeur depuis les trop courts séjours d'Eliska de ma Tchèque il y a vingt ans

Il faut reprendre mon travail. Je replace toutes ces photos dans leur grande enveloppe jaune, salie par le temps. Je ne peux pas les jeter, impossible. Même toutes les vues touristiques admirablement prises par Cathy, du Luxembourg à Versailles en passant par Montmartre. J'ai conservé toutes les cartes de vœux de mes filles, *Merry Christmas, Your loving daughter, Cathy,* une autre, *For you Dad with love on Father's Day, Renée,* pas de dates, glissée entre les deux cartes, une superbe photo de Renée. Si bien mise, l'air d'une actrice de cinéma, broche sur le revers de sa veste noire. Elle doit avoir une trentaine d'années, début des années quatre-vingt-dix. Naturellement je garde ces traces d'amour filial. Je mets la photo de Renée à part. Elle ira dans une enveloppe spéciale, celle des photos de famille mémorables. Si l'on se met à replonger dans le passé, c'est un vertige de dates, une ébullition désordonnée de souvenirs qui rejaillissent dans la mémoire, le passé cesse un instant d'être décédé. Maintenant une très belle enveloppe cartonnée, Charl, 82, boulevard Haussmann, j'ouvre, dois soulever un emballage de mica, à l'intérieur, un garçonnet bien habillé, des pieds, légèrement croisés, dans des socquettes et chaussures blanches, à la tête, couverte d'une casquette assortie aux pantalons courts finement coupés. Evidemment, fils de tailleur sur mesure, moi, à cinq ans. Ou six. Je ne peux pas me reconnaître, simplement je sais que c'est moi. Avec quelle fierté mon père a dû faire poser ainsi son fils, sans doute pour un anniversaire. Je sens l'amour de mon père tout autour, le garçon est pour moi un étranger. A soixante-quinze ans de distance, je m'oublie. Après trois quarts de siècle, je cesse d'exister. Sauf sur photo, admirablement prise et conservée. Charl, photographie professionnelle, mon père, profession tailleur. Double signature. Je range à part. Comme le portrait de Renée.

Autre grande enveloppe jaune, épaisse, cette fois, sur un Post-it collé, un mot de Cathy, pour une fois la date exacte à l'américaine, *9/15/96, Here are the pictures. They are beautiful. I miss you already, Cathy.* Elle a donc 31 ans. Je sors la première photo. Elle en paraît 20. Derrière elle, vue admirable de Chambord. Je me souviens avoir fait les châteaux de la Loire avec elle. Mais ne savais plus quand. Je l'avais déjà emmenée avec sa sœur, lorsqu'elle était encore petite. J'aime son sourire et les ciselures baroques de l'extraordinaire toiture. Revoir Chambord chaque fois me revivifie. Et voilà, cette fois, Cathy serrée contre moi, je l'entoure de mon bras droit par l'épaule. Eh bien, j'ai beau avoir 68 ans, dans mon blouson de daim, souriant, je ne suis pas mal, cheveux encore bruns. Des rides, bien sûr, taches de vieillesse sur la joue gauche, mais enfin, ça va encore. Je m'octroie un satisfecit esthétique. Et puis Cathy, lunettes de soleil, rayonnante de plaisir, sur la falaise, en bas Dieppe qui allonge son front de mer. C'est là que j'avais emmené Wendy pour notre week-end amoureux en 71. Je la revois sur le lit, sur le ventre, moi sur elle, et, par la fenêtre, la mer chatoyante en face. J'aime repasser avec une autre que j'aime par les mêmes lieux. Ici, peut-être, un brin d'inceste. Pourquoi pas. Les pèlerinages habituels, terrasse de Saint-Germain, parc de Versailles, dans ses moindres recoins, Grand Trianon, hameau de Marie-Antoinette, mon restaurant favori au bord de l'eau à Valenciennes, Paris, bien sûr, rien n'y manque. Plage de Dieppe encore. Soudain, je suis interloqué. Ma sœur attablée devant un énorme plateau de fruits de mer au restaurant. Elle en short et soutien-gorge, Douglas torse nu, amaigri, mais le visage aux lunettes noires éclatant de santé, moi, enfin, chemise de corps bleue, le bras nonchalamment appuyé sur la table, ce ne peut être que sur le balcon du studio de ma sœur à Canet. Qui a pris cette photo. Comment soudain nous retrouvons-nous à l'autre bout de la France, à la frontière espagnole, la Manche devenue Méditerranée, la même année, le même été. Soudain j'ai un éveil de mémoire, encore vacillant, qui se raffermit. Cathy et moi avons pris l'avion pour Perpignan, pas le temps d'aller en train. Ma sœur et Douglas nous attendaient. Douglas n'avait été qu'une seule fois de Canet à l'aéroport de Perpignan, pourtant il a retrouvé d'instinct sa voie sans une erreur dans le lacis des routes de campagne, sans un accroc. Il nous a déposés devant l'hôtel Mercure sur la Côte Vermeille, Cathy émerveillée, moi si heureux de retrouver au fil des ans et des vacances mon hôtel favori, chambre avec balcon sur la mer, je réserve toujours la même quand je viens passer quelques jours près de ma sœur. Une plage, là encore, de famille, comme les photos, on dîne sur le grand balcon de ma sœur, une vraie terrasse, repas succulent en bouche, la mer succulente dans les yeux. Un accueil où ma mère est encore présente, j'ai voulu cette année le partager avec ma fille. Ma sœur tenant Cathy Spar l'épaule sur le sable, l'eau bleu-vert, à peine froissée par le vent et au loin la ligne coupante des montagnes, les Albères, si je ne me trompe pas. Tout me revient en mémoire, la visite à Collioure, la marche sur les rochers en bas de la ville, dans l'arrière-pays notre visite à Elne et son cloître magnifique, Cathy bouche bée devant la beauté des trottoirs en marbre de Perpignan. La vie se découpe comme des photos, des parties encore visibles, d'autres submergées par les ténèbres du Temps. Il arrive de corriger des erreurs rétrospectives. Notre hôtel de Canet sur le boulevard de la Méditerranée ne s'appelait pas encore le Mercure, mais l'Hôtel Althéa, à l'excellente cuisine de terroir. Je range ma fille, ma sœur, la Méditerranée et Dieppe dans le grand carton à emporter, tout contre les clichés noir et blanc Kodak, avec mon grand-père et ma grand-mère me tenant sur ses genoux à la terrasse du Trocadéro en 29.

Je prends l'enveloppe suivante sur le tapis, toujours assis dans mon fauteuil orange. Je sais, je m'éternise sur ces traces visibles du passé. Je ne puis m'en empêcher, plus fort que moi. Au moment où ma vie va irrémédiablement se briser, en un suprême arrachement mettre un terme à cinquante ans de va-et-vient transatlantique, se fixer, se figer, pour le délai d'années qui me seront accordées avant l'ultime fin, en un lieu désormais unique, au loin, là-bas. Quand je m'apprête à abandonner cet appartement que j'aime, cette moitié de moi-même qu'a été l'Amérique. J'ai besoin de continuer à me retrouver dans ce va-et-vient de photos, dans ces parcelles d'existence sans ordre logique. L'inverse de ce qui serait une histoire cohérente, mon histoire. Je n'ai jamais eu la moindre attirance pour le travail d'historien. Il ne s'agit pas de raccorder, recoller mes débris pour construire un bel ensemble. Au terme de ma carrière, au soir de ma vie, je cherche par instants à coïncider avec moi-même, à me revivre par éclairs, pour éclairer le lien fragile entre mes existences.

L'enveloppe jaune Kodak ne ressemble pas aux autres. Elle porte la mention « Traité en France », par opposition aux autres toutes traitées en Amérique. Il y a aussi une indication « pour Julien ». Je ne reconnais pas l'écriture. *Julien* n'existe que pour la famille. A l'intérieur, une grande photo de ma nièce, Sarah, la fille de ma sœur, à un an. La date est indiquée, 23 septembre 1976. Tout de suite après, une émouvante photo de mon oncle avec ma tante la tête appuyée contre sa joue. Ils sont dans un coin du balcon du 118, rue de la Pompe, juste en face du lycée Janson. Au dos, *Tonton 75 berges, Tante Paule 73 printemps.* C'est l'écriture de mon oncle, date de 1975, puisqu'il est né en 1900. Qui m'a envoyé ces photos, ma sœur ou mon oncle. Brusquement une série de Polaroïds. Moi, jeune encore, le bras autour de l'épaule de Rachel dans une belle robe mauve. Je ne reconnais pas les lieux, portes, murs, c'est en Amérique. Où. Je fais un effort, ce doit être dans l'appartement de Rachel à la 113e Rue. Interloqué, un Polaroïd me montre cheveux très noirs bouclés autour de la tête, à mes côtés mon oncle, souriant, en pleine forme. Le décor a l'air d'être le même. Pas possible. Je n'ai aucun souvenir que mon oncle soit venu mine encore gaillarde à New York, dans l'appartement de la 113e Rue, si c'est bien là que nous sommes assis. De cela je ne suis même pas sûr. Mon oncle est venu à New York dans mon appartement de Washington Square, des années après, du temps d'Ilse. Pas de Rachel. Ma mémoire s'embrouille. D'autant plus dérouté que la photo suivante, toujours un Polaroïd, me montre dans mon costume bleu canadien ridicule, des années avant, je revois les lieux, attablé avec Cathy toute petite dans un salon particulier du restaurant Lapérouse, lorsque la mère de Rachel l'a emmenée avec elle à Paris. Cathy, longue chevelure, a l'air d'avoir neuf ou dix ans. Comment toutes ces photos disparates ont-elles été rassemblées, les temps, les lieux ne coïncident pas, voici Renée vers 15 ou 16 ans en visite chez mon oncle rue de la Pompe. Et puis Renée vers le même âge, assise, un genou replié sur l'autre, pantalon bleu pâle, chemisier de soie sur un divan, où, elle pose l'air plutôt sérieuse, je n'ai aucune idée où, je ne reconnais pas le divan, dans la maison de Queens, ou chez ma sœur. C'est un divan anglo-saxon. Cathy tout enfant, dans la même suite de photos et là il n'y a aucun doute quant au lieu, c'est sur la pelouse, devant notre maison de Queens. Soudain, Cathy assise sur un canapé inconnu, toujours toute petite, moi cheveux ébouriffés, le visage si jeune, lisse, où, quand. J'abdique, je donne ma langue aux chats. Tiens, le Grand Hôtel de Cabourg, de proustienne mémoire. J'y avais emmené Cathy, quand j'ai été chercher chez l'imprimeur les épreuves de *Fils*. C'était au printemps 77. Que fait-il là, dans cette série de Polaroïds sans ordre, sans suite. Je ne puis coïncider avec aucune de ces images. Surtout pas avec ma gueule, mon allure. L'ensemble éparpillé sur le tapis et à travers ans vacille. Je ne m'y retrouve plus.

Ce visage frais, peau claire, agréable, avec ces cheveux noirs bouclés, pas moi, plus moi. Un étranger presque. Etrange, en tout cas. Et Cathy si frêle, si mince, alors qu'elle a aujourd'hui un problème de surpoids. Pas la même personne. Ces photos des années soixante-dix, fourre-tout, un fouillis. Ces images reproduisent un réel enfui, enfoui, des fragments d'existence morte. Je place quand même la grosse enveloppe Kodak dans le carton ouvert qui attend d'être rempli. Là, à côté, par terre, isolée, une photo que j'avais oubliée, lumineuse de couleurs vives. ELLE. Physique de rêve, robe bleue tachetée de blanc, droite sur ses jambes parfaites jusqu'à mi-cuisses. Cheveux d'or retombant de chaque côté jusqu'aux épaules galbées, main droite sur la hanche. Moi, debout, séparé d'Elle par la table décorée d'une nappe rouge, chargée de mets élégamment disposés. Grande salle, avec trois tables préparées pour nos invités, nappes blanches, assiettes aux serviettes posées en pointe dessus, des bouteilles de vin dressées sur les tables. J'ai les épaules nettement voûtées, blazer bleu marine d'apparat sur pantalon gris, ce qui est rare, cravate au col. La scène me revient, si totalement présente, d'un seul coup. On va festoyer ici pour son quarantième anniversaire. On a bien fait les choses dans un restaurant du Bois de Boulogne. Pas lésiné sur la dépense. Six mille francs pour la soirée, son mari et moi partageons, on paie chacun trois mille. La salle est encore vide, les invités, plus d'une trentaine, vont arriver d'un moment à l'autre. Elle avait une telle appréhension, une telle horreur d'arriver à 40 ans. Elle a beau être encore plus ravissante que de coutume, pour elle c'est le seuil de la vieillesse. C'est pourquoi nous avons décidé de faire les choses en grand pour lui faciliter le passage.

Les invités tous arrivés maintenant dans un brouhaha assourdissant, les bouchons des bouteilles ont rapidement sauté. Moi présidant une table, son mari l'autre, Elle se déplaçant entre nous. Sa quarantième année Elle a décidé, pour la surmonter, de la célébrer, de faire la fête. De la musique, bien sûr, Elle a dansé, seule, chacun la regarde et l'admire. Son corps entier n'est plus que tressautements, vibrations rythmiques de muscles envahis, emportés par la musique. Ce n'est pas une danseuse, Elle est la danse

Danse replonge dans les ténèbres vague lueur scène soudain luminescente en Espagne à Calpe un soir Elle a voulu aller au dancing local pourquoi pas dîné d'abord au ras de l'eau près du port dans le grand restaurant que j'affectionne gambas géantes espadon délicieux elle dit *on ne va pas passer la soirée à manger* elle s'impatiente quand on est longtemps à table je dis *il est encore tôt pour le dancing tu sais bien qu'ils commencent tard* elle piaffe d'impatience qu'une façon de la calmer *je voudrais un peu de vin* nous avons vidé la bouteille de rioja je commande pour elle un verre de plus j'ai eu mon compte et il va falloir tenir toute la soirée chaude atmosphère d'une nuit d'Espagne moi j'adore m'attarde elle tire me pousse je règle on monte dans la voiture en route le dancing vient d'ouvrir vers 10 heures déjà foule filles et garçons entremêlés ici je suis probablement le plus vieux suis une figure paternelle quelques tangos rumbas la piste est pleine Elle ne bouge pas attend son tour son heure la coutume ici à un moment il y a toujours une danse pour filles seules des filles de 18-20 ans les hommes se rassemblent debout autour de la piste une farandole endiablée démarre les filles aux cheveux chignons noirs se démènent et se trémoussent à qui mieux mieux frappent du talon soulignent le rythme enlevées par la musique andalouse crépitante je me tourne vers Elle n'est plus là a dû disparaître sans mot dire je l'entrevois silhouette trépignant parmi la masse des danseuses certaines commencent à lâcher il faut un corps d'acier pour soutenir une telle cadence la tête en retentit à éclater des filles souvent splendides poitrine qui bat la breloque essoufflées se retirent l'air abattu battu c'est la lutte la guerre entre les plus résistantes femelles à qui restera la dernière à se démantibuler sur la piste sous les yeux fixes attentifs des spectateurs masculins parfaitement immobiles bientôt l'essaim forcené a fondu en piste explosant de musique ininterrompue il n'en reste que quatre qui tiennent le coup talons qui continuent à claquer sur le sol bustes secoués par le délire des sons deux honteuses quittent se perdent dans la foule ne demeurent plus sur la piste qu'une grande magnifique Espagnole aussi démontée qu'au début en face d'Elle toujours parcourue des pieds à la tête de convulsions maîtrisées plus que deux en lice un duel à mort la musique redouble d'entrain l'Espagnole aussi brune qu'on peut l'être la vingtaine Elle aussi blonde que les blés la trentaine très largement dépassée on sent une tension une attention accrues chez les spectateurs masculins un vrai combat de coqs entre ces deux superbes poules moi-même fasciné je retiens mon souffle les yeux accrochés à Elle nuit d'août à Calpe en Espagne je transpire d'inquiétude qui va l'emporter je sais que si Elle perd cela va l'écraser pour le reste de nos vacances à bas elle ne s'en relèvera pas entre les deux femmes furieux duel dans le fracas du paso-doble point d'honneur affaire d'honneur on est en Espagne les deux dernières poursuivent quelque temps la lutte à qui fera s'épuiser l'autre le cœur me bat soudain d'un geste fier la grande Espagnole se retire Elle poitrine tressautant à perdre le souffle immobile au milieu de la piste alors tous les hommes ont applaudi l'étrangère la blonde à tout rompre cette ovation masculine la parcourt comme un orgasme rayonnante elle est venue se rasseoir près de moi après la valse des pieds la valse des bouteilles maintenant qu'elle a gagné se prouvant à elle-même elle boit à son triomphe enivrée par l'ovation des mecs machos elle s'enivre de ce vin généreux d'Espagne verre après verre ses yeux pétillent d'éclairs bleus je dis *arrête* ne m'écoute même pas encore tout à la musique térébrante tortillements frénétiques livrée à l'excès de danse de boisson d'elle-même enfin délivrée

Il a fallu que je l'arrache de force à notre table. La traîner en la portant à demi jusqu'à notre villa dans les collines. Pour la coucher il a presque fallu se battre. Je lui dois tous ces étés en Espagne à Calpe. Le chemin rocheux grimpant tout droit vers l'à-pic de la falaise. Arrivé en haut haletant, soudain cette immense mer chatoyante, la presqu'île au fier rocher de Calpe érigé au-dessus des flots, plus loin c'était notre plage, la voiture remisée au parking payant, offrant, contre le soleil brûlant ses toits de paille. Je barbote dans l'eau chaude, puis ressors m'allonger sur ma serviette. Elle est, en même temps qu'une déesse de la Danse, une déesse de la Mer. Je suis des yeux son parcours au crawl rapide, régulier, visage plongé dans l'eau, en droite ligne. Elle disparaît à l'horizon. Elle est devenue invisible. Dans l'onde, invincible. Je n'ai pas la moindre inquiétude, elle est dans son élément. Parfois, je reste debout pour l'admirer, je suis son sillage. Fatigué, je m'allonge sur ma serviette, après l'avoir perdue de vue. Il m'arrive de somnoler dans la touffeur de l'air marin. Quand je me réveille, Elle est allongée à côté de moi, sur sa serviette. Sa mère y possédait une villa, Elle m'a révélé Calpe. La première fois dans la maison de sa mère, puis chaque été pour une quinzaine on a loué la nôtre. Notre échappée estivale pendant des années. Elle confiait sa fille à son mari. A notre retour, ils prenaient leurs vacances un mois ensemble. Le soir, constellé d'étoiles, fenêtre grande ouverte, dans les ténèbres torrides, j'ai eu avec Elle des étreintes inoubliables, incroyables. Elle se pâmait avec des cris au moment de l'orgasme, je hurlais en éjaculant. Au milieu de la soixantaine, j'avais avec Elle des amours adolescentes. Je regarde de nouveau la photo de la soirée de gala organisée dans un restaurant du Bois de Boulogne. La salle est encore vide, juste elle, sa courte robe bleue tachetée de blanc, jambes dégainées. Moi, de l'autre côté de la grande table du milieu surchargée de mets, dans mon blazer des grands jours. Grande déception, les épaules un peu voûtées par l'âge. Plus le beau mâle de trente-huit ans, quand j'ai rencontré Eliska sur un banc des Tuileries, quand je lui ai fait découvrir derrière le rideau de fer, la France et l'Europe dite de l'Ouest. Jusqu'à Murano, bras nus, éblouissante de beauté sous l'incendie solaire. Maintenant je suis amochi, Elle, de l'autre côté de la table, sur la photo, toujours splendide. Elle a, bien entendu, dansé seule en piste, des années après sa trépidante victoire en Espagne. De la magie de son corps, Elle a de nouveau incarné la Danse. A bout de souffle et de lampées, elle est repartie vers une heure avec son mari et sa fille. Je suis rentré chez moi, ankylosé par le repas et la fatigue. J'avais perdu l'habitude de sortir le soir. Mes dissipations de la soixantaine étaient devenues plutôt rares. Je contemple une dernière fois la photo, elle me replonge plus de dix ans en arrière. Bien sûr, je l'emporte, je dois la remettre dans l'enveloppe d'où elle était sortie. Et l'enveloppe avec les autres dans le carton. Je me rappelle soudain que dans la matinée, au lendemain de la fête, j'ai reçu un coup de téléphone du mari, le téléphone m'a porté un coup. Estomaqué. Il m'a dit, d'une voix basse, *Serge, on a eu chaud. Quand nous sommes repartis dans ma voiture, elle à l'arrière avec sa fille, celle-ci a brusquement poussé des hurlements. J'ai freiné pile, me suis retourné. La portière de la voiture était entrouverte. Ma fille s'écrie que sa mère avait sans prévenir ouvert la portière, qu'elle avait essayé de se jeter dehors, pendant que nous roulions à vive allure. Heureusement ma fille l'a retenue de toutes ses forces. Je suis descendu vérifier que la portière était bien refermée. Vous pouvez deviner combien nous avons eu peur.* Avait-elle voulu mourir plutôt que vieillir. Pire que mourir, se défigurer. Ou bien elle ne pouvait plus rentrer dans la vie qui l'attendait, sans travail, sans but, dans cette banlieue populaire que, fille du XVIe, élevée à deux pas de la place Victor-Hugo, elle détestait. Avec un seul amour total, pour sa fille, par bouffées pour moi, plus aucun pour son mari. La réponse est venue quelques années plus tard. J'ai rangé dans le carton la photo remise dans l'enveloppe.

Les souvenirs ne se rangent pas aussi facilement que les photos. Une fois réveillés, ils s'attardent. Relégués à l'oubli, soudain resurgis, refusent de s'évaporer. Vous envahissent. Je feuillette un sage album de famille. Brusquement Elle. Il n'a tenu qu'à un fil, qu'à une fille, s'agrippant à elle dans la voiture, pour que la fête de ses quarante ans au Bois de Boulogne ne se termine par une irrémédiable catastrophe. Vie et mort emmêlées, avec Elle, ç'a toujours été la roulette russe. Un épisode qui à l'époque m'a laissé pantois, me revient avec un relent de peur et d'amertume. Devait être au printemps 89, peu de temps après notre première rencontre. Elle m'avait invité à un mariage d'une des amies de la famille, au nord de Paris, en plein bled. Je ne me rappelle pas le nom de la bourgade, mais je revois les lieux, la liesse des invités, le festin bien arrosé de bon vin et de gros rires, une ambiance gaie et heureuse qui m'a fait du bien et dissipé la solitude où je vivais alors. Soirée mémorable et détendue. Vers minuit, Elle me dit, *je vais te raccompagner chez toi, avant de rentrer à la maison.* Elle me prend dans sa voiture, son mari prendra la sienne, quand il aura envie de partir. Elle a une petite Renault, son frère aîné une grande Citroën. Il est juste devant elle, nous sommes partis en même temps. Il démarre, Elle fonce. Je crie, *fais attention,* Elle freine à vingt centimètres à peine du pare-choc arrière de la Citroën, d'un coup sec. Je lui dis, *regarde un peu ce qu'il y a devant toi,* Elle m'a fait une peur bleue. Mais il n'y en a pas eu qu'une, j'ai eu droit à une succession de peurs bleues. La petite Renault dépasse la grosse Citroën d'un élan rageur, en pleine nuit, sur une route de campagne, elle file à une folle allure. Je dis, *écoute, nous ne sommes pas si pressés.* Ne m'écoute pas, mon cœur s'est mis à battre la breloque. Un large camion garé au bord de la route, elle fonce droit vers lui. Je hurle, *attention, tu vas lui rentrer dedans.* Elle l'évite au dernier moment, le frôle en le dépassant, je commence à me demander avec angoisse si je reviendrai chez moi vivant, elle était saoule comme une bourrique et roulait à cent à l'heure sur la route étroite dans la nuit. Sur l'autoroute. A1 ç'a été pire, un 24 Heures du Mans dément, j'ai fini par fermer les yeux. J'ai rarement éprouvé pareil soulagement, lorsqu'elle m'a déposé au coin de ma rue, je n'ai jamais regardé le bureau de tabac qui fait l'angle avec un plaisir aussi intense. Je suis sorti de la voiture, Elle est repartie comme un bolide, sans dire un mot et j'avais aussi, je dois dire, la bouche cousue, je n'ai jamais oublié cette soirée, au tout début de notre idylle.

J'ai cru que c'était un
incident exceptionnel   un mariage
des festivités trop bien arrosés   ça ne se
reproduirait plus   jeudi d'après la nuit

où elle couchait chez moi toute fraîche toute souriante n'ai rien dit n'en ai plus parlé plus sage au cours des mois a empiré une fois de plus après Ilse je tombe sur une alcoolique ma veine ma chance drôle de destin mais faut être juste ce n'était pas tout le temps au début c'était par crise de temps à autre des excès par accès et puis de longues accalmies des soirées tendres arrivait chez moi vers six ou sept heures on s'asseyait dans les fauteuils de cuir du salon vive spirituelle déversait ses anecdotes adorais sa voix mi-XVIe mi-banlieue si aristocratique lycée catho père riche intrusion soudain d'argot populo timbre si français me changeait après toutes mes Américaines mon Autrichienne charmant rapide parler parigot pas une intellectuelle pas Rachel pas question de Barthes ni de Derrida ni de Foucault avec elle son auteur favori René Fallet a fallu que je me tape *L'Amour baroque* par amour d'Elle d'un ton revendicatif *tu sais j'ai lu tous les Zola de mon père à quinze ans* elle déclare *je n'aime pas tes livres* ajoute *à l'exception de « Fils »* a imaginé une très belle photo volume ouvert avec la main de sa fille

posée dessus sur fond noir ce qui nous liait des moments d'extase frénétique au lit les derniers que j'ai connus seins fermes peau d'ivoire Elle râlait de tout son corps cambré tordu de spasmes des orgasmes volcaniques mon sperme lave brûlante coulant sur ses cuisses à plat ventre sur le lit ses fesses au galbe parfait serrées une fois un soir en Espagne pendant nos étés torrides les ai ouvertes Elle à demi retournée ventre contre le mur soudain envie folle me prend peut-être j'avais trop bu m'arrive aussi sais plus je me suis enfoncé en Elle par-derrière un peu comme un viol mon dard tendu l'a pénétrée jusqu'au fond son hurlement m'a fait gicler au fin fond de ses boyaux affaissés endormis le matin au réveil ai eu peur de me faire engueuler impulsion subite irrésistible sans doute j'ai dû lui faire mal tournée vers moi ses yeux emplis d'une totale tendresse me dit *je t'aime parce que tu m'as enculée aucun homme ne l'a fait avant toi* je suis ébahi Elle est toujours imprévisible j'en suis resté bleu pas qu'en Espagne me l'a répété dix fois dans ses amoureux murmures j'ai fini par dire *j'espère que tu m'aimes aussi pour d'autres raisons* se lève déguerpit de nouveau seul depuis la mort d'Ilse je suis dans une absolue solitude plus de famille mon oncle-fable mes deux cousins sont disparus des amis bien sûr mais pour un déjeuner un dîner chacun a sa vie des contacts réguliers mais fugitifs mes filles à l'autre bout du monde qu'Elle de ses cheveux défaits sur le lit de son corps abandonné me ranime me revivifie mon extra-terrestre alors il faut bien lui passer ses écarts parfois l'alcool déborde un vrai bordel se déchaîne me flanque un coup de poing sur l'oreille gauche mon appareil auditif tout neuf cassé net lui rends son coup de poing certains soirs le salon devient un ring mais j'ai besoin de sa présence avec chaque femme il y a un prix à payer je paie sans compter cash catch aussi des fois imprévisible des soirs épanchements de douceur infinie et puis lutte gréco-romaine des nerfs volatils des muscles solides ce soir ce sera de la boxe française savates coups de pied une sportive avec elle l'amour est un sport

ne parlons pas des insultes des vacheries *toi tu es toujours en train de replonger dans les années quarante de t'en gargariser* je dis *ne recommence pas* elle aboie *tu sais il n'y a pas que les Juifs qui aient été massacrés il y a les Cambodgiens les* lui coupe la parole sur ces sujets je suis sensible n'aime pas qu'on marche sur mes plates-bandes rouge de colère me rétorque *assez de tes boniments* entre nous l'ire délire une fois m'est resté dans la gorge marchions tranquillement au Bois de Boulogne il nous arrive de déjeuner parfois en plus des jeudis soir venait de bien manger au Relais du Bois en plein air et puis on marche se trouve qu'on passe devant la Cascade au bout de l'avenue de Suresnes je ne puis m'empêcher de penser à l'horrible boucherie je dis *là juste à la Libération les Allemands ont fusillé tout un groupe de Résistants* je contemple les arbres à côté je suis sûr qu'on y trouve encore la trace des balles

Elle éclate *toujours dans tes obsessions si ce ne sont pas les Juifs c'est les Résistants* décidément on ne partage pas le même point de vue on a des perspectives opposées sur la vie l'Histoire pour elle c'est des histoires une anarchiste de droite on n'a pas les mêmes idées pas de la même classe ma mère n'avait pas de villa de château en Espagne mon père n'était pas un grand homme d'affaires mais quand même l'Espagne Elle qui me l'a offerte qui m'a fait découvrir Calpe les merveilles des alentours Elche la forêt tropicale de palmiers soudain les arbres lui donnent le vertige la tête lui tourne elle murmure *j'ai un tel désir de toi* je l'ai serrée contre moi embrassée à la folie tous les ans tous les étés Elle et moi dans l'éclat brûlant de l'Espagne souvenirs inoubliables et Bruges elle disait *mais qui m'amènera à Bruges* voulait y aller avec son René Fallet un court moment son amante il ne l'a pas fait je dis *c'est moi qui t'emmènerai à Bruges* beauté flamande tatouée de ses canaux on y a eu des moments extraordinaires à Gand aussi les maisons de couleurs différentes à pignons sur les deux rives du fleuve le bordant je nous revois là-bas sur le pont perdus éperdus il ne faut pas être ingrat entre nous pas que des moments horripilants je lui dois des moments parfaits aussi des moments étonnants inimaginables il n'y a qu'Elle pour les avoir inventés ils portaient sa signature mes week-ends me pesaient lourd écrasé dans mon appartement solitaire avant j'allais chez mon oncle mais il est mort en octobre 89 quelques mois après ma rencontre avec Elle plus personne qui vous enracine le dimanche Elle était tout à sa fille l'emmenait aux quatre coins de Paris et de la région à Eurodisney parc Astérix avec Cathy quand elle est venue à France-miniature et moi sur moi ratatiné de droite certes mais anarchiste Elle bouleverse les conventions un jour Elle m'a dit *pourquoi ne déjeunerais-tu pas chez moi le dimanche* en suis resté soufflé *mais que veux-tu dire comment est-ce possible ton mari* Elle hausse les épaules *mais ça n'a pas d'importance* je hausse le ton *enfin tu réalises ce que* me coupe la parole *ne fais pas l'enfant et viens dimanche prochain déjeuner* j'y ai été plein d'appréhension cette invitation est gentille part du cœur mais n'a pas le sens commun j'arrive je sonne sa maison est la première dans une impasse fermée par une grille Elle arrive ouvre j'entre le mari me dit *bonjour Serge* sa fille court m'embrasser nous nous asseyons à table Elle à ma gauche son mari en face d'elle sa fille en face de moi comme si de rien n'était nous sommes en famille le mari se lève il va vers le four il en sort un superbe rosbif lui qui l'a cuit le cuistot c'est lui Elle ne sait que préparer des surgelés pour sa fille dans la semaine le rôti une aubaine n'en ai pas eu depuis des années peu à peu je me décontracte on bavarde tous gaiement scène surréelle n'en crois pas mes yeux je demande à sa fille *qu'est-ce que vous avez fait cette semaine à l'école* j'ajoute *en français* *on a récité une fable de La Fontaine* question laquelle *« La cigale et la fourmi »* le mari demande *voulez-vous une autre tranche de rosbif* je dis *puisque vous avez la gentillesse de me le proposer* Elle babille avec l'un avec l'autre d'humeur charmante elle boit quelques verres de vin mais pas trop après le dessert j'avais par politesse apporté une tarte le mari est remonté dans sa chambre Elle demande à sa fille *veux-tu venir te promener avec nous* elle répond *j'ai des devoirs à faire pour demain* la fille est montée à son tour dans sa chambre Elle et moi sommes sortis avons arpenté les rues de sa banlieue me change des rues du XVIe soudain elle dit *j'ai envie de voir un film* nous avons été à pied jusqu'au Gaumont Alésia avenue du Général-Leclerc

moi qui n'avais jamais été à Montrouge ni à Malakoff très peu dans le XIVe au-delà de Denfert-Rochereau me suis mis à fréquenter des parages inconnus comme j'ai été souvent invité j'ai commencé à connaître par cœur les sorties du périphérique direction porte d'Orléans en ai pris peu à peu l'habitude rituel je sonne devant la grille de l'impasse plus tard Elle m'a donné le code j'entre avec le mari nous nous saluons en souriant la fille vient m'embrasser on se met à table maintenant je fais partie des meubles il y a toujours un rôti excellent de veau de porc avec des pommes de terre cuites au four moi j'apporte le gâteau du dessert le jeudi Elle passe la soirée et la nuit chez moi je viens déjeuner le dimanche chez Elle devient une vraie habitude du calendrier et puis quand Elle n'a pas de travail ce qui est malheureusement la plupart du temps rien à l'ANPE à l'UNEDIC j'apprends des termes nouveaux j'enrichis mon vocabulaire tellement découragée à force de ne pas trouver d'emploi tellement démoralisée au point que son mari doit maintenant l'accompagner dans ses démarches alors je fais souvent un saut chez Elle dans la semaine nous allons ensemble chercher sa fille à l'école tous ces gosses qui sortent à la queue leu leu ça me rajeunit quand j'avais leur âge j'allais au petit lycée Condorcet ici c'est la communale après on rentre à pied jusqu'à la maison je laisse la mère et la fille ensemble je reprends le périph cette fois intérieur quand surgit sur un panneau *Passy 400 mètres* je serre à droite rentre chez moi une agréable sortie un bon après-midi travail c'est le matin penché sur moi ma vie et sur ma machine à écrire pourtant une fois j'ai cru que ce douillet arrangement dominical allait sauter qu'il allait y avoir du grabuge toujours Elle incroyable imprévisible nous sommes un dimanche à table me suis délecté d'un rôti toujours aussi goûteux conversation animée on discute des prochaines vacances qui approchent la petite est remontée dans sa chambre pour finir ses devoirs ou simplement pour lire tranquille nous restons tous les trois pour le café Elle regarde droit dans les yeux son mari d'une voix douce acidulée déclare *tu sais que je couche avec Serge* là le mari a drôlement tiqué son visage d'ordinaire si calme se crispe il ne dit rien moi suffoqué par Elle j'ai une envie folle de lui passer un savon une raclée Elle nous met dans une situation impossible se tournant vers moi le mari demande *voulez-vous un autre café* leurs rapports j'avoue que je ne les comprends pas très bien moi j'aurais cru qu'il me flanquerait dehors qu'il lui flanquerait une torgnole elle reste avec lui sans doute parce qu'elle n'a pas de boulot qu'elle ne peut pas gagner sa vie parce qu'il est le père de sa fille bien-aimée lui ai demandé pourquoi elle l'avait épousé Elle m'a expliqué que sa mère était très malade qu'Elle craignait de la perdre qu'elle venait d'être plaquée par Mike qu'elle aimait qui l'avait logée dans le même immeuble que lui pendant qu'elle faisait ses études de médecine Elle les a abandonnées quand Mike l'a abandonnée pour une Martiniquaise alors elle a rencontré ce garçon prêt à l'épouser l'a laissé faire voilà ainsi qu'elle raconte son histoire mais lui comment il peut accepter les écarts de sa femme lui passer toutes ses fantaisies m'accepter jenepigepas béni-oui-oui du cocufiage affiché comment il accepte et moi comment j'accepte mon rôle n'est pas si reluisant soutien souteneur officiel de famille je n'aurais jamais mangé de ce pain-là avec aucune de mes femmes mais je mange tous les rôtis délicieux du dimanche faut pas tout chercher à comprendre chercher la petite bête partout la situation m'arrange si elle l'arrange aussi tant mieux pourquoi pas après cette douce-amère algarade parce que qui a fait plus de mal à qui peut se discuter Elle doit bien quand même souffrir d'avoir un mari qui me souffre a beau être la reine de la provoc enfin moi leurs rapports ça ne me regarde pas il a peut-être lui-même une copine m'étonnerait pas son style pas son genre ne découche jamais rentre tôt chaque soir lui c'est boulot boulot en tout cas moi je suis revenu déjeuner tranquillement le dimanche d'après

je me réveille. Midi et demi. C'est incroyable comme une photo peut vous replonger dans le passé, au plus profond de vous-même. Elle, avec sa fille et la mienne, dans le parc de France-miniature, lors d'un des voyages de Cathy. Elle, avec moi, dans la salle encore vide d'invités, le restaurant du Bois de Boulogne où on allait fêter ce soir-là ses 40 ans. Je dois ranger ces photos, continuer à vider tous ces cartons qui restent. Chaque jour, chaque minute me rapprochent du départ. Je ne peux pas traîner ainsi, m'éterniser dans mes souvenirs. Pourtant je ne peux pas me détacher d'Elle, son image me poursuit. Comment oublier cette scène. Je ferme un instant les yeux. L'image cette fois n'est pas une photo, elle est dans ma tête, Elle s'impose à moi, m'envahit. Je sens des larmes qui montent malgré moi. La dernière scène, l'ultime. Après ma chute dans la bouche mal refermée à Cassis, cet égout qui a failli m'être mortel. Cheville droite en miettes, j'ai été transporté par avion à Paris, opéré à la clinique Bizet. Opération réussie, mais maintenant je dois réapprendre à marcher. Ce n'est pas une mince affaire. J'ai été accepté à l'hôpital Sainte-Périne, chambre seul, de la chance. Deux cannes anglaises avec le manche qui vous entourent le poignet. Exercices tous les matins, je claudique tant bien que mal jusqu'à la grande salle où l'on nous rééduque. Autour de moi, il n'y a pratiquement que des vieilles femmes. C'est normal, Sainte-Périne est un mouroir distingué dans le XVIe. Les femmes vivent plus longtemps que les hommes. Donc entouré dans le très beau parc ensoleillé de pensionnaires tressautantes, balbutiantes, abruties. Dans la grande salle des exercices matinaux, il y en a d'encore vaillantes, qui veulent revivre, comme moi. L'après-midi en plein air c'étaient des défroques d'humanité, elles attendent que la mort vienne à leur secours. Souvent elles attendent longtemps. Je n'ai pas l'intention de m'attarder ici, mais je suis encore incapable de marcher. Pour sortir de ma cellule, je dois emprunter un fauteuil roulant. En principe, je dois retourner en Amérique début septembre. Nous sommes en mai. Juin-juillet-août, mon espace de récupération est limité. Les journées s'étirent, n'ont pas de fin. J'essaie de lire, mais je n'y ai pas la tête. Ni le cœur. Ma sœur, qui est venue de Birmingham me soutenir chaque semaine à la clinique Bizet, ne peut plus me secourir. Elle a aussi un mari dont elle doit s'occuper, pas seulement un frère. Je ronge mon frein dans ma chambre. Il fait très beau, je roule l'après-midi vers le soleil, je m'échappe à la lisière du parc, je respire presque une odeur de campagne face au gazon. Je n'ai qu'Elle pour me rendre de temps en temps visite. Quand Elle vient, je me ranime. C'est de la vie qu'Elle m'insuffle. Sa visite est une visitation. Je l'attends avec ferveur. Mais, comme ma sœur a un époux, Elle a une fille, il faut bien qu'Elle s'en occupe. Moi je n'ai d'occupation que patienter, écroulé là dans le jardin sur mon fauteuil. A côté, une femme entre deux âges allongée sur un lit toutes les vingt ou trente secondes tressaute, son dos se cambre, elle crie, elle a des soubresauts mécaniques, brusques, brutaux. Ce genre de compagnie me pèse, m'étouffe. Soudain, *Elle.* Un flot de joie m'envahit, je sors aussitôt de ma torpeur. Elle vient à moi, m'embrasse. Mon cœur se serre. D'un seul coup d'œil, j'ai vu qu'elle avait bu. Ma danseuse d'Espagne titubant sur ses jambes, dressée devant moi. Elle me tend une gaine protectrice contenant une grande bouteille d'Evian. *Comme ça tu auras quelque chose de frais à boire.* Par cette chaleur, tenant à peine debout, elle a transporté ce lourd cadeau en autobus. Son permis de conduire lui a été retiré pendant six mois pour ébriété. Elle est venue ainsi chargée depuis Montrouge à pied. *Tu n'aurais pas dû te charger ainsi, je t'en suis très reconnaissant.* Je suis heureux pour moi, navré pour elle. C'est terrible, comme Ilse. Dès la fin de la matinée, givrée. Quand elle arrive parfois pour déjeuner, je sais qu'Elle va d'office commander une grande bouteille de vin au restaurant. Je ne peux pas l'en empêcher. Je ne peux pas m'empêcher non plus de regarder hâtivement dans son sac, si elle disparaît un instant dans les toilettes. Immanquablement, je trouve un quart de whisky à moitié vide.

Me rappelle Ilse. Avec elle, c'étaient des flacons de rhum ou de vodka dissimulés derrière les livres de la chambre à coucher. Elle me dit en souriant, *je vais te promener un peu dans le parc,* je dis non sans quelque appréhension, *merci beaucoup, cela sera un changement agréable de mon immobilité.* Je mets la grande bouteille d'eau sur mes genoux, Elle se met derrière moi et pousse le fauteuil. Soleil si chaud, si caressant, je me détends. Sur notre gauche il y a un grand bâtiment qu'Elle contourne. De l'autre côté s'allonge un chemin agreste, avec des bois, sur la droite une forte dénivellation, une sorte de ravin. Soudain, mon fauteuil s'arrête de rouler, je tourne la tête, Elle est tombée d'un seul coup à la renverse, les jambes en l'air. *Qu'est-ce qui se passe, tu te sens mal.* Elle ne répond pas, se redresse lentement, reprend sa place, me pousse de nouveau. Mais cette fois, vers le ravin, je hurle, *attention où tu vas.* Il ne manquerait plus que de dégringoler la pente et d'être jeté contre les arbres en contrebas. J'allonge le pied gauche, le seul qui me reste, j'essaie de freiner sur le gravier. Le fauteuil roulant de nouveau arrêté, Elle s'est affaissée sur le sol. Des infirmières ont dû apercevoir la scène à l'intérieur du bâtiment, elles accourent. Remise de nouveau debout par deux solides gaillards en blanc, Elle est soutenue par leurs bras. Une autre me prend en charge et me pousse, cette fois, tout droit vers l'hôpital. Des docteurs arrivent, pas pour moi, pour Elle. Ils veulent l'interner, Elle refuse violemment. *Je veux rentrer, appelez-moi un taxi.* Un des internes déclare froidement, *nous ne vous laisserons pas repartir sans soins, nous n'appellerons pas de taxi.* Elle se fâche tout rouge, *je veux rentrer.* Elle titube vers la sortie, sans se retourner, on veut la retenir, Elle se débat, s'échappe à travers la porte jusqu'à la rue, marche en zigzags sur le trottoir, de mon fauteuil, effaré, je la vois disparaître parmi les passants. C'est la dernière fois que je l'ai vue. Avec le poids de sa bouteille d'eau dans sa gaine, si péniblement portée et si gentiment apportée, sur les genoux et sur le cœur. Elle était passée me dire au revoir avant son départ pour les vacances familiales.

Un peu plus d'un mois après, ç'a été mon tour de franchir clopin-clopant la porte de sortie, de regagner cahin-caha mes pénates, avec, naturellement, le soutien de mes cannes anglaises. J'ai commencé à mieux me déplacer, à me tenir mieux en équilibre sur ma jambe gauche. Il est temps de me préparer à repartir vers New York University début septembre. Je dois me mettre tant bien que mal à faire mes valises. Dans la cantine de métal, les livres. Dans la grande malle bleue mes vêtements, été-hiver. Le rituel de mes va-et-vient. Me fera de longs mois sans Elle. J'espère qu'Elle viendra peupler quinze jours mon appartement d'outre-Atlantique, à la période qui lui conviendra. Elle est déjà venue plusieurs fois à New York, qu'elle aime. Une fois avec sa fille. Seule ou pas, je compte bien sur sa visite. Pendant quelques jours, une Femme de nouveau dans ma vie. Je ne peux pas me passer d'élixir féminin, même à faible dose ce m'est nécessaire. Neuf ou dix mois seul en Amérique, c'est trop long. Je sais bien qu'Elle est paumée, pas de travail et trop d'alcool, mais dix mois sans Elle, je suis encore plus paumé. Elle crie, *c'est fini je ne veux plus te voir,* claque la porte en sortant, j'attends deux trois jours, soudain téléphone, voix douce *comment vas-tu,* je dis *tu me manques,* elle répond, *je viendrai jeudi.* Malgré nos cahots et nos heurts, Elle est entrée depuis des années dans ma vie. Bien sûr, à New York j'aurai mes filles. Je les aime très chèrement, mais ce n'est pas du même amour que celui qu'on a pour une Femme. L'un ne remplace pas l'autre et vice versa. J'ai besoin des deux pour survivre. Sinon ma vie est boiteuse, comme mes jambes à présent. Elle l'a été toujours. Toujours une moitié de moi qui me manque. A chaque voyage, je suis fendu en deux par l'Atlantique. Autrefois ma mère, maintenant mes filles. Je vais les retrouver dans quelques jours, mais c'est Elle qui va laisser un trou béant dans mon existence. Temporaire, bien sûr, mais douloureux. J'ai presque fini de faire mes bagages. Il me reste encore une semaine jusqu'à fin août. J'ai reçu d'Elle une très jolie carte de Corse, de Bonifacio à l'extrême sud. Heureux qu'Elle ne m'oublie pas. Un soir, le téléphone sonne. Assez tard, qui peut bien m'appeler à cette heure. Tous mes amis et connaissances sont en vacances à ce moment de l'année. Je décroche, il y a un long silence, *Serge,* la voix est brisée, à peine audible, c'est la voix de son mari, d'habitude si calme, composée. Je m'écrie, *qu'est-ce qui se passe.* Voix tremblante, il dit, *Elle est morte.* Coup au cœur, me coupe la respiration. Je hurle, *comment ça.* Il répond, *Elle s'est pendue.* Je reste suffoqué, ses mots me bourdonnent dans la tête. La voix à mon tour cassée, demande, *comment est-ce possible, comment a-t-elle pu, pourquoi.* Les mots, l'émotion me raclent la gorge. Il se met à me raconter. Ils étaient de retour chez eux après les vacances. Leur fille était partie chez une amie. Lui et Elle restés ensemble pour déjeuner, ils ont eu une dispute, comme d'ordinaire, à propos de bottes. Querelle du dimanche, ça n'est pas la première fois, pensée me traverse l'esprit, sans doute avait-elle déjà bu son whisky matinal, un peu trop. Il dit, *j'étais agacé, je me suis levé de table, je suis sorti. J'ai été faire un tour dans le quartier pour me calmer les nerfs. Quand je suis rentré, la salle à manger, le salon étaient déserts. J'ai pensé qu'elle était montée dans sa chambre. Elle n'y était pas. Je l'ai appelée à haute voix, de pièce en pièce, pas de réponse. Elle était peut-être sortie, mais j'ai eu un curieux pressentiment, une vive inquiétude. Je suis descendu à la cave. La porte était fermée, mais j'ai aperçu un morceau de tissu qui dépassait en haut. J'ai aussitôt poussé la porte, quand elle s'est ouverte, son corps inerte est tombé sur le sol. J'ai couru vers Elle, l'ai prise dans mes bras, j'ai littéralement recueilli son dernier souffle. Elle s'est pendue avec son écharpe prise dans la porte. En sautant dans le vide, Elle s'est étranglée.* Je reste muet, abasourdi. Je m'arrache quelques mots, c'est atroce, y avait-il eu un événement spécial, une raison particulière, enfin quelque chose. Il me dit que non, qu'elle était sortie la veille avec sa fille, qu'elles avaient été jusqu'au boulevard Montparnasse faire des courses, qu'elles avaient ri ensemble et s'étaient bien amusées, Elle était de joyeuse humeur au retour. Ce geste reste inexplicable, je dis, *il faut que nous nous voyions un jour,* demande comment sa fille a accueilli cette terrible épreuve, et sa mère. Evidemment, tout le monde est bouleversé, atterré. Il me dit que la police était venue sur les lieux pour enquêter, pour chercher si elle avait laissé une lettre. On n'a rien trouvé. Son mari est revenu dans la cave, il a fouillé partout, parmi les bouteilles, il a fini par dénicher une feuille de papier écrite à l'encre rouge, destinée à sa fille. Avec ces simples mots, *je te demande pardon. Mais c'est ainsi,* c'est tout. Une fois le téléphone raccroché, j'ai voulu, malgré mon intense chagrin, réfléchir. Elle disait souvent, ma fille a d'autres amis avec qui sortir le mercredi. Pendant des années cela avait été LEUR jour, à elles, leur intimité totale. Maintenant il y avait des filles de son âge, aussi des garçons. La mère se sentait évincée, sa fille était pour Elle un absolu et elle commençait à lui échapper. A quinze ans, sa mère n'était plus sa raison de vivre. Et pour la mère, sa fille l'était. Souvent Elle ricanait, *ma fille ne sort plus jamais avec moi.* Je lui répondais toujours, *c'est de son âge, c'est une jeune fille à présent.* Que des déboires dans sa vie à Elle. Veut suivre des cours d'art dramatique, son père refuse. Pas d'actrice dans la famille de la place Victor-Hugo. Elle passe le concours d'entrée à l'École de Médecine. Après la première année, Mike, qui la logeait, l'abandonne. Elle abandonne. Épouse un mari qu'elle n'aime pas à la place. Mais la place reste vide. Sa fille arrive, c'est son salut. Malgré son charme, sa beauté, les hommes ne l'ont jamais comblée. Toutes ses liaisons finissaient mal. La nôtre est la plus longue qu'Elle ait eue. Mais je ne lui ai pas apporté la maison de Saint-Cloud qu'elle attendait. Sans peut-être bien le savoir, c'est ce qu'Elle cherchait quand elle a répondu à l'annonce du *Nouvel Obs.* Seulement l'amour exclusif et contraignant de sa mère ne devenait plus supportable à 15 ans pour sa fille. Alors, la veille une dernière rigolade ensemble, comme avant, dont Elle sait que ce sera l'ultime. Sa seule raison de vivre lui échappe. Alors se tue. Je me souviens soudain de son regard admiratif plein d'une curieuse sympathie, quand Elle m'a raconté que la mère d'une des copines de sa fille venait de se suicider. C'était déjà une attirance, l'idée devait la travailler depuis longtemps. A l'époque, j'avais mis cet intérêt morbide sur le compte de ses bizarreries. Malgré sa jeunesse, sa beauté, ses amours, y compris celui de sa fille, Elle n'avait accompli aucun de ses dons, actrice, danseuse, photographe, que sais-je, reléguée dans une maison de banlieue aux antipodes de ses origines, Elle pensait avoir raté sa vie. Ce jour-là, elle ne s'est pas ratée. Dans ma peine intense, j'essaie de comprendre cette mort si brusque, brutale. Mais la mort est un bloc opaque, impénétrable, contre lequel on se heurte, on s'écrase. *1989-1999,* une liaison, un lien distordu mais inébranlable, parfois féroce, souvent sordide, par moments extatique, ci-gît. Au moment de repartir pour l'Amérique, dans quelques jours je dois reprendre mes cours, je laisse derrière moi cette tombe ouverte, ce trou béant. J'ai appris plus tard qu'Elle avait été inhumée avec son père. Mon ultime virilité a été ensevelie avec Elle.

Toujours assis, cloué sur mon fauteuil, je lève les yeux. Le soleil glacé de janvier étincelle par la fenêtre. Je n'ose même pas regarder ma montre. Au lieu de continuer à faire au plus vite mes bagages, je suis envahi par ces lettres, ces photos sorties du cabinet de débarras. Assailli par ces traces disparates d'un passé depuis longtemps révolu, sommeillant dans la poussière des cartons que j'ai dû retirer de leurs étagères. Ça, le passé justement, des fragments d'un soi disparu qui se raniment, se rallument par éclairs instantanés. Sans suite, sans ordre. Pas la madeleine de Proust, ces lettres, ces photos. Des miettes de madeleine. Pas un magique, magnifique déploiement d'une vie restituée en un parfait ensemble, savamment, poétiquement reconstituée. Des moments disjoints qui se frottent au hasard des rencontres, flambent, s'éteignent, retombant dans les ténèbres. Pas le Temps retrouvé, des retrouvailles partielles, sporadiques. Et puis on se perd. Impossible de se ressaisir à travers ces bribes, parfois fulgurantes, de mémoire. Cher, très cher Proust, je ne me retrouve pas, je me réinvente. Au fil de ces souvenirs qui éclatent, explosent en instantanés furtifs, je brode. Ma vie pour moi est ma fiction, mon autofiction. Comment on se raconte à soi-même. Cela ne veut pas dire que c'est faux. Ce serait trop simple. Il y a des souvenirs durs comme du silex qui me frappent, il existe de l'indubitable, mais déconnecté. Je suis une perspective sans cesse bougeante, changeante. Je n'arrive pas à ajuster ces profils brouillés que j'appelle *moi.* Entre mes certitudes il y a des vides. Incomblables. J'ai une mémoire trouée. Je ne suis pas un tout, mais un trou. Je tombe sans cesse dedans. Mon existence est lacunaire. J'ai une faculté à oublier, à gommer, effacer, qui est étonnante. Stupéfiante. Ma femme me dit, *tiens, il sort un nouveau film d'Ed Harris.* Ed qui ? *Mais voyons, Ed Harris, tu te souviens de son « Pollock », nous l'avons vu ensemble.* Je jure que je n'ai jamais vu ce film. *Ecoute, tu l'as vu avec moi.* Ça alors, première nouvelle. Un détail, mais il y a plus grave. Je mentionne au téléphone à ma sœur que je viens de raconter le jour où elle est venue me chercher à Normale sup, après mon absorption excessive de barbituriques. Elle me déclare aussi net qu'elle n'est jamais venue me chercher à Normale. C'est à Avignon qu'elle est venue me chercher, à la fin de mon cours d'été, dans un effondrement nerveux total. Soudain, je me rappelle qu'on m'a transporté à l'Hôpital Américain de Neuilly où, après maints examens, il a été conclu que la cause de cet affaissement était due au surmenage. Pardi, la seconde thèse que j'ai été obligé de faire pour le doctorat ès lettres, car ma première étude de plus de 500 pages sur Corneille n'était pas suffisante. Je me suis alors épuisé, car il y avait des délais impératifs pour ma soutenance, devant rentrer ensuite et reprendre mon enseignement à Smith College. Je puis maintenant mettre une date sur ce douloureux épisode : été 1963. Je *sais* tout cela, mais je n'en ai aucun *souvenir.* Ni comment j'ai été transporté d'Avignon à Paris, ni comment ma sœur est arrivée, ni comment j'ai séjourné à l'Hôpital Américain. Plus rien, pas une image dans la tête. Un faux souvenir, une reconstitution à partir de ce que je sais être arrivé alors. Il y a ainsi des milliers de souvenirs que l'on refabrique après coup, pour en meubler sa mémoire. Mais il y a pire, il existe des moments essentiels, des expériences fondamentales dont il ne reste aucune trace, sur lesquels on ne sait rien. Des trous de mémoire absolus, inadmissibles. J'en ai inscrit certains au début du *Livre brisé*. Le 8 mai 1985, quand j'ai commencé mon livre, pas une lueur dans ma tête du 8 mai 45, dont on célèbre le quarantième anniversaire. Aucune idée de quand, comment et avec qui j'ai fait la première fois l'amour. Rien. Non seulement je ne vois rien, je ne sais rien. Je me suis perdu en cours de route. J'écris pour rafistoler mes fistules. Poreux à moi-même, je tente de combler mes vides par des mots. J'espère restaurer ma personne à travers le personnage que l'écriture crée. J'essaie de répondre par ce biais à la question : *qui suis-je*. Est-ce que la réponse est positive. Est-ce que j'arrive à une plus grande cohérence dans mes livres que dans cette épiphanie furtive d'images, de lettres, de photos, au cours des ans éparpillée. Assez pillé mes épaves. Assez évoqué, invoqué ces mânes. Je dois sans plus tarder ranger ces restes épars dans ce lourd carton que bien évidemment je vais emporter, avec dedans les reliques de qui je fus, de ceux, de celles qui avec moi furent. Sans savoir s'ils forment une somme, un accord, si finalement ils se raccordent. Ou s'il y a ultime dissonance.

Je m'apprête à me lever de mon fauteuil auquel je suis depuis des heures vissé. Il faut revivre, faire un rapide repas sûrement plus de midi, mais d'après-midi. Je me suis assez repu de mes moi d'antan. Temps de passer à de plus substantielles nourritures, moins volatiles, évanescentes. Je suis à demi levé de mon siège, d'un coup y retombe. Cette pensée me frappe soudain, violemment. ET ILSE. Rien qui la concerne. Pas possible, elle n'a pu partir sans traces de ma vie. Il faut que j'en retrouve au moins quelques-unes. Comme un remords que j'éprouve. Je suis là à m'attarder sur des donzelles passagères ou sur ma famille bucolique dans les bois sauvages d'Amherst ET MA FEMME. Le carton du cabinet de débarras est vide. J'ai tout transféré dans le carton neuf du départ. Heureusement il reste encore deux vieux cartons délabrés. J'attire à moi l'avant-dernier. Rien que des factures de 65 ou 67, des feuilles d'impôts des années soixante-dix. Inutile fatras, pourquoi ai-je ainsi conservé ces paperasses. Cette fois, je jette dans le sac-poubelle. Dernier carton, j'ouvre. Des lettres de mon oncle, de ma sœur, d'amis, de collègues, envoyées à mes diverses adresses, 99 Central Street, Auburndale, Mass., Pelham Road, Amherst, Mass., 138-17 78th Street Flushing, N.Y., 3 Washington Square Village, # 12-M, N.Y. Ce courrier au fil des années me suit dans mes déplacements. Ce n'est pas cela que je cherche. Je fouille dessous. Je découvre une enveloppe blanche, bourrée de photos. Dessus à l'encre noire, *Photos de famille, Tonton, Ilse.* M'y voilà. De fait, le premier Polaroïd sur lequel je tombe, c'est justement mon oncle et Ilse attablés ensemble, table à nappe aux carreaux rouges, bouteille de vin ouverte. Mon oncle, un coude sur la table, la tête souriante, regarde envoûté sous ses lunettes, épanoui, il lorgne une jolie fille, même à son âge il s'allume, rayonne, tellement jolie, sa chevelure auburn savamment coiffée en rond autour du visage, robe rouge décolletée, superbe collier doré sur la chair blanche découverte, joues rosissantes de bonheur, ses yeux si intenses que j'ai l'impression qu'elle me regarde. Un peu pensive quand même. ILSE. Où, quand cette photo a été prise, aucune idée. Mon oncle cravaté, chemise blanche, longtemps avant sa mort. Doit être au début des années quatre-vingt. Au tout début. Ilse et moi devions être mariés depuis peu. Ces morts si vivants sur la photo me fascinent. Soudain Cathy, abandonnée sur le divan bien rembourré de mon salon à Washington Square, lisant un journal. Par la fenêtre, on aperçoit nettement en face les tours de Silver Towers. Toute jeune, doit aussi dater du début des années quatre-vingt. Et puis maintenant Ilse et moi, attablés devant deux énormes assiettes, sous un parasol bleu et rouge sur une plage. Toute une rangée de parasols derrière nous. Où, quand, pas la moindre idée. D'après la taille des assiettes, la quantité de nourriture, devrait être en Amérique, difficile de savoir. Aucun souvenir. Le haut de son corps dénudé, sourire épanoui, cheveux en désordre, elle est très belle, plus appétissante que les fruits de mer empilés sur son assiette. Je ne suis pas mal non plus, avec mes cheveux bien noirs, mon débardeur bleu. Pas mal du tout pour mon âge. Lequel, je ne saurais dire. Je chois sur cette photo comme un aérolithe sur la terre. Ce type, c'est moi, la cinquantaine à peine. Je suis perdu en fragments disséminés, je n'arrive pas à me retrouver. Je prends la photo suivante. Dans mon grand bureau de Washington Square, assis devant les rayons de livres, dans le fauteuil jaune orangé où je suis à présent assis. Seulement je porte un costume cravate, un beau gilet sous la veste ouverte. Je ne porte plus de costume depuis des siècles. Pas de taches, de tavelures sur le visage. Ça doit dater. Et puis moi encore, cheveux bouclés, pas une ride, en face du buffet de la salle à manger à Paris. A mesure que je prends une nouvelle photo, je suis de plus en plus moins moi. De nouveau sous le parasol avec Ilse, mer resplendissante, au loin, au fond de la baie grande ouverte, la ligne sombre des montagnes. C'est sûrement à Canet, en face de nous, un couvert, c'est ma sœur qui a dû prendre la photo. La vue plonge sur les épaules et le torse dénudé d'Ilse. L'image suivante produit un quatuor serré au bord de la mer sur la plage, mon bras entourant l'épaule d'Ilse, ma sœur tout contre son époux. C'était bien pendant un séjour à Canet. D'un seul coup, Ilse, blouse bleue pantalon blanc, au soleil, curieux bâtiment derrière. Brique rouge, fronton blanc triangulaire, colonnes blanches, ce ne peut être qu'en Amérique, ce ne peut être qu'à l'université de Virginie, quand nous avons rendu visite à l'un de mes plus chers amis américains, Aram Vartanian. Un grand dix-huitiémiste dans une des plus anciennes et des plus belles universités du pays, justement du dix-huitième siècle, elle aussi. Sac de cuir en bandoulière, debout, toujours aussi belle. J'égrène la suite, tout se mélange, mes beaux-parents, sa mère seule, à Paris en visite, nous en visite en Autriche, montagnes aux sapins verts, elle en corsage blanc, jupe marron, de nouveau plantée sur son sol natal, et moi aussi planté près de la Bosruck Hütte, refuge agreste au milieu des pics. Mes deux filles à table avec Ilse dans mon appartement de New York sous le lustre d'étain, de nouveau mon oncle, il a enlevé ses lunettes, se laisse embrasser tout sourire par Ilse penchée sur lui, Renée assise seule, tricot rouge, la vingtaine ravissante, assise sur un lit, ne peux pas dire où, mon ami Sukenick, excellent romancier d'avant-garde américain, cheveux qui commencent à grisonner, joie rayonnant de son visage, ne savait pas qu'il allait mourir quelques années après d'une myopathie qui l'a rendu paralytique, moi debout côte à côte, tricot marron, cravate, front joues sans rides cheveux noirs encore jeune, temps où l'on portait encore à dîner des cravates, maintenant Ilse assise sur le parapet en bordure du Cher devant le château de Chenonceaux, elle et moi visages tendus assis l'un vers l'autre nos lèvres se touchant dans un élan, quand, où, sais pas, toute ma vie de photo en photo tourbillonne, mon oncle cette fois seul à table chez moi à Paris l'air méditatif, Renée gracieusement allongée sur mon divan du salon à New York, Ilse en robe d'été toute blanche assise sur un énorme roc en face des montagnes vertigineuses, moi penché sur les plats succulents que sa mère a préparés, un vrai cordon-bleu autrichien, mon tour, moi tout seul le visage éclatant de soleil et de fierté devant la devanture d'un libraire, Livre de Poche, J'ai lu collés à la vitre, forcément à Paris, doit être après la parution d'*Un amour de soi* en 82, l'air solide, ventre encore plat, encore jeune, encore potable, plus un potache, mais le charme d'un homme mûr, sur cette photo en tout cas, enfin j'arrive au dernier vestige de ces temps lointains, la plus belle photo de l'enveloppe, la plus belle photo d'Ilse, adossée au rebord d'un petit pont, au-dessus d'une rivière étroite qui coule en reflets argentés, de l'eau entre des bois d'un côté, de l'autre des maisonnettes rustiques, toits de tuiles rouges, bois marron, où quand, probablement la même période, début des années quatre-vingt, probablement en Autriche, porte un épais tricot orange que strie la bandoulière de son sac invisible, pommettes légèrement plissées par le sourire qui illumine ses joues rondes, casque auburn de ses cheveux qui ondulent sur son front avec une mèche qui descend jusqu'au sourcil, tant de joie émanant d'elle, une telle paix intérieure, c'est sa plus magnifique image de toute la série, comme si elle captait son essence intime, les yeux un peu ironiques dans la perfection des traits, complexe, complète comme une œuvre d'art

soudain ce visage magique se déforme, les lèvres gonflées en un rictus, les joues devenues bajoues tuméfiées, chair blanche qui commence à se décomposer, cheveux ébouriffés raides comme des épines, cou devenu terreux, pierreux, Méduse, Gorgone, je frissonne d'horreur, la photo se superpose à l'autre, dans ma tête, sa tête émergeant du drap sur la civière, à travers la vitre de la morgue, je regarde pétrifié ces yeux figés sans regard, ce visage horrible à hurler me révulse, j'avais une femme toute beauté vivacité, de but en blanc je me cogne à son cadavre, je bute sur sa mort, un lien commencé dans mon bureau à New York University sur Washington Square se termine quai de la Rapée dépôt des macchabées parisiens, je ne peux plus supporter cette vue, mes sanglots éclatent dans ma gorge, cataracte de douleur, jaillissent en larmes incontrôlables, je titube vers la sortie, l'infirmier de garde, habitué son métier mais compatissant, *je sais, Monsieur,* j'ai couru vers la sortie hors de l'enfer, cette vision abominable, hideuse est soudain revenue se plaquer sur ce visage souriant toute tendresse tout amour, sur mon fauteuil orange couleur exacte de son tricot sur la photo je suis rivé cloué, cette vision revenue me poignarde

heureusement je n'ai jamais vu son visage comme pour Ilse coup de téléphone transatlantique voix de mon cousin Jacky grave brève *Julien c'est fini* c'est tout suffit comme ça que j'ai ce soir-là à New York appris le décès d'Ilse à Paris me suis tordu en spasmes de cris étouffés en convulsions de douleur moi ici à New York Ilse à Paris devait me rejoindre avant Noël faisait ses bagages 7,2 g d'alcool dans le sang dose mortelle pour tout individu verdict posthume une bouteille entière de vodka je l'ai retrouvée dans son réfrigérateur quasi vide la grande malle ouverte toutes ses affaires rangées méticuleusement à l'autrichienne se préparait pour son départ devait voulait me rejoindre plus fort que sa volonté l'alcool coup de téléphone transatlantique de Jacky *Julien c'est* me suis roulé écroulé sur le lit de mon bureau à couvre-lit mexicain rouge appelé Renée chez ses grands-parents à Boston c'était pendant leur repas de Thanksgiving Renée m'a dit après que c'était un des pires souvenirs de sa vie et de la mienne j'ai pris soudain ma décision me suis relevé d'un bond de mon canapé jeté quelques vêtements dans une valise pour la première fois pris un Concorde direction New York-Paris d'habitude l'inverse arrivé tard le soir me suis précipité vers le studio fatal là que j'ai trouvé dans le réfrigérateur l'horrible bouteille de restait à peine quelques gouttes au fond pareil pour ma mère vingt ans avant même coup de téléphone transatlantique voix de ma sœur *Julien Maman est* ç'a été encore pire que pour Ilse là j'ai carrément perdu la tête dans ma maison de Queens dans la cuisine téléphone accroché au mur me suis écroulé sur le sol cogné en hurlant ma tête contre le mur *je suis un mauvais fils* pensée torture insupportables n'ai pas assisté aux derniers moments de ma mère on m'avait assuré rassuré ce n'était qu'un accident dans la rue col du fémur cassé bousculée par un jeune courant sur le trottoir opérée d'urgence à Beaujon *viens quand elle sera opérée pour sa convalescence* n'ai pas couru là-bas comme j'aurais dû ne me suis pas précipité à la seconde sans attendre résultat coup de téléphone de ma sœur coup au cœur me frappe la tête contre le mur de la cuisine contre moi fou de rage et de douleur *MA MÈRE MORTE* pas pensable un seul instant aurais pas pu supporter m'aurait rendu carrément dingue remonte dans ma chambre me suis déshabillé mis au lit j'ai dormi plus de quatorze heures moi qui suis insomniaque n'ai pas pu aller à l'enterrement de ma mère n'aurais pas pu voir son visage au-dessus de mes forces à la place j'ai vu le visage décomposé d'Ilse déjà morte depuis plusieurs jours dans la chambre qu'elle avait louée en attendant mon retour de New York et puis c'est elle qui a décidé de me rejoindre en Amérique et puis cette chair en train de se putréfier à travers la vitre de la morgue quai de la Rapée

C'est quand même extraordinaire, quand j'y pense. Toutes les femmes que j'ai aimées sont mortes avant moi. Je les ai enterrées toutes. Invraisemblable. Que ma mère soit partie la première en 68, ç'aurait été le cours normal des choses. Si ce n'est qu'elle a été victime d'un accident stupide dans sa soixante-dixième année. Et surtout qu'elle ait été victime d'une indigence criante, éhontée de soins corrects dans un hôpital parisien, à Beaujon. Laissée des heures en salle commune, avant d'être mise en réanimation. En Amérique on aurait pu entamer une poursuite, ici on ne peut même pas y songer. Un hôpital public, c'est sacré, même si on y massacre. Ma mère, opération excellente, aurait pu vivre encore dix, quinze ans. Roc contre lequel on se heurte, vérité crue, cruelle, la règle ordinaire. Les parents partent avant leurs enfants. Loi darwinienne, seuls les plus aptes peuvent survivre, je ne sais pas comment j'ai pu. Qu'un ultime recours, je suis entré en analyse. J'y suis resté huit ans. Ça a bien commencé, mal fini. En tout cas ça m'a aidé pendant. Se faire à l'idée qu'une mère peut soudain décéder. Avant ses enfants. Mais les autres. Elles étaient toutes beaucoup plus jeunes que moi. Ilse, vingt-trois ans de moins. Trépassée à trente-six ans. Moi alors, cinquante-neuf. Deuil intime, profond, la déprime totale, le Prozac n'a pas marché, changé de psychiatre et de médicament. Je continue sur ma lancée, passe le cap de la soixantaine. Abattu tant qu'on voudra, accablé, écrasé, je l'ai été. Mais j'ai poursuivi mon chemin sur la route de la vie. Cahoteux, chaotique, mais quand même. Droit devant moi. En avant marche, fût-ce en traînant les pieds. Solitaire, misérable. Les cendres d'Ilse incinérée, la moitié dans une urne déposée au cimetière parisien de Bagneux dans notre caveau de famille, l'autre moitié repartie avec sa mère en Autriche à Linz. Et moi, ce qui reste de moi de nouveau en avion vers New York. Avec Renée aussitôt accourue, quand elle a appris la nouvelle. Assailli de chagrin, regrets, remords, hagard. Ma vie a repris son cours, moi mes cours. Sur Freud, ça tombait bien,

« Freud romancier ». *Études sur l'hystérie,* « Le cas Dora ». A partir du texte allemand. Grâce à Ilse, j'ai pu un peu pénétrer dans cette langue jadis haïe. Cela redonnait une sorte de vie à son absence. Je la voyais sourire en entendant mon teuton avec un accent français. Un hommage posthume. Si je n'avais pas eu mes filles avec moi, je ne sais pas comment j'aurais pu survivre.

Des amis ont tenté de me ranimer. Une de mes anciennes étudiantes m'a invité à dîner en même temps qu'une psychanalyste célibataire avec enfant. J'ai été invité un autre soir à dîner chez une Polonaise dans la trentaine, devenue veuve. J'ai au moins eu le plaisir de revoir ce soir-là Kosinski, une personnalité qui m'est chère et que je n'avais pas rencontrée depuis longtemps. Il était accompagné d'une chanteuse, elle aussi polonaise, d'une beauté époustouflante. Plaisir de le voir autant que de l'entendre. Je voulais inviter à mon tour Kosinski. Pas pu. Deux ou trois mois après, j'ai appris avec stupeur qu'il venait de se suicider. La chanteuse polonaise n'a pas suffi à l'en dissuader. Le premier semestre 88, le pire de ma vie. Il est arrivé à son terme. L'été, comme toujours je suis reparti à Paris. L'existence quotidienne dans mon appartement vide d'épouse a été un vrai calvaire. En bas dans le cellier toutes ses affaires entassées dans une grande malle. Pendant des mois je n'ai pas eu le courage de les faire enlever. La superbe robe bleue que nous avions achetée, au cours du magnifique voyage le long de la côte croate, à Dubrovnik. Et le reste. J'ai tout gardé, une trace d'elle. Je suis encore hanté par cette période de vacuité absolue de mon existence. Pure malchance, je n'avais pas de cours le premier semestre d'automne à l'antenne parisienne de New York

University. Tout mon temps de libre, pour ne rien faire. Que me ronger les sangs, perdu dans ma perte. Sans ma compagne depuis dix ans, disparue. Et moi avec. Certains m'ont accusé de l'avoir tuée en écrivant *Le Livre brisé*, chapitre « Beuveries ». Tout un épisode médiatique après le prix Médicis. Et avant, quand je suis passé à *Apostrophes*. Pour les uns, je suis un assassin par l'écriture. D'autres me défendent dans la presse. Étrange, mes histoires les plus intimes devenues l'objet d'un débat public. Et moi, est-ce que je me condamne, est-ce que je m'acquitte. Dépend des moments. Je n'aurais pas dû envoyer de New York à Paris ce chapitre qui la touchait en plein cœur. Mais c'est elle qui m'avait presque commandé d'écrire notre histoire. Un peu comme Nadja qui suppliait Breton, *« André, André, tu écriras un roman sur nous »*. Il l'a fait, sans lui faire de cadeau, il l'a conduite jusqu'à l'asile psychiatrique qui s'est refermé sur elle. Puisque Ilse avait exigé que je raconte notre histoire, et plus celles des autres femmes de ma vie. J'ai accompagné Ilse jusqu'aux *« Beuveries »*, où avait sombré notre amour. C'est ainsi que tu l'as tuée, morte de honte et de ressentiment. Parfois je m'en accuse. D'autres fois, le plus souvent, je me disculpe. Elle qui m'a poussé à aller jusqu'au fond, au bout, Chiche, elle me l'a lancé, son défi, au visage. Elle n'avait sans doute pas envisagé l'effet que la vérité nue, acérée ferait sur elle. Je lui avais téléphoné en novembre avant sa venue à New York. Elle m'a dit, *« tu as été dur »*, après avoir lu le chapitre que je lui avais envoyé. Je lui ai dit que si elle voulait, je ne le publierais pas, c'est elle qui déciderait. On ne peut pas dire plus. Peut-être j'en ai dit trop sur sa consommation personnelle. Peut-être, en dehors de toute publication, elle n'a pas supporté son image dans le miroir de mes mots. Ses dernières paroles,

« *on en reparlera à New York* ». Elle avait donc l'intention de me rejoindre en Amérique, sa malle était aux trois quarts faite. Elle avait préparé une nouvelle boîte de verres de contact, une nouvelle paire de lunettes. Fait tous ses préparatifs. Et puis, juste avant son départ, la bouteille de vodka. « *Dose mortelle pour tout individu* », 7,2 g. Alcool fatal. Pourquoi une telle dose. Volontaire ou involontaire. Le geste. Voulu ou subi. Dicté par l'addiction. Saoûlée à mort. Comment savoir ce qu'il y avait dans sa tête. J'ai payé mon tribut, dépression totale, incapable de bouger un membre, des suées à heure fixe, dix heures du matin, trois heures de l'après-midi. Cloué sur le fauteuil de mon bureau. Antidépresseurs, anxiolytiques. Ai tout eu. J'ai réussi à regagner New York. Après l'incinération, les funérailles, sa mère, son beau-père et son frère accourus dans un total désarroi. Que faut-il. Plaider COUPABLE, NON COUPABLE. Je n'ai jamais été sûr. Ai-je sa mort sur la conscience. Ou sur le cœur. *Rousseau, juge de Jean-Jacques.* Pas de réponse finale. Ni condamnation ni acquittement. Suspens. Il n'existe pas de jugement dernier. Ni sur terre ni au ciel. La mort d'Ilse reste à jamais ambiguë. L'alcool. L'écriture. Ou les deux.

C'est quand même extraordinaire. J'approche les quatre-vingts ans. Quelques mois encore. Et me voilà octogénaire. J'ai toujours aimé les femmes plus jeunes que moi, beaucoup plus jeunes Ma jouvence. Me régénèrent. Ilse avait vingt-trois ans de moins que moi. Elle, pareil, doit faire vingt-quatre ou vingt-cinq. L'une s'empoisonne à la vodka. L'autre se pend dans sa cave. A 43 ou 44 ans. Ilse éteinte à 36 ans. Disparue, elle aussi. J'ai reçu un coup de téléphone du chef de notre département de français m'appelant de

New York. *J'ai quelque chose de très triste à t'apprendre.* Je demande avec appréhension quoi. Il m'assène, *Rachel vient de mourir.* Je sursaute. Nous avons eu entre nous bien des heurts, mais je l'ai aimée. Et admirée. Chercheuse, enseignante hors pair. Je ne peux pas croire. Au bout du fil, il m'explique. Rupture soudaine d'anévrisme à 53 ans. Venait juste de quitter son mari pour aller faire ses cours à son université. Enfin, le bon mari, le second après un autre. Le premier, poète en langue bretonne, juste après moi. J'ignore ce qui s'est mal passé entre eux. Le second mari, un chercheur renommé à la même université qu'elle, un médiéviste, un homme de belle carrure. Celui qu'elle cherchait depuis toujours. Le bon mari et la bonne université. Rachel avait accompli le remarquable exploit d'atteindre au sommet dans l'université très renommée où elle avait été étudiante. Dans la profession, Rachel était devenue une personnalité de premier ordre, une des plus éminentes spécialistes du XIXe siècle français. Enfin comblée en notoriété et en amour. Rachel, après maints déboires, moi le premier, une étonnante réussite. Elle embrasse son mari, se dirige vers l'entrée de la superbe maison qu'ils venaient d'acheter dans les bois. Soudain, un grand bruit insolite. Son mari accourt, Elle est tombée d'un seul coup comme une masse sur le parquet devant la porte. Rupture d'anévrisme, 53 ans. Cela m'a fait beaucoup de peine. Nous nous étions en notre temps, déjà bien lointain, torturés l'un l'autre. Mais nous avions fait la paix. Je lui ai rendu tous les tableaux qu'elle avait, en me quittant, laissés dans notre appartement. Elle m'a rendu notre bague de fiançailles, en fait bijou serti de petits diamants que mon père avait offert à ma mère. Deux ou trois fois, à Paris, à New York, nous nous sommes revus avec un vrai plaisir.

Le temps avait passé l'éponge sur le passé. Il ne restait entre nous qu'une admiration mutuelle. Un collègue français, réputé dix-neuviémiste comme elle, m'a raconté qu'au cours d'une tournée de conférences en Amérique, il en avait fait une à l'université de Rachel. Après son intervention, il avait été invité à dîner dans sa maison rustique, du temps du mari breton. Rachel l'avait plus tard reconduit jusqu'à son hôtel en ville. Et là, lui serrant la main en le quittant, Rachel l'a regardé droit dans les yeux et déclaré de but en blanc, *quand même « Un amour de soi » est son meilleur livre.* Cela m'a été droit au cœur. Si elle avait à l'époque été parfois dure avec moi, j'avais, je l'avoue été vache avec elle dans mon roman. Un règlement de comptes. Mais en fin de compte, pour elle et moi, entre elle et moi, la seule chose qui importe c'était la littérature.

Sentiment étrange, douloureux. Je m'apprête à entrer dans la vieillesse et c'est moi qui aurais dû depuis longtemps disparaître. Déportation, Drancy-Auschwitz. Ma kyrielle de maladies mortelles tout au long de ma vie. C'est moi qui suis vivant. Les jeunes femmes que j'ai aimées, tellement plus jeunes que moi, sont mortes. Je les ai égrenées une à une au cours des ans. Alcool, pendaison, anévrisme. Dans le premier cas, j'ai peut-être eu ma part. Pendaison, je n'y ai joué aucun rôle. Anévrisme, là je n'y suis certainement pour rien. Pourtant, je ressens un sourd malaise. J'ai eu dans *Le Livre brisé* une malheureuse métaphore, «*je tue une femme par livre*». C'est comme si la métaphore s'était incarnée, était devenue réalité. Les héroïnes de mes livres sont mortes une à une. Comme si l'écriture avait d'avance partie liée avec la mort. Cette pensée me tourmente et me taraude. J'ai cru m'en tirer par une autre formule, *« Tuer, c'est aussi perpétuer »*. Mais l'existence transférée dans des mots sur le papier reste une existence virtuelle, dans la tête de l'écrivain et du lecteur. Les livres sont des catafalques vides. Rachel, Ilse, Elle, ne revivent pas pour autant. Je les ai semées en cours de route, l'une après l'autre. Le moi qui les a aimées est mort aussi, à sa manière. Mais pas la même. Sur ces images, quand je regarde ces photos, Ilse serrée contre moi en Autriche, Elle à mes côtés au restaurant où l'on va fêter son quarantième anniversaire au Bois de Boulogne, pour moi suscitent, ressuscitent une image mentale, sentimentale. Pour elles, ces photos les renvoient à leur néant. Elles se sont évaporées, laissant juste cette trace. Moi, celui qu'on voit sur ces images s'est évanoui aussi, mais il existe comme une lueur vacillante dans une mémoire vivante. J'ai quand même survécu à ce passé disparate et dispersé. Mais, naturellement, ce qui se profile dans la série de ces ego disparus, c'est ma disparition ultime, et, vu mon âge, prochaine. Cela me donne meilleure conscience de revisiter ainsi mes amours défuntes. Ce n'est que justice.

Assez ouvert ma boîte de Pandore. Il est temps de la refermer. Le soleil glacial de janvier scintille encore par la fenêtre. Je dois prendre un rapide casse-croûte et filer quelques instants dehors, pour me débarrasser de ce remugle de passé où j'étouffe. D'un geste je rassemble et ramasse tous les clichés encore étalés sur le tapis, au pied du fauteuil. Cathy toute menue, assise sur la chaise rembourrée, luxueuse, de la salle particulière de Lapérouse où nous déjeunons, son bras passé sous le mien. Doit avoir 9 ou 10 ans. Ça m'en donne 46 ou 47. Veste de laine bleue, tricot de cachemire à col roulé rouge, pochette de soie bleu marine qui contraste avec le bleu clair de la veste entrouverte. Cheveux bien peignés, visage régulier, bel homme, bellâtre. Le bourreau des cœurs. Assez. Assez de mes moi, de mes émois d'antan. Et d'elles, qui lancinent dans ma mémoire. Même mes filles, que je revois si frêles, si minces, si jolies, habitent à présent une quarantaine épaisse, contre laquelle elles luttent. Ce que j'ai contemplé avec joie et tendresse, c'est leurs fantômes. Dans le grand carton, et vite, je dépose tous ces restes. Je referme ce cercueil imaginaire. Bien sûr, je vais emporter avec moi ce carton. Pourquoi, je ne regarde jamais cette autobiographie non en mots, mais en images. Il faut une occasion rare, unique comme celle-ci, un déballage, et puis un emballage. Je scotche avec soin le haut du carton, que rien ne se perde. Je léguerai à mes filles les photos qui les intéressent, à ma sœur aussi, les autres iront à l'IMEC dans la splendide abbaye d'Ardenne où dorment les archives des écrivains du XXe siècle. Je les joindrai à tous mes autres documents, papiers personnels, textes inédits, aussi les lettres de lecteurs. Les chercheurs qui pourraient s'intéresser à mon œuvre y auront un libre accès. Je n'ai rien de caché, quand j'écris, je me déboutonne. Tous les aspects de ma vie, petits ou grands, seront à la disposition des regards curieux. En attendant, je pousse le carton contre les malles et valises, avec les autres cartons entassés dans le salon. J'avale en hâte deux tranches de jambon et un morceau de fromage. Suffit. Ces témoignages poussiéreux du passé me coupent l'appétit, mais j'ai la gorge toute sèche et j'avale plusieurs verres de Deer Park, mon eau minérale préférée, que je verse de la bonbonne.

Dehors, vite. Manteau, bonnet de laine, gros gants enfilés, écharpe serrée autour de mon cou, je descends dare-dare. Il ne reste plus beaucoup de jour. Ici, la nuit tombe d'un seul coup, sans prévenir, pas de crépuscule. Jour, soudain nuit. Il faut profiter d'un reste de clarté qui s'attarde. Le froid me fait du bien, me rafraîchit les idées, me dépoussière. Je marche d'un bon pas. Je n'ai pas à me demander où je vais, dans quelle direction. Bien sûr, à New York il y a le choix. En premier lieu Washington Square, mais dans ce frimas il est vide de sa population pittoresque. Je peux aussi descendre West Broadway vers Canal Street. Les jolies filles qui hantent la rue d'art et fringues de tous goûts seront absentes ou tellement emmitouflées qu'on ne les verra même pas. D'ailleurs, je n'ai aucune envie de les voir. Comme poussé par un aimant irrésistible, j'ai ma direction à moi. La même que lors de ma dernière sortie hier. Plus fort que moi attiré, ça ne se discute pas. Je me hâte à droite de La Guardia sur Houston Street. Il faut faire vinaigre, aurait dit ma mère, dans son argot d'autrefois. Avant que la nuit ne tombe. Noir et froid, ce serait trop. Il y a encore de la lumière. A toute berzingue, les rues, Thompson, Sullivan, MacDougal, dépassées. Sixième Avenue, brève attente, heureusement. Je fonce, West Houston, tout droit, jusqu'au bout, au but. Je m'engouffre dans le tunnel venteux de l'énorme bâtiment de brique, me jette dans la trouée du building pachydermique. Haletant, le nez qui coule un peu, je débouche de l'autre côté. Là attente forcée sur l'immense artère de West Way, ruée féroce des bolides du haut en bas de Manhattan. Je fais du surplace, en martelant le trottoir de mes pieds pour qu'ils ne s'engourdissent pas de froid dans mes chaussures. Enfin, feu vert pour moi.

Je suis seul. Des bagnoles, que ça, mais de piétons pas. Je passe. Le grand garage me cache la vue. Quelques pas rapides sur le trottoir, et soudain. La merveille se découvre, s'étend à perte de vue. L'Hudson d'une rive à l'autre ou là-bas vers l'estuaire, vers la baie. La Statue de la Liberté, elle aussi prise dans une mer de glace, se profile le bras levé avec la torche au loin. Je m'absorbe, me perds dans ce spectacle inhabituel, impensable, insolite. La première fois qu'il se pose, s'impose sur le fleuve, sur la ville, depuis quarante ans que je viens assidûment tremper mon regard dans l'onde lustrale. De Washington Square Village au Pier 38, j'accours le long de Houston Street. Mon escapade favorite, irrésistible vers le grand large. Eté, hiver, en toute saison. Je bondis, j'arrive haletant sur mes rives, le regard, les sens se dilatent. Cure rituelle, l'Hudson est mon eau bénite. Quarante ans de culte, peut-être je le vois ici dans sa splendeur neigeuse pour la dernière fois. Il est possible que je ne revienne jamais. Cette matière minérale, écrasante se volatilise, sa pesanteur, son opacité, cet être brut s'évapore, cette vue, cette vision grandiose deviennent soudain un souvenir.

RETOUR

Je regarde le ciel. Gris, couvert. Un temps d'automne parisien. Morne, morose, annonce déjà la venue prochaine de l'hiver. Les trottoirs sont mouillés, il a dû pleuvoir toute la nuit Cela a dû continuer pendant la matinée. C'est ainsi presque tous les jours. J'ai presque oublié ce qu'est un éclat, un éclair de soleil. L'azur est un souvenir lointain. Je laisse retomber le rideau de la fenêtre, que j'ai un instant soulevé pour savoir comment m'habiller. Le thermomètre à la fenêtre de la chambre à coucher indique 8 degrés, sur cour. Mais dans la rue, ce sera une autre affaire. Les feuilles des arbustes de lauriers-roses du jardin s'agitent, s'affolent. Dehors, il y aura du vent. Donc manteau de cuir, foulard, casquette. Dans la poche intérieure du manteau, par précaution, toujours des gants de cuir fin. Pour parer à toute éventualité, j'ai mis des bottines lourdes, mais étanches. Préparé, en route. Je vis décalé par rapport à une vie normale. Je déjeune après deux heures de l'après-midi. Café, coups de téléphone à passer. Je ne suis pas prêt à sortir avant quatre heures, parfois quatre heures et demie. Les jours baissent vite en cette saison. Je commence ma promenade au jour blême, d'ici qu'elle soit finie, je rentre à la nuit. Nuit et pluie. Pas très gai, qu'y faire. J'ai ainsi déréglé ma vie. Ce soir je dînerai à 11 heures avec le journal de France 3. Au lit vers 1 heure du matin. Jamais réveillé avant 9 heures. Pas de travail au-dehors, pas de rendez-vous. Personne ne m'attend. Je suis à la retraite. En retrait, retiré du monde. Je peux construire mes journées à ma guise. J'ai passé depuis plusieurs mois le seuil des 80 ans. Pas croyable, mais réel. Les chiffres sont là, 1928-2008. Octogénaire. J'habite un corps qui se dessèche, ma peau se ride et se fane. Mon visage est sali de taches brunes, les mains souillées de tavelures marron. Je suis couvert de ces crachats de la vieillesse. Mais je préfère vieux que mort. Mon père décédé à 55 ans, suites de la guerre, tuberculose. Ma mère, à 69, accident dans la rue, fémur cassé, bien opérée, assassinée par le manque de soins postopératoires à l'hôpital Beaujon. Je les prolonge dans la première décennie du XXIe siècle. J'espère tenir quelque temps encore. Contre le Temps. Il faut que je termine mon entreprise.

Prêt pour ma nécessaire promenade postprandiale. Mes jambes la demandent, mon estomac l'exige. Rempli d'excellent saucisson de bœuf strasbourgeois, certifié conforme par le cachet du rabbin, de tranches de dinde israélienne, la première partie du déjeuner, strictement cacher. Puis vient le jambon persillé de Bourgogne, couronné par deux tranches de jambon de Parme ou de Forêt-Noire. Ou encore de Serrano. Une salade, du fromage à 11 ou 12 % dc m.g., soigner la ligne autant que possible. Mais ce n'est pas toujours possible, du moins m'y efforce. Maintenant, vivement en route. Trousseau de clés en main, je dois fermer la grande serrure et les deux verrous. Je me dirige vers le lourd portail de l'entrée, appuie sur le bouton, l'épais vantail cède, je sors, j'ai à peine fait quelques pas, quelques gouttes tombent sur mes joues, j'ai oublié le parapluie, je dois rouvrir le battant de l'entrée, rouvrir ma porte avec mes trois clés, je cours prendre mon parapluie, je dois refermer les trois serrures de ma porte, j'arrive à mettre le nez dehors. Je n'ai jamais réussi à sortir de chez moi sans avoir oublié quelque chose. Une ordonnance avant d'aller chez le pharmacien. Une lettre dûment timbrée et très importante, un mouchoir, quelque chose, je ne sais quoi, qu'importe. Il y a toujours deux sorties de chez moi, avant que je puisse prendre le large. Vers où. Voilà la question. Je hume, pluie fine. Expédition rustique impossible. Je ne peux aller jusqu'au Bois respirer les herbes sauvages et les arbres. Je ne puis non plus descendre vers la Seine et parcourir l'allée des Cygnes, avec son air frais au beau milieu du fleuve et ses vues superbes. Il faut bien me résigner, j'ouvre mon parapluie, seule décision sensée, je dois faire LA PROMENADE. Rituelle, invariable. Comme Kant à Königsberg qui faisait chaque jour la même marche, interrompue une seule fois, quand il apprit la prise de la Bastille.

Aucun événement extraordinaire pour perturber ma marche. Une journée comme les autres, ciel noirâtre, nuages bas, petite pluie fine. J'aimais mieux les froidures new-yorkaises, avec leur azur glacé. C'était dans une autre vie, elle est terminée. Je suis à l'étape suivante, l'ultime. Retour à la case départ. Je descends sur l'avenue Paul-Doumer, j'attrape au passage les senteurs du fleuriste, qui occupe tout le trottoir. Je me dirige vers la Muette. Je longe les boutiques de fringues pour gosses, le garage Shell, produits de beauté Nocibé, l'inévitable Darty, j'y ai fait d'ailleurs moi-même mainte emplette. Vitrine Max Mara, je jette un coup d'œil admiratif sur les robes et les manteaux design. Croisement avec la rue de la Pompe, C.I.C. ma banque. Aujourd'hui portefeuille suffisamment garni, pas besoin de m'arrêter au distributeur. La rangée ininterrompue des cafés et restaurants commence. Pâtisserie japonaise, Paris-Tokyo. N'en suis pas toqué, je regarde à peine leur devanture, que des gâteaux crémeux de toutes couleurs, pas mon genre. Les restaurants à leur tour arrivent, l'un après l'autre. Dino, l'italien. Bistro de la Muette, récemment ouvert, succès immédiat. Prix corrects, plats très variés, là on trouve surtout des jeunes. Il y en a assis dehors, sirotant ou mastiquant, par ce temps. Après, mon resto habituel, La Rotonde de la Muette. Cuisine bourgeoise, clients bourgeois d'un certain âge. Seulement l'endroit a un avantage considérable, il y a quelques box individuels, coupés du reste de la salle, où le bruit des conversations ne noie pas la mienne, lorsque j'y emmène un invité. Après, délaissant la boustifaille, j'arrive au jardin du Ranelagh. Enfin des pelouses, des arbres, de la verdure. Juste avant d'y arriver, il y a habituellement un défilé de voitures sur le trottoir allant dans un sens contraire. Des landaus de bébés, un an ou deux, poussés par des Noires ou des Asiatiques. Les enfants sont bien sûr blancs. Enfouis sous leur couverture, bonnet sur la tête, ils passent l'un après l'autre à côté de moi, la queue leu leu des petiots, ils vont vers la vie, qui les attend. Parmi eux entremêlés, des fauteuils roulants de croulants, corps tordus, déjetés par l'âge, têtes chenues qui ne peuvent se tenir droites, courbées sur la poitrine, ils vont, eux, vers la mort, qui les attend. C'est malheureusement aussi mon chemin. Mais je tiens encore debout sur mes jambes, c'est déjà ça. Un net avantage. Jamais vu ailleurs autant d'estropiés que dans ce quartier, on doit vivre plus vieux dans le XVIe. On y travaille également moins dur. Mais j'ai aussi à subir mes avanies. Je marche, oui, mais lentement. Impossible d'aller à grands pas, d'aller vite. Tous les promeneurs me dépassent. Des fillettes de quinze ans, des jeunesses faisant claquer leurs talons de bois, pieds véloces dans les lourdes bottes qui remontent aux genoux, tout le monde me laisse en arrière, c'est humiliant, des vieilles dames en trottinant me doublent. J'essaie de me faire une raison. J'ai quand même une bonne moitié du poumon droit calcifiée après quatre ans de pneumothorax, je m'essouffle vite. Pour gravir les escaliers du métro, je peine. Pour les descendre aussi, pas une question de respiration. Simplement ma cheville droite cassée a du mal à se plier. Non, je ne suis pas encore en fauteuil roulant, je ne m'appuie pas sur des cannes ou des béquilles, mais tous les pas allègres qui me devancent portent un coup à ma fierté. Peu à peu, je m'y habitue. On dit qu'on a l'âge de ses artères. J'ai aussi celui de mes jambes et de mes poumons.

Le jardin du Ranelagh n'est pas très grand, mais en empruntant le sentier sablonneux qui le traverse, entre l'avenue Raphaël et moi, je mets des pelouses, des arbres, des enfants qui jouent inlassablement par tous les temps dans leur parc, plus loin des bancs l'été au soleil, où je m'assieds volontiers. A une certaine distance des vieux qui reposent leur fatigue en bavardant par bancs entiers. Plus loin, presque au bout du sentier, une clairière avec ses joueurs de boules aussi infatigables que les enfants. Arrivé au terme de ma plongée sylvestre, je dépasse l'aplat couleur plâtre où se détache la statue de Victor Hugo au buste dévêtu et au bras fatigué par l'usure. Levant les yeux au ciel vers les corps dénudés d'inspiratrices angéliques. Pourquoi pas, c'était son quartier. Maintenant c'est le mien. Je me retrouve soudain avenue Henri-Martin bordée sur le large trottoir de marronniers à gauche et d'imposants immeubles de pierre grand style Belle Epoque à droite, avec larges marquises de fer forgé, balcons et colonnes, jardins enclos si joliment fleuris en toute saison. Grands appartements somptueux du début du dernier siècle, mon siècle. J'admire toujours d'en bas. Evidemment, j'aurais bien voulu pouvoir loger là moi-même, de préférence au dernier étage. Clair, lumineux, au moins 250 mètres carrés. Ce n'est pas dans mes moyens, j'en jouis par la vue, au passage. Sur le trottoir, des Mercedes et des BMW garées, parfois avec un chauffeur qui y sommeille. Quand on habite dans ces parages, on a tous les droits. Souvent des plaques diplomatiques. Quelques rares promeneurs qu'on croise de loin en loin. Parfois un adolescent en rollers qui file comme l'éclair à deux pas de moi. Quelques enfants sur leurs trottinettes. La partie favorite de ma promenade. Quand on approche du croisement avec la rue de la Pompe, l'avenue se peuple, on passe devant la mairie du XVIe massive et ventrue. De l'autre côté de la rue, l'avenue Henri-Martin devient l'avenue Georges-Mandel. Je continue tout droit, toujours sur le vaste trottoir, des marronniers à gauche, à droite les imposants immeubles, où se glisse parfois une construction plus moderne, mais de la même hauteur que les autres et qui respecte l'équilibre de l'ensemble. Bientôt on arrive au terme de tout parcours humain. Le mur élevé et délavé, délabré même par endroits avec des trous béants dans le revêtement de ciment, laissant apparaître les pavés de la muraille. Triste entretien que celui du cimetière de Passy, pour un quartier opulent. D'un coup je me retrouve sur la place du Trocadéro, je retrouve la vie qui pullule.

Le demi-cercle des cafés-restaurants, en face, presque toujours pleins, difficile de s'y asseoir en terrasse chauffée. L'esplanade du Palais de Chaillot, imposante, entre le Théâtre National et les Musées de la Marine et de l'Homme. Avec leurs colonnes rectangulaires, les statues de bronze doré. Il y a toujours là, qu'il pleuve ou qu'il vente, une foule affairée de touristes. Serrés, parfois en double file, contre le trottoir où j'ai fait halte. Les grands cars, *Cars rouges,* et les jaunes d'*Open Tour* à impériales découvertes, par tous les temps, remplies de passagers intrépides, les dégorgent trépidants ici sur le trottoir. Toutes les dégaines, tous les faciès, toutes les langues, Japonais, bien sûr, mais des Allemands aussi, Italiens, Espagnols, le monde entier afflue. Paris, le paradis des touristes. Au cœur de ce paradis, l'esplanade de Chaillot. Parodie de peuplement, rien que des jambes et des yeux rapaces qui viennent un instant s'emparer de l'esplanade et de l'inévitable Tour Eiffel en face. Avec des appareils de photos de tous genres, des caméras professionnelles de journaliste ou des déclics de téléphone portable. Tant mieux, tout cela est bon pour le commerce. Cela ne fait pas une population, juste une peuplade. Le seul lieu grouillant du XVIe. Le reste est vide. Quand je pense à l'affairement du IXe autour de ses grands magasins, l'avenue de l'Opéra, le Palais- Royal, en traversant la Seine, rive gauche pullulant à l'infini de vie, le VIe, le Ve. A côté, ce quartier est un désert, sauf ici et rue de Passy, course effrénée pour les fringues jeunes et luxe le samedi, parking toujours complet. Femelles de toutes classes, femmes de tout acabit lèchent les vitrines. Autrement, personne. L'été, la proximité du Bois de Boulogne est appréciable, malgré le nombre de véhicules qui se garent à la va-comme-je-te-pousse avec pare-chocs contre pare-chocs. Mon lieu de prédilection est le parc de Bagatelle. L'été, en semaine, les visiteurs se perdent entre la roseraie, les chemins tortueux et sinueux à travers les pelouses et les étangs artificiels, et puis d'admirables jardins à la française, alignement de fleurs multicolores et savantes. Un quart d'heure de voiture, je file le long de l'avenue de Suresnes, m'y voilà. Je trouve toujours à me garer. C'est mon territoire. Je commence à faire une heure de marche parmi les arbres forestiers d'un bout à l'autre de l'allée de la Longue Queue, de l'hippodrome de Longchamp aux abords de Neuilly. Je croise des cyclistes, quelques piétons, la plupart des hommes, jeunes et vieux, il y a même un petit bois où rôdent sans cesse des mâles, assis, debout, ils semblent guetter. Sans doute un lieu de rendez-vous gay. Je n'ai jamais été accosté, je n'ai pas le genre. Tout est paisible, tranquille. Chaque promeneur ignore totalement les autres. Un lieu idéal et estival. On s'y croit en de lointaines vacances. Après ma marche, je retourne à ma voiture, je sors mon fauteuil pliant confortable, j'emmène de la lecture, journal ou livre. Je vais passer deux trois heures à me récurer les poumons et me dépolluer la tête. Au moment où le parc ferme à 8 heures, j'ai l'impression d'avoir passé une journée en pleine campagne, nerfs détendus, Bagatelle, un parc pour moi idyllique. A part ça, je vous le concède, le XVIe est un quartier mort.

Mais pas pour moi. Bien sûr, après le travail du matin et le déjeuner, ma promenade postprandiale obligatoire, je la fais à ma manière. Cela dépend de la direction que je prends, de mon cheminement mental. Je puis remonter ma rue jusqu'au tabac à l'angle de la rue de la Tour. Si je descends la rue de la Tour sur ma droite, j'arrive au 22. C'est là que ma mère et mon oncle ont emménagé en 1905. L'immeuble blanchâtre n'a pas bougé. C'est là que ma mère a eu la grippe espagnole, entre la vie et la mort suspendue, jour après jour. Le docteur Diamant-Berger passait chaque matin pour essayer de savoir où la malade en était. Mon grand-père, ma grand-mère, mon oncle autour, la gorge serrée, le cœur battant, guettant le verdict du docteur. Vers le retour à la vie ou le départ pour la mort. Un matin, Diamant-Berger est ressorti de la chambre de ma mère, vieil ami de la famille, il avait les larmes aux yeux. Et en même temps, un grand sourire. *Elle est sauvée.* C'était le 11 novembre 1918. Une date qu'on n'oublie pas. VICTOIRE. Souvenir plus gai, mon oncle me disait qu'avant la guerre de 14, on l'envoyait chercher du lait frais à la ferme de Passy. Là où l'on trouve à présent le grand magasin de luxe Franck et Fils. Mais entre l'époque du lait de la ferme et celle de Franck et Fils, il y a eu la boutique des chapeaux Sools. C'était Solenski, un ami de mon grand-père, qui l'avait ouverte. Les chapeaux Sools ont essaimé dans tout Paris entre les deux guerres, avant de céder la place à Franck et Fils. Si je longe la rue de Passy jusqu'à la Muette et après jusqu'au Bois, je débouche sur les fortifs, qui enveloppaient tout Paris. Là je retrouve mon oncle, il me raconte en riant, *figure-toi que j'avais réussi à y emmener un jour Simone, la jolie coiffeuse de seize ans, elle avait mon âge. En 1916, on s'assied sur un banc tout près des fortifs.* Il s'arrête et rit de plus belle, de son gros rire qui remonte de sa poitrine. *Si je n'avais pas été plutôt déluré pour mon âge, si je n'avais pas arraché Simone à notre banc pour me fourrer avec elle derrière un buisson, ç'aurait été du joli. C'était l'époque de la grosse Bertha, un de ses obus est tombé soudain près de notre banc. Si je n'avais pas été un peu vicieux, nous étions tous deux bousillés.*

Quand je tourne au tabac du coin sur la gauche, rue de la Tour, je croise bientôt la rue Cortambert. Au 13, tout en haut, l'appartement avec balcon, nous y avons emménagé en famille, mes grands-parents dans les deux pièces de devant sur la rue, mon père et ma mère, ma sœur et moi dans les deux pièces du fond le long du couloir. C'était en 1938. J'allais au petit lycée Janson, en sixième. Là que j'ai commencé le latin avec un professeur dont j'ai oublié le nom, mais qui avait lui-même rédigé le manuel dont nous nous servions. Si je traverse ce qui était alors l'avenue Henri-Martin, je vois le préau de mon lycée, au croisement avec la rue Decamps. Devant trône la statue pensive du poète Eugène Manuel. Rue Decamps, c'est là où mon oncle avait, à l'autre bout, fumé sa première cigarette à 10 ans, en 1910. En face de notre appartement, rue Cortambert, il y avait un marchand de journaux chez qui j'achetais chaque semaine *Robinson,* et aussi des roudoudous rouges, délicieux à sucer, une fois sortis de leur petite boîte en bois, quand j'avais un peu d'argent en poche. Et je devais en avoir toujours un peu, car selon la loi paternelle, à chaque composition, « *si tu es premier, tu auras cent sous, si tu es second, tu n'auras rien* ». Comme j'étais souvent premier, en français, en latin, en histoire, pas en maths c'est sûr, j'avais en général assez d'argent de poche pour mes agapes. En 1939, 13, rue Cortambert, premier deuil familial. Ma grand-mère est morte. Interdiction formelle d'aller vers la porte de sa chambre pour ma sœur et moi. Tapi dans ma chambre, tenu à l'écart de ce décès qui a bouleversé tous les adultes, ma mère et mon grand-père en larmes, ma première expérience de la mort, ces pas feutrés, ce silence soudain. Je ne revois pas le visage de ma grand-mère, sinon par les photos qui nous servent de mémoire. Mais je revois avec une effroyable précision les varices de ses jambes violacées à cause de sa course incessante pour servir les tables du restaurant durant des décennies. Tandis que mon grand-père surveillait les opérations et discutait avec les clients. Jambes violacées, disparition subite, totale d'un être aimé, chaque fois que je passe devant le 13, rue Cortambert, j'ai comme une mémoire hantée. Je me dépêche de dépasser l'immeuble, je me hâte vers les plus joyeux souvenirs, je descends la rue Scheffer, arrive sur l'avenue Henri-Martin, je tourne à gauche, au croisement avec la rue de la Pompe, à droite, je longe la façade et l'entrée du grand lycée Janson, au 118, rue de la Pompe, je suis arrivé. Chez mon oncle, au cinquième étage, sur la plaque de cuivre de la sonnette, les initiales gravées H.W. Gravées en moi. Tapis rouge des marches, tringles dorées, j'escalade. Henri Weitzmann y a emménagé en 1932. Aussi loin que je me souvienne, il y a toujours le tapis rouge, les tringles dorées, la plaque de cuivre. Mon oncle n'a jamais plus bougé, de 1932 à 1989, quand il est parti pour le cimetière de Montparnasse. Moi qui n'ai fait qu'errer de place en place, j'admire cette force de la nature qui est demeurée solide comme un roc au 118, cinquante-sept ans. Sauf pendant la guerre, zone sud, Résistance, Montluc, la Gestapo de Lyon, Drancy. Il en est revenu par miracle, pesant 43 kilos comme un squelette. Je me rappelle son arrivée lumineuse jusqu'à notre cachette salvatrice de Villiers, 30, allée de la Gare, chez sa belle-sœur, en compagnie de sa femme, en août 44. Et puis revenu au 118, rue de la Pompe. Jusqu'à la fin. Incrusté ici cinquante-sept ans. Aussi loin que ma mémoire remonte, je monte chez lui. Je sonne, il m'ouvre. Je m'ouvre à lui. Joies et chagrins, je les partage avec lui, comme avec mon père et ma mère, lesquels dans les années trente lui rendaient régulièrement visite. Tante Paule souriante accourt, demande aussitôt ce qu'elle peut nous offrir. Hospitalité du cœur. Elle nous offre l'amour. C'est ça, la famille. On est entre soi, chez soi. J'ai habité aussi au 118, là, sur le balcon d'où l'on aperçoit le Bois et, par-delà, les collines vertes des banlieues sylvestres. Noëls d'enfance, nous en avions deux. L'un chez nous, rue de l'Arcade, avec mes parents et ma sœur, paisible intime. Chaussures déposées devant la cheminée de la salle à manger aux beaux meubles d'acajou. Toujours la boîte de dragées, les marrons glacés. Et puis les jouets. Journée de douce communion à quatre. Mon père pour une fois se repose, ma mère nous gâte de sa délicieuse cuisine, ma sœur et moi aux anges. Le second Noël, c'était la réception rituelle de Nouvel An chez mon oncle et ma tante, au 118. Porte ouverte à deux battants, c'est le tourbillon de famille, d'amis, de collègues, des dizaines de joues embrassées, le grand sapin tout décoré de Noël, ma tante était catholique, ce qui plus tard nous a sauvé la vie chez sa sœur. Victuailles, ripailles, rires, des paniers de belons, mon oncle gagnait beaucoup d'argent avant guerre, il recevait comme un roi, du foie gras et tout, je regarde les yeux écarquillés d'admiration, l'estomac prêt à engouffrer ces merveilles inconnues, c'est la fête. Avec mes cousins

Porthos et Aramis de la photo des Trois Mousquetaires, tous trois maintenant grandis. Je reprends la route, plus exactement la rue de Longchamp, au coin de la rue de la Pompe. Je descends jusqu'à l'avenue Kléber, je traverse, quelques pas encore. Sur la gauche, l'impasse étroite aux maisons basses, villa de Longchamp. Au 3, c'est là que mon grand-père et ma grand-mère, jeunes mariés, ont emménagé. Devait être aux alentours de 1890, peut-être un peu après. Ils ont eu un premier fils qui est mort en bas âge. Puis ma mère en 1898, mon oncle en 1900. Je ne peux pas aller plus loin, remonter plus avant. Ma promenade est finie. Je n'ai plus qu'à revenir, après avoir traversé la grande place grouillante du Trocadéro, entrevu la Tour Eiffel, pris par la rue Vineuse où mes grands-parents ont emménagé en 1936, au 11, avant de nous rejoindre rue Cortambert, au 13, en 1938. Je tournerai alors sur la rue de la Tour, je passerai devant le 22, où ma mère et mon oncle ont emménagé avec leurs parents en 1905. J'arriverai bientôt chez moi, rue Vital, en décembre 2008. Boucle bouclée, j'ai fait mon tour. Valse des années, la tête m'en tourne, mes pieds sont un peu fourbus, passés en une heure de marche du XIXe au XXIe siècle. Le XVIe est un quartier mort. D'accord. Mais peuplé de mes morts, il est vivant. C'est mon terreau ancestral.

Ma famille n'est pas seulement consanguine, elle est celle qui a versé son sang. Mon quartier, je sais, n'a pas toujours bonne réputation. Le fric snob, la haute, *j'habite le XVIe*, ça déclenche un petit rire, juste l'inverse de si je dis, *j'habite Saint-Denis,* le XVIe et le 9-3. On est aussitôt typé. Tant pis. Ma promenade habituelle, qui me vient spontanément dans les jambes, circulaire, de Paul-Doumer à la Muette, l'avenue Henri-Martin, jusqu'à la place du Trocadéro, et retour par l'avenue Paul-Doumer jusqu'à la rue de la Tour, juste une heure, si je n'ai pas de courses à faire. Ma promenade n'est pas seulement familiale, elle est historique. Au Musée de l'Homme, place du Trocadéro, Sartre, Leiris et d'autres ont essayé d'organiser un des premiers réseaux de Résistance. Il leur en a mal pris, une des messagères a été arrêtée et fusillée, le réseau s'est dissous. Mais il y en a eu d'autres, plus efficaces. Quand je prends l'avenue Paul-Doumer, après la grande place, le premier croisement est avec la rue Pétrarque. Puis rue Scheffer, rue de la Tour, Monceau Fleurs au coin de ma rue, et puis la rue Nicolo. Et puis tout chamarré le Schaumburg, villa au Bois, amateur d'opéra, poitrail bardé de médailles, revers avec une batterie de décorations, sa torpédo bien gardée, enfilant Paris en trombe, il sort de la rue Nicolo, EN L'AIR LE VON SCHAUMBURG, déchiquetés la bagnole et ses occupants, *Rayman* a lancé sa bombe au passage, ceux de l'*Affiche rouge,* si noblement chantés par Aragon, la bande d'immigrés qui ont fait l'honneur de la France, les M.O.I., avec à la tête Manouchian, 50 attentats, 150 morts, 800 blessés, le mouvement de Résistance le plus meurtrier de Paris, et deux mois après le VON SCHAUMBURG à Nicolo, à la rue Pétrarque, toujours au coin de Paul-Doumer, le tour à Julius Ritter, un S.S. spécialiste du S.T.O., expédiant les travailleurs en Allemagne, expédié, cette fois feu feu feu, flingué le JULIUS RITTER, groupe de feldgraus faisant l'exercice place de la Muette, une grenade cette fois, bouillie de Boches dans ces lieux, d'apparence si tranquille, bien sûr, nous avons aussi nos pertes irréparables, cinquante otages seront fusillés, et ici même, juste à l'entrée du métro Muette, le général Delestraint, arrêté en 43, le chef de l'Armée secrète dans la Résistance, déporté Struthof, puis Dachau, en 45 fusillé, quand je passe près du métro Muette, ce qui est à peu près tous les jours, je pense à lui, n'en déplaise à certains mauvais esprits d'aujourd'hui, je n'oublie jamais mon devoir de mémoire, de même quand je marche au Bois de Boulogne, jusqu'à la Cascade, j'honore mentalement, sentimentalement, la cohorte vaillante des fusillés à la Libération, et ceux, quand je passe par là en voiture, du Mont-Valérien, je n'ai pas seulement mes promenades familiales, mais militaires, patriotiques. Après la rue de la Pompe l'avenue Henri-Martin devient l'avenue Georges-Mandel, sur la plaque de métal bleu, en blanc *Homme politique français assassiné par la milice le 7 juillet 1944.* En sens inverse, j'allais oublier, avenue Raphaël, en face du jardin du Ranelagh René Bousquet, abattu comme le chien qu'il était avant son procès. Dans mon XVIe soi-disant si paisible il y a partout la guerre. A vrai dire, je n'y ai moi-même habité que deux ans dans mon enfance, 38-40. Si je n'y ai pas toujours vécu, c'est du moins là où je mourrai. Naturellement, ce n'est pas là qu'on m'enterrera. Sera à Bagneux. Même mort, je ne reste jamais en place. Toujours un homme de passage. De l'Ancien Monde au Nouveau, maintenant retour à l'Ancien, de continent en continent, de femme en femme, de ville en ville, de vie en vie. A présent je suis de retour au bercail. C'est là que j'attendrai, longtemps encore, je l'espère, la mort. Logé, bien sûr, en attendant rue Vital.

Pour l'instant, je souffle un peu. Planté là sur le trottoir de la place, devant moi les cars arrêtés, *Cars rouges, Open Tour,* derrière, la sculpture murale à la gloire des morts de 14-18, je me repose un moment, je pose les yeux sur les bâtiments en face. C'est à chaque fois la même chose. Le Palais de Chaillot, envahi de touristes qui le photographient dans tous les sens, en admiration béate, n'est pour moi qu'une énorme bâtisse, construite en 36, style mastoc, un mastodonte mussolino-soviétique écrasant l'esplanade, pompeux, pompier, malgré les élégantes maximes d'or de Valéry qui en ornent les frontons. Il s'efface, s'évapore dans les airs. Ce que je vois, c'est le VRAI Palais du Trocadéro, construit en 1878, pour l'Exposition universelle. Avec ses galeries arrondies, ses deux hautes tours, genre hispano-mauresque, fouillis de colonnes. Je sais, Proust ne l'aimait pas ni Michel Leiris, sûrement bien d'autres. Mais moi, je l'aime, je le révère. Démoli depuis des lustres, absent, il est pour moi le seul réel. Je l'habite depuis cinquante ans avant ma naissance. C'est l'oncle Derogy, adoré de ma mère et de son petit frère, qui a obtenu très tôt la concession du restaurant. L'ancien cuirassier de la charge de Reichshoffen contre les Prussiens en 1870, qui était de son métier limonadier, avait épousé Tante Marie, sœur de ma grand-mère bien avant 14. La cadette, Caroline, avait été expulsée par sa faille et catapultée à Paris, pour aider sa sœur aînée au restaurant. Caroline avait à Strasbourg commis l'irrémissible péché d'être tombée amoureuse d'un dentiste goy, au point de vouloir l'épouser. A Paris donc, et vite. Voilà comment je me retrouve ancré. Chez eux, chez moi. Dans les souvenirs de famille, devenus mes fantômes, mes fantasmes, ma fantasmagorie intime. Et comment mon grand-père, Max Weitzmann, est parti, on n'a jamais su exactement quand, pas plus exactement que l'année de sa naissance. Pas d'état civil précis dans les shtetls polonais de l'époque. De son ghetto de Dombrowicz s'est enfui un jour très jeune. Le reste, mystère. Comment il a réussi à gagner Odessa, à apprendre le métier de chapelier, à s'embarquer pour Constantinople, comme on disait alors. En attendant l'embarquement ultime pour l'Amérique, la destination finale des Juifs, leur destinée. Aucune idée, il n'en a jamais parlé. On n'a jamais su. Comment Max Weitzmann a réussi à faire assez d'économies pour s'offrir le Grand Voyage vers New York, à fond de cale. Et puis, une épidémie de typhus se déclare à bord, une quinzaine de passagers touchés, dont lui, on les débarque au premier port venu. C'était Marseille. Beaucoup sont morts, mon grand-père a survécu. Comment il a fini par atterrir rue des Rosiers à Paris. Miracle, là au moins on parlait yiddish. Il s'y est installé pour faire des chapeaux avec son ami Solenski, plus tard l'inventeur des chapeaux Sools. Comment il a rencontré ma grand-mère, qui vivait dans les beaux quartiers. Là on sait. Pour arrondir ses fins de mois, Max aidait à servir dans les bals, les fêtes ou les galas, les boissons qu'il ne buvait jamais lui-même. Ainsi qu'il a rencontré ma grand-mère, qui aidait aussi à servir, aux Valseurs Mondains, une festivité organisée par le limonadier Derogy, en plus de son restaurant du Trocadéro. La rencontre s'est terminée par un mariage en bonne et due forme, tout à fait cacher cette fois. La Belle Epoque. En 1913, Derogy disparu, sa femme Tante Marie, a confié la concession du restaurant à mon grand-père. De vagabond en Pologne et en Russie, de chapelier à Constantinople, voilà mon grand-père promu de la rue des Rosiers à la direction du restaurant du Trocadéro. Toujours plein, bourré de touristes anglo-saxons après la Grande Guerre. Et il leur a vendu tant de tours Eiffel et autres colifichets qu'il a fini dans les années trente par acheter deux grandes propriétés au

Vésinet et à Gargan. Le Palais du Trocadéro est au cœur du patrimoine et des légendes de la famille. Par ma mère et par mon oncle, il est inscrit au plus profond de ma vie. Enfants, aux matinées de gala, ils ont entendu les grands tragédiens, Mounet-Sully, Paul Mounet, de Max, dans tous les classiques. Ma mère se souvient même d'avoir vu une fois Sarah Bernhardt, au bout de ses forces et de son talent, ânonner *L'Aiglon.* J'ai engrangé tous ces récits dès ma plus tendre enfance. J'ai entendu, bouche bée, mon oncle imiter merveilleusement Mounet-Sully et la grandiloquence d'époque, dans *Horace, « Non, non, cela n'est point, on vous trompe, Julie, / Rome n'est point sujette, ou mon fils est sans vie ».* C'est peut-être pourquoi, à force d'entendre les échos répercutés des grands classiques, soixante ans après j'ai écrit ma thèse sur Corneille. Ma mère, elle, avait été sensible à de Max jouant Néron dans *Britannicus.* C'est peut-être pourquoi j'ai conclu mon roman *Fils* par une analyse en classe du récit de Théramène dans *Phèdre,* pourquoi j'ai écrit dans le même livre, *J'ai mes racines dans Racine,* alors que je déambule à travers Washington Square. Bien avant 14, ma mère et mon oncle m'ont fait revivre l'arrivée au Trocadéro de Buffalo Bill à cheval, l'apparition de Charlie Chaplin, avec des yeux écarquillés ils ont vu Isadora Duncan danser nue. Mon oncle, assis en cachette dans la salle pendant les répétitions, en était encore tout émoustillé. Voilà, c'est là, j'y suis, arrivé place du Trocadéro, je suis rendu à moi-même. De retour enfin à Paris, Où, à l'arrêt du Madeleine-Bastille, les dames à robes longues relevées au-dessus de la cheville, grimpant jusqu'à l'impériale, faisaient frissonner de plaisir mon oncle, en avant, hue, les chevaux s'ébranlaient. La rue de Longchamp était ornée de leurs crottins jusqu'à la grande remise, au croisement de Longchamp et de Kléber, à côté de la place. Sur le terre-plein du milieu, la musique militaire donnait un concert chaque dimanche. Après cinquante ans d'Amérique, je suis de retour au bercail.

Naturellement, j'ai aussi mon propre Vieux Trocadéro. Pas seulement celui de ma mère et de mon oncle. Souvent nous allions déjeuner, mes parents et moi, au restaurant familial, où mes grands-parents nous traitaient de façon royale. Je ne me rappelle plus ce que je mangeais. Mais je me rappelle fort bien certains desserts. Je n'avais pas droit aux fruits rouges, donnent de l'urticaire, selon le médecin de l'époque. Parfois, ma grand-mère me faisait signe, on allait sans faire de bruit jusqu'au comptoir, plus haut que ma tête. Mémé soulevait le toit de verre d'un grand bocal à gâteaux, elle en extrayait une tarte aux cerises, ma préférée, la posait sur une petite assiette. J'allais me régaler dans un coin. Maman faisait semblant de n'avoir rien aperçu. Je revois dans la grande galerie courbe, au fond une vieille bonne femme entourée d'un sac de chiffons, assise par terre. On la disait folle, on la tolérait. Elle ne faisait de mal à personne, mais à moi, elle me faisait peur, là-bas. C'était la folle de Chaillot, Giraudoux a dû aussi l'apercevoir. En sens inverse, la longue galerie s'étirait jusqu'à une salle étrange, très sombre. Je m'y aventurais le cœur battant. Une rangée de hauts cercueils noirs appuyés contre les murs, là où l'on rangeait les instruments de musique de l'orchestre. J'avais peur, mais j'étais invinciblement attiré. Les plus grosses des boîtes sombres devaient être pour les violoncelles. Et puis il y avait, pas loin de l'entrée du théâtre, une petite pièce où étaient remisées diverses fournitures. Parfois, en passant devant, une serveuse occupée à l'intérieur me faisait signe d'approcher et me tendait une friandise défendue, un chocolat, comme les fruits rouges, danger, crise d'urticaire. Tant pis, je remerciais et me hâtais de croquer ce don illicite. Parfois, non sans appréhension, je me glissais jusqu'à la salle des fêtes, immense, un gouffre. Les matinées de gala n'étaient pas pour moi, mais je pouvais imaginer les voix dans cette cathédrale. Dehors, il y avait la terrasse et ses balustrades de pierre surplombant les jets d'eau en bas. Un détail me revient tout à coup, mon père aimait bien le vin blanc Bedel, qui était servi avec un poulet rôti. En face du Palais, il y avait sur le trottoir un kiosque de fleuriste, où l'on achetait souvent un bouquet de fleurs avant déjeuner, pour nos hôtes. La dame demandait toujours, *comment va Monsieur Max.* Mon grand-père était une figure du quartier. J'étais très fier. Ça resurgit par fragments épars, sans lien, tous les débris du passé. Lorsque j'arrive à présent, au bout de ma promenade postprandiale, devant la place du Trocadéro, j'ai parcouru mes souvenirs.

Je m'arrête un instant, je contemple les lieux d'aujourds'hui. Le demi-cercle des cafés-restaurants d'un côté, l'esplanade de l'autre, ouverte comme une brèche entre les bâtiments massifs du Palais de Chaillot. Colonnes rectangulaires, statues de bronze doré. Ce n'est pas mon style, j'aimais mieux celui du Palais ancien, pour moi toujours là, bien que démoli depuis presque trois quarts de siècle. Enfin, le Musée de la Marine et de l'Homme, en face le Théâtre national de Chaillot sont quand même impressionnants, ils ont une fière allure. Il ne faut pas être injuste, toujours préférer le passé au présent. Seulement, il y a les monuments que l'on regarde et ceux que l'on habite. Que l'on peuple de détails immémoriaux. Au lieu de la statue de Foch sur le tertre central, il y avait le kiosque où, avant 14, la musique militaire venait donner un concert le dimanche. Au lieu de l'alignement des cars de touristes devant l'esplanade, il y avait l'arrêt des diligences à impériale. Le vaste centre d'affaires au coin de l'avenue Kléber, auparavant un siège de la Société Générale, était encore avant l'écurie où l'on remisait les chevaux des attelages. La Générale, j'ai connu. L'écurie, pas. Peu importe, les vrais lieux sont les lieux de mémoire. D'une mémoire qui vous englobe et vous dépasse. Ici, c'est chez moi. A moi. Les grands cars jaunes et rouges à impériale découverte, remplie de touristes par tous les temps, de pluie ou soleil, de gel ou de canicule, les dégorgent sans cesse sur le trottoir où j'ai fait halte un moment. Je me sens soudain très seul, famille disparue, plus d'attaches. Mes filles sont en Amérique à New York. Ma sœur en Angleterre à Birmingham. Et moi de retour en terre dépeuplée. Je glisse à la surface. Je ne m'enfonce plus nulle part. Il est temps de me remettre en route. La promenade d'une heure est finie. Plus qu'à remonter l'avenue Paul-Doumer. En passant devant le marché Franprix, je me demande s'il manque quelque chose, beurre, fromage. Non, mon Frigidaire est complet. A New York, j'avais mes traiteurs, *Garden of Eden,* sur la 14ᵉ Rue, des plats excellents, mais attention aux matières grasses. Les *crab cakes* sont succulents, mais frits. Le *cat-fish,* style *cajun* de La Nouvelle-Orléans, exquis, mais il faut les cuire. Comme la viande, les steaks, les *loin lambchops,* les côtes de porc fumées, qualité très supérieure à la bidoche parisienne. Il faut aussi les faire cuire, avec du beurre, là-bas, à 80 % de matière grasse. Maintenant j'ai la flemme.

Plus la flamme. Je me suis un peu éteint. J'achète des plats tout préparés, Fleury-Michon, Marie, Weight Watchers. Du prêt-à-manger, deux ou trois minutes au micro-ondes. Un hors-d'œuvre, un fruit. Je me suis refait des habitudes. Je les habite. Retour au logis.

C'est ma vie. J'y tiens quand même. Rabougrie, racornie, pas tout à fait un vieillard. Un vieux. 80 ans. Il faut bien que je m'accepte tel que je suis devenu, je n'ai pas envie de mourir. Je suis entouré de mes bouées de sauvetage. Sur la table de ma salle à manger, sur un grand plateau une douzaine de médicaments pour maintenir la machine. Cardiologue, urologue, ophtalmologue, orthopédiste. Je surveille le cœur, la coagulation, pas à l'article de la mort, mais la prostate qui grossit, à surveiller. Esculape met un gant en caoutchouc, me fourre un doigt dans le cul. La prostate est molle. Bravo. Je suis un dur. Pas de cancer. Le cardiogramme est correct. Une macula de la rétine m'empêche d'être opéré de la cataracte, la vue baisse. Mais pas trop, j'aperçois encore clairement le monde. Je suis des yeux les plis enfoncés dans les fesses rebondies, sous les jeans serrés, des jolies filles qui passent. Je lis sans lunettes, c'est l'essentiel. L'arthrose des pieds ne m'empêche pas de marcher une heure, parfois deux avec les courses aux quatre coins du quartier. La Camarde m'a si souvent frôlé, mais elle ne m'a pas eu. A Auschwitz, à ma kyrielle de maladies, j'ai survécu jusqu'à 80 ans. J'ai bien l'intention de survivre encore. Quelque temps, le plus longtemps possible. J'ai beau haïr l'âge qui m'envahit un peu partout, qui me grignote, j'aime la vie. Tant qu'elle est supportable, tant qu'elle recèle des joies. Sinon, salut. Deleuze s'est jeté par la fenêtre, Primo Levi dans la cage de son escalier. Pour moi, infaisable. J'habite au rez-de-chaussée. Je risquerais en sautant de me briser la colonne vertébrale, de devenir tétraplégique. Merci. J'ai mes lames de rasoir soigneusement rangées, étant sous anticoagulants, j'ai le sang fluide. Qu'à cisailler les veines du poignet, fini. Pas à la romaine, Pétrone sur l'ordre de Néron, Néron sur l'ordre du Sénat, couteau dans le ventre. A la japonaise, hara-kiri, seppuku, pas pour moi. Lames Gillette, c'est bien assez. Mais c'est en cas, au besoin, s'il fallait. Pas pour l'instant, pas pour tout de suite. Un jour. Le jour venu. Quand vivre aura perdu son sens, sera devenu insupportable, alors sans hésitation je trancherai, me retrancherai. Pour le moment, je ne suis qu'à la retraite. En retrait. Je n'ai plus mes activités d'antan. Je ne mets plus soigneusement une cravate bien assortie à ma chemise pour aller, vibrant d'attente, dans l'espoir de faire un bon cours sur Racine ou sur Molière. Avec le regard inspirant, aspirant de tous ces jeunes braqués sur l'éloquent professeur. Un peu ventriloque. Par sa bouche parlent les auteurs. Il y a toujours dans l'assemblée un ou deux frais minois, frimousses avenantes. Pas de la frime, il faut du solide. Les étudiants sont exigeants, ils ont raison. Surtout au prix qu'ils paient en Amérique. Plus de vingt mille dollars par an. Je n'ai plus de ces instants de communication, de communion intenses, que permet la vraie, la grande littérature. Du temps où j'enseignais Proust, tous glissant sur le flux sinueux des phrases, emportés par le flot savant du verbe, descendant au ralenti les toboggans des paragraphes, en un élan collectif. Quand c'est du théâtre classique, j'aime d'abord le jouer. Ma mère a suivi les cours du conservatoire Maubel dans sa jeunesse, voulait devenir tragédienne. Mais cela faisait de la peine à sa mère. Mon oncle a passé le concours de l'Odéon, reçu. Mais mon grand-père ne voulait pas d'un fils saltimbanque. Seul, mon cousin Serge est devenu acteur. Nous aurions tous aimé nous produire sur les planches, c'était planté au cœur de la famille. Sûrement Mounet-Sully et Paul Mounet au Trocadéro. En tout cas, si je ne suis pas sur les planches, je suis sur l'estrade, j'ai une salle et des auditeurs. Ce n'est qu'en lisant les tirades, en jouant le texte qu'on comprend vraiment le théâtre. J'ai besoin de faire passer la musique des vers par mon gueuloir, avant de pouvoir les commenter. C'est vrai d'un poème. De toute écriture littéraire, si elle n'est pas musique d'une voix interne, elle n'est rien. Je n'ai plus désormais le plaisir chaque semaine de me produire sur la scène des mots, de baigner moi-même et de faire baigner mon auditoire dans l'eau lustrale des vocables. Avant de devenir le magicien qui tire de son chapeau Aristote, Freud ou Sartre, Hegel ou Lacan, pour l'éclairage théorique de la scène, aussi nécessaire que l'éclairage électrique. J'ai toujours chéri mon métier de professeur-acteur, il me manque. Mais cinquante-deux ans d'enseignement me suffisent. Adieu à cette rencontre chaque année des faces nouvelles et avides venues des quatre coins, qui exigent chaque fois qu'on donne le meilleur de soi-même, qu'on s'élève, quand on célèbre, culte-culture.

Je me suis totalement rétréci. Laissé la plupart du temps seul avec moi-même. Cette compagnie est un peu terne, parfois me pèse. Je n'ai jamais été l'homme des foules ni des coteries, je n'ai jamais désiré une existence médiatique, je ne suis pas un *people,* comme on dit dans ce pseudo-anglais d'aujourd'hui. J'ai eu le plaisir et l'honneur de paraître autrefois dans *Apostrophes* chez Pivot, à France Culture ou ailleurs, lors de la sortie de mes livres. J'ai eu le prix Médicis en 89, le prix de l'Écrit intime en 98. De brèves apparitions sous les projecteurs de l'actualité. Interrogé par Michel Field, Laure Adler. Invité au Printemps de Cassis par Serge Koster. L'autofiction, qui fait florès, m'a forcé à sortir de ma tanière. J'ai participé à des colloques à droite et à gauche, en France ou ailleurs ces dernières années. Il y a même eu des colloques sur mon œuvre, à l'université de Leicester en Angleterre, à celle de Mulhouse en Alsace. Mais celui dont on s'occupe, qu'on sollicite, ce n'est pas moi. C'est *Serge Doubrovsky*. Le personnage que j'ai inventé s'est substitué à ma personne. C'est à lui qu'on s'intéresse, pas à moi. Ce moi-peau, ce moi-chair, ce moi qui va bientôt périr et pourrir. Je suis devenu en écrivant une fiction de moi-même. C'est cette fiction qui intéresse. Moi, je me retrouve seul, clés en main, devant ma porte.

rentré dans l'appartement
d'un seul coup la lumière déjà chiche
dehors   s'estompe   je plonge dans
une demi-obscurité   rez-de-chaussée jamais
de soleil qui pénètre illumine l'intérieur
quand je pense qu'à New York j'avais mes quatre
pièces plein sud   clarté vive du matin au
soir   le matin préparant mes cours dans
mon petit bureau sur la table contre la fenêtre
jamais allumé de lampe pour lire   ici
besoin d'allumer ma lampe pour lire dès le matin
quand je pense que là-bas à mon douzième
étage 12-M   ne plus y penser
tout cela est soudain fini   après vingt-huit
ans Washington Square n'existe plus   ne

suis plus ne serai plus jamais là-bas   je suis désormais pour le restant de mes jours ici   fin de parcours fin de vie   je suis refermé sur moi   enfermé   arrachements constants aller-retour un an sur deux organisés va-et-vient transatlantiques   tout en double   mes deux vies mes deux villes dans l'une mari dans l'autre amant   ici professeur là en congé d'écrivain   dès mon retour vers la France me précipitant chez ma mère au Vésinet   propriété de mon grand-père pour les week-ends avant guerre   devenue notre refuge de 40 à 64   la grille les neuf chênes à l'entrée   gazon allées les fleurs bégonias des années trente   odeur de campagne qui saisit à peine franchi le pas de la porte   nos deux mille mètres carrés le petit bois le potager jusqu'à la grille du chemin de fer   avant guerre pendant la guerre après   volatilisé dans un parfum nostalgique mélancolique de mémoire vingt-quatre ans de vie agreste effacés   mort de ma mère   tout s'engloutit dans les ténèbres   je referme ma porte   serrure les deux verrous mets la chaîne du signal d'alarme laisse la grande clé dans la serrure   dispositif parfait personne qui puisse subrepticement entrer   il fait bon après le ciel gris maussade dehors   je suis au chaud dans ma confortable prison

J'allume l'électricité. Je suis très injuste. Naturellement, ce n'est ni Le Vésinet ni l'appartement suspendu de Washington Square, d'où la vue balaie l'espace de la tour de City Hall aux confins du

New Jersey. Mais les pièces sont grandes, les plafonds hauts, cheminée de marbre dans la salle à manger. Logis d'époque, vieux style, la Belle Epoque. Immense miroir serti dans un beau cadre doré sur le mur du vestibule, deux autres dans la salle à manger. Beau carrelage à fleurs rouges sur fond bleu dans les toilettes, d'autres avec des dessins différents dans la cuisine ou la salle de bains. En dessous, un vaste cellier qui sert de buanderie, de cave, de bibliothèque, où je me chauffe à volonté avec ma propre chaudière. De quoi je me plains. Après un détour de cinquante ans, je suis de retour dans mes meubles, au quartier de mes aïeux. Simplement je n'ai jamais été chez moi nulle part. J'ai glissé toute ma vie d'un logement à l'autre. *I don't belong anywhere.* Des appartements sans appartenance. Des maisons qui n'ont jamais été miennes. Même dans le paradis du Vésinet j'étais chez mon grand-père et ma mère. La seule fois, la seule, où j'ai possédé ma demeure, c'était à Queens, dans la banlieue de Manhattan. Deux rangées de maisons de brique cossues, avec gazon devant et magnolias, pelouse et barbecue derrière. Là, ma chambre. A moi. Comme je l'ai aimée, les rayons de ma bibliothèque tout autour de mon lit, au-dessus la grande glace reflétant mon bonheur paisible. Fenêtre sud, soleil, jolis carreaux sertis dans leur résille de métal. Si tranquille pour méditer, lire, écrire. Ma femme avait sa chambre, sa vie à elle. On ne se gênait en rien. On dînait chacun à nos heures. Renée, sa chambre à côté de la mienne, Cathy en bas. Une existence enfin rangée. Ça n'a pas duré longtemps. Emménagé en 66. Maison aimée, j'ai malheureusement eu aussi d'autres amours. Dès 70, Rachel a chialé pour que je déménage, m'installe avec elle. Tenu trois, quatre ans. Mais à la fin, la perdre ou obtempérer. J'ai dû, forcé, contre mon gré. Saloperie de 113e Rue, à douze rues de Harlem. Je suis quand même revenu, les week-ends dans ma maison, dans ma chambre pour voir mes filles. Claudia avait filé chez son amant de l'époque. Samedi, dimanche, ce n'était que deux jours. Propriétaire deux jours par semaine. Cinq jours, locataire. *138-17 78th Road*, délogé de mon logis, vendu en 77, après mon divorce. Sans feu ni lieu. C'est le moment que Rachel a choisi pour me plaquer. 1978, c'était il y a trente ans. Retour à la case départ de mes ancêtres. Ma mère, rue de la Tour, 22, en bas. Mon oncle, rue de la Pompe, 118, juste après Janson. 38-40, nous tous juste au coin, rue Cortambert, 13. Ce chiffre nous a porté malheur. 3 septembre 39, France et Angleterre ont déclaré la guerre au Reich. Mieux vaut trop tard que jamais. On a décampé, après l'entrée des Allemands au Vésinet, plus en sécurité, croyait mon père, dans la propriété boisée en dehors de Paris. Fin du XVIe familial pour longtemps. Failli n'y retourner jamais. Déménagement Le Vésinet-Drancy, Drancy-Auschwitz. On a échappé de justesse. Je regarde une dernière fois si la porte est bien fermée, le signal d'alarme en place. En cette saison, il fait déjà presque nuit. Il faut fermer les volets. Obligatoire au rez-de-chaussée. Sept volets à fermer méticuleusement avec leurs barres de fer. Les ajuster pour que personne ne puisse les pousser. Pour repousser toute intrusion maligne. Ainsi enclos, je suis dans mon nid, chaud, douillet. Je suis à l'abri. Dans mon donjon.

Manteau, veste accrochés dans le cagibi, je vais droit à mon petit bureau. Je regarde ma montre, 6 heures 10. C'est bien, c'est mon heure habituelle pour rentrer, après les exercices musculaires, dans mon antre. Un des moments importants de la journée, je m'assieds dans le fauteuil ajusté à mon dos, j'allume ma lampe, je commence à lire *Le Monde*. En Amérique, c'était l'heure du *New York Times*. Cela me situe, centre-gauche, et qui aime les journaux bien écrits. Le *Times* est rédigé dans un anglais nettement différent de la langue parlée, avec souvent un vocabulaire truffé de termes d'origine latine, qui tranchent sur le vocabulaire anglo-saxon. De toute évidence, le journal s'adresse à des gens qui ont fait leurs études, voire même été à l'Université. *Le Monde,* au cours des ans, a changé de style et de présentation. Moi, je suis un ancien des anciens lecteurs. Je crois avoir commencé à le lire dès sa parution. « Les points de vue de Sirius » d'Hubert Beuve-Méry. Je me souviens des rez-de-chaussée littéraires d'Emile Henriot, plus tard de ceux de Poirot-Delpech. A la sortie de *L'Idiot de la famille*, deux pages d'interview de Sartre par Jacqueline Piatier. J'ai moi-même à son égard une infinie reconnaissance pour l'intérêt qu'elle a témoigné à mes livres et la diffusion qu'elle leur a donnée. Les billets de Robert Escarpit en première page. C'était la belle époque, cela me date. Autres temps, autres mœurs journalistiques. C'est normal. L'écriture châtiée, un peu hautaine, a cédé la place à des phrases plus parlées, des termes plus techniques, la langue polymorphe d'aujourd'hui retentit des échos du XXIe siècle. Parfois, je dois chercher certains mots dans un dictionnaire. J'avoue que j'ignorais tout à fait ce qu'était un « affacturage », quel sens peut bien avoir « un droit opposable ». J'ai cherché dans tous mes dictionnaires, même le grand Robert en six volumes, pas trace. Des mots à la mode, « plomber », « bluffer » n'y sont pas dans leur sens nouveau. Lire *Le Monde* chaque jour est mon exercice de français moderne. Le groupe socialiste « emmené » par x ou y, y ou x a « botté en touche ».

Et, bien sûr, x a fait un « tacle » à y. Le sport, plus précisément le foot s'impose dans la langue, même écrite, avec sa kyrielle d'anglicismes, vrais ou faux. Le foot français c'est le *soccer*. Le « footing », c'est *« a walk »*. On n'augmente plus, on *« booste »*. Au cinéma, on ne distribue plus les rôles. On fait du *« casting »*. Je ne parle pas des désastres de Wall Street, que nous valent des *hedge funds* et des *subprimes*. Le journal a suivi l'évolution de la langue. Nous sommes loin de Beuve-Méry ou Emile Henriot. Pour plus d'exactitude, j'ai à ma portée le Petit Larousse et le Grand Robert. Les jeux ne sont plus faits, « c'est plié ». Moi, je ne plie pas, je veux comprendre le franglais ou le verlan maghrébin d'aujourd'hui, mais j'écris dans ma langue maternelle. Celle de ma jeunesse. Quand je pisse, « je me paie une ardoise ». Si je me dépêche, « je fais vinaigre » ou « fissa ». Je vais au « boulot » pas « au taf ». Pour moi, les femmes n'ont pas leurs « ragnagnas », elles ont leurs « anglais ». Je suis attentif aux changements d'élocution, mais je garde la mienne. Seconde moitié du XXe siècle. Je n'ai pas de bac plus 3, 4, ou 5, j'ai eu une licence de philo et d'anglais, j'ai écrit un diplôme d'études supérieures sur le théâtre de George Etheredge, et puis agrégation, doctorat d'Etat, deux volumes obligatoires, l'un d'au moins cinq cents pages, l'autre peut n'en avoir que cent cinquante ou deux cents. Mais puisque j'ai quand même mis un pied dans le XXIe siècle, je dois me tenir au courant. De 6 à 7 ½, parfois 8 heures, lecture patiente et passionnée du *Monde*. Au cœur de ma vie recluse, c'est mon contact quotidien avec le reste de l'univers. Savoir où nous sommes, où nous en sommes. Guerres d'Irak, d'Afghanistan, camions piégés chargés d'explosifs, attentats kamikazes, combien de morts, de blessés, ici, là, adolescentes aspergées de vitriol au visage par des talibans en moto, interdiction aux filles d'aller à l'école, République du Congo, Darfour, Somalie, nous avons nos massacres, islamisme intégriste, nous avons notre fascisme, il a changé de continent, mais la sauvagerie est continue, pas d'arrêt pas de trêve, Israël Palestine, conflit sans solution, tragique, la tragédie, comme l'expliquait Hegel, n'est pas le conflit du Bien et du Mal, mais de deux Biens, Antigone a raison selon la religion de la famille, Créon selon la raison d'État, Israéliens et Palestiniens ont les mêmes droits sur la même terre, couper la poire en deux par un Mur ne résoudra pas la tragédie. Chaque fois que je m'assieds à mon bureau avec *Le Monde,* litanie de mauvaises nouvelles, l'économie mondiale en péril, récession, selon les uns, dépression selon les autres, plus de deux cent mille licenciés dans les parages de Wall Street, aucun nouvel emploi n'est possible dans le secteur de la finance et des banques, Renée *dixit*, m'a flanqué ça par téléphone, c'est un coup téléphoné, depuis la chute de Lehman Brothers, prévisible, dans une économie globalisée toute crise devient mondiale. Je passe à la section *Intérieur,* pas beaucoup plus gai, délocalisations, chômage, grèves, forcé, avions trains métro, dans tout ce qui bouge, ça s'arrête, seul moyen de se faire entendre, mais les frustrés, les victimes, pas ceux qui gouvernent, ceux qui voyagent. Je passe à la partie *Economie,* je suis informé des rachats, des faillites, baisse des PIB européens, vite à la section *Culture,* le mardi cinéma, films qu'il faut voir, musique qu'il convient d'entendre, je tourne les dernières pages, météo, le temps qu'il fait, qu'il fera, souvent pas mal d'erreurs, mais enfin ça donne une idée de l'évolution, peu de soleil, beaucoup de pluie, je regarde toujours la température qu'il fait à New York pour mes filles, je referme le journal, j'ai fait ma promenade obligatoire après déjeuner, j'ai fait à présent mon tour du *Monde*. Volets depuis longtemps fermés et barricadés, je me retrouve soudain seul, dans la pénombre.

Je dîne de plus en plus tard. Avec les nouvelles de France 3, à 22 heures 55 ou 23 heures, selon les jours. Quand c'est à 22 heures 40, trop tôt, je n'écoute pas. Je trouverai des nouvelles de l'actualité sur EuroNews, parfois sur CNN vers minuit, la *Situation Room,* on fait le point sur ce qui s'est passé dans la journée. Ou alors, la station israélienne que j'ai récemment découverte, Guysen sur 58, pas seulement des échos du Moyen-Orient, aussi « International » et « Europe », très en détail. Entre la lecture du *Monde* et le dîner, il y a un espace de deux, trois heures. Appels téléphoniques, bien sûr, mais aussi lecture livres. Ceux qu'on m'envoie, j'ai beaucoup aimé *Faux-Père* de Philippe Vilain, *Dans ces bras-là* de Camille Laurens, *Un brillant avenir* de Catherine Cusset et *L'Écorchée vive* de Claire Legendre. Le prochain bouquin, en anglais, c'est *Falling Man,* de Don DeLillo que j'ai acheté en juin lors de mon voyage à New York. J'ai envie de voir ce qui s'écrit là-bas aujourd'hui chez les auteurs de qualité. Je ne peux pas, malgré toute ma ferveur pour lui, m'arrêter à Philip Roth. La vie, la littérature continuent. Après, j'ai préparé *Portrait of the Artist as a Young Man* de Joyce. Ne l'ai jamais lu, il est temps de le faire. Le paradoxe, quand j'enseignais en Amérique, c'était le français, j'étais tout entier plongé dans la littérature française. Maintenant que je suis à la retraite en France, je vais pouvoir enfin reprendre contact avec la littérature de langue anglaise. C'est à l'image de ma vie. Tout chez moi tourne en son contraire, j'ai une existence oxymore. Bien sûr, avec le dîner, je tente de suivre à la télévision les nouvelles du jour que j'ai d'abord lues dans mon journal. J'ai besoin de suivre à la trace ce que devient le monde, de me raccrocher au présent, pour ne pas sombrer dans le passé. Vers minuit, j'ai à peu près épuisé les ressources d'informations sur mon écran. Alors, le moment est venu, j'ai encore un ou deux verres de vin à boire, le sommeil ne m'a pas encore gagné, il ne me fait pas encore fermer les paupières, assis sur ma chaise. Donc, c'est logique, je zappe le 88, chaîne *Histoire.* Presque immanquable, presque sûr. Les avions à hélices lâchent leurs bombes, les forteresses boches du Mur de l'Atlantique crachent leur feu, mais il y a le soldat américain qui grimpe les rocs à pic jusqu'à l'ouverture du blockhaus. Et là, vivement, une grenade par la fente de la fortif. Explosion, silence soudain de la mitrailleuse enfouie dans la casemate de ciment. Bravo, nous sommes en plein débarquement du 6 juin 44. Hauts faits des F.F.I. et des F.T.P., le Vercors, le plateau des Glières. Ça y est, j'y suis. Ma guerre, celle que je n'ai pas faite, mais que j'ai subie, est riche en situations inépuisables. Et puis Stalingrad, le feu incessant des obus dans le gel total de la terre. Von Paulus capitule, tournant décisif de la guerre, l'espoir change de camp. Les camps, justement. Il y a le choix, c'est illimité. Tantôt le classique Auschwitz, mais aussi Buchenwald. Et Maidanec. Treblinka, plus grand-chose à voir, effacé, c'était réservé aux détenus du ghetto de Varsovie. On y a gazé quand même quelques centaines de milliers de *Juden.* Mauthausen, plus en Pologne, on passe à l'Autriche. On visite. Les soldats russes aspergés nus par un tuyau d'arrosage au cœur de l'hiver. D'autres fois, on est dans la chaleur étouffante des campagnes d'Afrique, soldats en short, Rommel a beau, voilà Bir

Hakeim, vive Koenig, vive la France libre. En attendant qu'elle soit libérée. Ce sera certainement pour une prochaine émission. C'est ma chaîne. J'y suis enchaîné. Elle me ligote. Pas moyen de m'en sortir. C'est le meilleur moment de la soirée. Ce qui se passe maintenant, c'est là, mais distant, c'est loin. La Seconde Guerre mondiale, je suis dedans. J'y plonge tout entier. Tout entier prêt à me battre. L'arme au pied, larme à l'œil. Le malheur, je n'ai jamais combattu. Je n'ai pas versé une goutte de sang, ni le mien ni celui des autres. Ça me manquera, me marquera à jamais. Pas un Boche, un collaboche à mon actif. Que du passif. L'étiquette collée sur la plaque de mon père rue de l'Arcade en 38, *Sale.* L'étoile de honte portée deux ans sur mon poitrail, *Juif.* Rictus des lettres noires sur fond jaune. Quand j'étais jeune. Je ne me suis jamais vengé. Jamais vengé mon père. Futur spécialiste de Corneille, *dialectique du héros.* Tu parles de héros. Couru me cacher neuf mois sans mettre le nez dehors, dans la salle à manger de nos sauveurs. Mes cousins, eux, fils de mon oncle, ont été dans le maquis. Ils ont tiré, ils ont vu tomber des camarades. Ils ont combattu. Ils étaient plus âgés. Voilà ce qui me sauve, mon âge. Sur la photo des Trois Mousquetaires de notre enfance, j'étais le plus petit. Facile à dire, je n'arrive pas à me digérer. Je me reste sur l'estomac. *Montre-toi digne fils d'un père tel que moi.* Je n'ai pas été digne fils d'un père qui trimait quatorze heures par jour dans son atelier de tailleur militaire pour nous sauver. Mais en 40-44, j'avais 12-16 ans. Sur *L'Affiche rouge,* célébrée par Aragon, dans le groupe des immigrés juifs commandés par l'Arménien Manouchian, il y en avait d'encore imberbes. Ça me hante, ça me hantera toujours. J'ai honte. Insulté, vilipendé chaque matin dans la presse franco-allemande, *l'argent n'a pas d'odeur, le Juif en a une, négroïde, E.X.T.E.R.M.I.N.O.N.S.,* tous les jours ce vomi d'insultes dégueulé dans *Le Matin* ou *Le Pilori*, Philippe Henriot, un commando de Résistants, pas moi qui l'ai descendu. L'ordure Brasillach, pas moi qui l'ai exécuté, un peloton. Toujours les autres qui ont tout fait. Etouffé, me suffoque. Je ne cesse de faire chaque soir, en regardant la télé, cette guerre jamais faite. JE SUIS REFAIT. Englouti dans les ténèbres, regarde ma montre. Presque une heure. Il est temps d'aller me coucher. J'éteins tout ce tintamarre.

Au matin, réveillé par les vibrations, j'ouvre l'œil. Evidemment, je ne pourrais pas être réveillé par l'oreille, comme tout le monde, réveil électrique. Je ne l'entendrais pas sonner. J'en ai un qui ne sonne pas, mais qui vibre à l'heure dite sous mon oreiller. Légères secousses, ce n'est pas traumatisant. Il faut maintenant à mon tour que je me secoue, que je ne reste pas les yeux mi-clos, que je me lève. D'un bond hors du lit. Neuf heures, il est temps. Je me lave le visage, les mains, j'enfile ma robe de chambre rouge, tissu écossais, ancienne mais chaude. Sans hâte. Il faut bien qu'il y ait certains avantages à vieillir, puisqu'il y a tant d'inconvénients. Je n'ai pas à courir pour aller au travail à l'heure. Plus de cours à préparer, de textes à relire, de notes à compulser. Libre de contraintes, je suis à la retraite. Hors jeu. Mon temps m'appartient, je peux prendre mon temps. Pour mon petit déjeuner, pour faire ma toilette, m'habiller. Mais j'ai un besoin pressant. A mon rythme. Sans me dépêcher, j'ai un ou deux coups de téléphone à passer, inévitables. J'appelle tous les jours, sauf le week-end, ma fille Cathy au téléphone à midi pile. A New York, il est six heures du matin, temps qu'elle se lève. Cela maintient un contact quotidien, intime, jusqu'au prochain voyage, le mien vers l'Amérique, le sien vers Paris. Ma fille Renée, elle m'appelle quand elle veut, quand elle peut, je ne connais pas exactement ses horaires, elle connaît les miens. Et maintenant, au travail, c'est mon tour. Je me dirige vers mon petit bureau. Un vrai bordel de livres qui débordent des deux bibliothèques murales sur la gauche, s'entassent pêle-mêle dans un désordre absolu sur le marbre de la commode en face. Sous la fenêtre s'accumulent des lettres, des paperasses, des coupures de journaux dans des cartons, des cartables de cuir, datant du passé où j'enseignais. Ma table de travail est si encombrée que je ne sais plus ce qu'il y a dessus. Dans ce fouillis inextricable il y a une rangée d'ouvrages, maintenus en équilibre par un empilement de dictionnaires. Pas la moindre idée des titres. Mais au milieu de ce micmac, il y a deux indications précises, impérieuses. Deux directives, deux directions. Accrochées aux murs. Sur celui qui encadre la fenêtre, il y a une grande, superbe photographie achetée au Musée Jacquemart-André, juin-septembre 1971, *Proust en son temps.* Fleur à la boutonnière, veste noire impeccable et non moins impeccables chemise et nœud-papillon blancs. Portrait de Jacques-Émile Blanche. Moustaches et cheveux noirs, très fins, intelligence suprême des yeux, du visage à l'ovale parfait. Très beau. Le génie en plus. Sur la paroi au-dessus de la commode écrasée de bouquins, autre grande photo, *Freud's analytic couch and chair, S. Freud Society / Vienna.* Le divan avec son épais couvre-lit brun tacheté de teintes claires, de même couleur que le tapis. Et deux oreillers où poser la tête, deux autres pour appuyer le corps. Le fauteuil du Maître. Décor idoine. L'autre génie. Ils s'ignoraient l'un l'autre. Mes dieux tutélaires. En dessous, dans un cadre infiniment plus modeste, le diplôme *Serge Doubrovsky, Commandeur de l'Ordre des Arts et des Lettres, fait à Paris, le 15 décembre 2000.* Un minuscule disciple. Ce sont mes deux guides. Et maintenant au travail. Sur le tapis d'Orient m'attend mon antique siège de bureau aux accoudoirs de chrome, dont les revêtements de plastique gris sont déchirés par l'usure. Pour les cacher, une couverture orange a été placée, qui se déplace sans cesse. Ce siège est éminemment inconfortable, mais il est à la bonne hauteur. A la hauteur, il faut que je le sois moi-même. Mon rendez-vous quotidien avec moi. En face, sur la table, ma vieille machine à écrire. Elle est vieille, comme moi, elle est d'un autre âge. M'attend aussi, c'est le moment attendu de la journée. Le plus important, le quintessentiel. La vraie balade, celle qui permet de respirer à l'air libre, ce n'est pas celle des pieds l'après-midi dans les rues. C'est celle de mes doigts le matin sur les touches. Je m'assieds, me cale sur mon fauteuil branlant, je m'ébranle. Je vais me mettre dans un instant à taper. Me taper la joie immense, unique, de la journée.

Je tire la manette, le courant fait ronronner le moteur de ma machine à écrire. Ecrire QUOI. MOI. La machine à M'ÉCRIRE. Pourquoi. Parce que j'en ai le besoin pressant, l'envie irrésistible. Je veux transformer mon existence exsangue, mon corps avachi en corps d'imprimerie. En écriture vivante, vibrante. Electrique, justement comme ma machine. Telle est mon ultime machination. Pour tous les souvenirs cuisants ou honteux, pour les pertes douloureuses et insupportables. Pour les avanies des années quarante, l'étoile jaune sur la poitrine, sur le cœur, l'extermination prévue et promise, dans ma jeunesse. Pour la dégradation, la dégénérescence qui s'annoncent et me frappent, dans ma vieillesse. Sur toutes les guerres perdues de ma vie. A présent, J'AI MA REVANCHE. Sur tous mes chemins de croix, c'est mon remède. Mon viatique. Sur toutes mes plaies, écrire met un baume. C'est mon dictame, intime et ultime. Difficile à expliquer. C'est à ras des mots. J'y trouve joie, comme un musicien dans les notes, un peintre dans les couleurs. Si je vérifie une expression, la simple orthographe dans un dictionnaire, je suis perdu. Éperdu, je ne puis m'empêcher de consulter la définition de tous les vocables environnants. Il y en a tant que je ne connais pas, dont j'ignore le sens. Je ne peux pas ne pas avaler la page entière du dictionnaire, comme un ivrogne ne peut pas ne pas vider sa bouteille, une boulimique ne peut pas ne pas se gorger de mets. Moi, de mots. J'apprends tous ces mots avec émotion. Mais il ne suffit pas d'avaler, il faut ensuite restituer. Pisser l'encre. Ecrire, pareil, c'est physique, besoin de jaillir hors de soi sur la page. Mais pas n'importe comment. Il y a des choix fondamentaux. Composer une histoire factice, un récit imaginaire, avec des personnages, des intrigues inventées de toutes pièces, ce qu'on appelle d'ordinaire un roman. Cela ne m'intéresse pas du tout. Des êtres fictifs entrecroisant les fils de destins préfabriqués, c'est pour moi sans attrait. Un roman, oui, mais un *roman vrai,* où ma personne est mon personnage. Un *self-roman.* Pourquoi pas une autobiographie. Non, c'est un genre réservé aux gens célèbres, qui ont façonné l'histoire, y ont laissé des traces indélébiles. Chefs de guerre ou d'entreprise, grands hommes en tout genre, politique, artistique. Être Rousseau ou Chateaubriand ou Goethe. Moi, je n'ai commis aucun exploit d'épée ou de plume. Je n'ai aucun haut fait à mon crédit. Je n'intéresse personne. Justement, il s'agit de me rendre intéressant. A mes propres yeux, pour moi-même. Ma vie me pèse déjà si lourdement, s'évanouit aussi de minute en minute si totalement. Il faut que je la rattrape, que je la reprenne en main, que je la domine, que je la façonne, que je sois son Jugement Dernier. Que je devienne mon Créateur. Pas d'autre Dieu ici que moi-même. L'individu lambda que je suis, si je veux qu'il devienne intéressant, il faut en trouver le moyen, le truc. Pas un truquage, une vraie raison. Freud avait la sienne : « *Depuis que j'ai entrepris d'étudier l'inconscient, je m'apparais à moi-même très intéressant* » (Lettre à Fliess 3-12-1897). Voilà, j'ai trouvé. Moi aussi, depuis que j'ai découvert mon inconscient en analyse, je me trouve très intéressant. Merci à Freud, par l'intermédiaire de son représentant Akeret. Freud encore, dans une autre lettre à Fliess : « *Je t'ai dit que mon plus important patient était moi-même* ». Ma personne est mon plus important personnage. A mesure que ma propre histoire m'était révélée, cela m'a incité à l'écrire. Comme Freud écrivait ses fameux cas. Pas un hasard si j'ai appelé mes premiers balbutiements *Monsieur Cas.* Tombé pile : mon analyse s'était déroulée en anglais, je n'ai plus qu'à la traduire, la trahir en français. Je la reprends à mon compte. D'auteur. J'expulse, épuise Akeret dans quelques remarques anglo-saxonnes, je deviens l'analysant et l'analyste. Par la vertu de l'écriture, je deviens le maître d'œuvre. Sacrée trouvaille, elle me consacre. Je ne suis pas un instant guéri de ma névrose, elle est encore, au désespoir de mon analyste, renforcée. Mais moi, j'ai trouvé le moyen de me revancher de mes faiblesses, de mes manques, en les étalant, en les couchant pas seulement sur le divan mais sur le papier. La voie est désormais ouverte. Les terreurs de l'An Quarante, l'étoile jaune, mes échecs, mes deuils, mes faux pas, mes turpitudes, tout est non pas aboli, mais récupérable, le geste de l'écriture les dépasse et les transmet à autrui. Car, attention, il ne s'agit pas du tout de tenir un journal intime, d'égrener un chapelet d'états d'âme, d'accumuler les notations de mes faits et gestes, de mes humeurs ou réflexions au jour le jour. Ce souci m'est totalement étranger. Quand je m'assieds tous les matins à ma table de travail, les doigts sur le clavier de ma machine, ce n'est pas pour me retrouver seul avec moi-même, pour jouir de ma quintessence et me réserver le plaisir de me relire. Je n'écris pas pour moi, mais pour un éventuel et nécessaire lecteur. C'est vrai, je raconte tout ce qui fait ma vie, à tous les niveaux, mais pour la partager avec un autre.

Comme je l'ai pendant des années partagée en face à face avec Akeret. Mais c'est radicalement différent. Je ne cherche en rien, en racontant ma vie, à me guérir, à m'améliorer ou m'amender. Je ne désire ni absolution ni admiration. Sympathie, peut-être, en tout cas, empathie. Certains critiques m'ont accusé de narcissisme, de nombrilisme, de moi-moiisme. Un ego à la Angot. C'est tout le contraire. Naturellement, cet ego existe. Chez tout le monde. Le narcissisme est la chose du monde la mieux partagée. Mais le mien est à la fois énorme et faible, dévorateur et pusillanime. Tout seul, j'inexiste. J'ai besoin des autres pour exister. Ça a commencé avec ma mère, ça a continué depuis. Je ne suis que par autrui. L'inverse de Narcisse, ivre de lui-même, ou alors Narcisse inversé. Besoin, nécessité, pour me sentir exister, de l'Autre : d'une femme dans ma vie, d'un lecteur pour mes livres. D'une lectrice. Qui se met, en me lisant, à ma place. Ainsi je ne suis plus vide. Je suis plein à éclater. Mais il y a à cela une condition absolue. S'il y a le fauteuil et le divan illustres accrochés et encadrés derrière mon dos, assis à ma table de travail dans mon petit bureau, il y a sur ma droite, accroché et encadré aussi, visage blanc d'une indicible finesse, comme la moustache, l'autre Maître. Après le maître à penser, le maître à écrire. *Marcel Proust en son temps.* Si un écrivain veut qu'on le distingue, il lui faut une écriture distincte. *« Chaque écrivain est obligé de se faire sa langue, comme chaque violoniste est obligé de se faire son "son". Je ne veux pas dire que j'aime les écrivains originaux qui écrivent mal. Je préfère – et c'est peut-être une faiblesse – ceux qui écrivent bien. Mais ils n'écrivent bien qu'à condition d'être originaux, de faire eux-mêmes leur langue »* (Lettre de Marcel Proust à Madame Emile Straus, janvier 1908). Règle absolue, commandement suprême. Je m'y conforme radicalement. Je change de langue quand je parle et lorsque j'écris. Je parle comme tout le monde, discours classique pour les cours, tours familiers dans les conversations privées, rien qui me soit particulier. Si j'écris, je veux dire littérairement, tout change. A l'inverse de la phrase proustienne, qui s'étire dans les complexités infinies de la syntaxe et tisse un texte aux modulations les plus subtiles, moi, la syntaxe, il faut que je la casse. Que je concasse le langage, que je brise l'ordonnance normale des mots. Allitérations, assonances, consonances, jeu des sons et du sens, paronomase, parataxe, le texte se tisse hors grammaire par les attirances ou répulsions du verbe. A chacun de trouver sa fameuse petite musique, dont parle Céline. Comment j'ai trouvé la mienne, je n'en ai aucune idée. Elle s'est imposée à moi, irrésistible. Le Nouveau Roman bouleversait les codes de la narration, mais en laissant intact le discours narratif. Il me faut un chambardement général, non seulement des consécutions imprévisibles du récit, mais une langue fracturée, refaçonnée, de la ponctuation ou pas. Des blancs qui trouent le texte. Ou des phrases sans liens syntaxiques. Pratiquement toujours au présent, même quand il s'agit d'un lointain passé. Pourquoi cette écriture si spéciale et pour moi impérative. Qui cesse, s'évanouit dès que j'écris une lettre ou prends des notes. Qui dénote quoi. Je ne sais pas. Peut-être influence dans le langage des associations d'idées en psychanalyse, laisser les vocables s'attirer les uns les autres, par ressemblance ou contraste. La langue française est ma vraie, ma seule patrie. J'ai eu des rapports complexes, ambivalents avec la France. *Entrée interdite aux Juifs et aux chiens.* Enseignement du français, mais en Amérique ou pour l'Amérique. Pendant plus de cinquante ans. Tout cela n'est qu'hypothèse, supposition. Malgré les savants commentaires que j'ai pu publier dans des revues ou développer dans des colloques. Mais enfin, la réalité est là. Je m'assieds le matin à ma machine, dans le fauteuil de chrome brimbalant, doigts sur les touches. C'est LE MOMENT de la journée. LE VRAI. Celui que j'attends. Rendez-vous quotidien avec moi-même. Pour communiquer avec les autres. Pour qu'ils mettent leur tête à l'intérieur de la mienne. Qu'on s'accouple seul à seul par écriture transformée en lecture. Fini l'Amérique, l'errance infinie des routes, les déménagements de ville en ville, de poste en poste, de femme en femme. J'ai eu aussi l'éros baladeur. Je tire la manette, le moteur vibre. Le moment du retour sur soi. Le moment du retour chez moi. En France. Dans la langue française.

SCÈNES

Paris est mort le quartier mon quartier je lui appartiens il m'appartient de la Concorde jusqu'au petit lycée Condorcet rue d'Amsterdam chaque avenue boulevard Haussmann ou autre chaque rue chaque ruelle chaque coin et recoin le VIIIe mon chez-moi depuis ma plus lointaine enfance envolé disparu comme par miracle le miracle est ici malédiction me frappe au cœur m'oppresse la poitrine on se regarde tous les quatre sans parler que dire mon père après une nuit passée à réfléchir a dit *on reste* on reste seuls dans l'immeuble il n'y a plus d'autres occupants que nous la rue de l'Arcade s'est éteinte la pharmacie Mounier-Blanchard avec ses grands bocaux de verre à l'intérieur en vitrine en face le grand bâtiment des wagons-lits Pullman l'armurier à côté avec toutes les sortes de couteaux de coutelas de fusils de chasse les carabines je les contemple chaque fois au passage tous les tabliers métalliques des boutiques si familières ont été rabattus baissés la France a baissé pavillon n'en crois pas mes yeux dans ces rues personne si on ouvre la fenêtre pas un bruit une chape de plomb un invisible linceul sont tombés sur la ville *Paris ville ouverte* sur les affiches LE GOUVERNEUR MILITAIRE INVITE *Héring* remplacé par Dentz tout est prêt pour la reddition la honte et la peur m'envahissent l'envahisseur est là à nos portes et nous on les ouvre obligeamment qu'est-ce qui va arriver nous arriver la tante Rachel ses deux fils mes cousins Marc et Charles se sont réfugiés chez nous ils dorment dans l'atelier nous rejoignent rien à dire à se dire silence étouffant il fait si chaud en ce début de juin qu'on a ouvert la fenêtre tous les fuyards qu'on a vus de cette fenêtre passer en hordes hirsutes ballots dans des charrettes valises sur les toits de voitures d'autres à pied sans rien jour après jour morne vidange le vidage total d'égouts me dégoûte un pays qui fuit la trouille au ventre mais bien sûr nous aussi nous tous ici on meurt de peur la veille je suis descendu dans la ruc avec ma mère tenter de faire nos dernières commissions s'il restait encore par miracle une boutique ouverte pas tout à fait vide on est descendus jusqu'au coin du boulevard Haussmann passant devant la rue Pasquier on n'a pu s'empêcher d'aller jeter un furtif coup d'œil sur notre gare Saint-Lazare celle de nos week-ends dans la propriété du Vésinet si heureux en s'approchant on a été suffoqués pas un piéton pas un chat notre gare toujours si grouillante devenue prison les deux grandes grilles de l'entrée sont fermées par des chaînes on a vite fait demi-tour repris le boulevard Haussmann je sais où ma mère veut aller veut tenter notre dernière chance place Saint-Augustin au coin de Malesherbes et de La Boétie notre unique chance la grande boutique de Félix-Potin encore ouverte nous nous précipitons à l'intérieur les étagères dépeuplées presque nues souvenir distinct lumineux *une longue boîte en fer de pâté* je la revois encore on n'en a jamais acheté de pareilles à la maison m'en lèche les babines deux trois boîtes de jambon Olida des biscottes plus rien les murs à lécher nous sommes les derniers clients on a juste eu le temps d'entrer maintenant ils ferment PARIS VILLE OUVERTE PARIS VILLE FERMÉE *vite mon petit il faut rentrer* nous avons presque couru jusqu'à la maison 39, rue de l'Arcade notre refuge au troisième que va-t-il arriver aux non-fugitifs ceux qui ont eu le courage le culot la folie de rester d'attendre quoi mon père a dit *on reste ici je puis toujours travailler gagner notre vie* et si ce qui allait gagner c'était notre mort sous les yeux dans ma tête j'ai cette ineffaçable image du destin la cour de Rome gare Saint-Lazare vide personne dedans les grilles refermées avec des chaînes et nous à quel destin enchaînés

Désespéré. Que puis-je faire. Je n'ai plus qu'à plier bagage. A m'en aller. Les cours de second semestre sont finis. Un an, j'ai attendu sa réponse. C'est pour l'entendre que je suis venu jusqu'ici. Dans la maison si accueillante de 544 Quinobequin Road, à côté du bras mort de Charles River. A l'autre bout du monde. Les maisons de brique ou de bois cossues autour des collines, avec leur piscine sur le devant, parmi les pelouses épaisses, les buissons d'arbustes, le jaillissement des fleurs. J'aime Waban, cette terre d'asile, si opulente, qui diffère de tout ce que j'ai connu, vécu. Mais ce n'est peut-être qu'un rêve, un fantasme idyllique. Je dois connaître la réalité. Savoir une fois pour toutes. Si elle va m'épouser ou pas. La décision est la sienne. Moi, je suis prêt à l'épouser à la seconde. Cela fait maintenant deux ans qu'elle est entrée dans ma vie. Maintenant je voudrais qu'elle y reste. Mais moi, je ne peux pas rester si elle ne me donne pas l'ultime réponse. Paris m'attend, et ma mère, ma sœur. Et notre vieille et si chérie maison du Vésinet, malgré les mauvaises herbes qui poussent sous le gravier. Nous n'avons pas les moyens de l'entretenir, comme mon grand-père avant guerre. Mais il y a toujours les neuf chênes au milieu de la pelouse sur le devant, le petit bois, le potager, buanderie, poulailler, maison du gardien, toute la terre qui nous a nourris pendant la guerre. J'y ai toujours ma chambre au premier, avec mes livres, mon lit, avec quelle joie retrouvée chaque week-end, quand je revenais d'Orléans et de son lycée. Je fais sonner la cloche très fort, j'entends ses pas qui traînent sur le gravier, *j'arrive, mon petit.* Elle défait la chaîne des lourdes portes du jardin, ouvre, je reçois au cœur le sourire de ma mère et ses baisers. Seulement, je ne suis plus à Orléans, mais à Boston, les classes à Harvard sont terminées. Je dois savoir, ma mère ou ma femme. L'une ou l'autre. En cette fin juin, il faut que ma vie se décide. Ou je reste enseigner la littérature française en Amérique, ou je retourne enseigner la littérature anglaise en France. Claudia est infiniment désirable. Ses yeux bleus au regard aigu, sa chevelure blonde soigneusement coupée pour lui faire un visage ravissant, corps souple, jambes minces, mon type idéal à l'époque. La parfaite beauté aryenne, qui se trouve être juive. Des parents si hospitaliers dans leur splendide demeure où ils me logent, depuis la fin des cours à Harvard. Mais la situation ne peut pas continuer ainsi indécise. Jeff et Cindy ont bien dit à leur fille qu'ils me gardaient sous leur toit, dans la plus belle pièce, *the canopy room,* avec son magnifique baldaquin, à une condition. Que je devienne bientôt leur gendre. Claudia doit tirer la situation au clair. Et tout est clair, sauf la situation. Deux ans que nous nous sommes rencontrés à Paris, boulevard Raspail, *American Artists and Students Center.* Je l'ai draguée, comme on ne disait pas encore à l'époque, je l'ai « soulevée » sans mal. Elle voulait pratiquer son français, puisqu'elle était venue pour cela en France. Je voulais pratiquer mon anglais, puisque je devais passer en juin l'agrègue d'anglais. Il a fallu que j'aille la chercher et la ramener le soir dans la famille chez laquelle elle logeait rue de Rennes. Pendant de longues semaines. Ce n'a pas été facile, j'ai dû me donner du mal, pratiquer assidûment un bagou bilingue. Enfin ce qui devait arriver est arrivé. Dans ma chambre, à l'École normale. Fini les dortoirs de 47, qui m'avaient fait fuir au Vésinet. Un bâtiment flambant neuf, où chaque agrégatif avait sa chambre. Dans la mienne, nous avons passé de bienheureux moments. Je sais, il y a eu le drame, *I am pregnant,* l'air bouleversé, pas son air calme habituel. Juste vers la fin de son séjour, sans le vouloir je l'ai mise en cloque. Du coup, elle en a sa claque de nos amours. Absurde, c'était à elle de savoir si et quand. Moi, quand je suis dans la chatte, après un bon moment j'éjacule. Normal, sans penser à mal. Elle le prend mal. A elle de prendre ses précautions, une fille moderne. Je lui fais en bonne et due forme la proposition. *Je t'épouse et on garde le gosse.* Refus net, catégorique. Elle doit compléter sa *senior year,* dernière année à son université. B.A. avant d'avoir son M.A. La maîtrise en sciences-po, avant de préparer son doctorat ensuite. Un polichinelle dans le tiroir, elle en était devenue maboule. Elle toujours si rationnelle, impossible de lui faire entendre raison. Moi, au fond, ça m'arrangeait. Si on garde le baigneur, je garde la mère. Je commençais après tous ces mois à y tenir. Minois si joli, intelligence si fine, qu'est-ce que je veux de plus. Et puis à 28 ans, j'en ai marre de courir à droite et à gauche un incessant guilledou. Commence à me déranger, temps que je me range. Elle ne l'entend pas de cette oreille, trépigne de colère, cris et larmes. J'ai fini par m'attendrir, fini par lui promettre de faire éradiquer l'intrus de son utérus. Interdit en France, surveillé de près.

La pharmacie qui fait le test, s'il est positif, doit le déclarer à la police. Heureusement, pendant mon trop long séjour en sana, j'avais lié connaissance avec le personnel médical, médecins, étudiants en médecine. L'un d'eux m'a recommandé une pharmacie discrète, test positif, mais tu. J'avais des amis qui étaient passés par là, qui m'ont indiqué une adresse en Suisse. Mais avant l'intervention, il fallait toutes sortes de salamalecs devant le juge, se tordre de douleur, assurer que sa vie en serait brisée. Claudia a bien joué son rôle, pleuré à chaudes larmes, le juge a autorisé. A moi ça m'a coûté cinquante mille francs, presque le double de mon traitement mensuel. J'ai dû racler mes fonds de tiroir. A peine de retour à Paris, Claudia est repartie chez ses parents à Boston. Malgré cet épisode pénible, elle devait tenir à moi, comme je tenais à elle. Échange régulier de lettres tout l'été, et puis toute l'année universitaire 54-55, elle à Cornell, moi à mon lycée d'Orléans. Une correspondance fournie, devait correspondre à nos sentiments réciproques. Pour l'automne 55, j'ai obtenu un poste d'*instructor* à Harvard. Coup double. La plus prestigieuse université d'Amérique, la plus proche de Boston. Et de Claudia, qui devait y poursuivre ses études pour un doctorat. Tout semblait s'arranger au mieux entre nous. Ses visites à mon petit appartement de Peterborough Street, mes visites nombreuses à la maison de ses parents à Waban, une des banlieues les plus chic de Boston. J'étais vraiment devenu très attaché à Claudia. Une année universitaire à Harvard de rêve. Et renouvelable encore une fois, selon mon contrat. Mais aussi selon la décision de Claudia. Ses parents, si hospitaliers à mon égard, l'ont sommée de prendre une décision. Je lui ai moi-même, après deux ans de relations tendres, épistolaires et autres, demandé de faire un choix. Oui ou non, conjungo ou pas. Selon la réponse, je pars ou je reste. Je revois avec une telle acuité la scène fatidique. Ses parents ne sont pas à la maison. Nous sommes seuls. Seul à seule. Elle dans le salon, avec sa si élégante robe bleue d'été. Moi, tout habillé, en face d'elle. Dans ma chambre à baldaquin où j'ai été accueilli depuis une quinzaine, comme un membre de la famille, j'ai fait en grande partie mes bagages. Nous demeurons quelques instants silencieux, un lourd silence, comme du plomb. J'ouvre péniblement la bouche, j'arrive à m'arracher quelques mots. *Alors, as-tu pris ta décision, tu m'épouses ?* Elle ne dit rien, secoue la tête. Et puis, *écoute, Serge, je suis trop jeune, j'ai encore mes études à poursuivre, je ne me sens pas prête.* J'ai tourné les talons sans rien dire, les larmes aux yeux, notre longue histoire d'amour arrivée à son terme cruel. La gorge serrée, je remonte l'escalier jusqu'à ma chambre. J'avais commencé à faire mes bagages, je les finis. Je me mords les lèvres pour ne pas éclater en pleurs. J'ai pris mes deux valises, j'ai descendu marche par marche, lentement, l'escalier. Comme si je voulais retarder le moment final. Je dépose mes valises sur la moquette du salon. Il va falloir que je repasse prendre les affaires que j'ai laissées dans mon petit appartement. Et puis. Là, debout, face à elle. Mon cœur bat, il va falloir lui dire adieu. Au milieu du salon ensoleillé, Claudia, pour toujours dans sa robe bleue, je la regarde, la contemple une dernière fois. Soudain, elle entrouvre les lèvres, sur un ton net, elle me dit RESTE. Je suis resté. Cinquante ans en Amérique. Ma vie personnelle, professionnelle s'est jouée ainsi. Ici. A sex-appeal ou face.

Mon père en avait été lui-même ému, et il fallait une forte émotion pour que sa voix en tremble un peu. Celle de son coupeur roumain tremblait beaucoup, quand il avait fait sa livraison habituelle à l'atelier ce matin-là. Devait être vers le 10 juillet 42. *Vous croyez que c'est possible, patron.* Il y avait des bruits qui circulaient, et puis le ton particulièrement haineux et rageur des journaux, ces derniers jours. Mon père nous dit, *je ne savais pas trop que lui dire. Je me suis efforcé de le calmer.* Il y a tant de bruits qui courent. Le coupeur avait sa grosse lippe tremblante, comme sa voix. *Non, mais vous croyez que c'est possible, patron. Nos papiers de séjour sont en règle.* Le pauvre type respirait une peur atroce par tous les pores, il en suait à grosses gouttes, sans pouvoir détacher ses regards de mon père, comme s'il détenait le secret des dieux. Mon père, de retour tard le soir à la maison du Vésinet, après sa harassante journée de travaux forcés, tailleur militaire, c'était la chiourme à domicile. Bien informés, les Boches, mon père habillait le gratin de l'armée française avant la guerre. Au tour de l'armée allemande, bagnard chez lui, au lieu d'être dans un camp. C'était quand même mieux. Seulement, mon père avait obtenu la naturalisation française en 26, engagé volontaire dans la Légion étrangère en août 14. Pour l'instant, nous étions encore protégés, on embarquait les nouveaux venus, les juifs étrangers. Le coupeur roumain avait beau être en règle avec l'administration, ce n'était pas une protection. Il était roumain, un immigré récent. Mon père, encore retourné par cette scène, dit, *je lui ai tapé dans le dos, je lui ai assuré que tout irait bien.* Le coupeur est reparti. Il n'est jamais revenu. Il y a eu tout de suite après la rafle du 16 juillet au Vel d'Hiv. Je n'ai pas assisté moi-même à la scène, mais mon père l'a ressentie si cruellement qu'elle est restée dans ma mémoire. Nous savions que cela commençait avec les Juifs étrangers, et puis qu'à la longue, une fois ces victimes épuisées, ce serait notre tour, le tour des Juifs français. Début novembre 43, on a sonné très tôt à la grille du jardin. Mon père a dit *ne bougez pas, je vais voir.* J'avoue que nous n'en menions pas large. Mon père a ouvert le vasistas, il a vu un type en civil et en vélo devant notre porte. Brève conversation, sans fioritures, *dans une heure je viens vous arrêter.* Suffit. Nous a sauvé la vie. Jamais su qui c'était, jamais pu lui exprimer notre infinie reconnaissance. On a su qu'il avait fait le tour des familles du Vésinet, n'ont pas su où aller. Disparues, déportées. Nous, on savait où aller. Suis encore là soixante-cinq ans après. En mai 85, j'en étais encore à me demander si. Tournant et retournant la lettre dans la main, la posant ouverte sur la table. La tournant et retournant dans ma tête. J'avais des afflux de souvenirs, le coupeur roumain, l'agent de police en vélo et en civil, et bien d'autres. Juin 40, l'entrée des Allemands à Paris, juin 42, le port de l'étoile. Et les cartes tamponnées en décembre dans le commissariat du Vésinet. JUIF, en jaune sur la poitrine, en rouge sur la carte. Fichés, fichus. Neuf mois terré dans la maison de Villiers sans même pouvoir regarder par la fenêtre. Et la visite à Auschwitz, j'ai vu ce qui nous y attendait. Sur la grande carte murale dans l'entrée, tous les trajets de la mort, Drancy-Auschwitz 1 350 kilomètres. J'ai tout ça qui me remonte, me remue dans la tête, irai irai pas. Je relis encore la lettre. Me rappelle mon voyage à Strasbourg avec ma mère l'été 58. Retour d'Amérique pour les vacances d'été, tout fier d'avoir acheté ma traction-avant d'occasion. Je lui propose, on va en Alsace. Elle n'y était plus retournée depuis 1913, son dernier voyage chez son grand-père. Follement heureux à toute allure sur la route, comme des amoureux. On a retrouvé à Oberschaeffosheim la maison de son grand-père intacte dans le village. Au fin fond du bled. Et même l'écurie où logeait la jument Bichette, seul moyen de locomotion à l'époque. Ma mère en était tout émue, de 1913 à 1958, ça faisait un bail. J'étais si heureux de voir ma mère épanouie dans ses remémorations, d'avoir pu lui offrir ce voyage de noces, mariée à ses souvenirs, grand-père, grand-mère, Bichette et la petite voisine Alice, qui la taquinait en venant s'asseoir sur les genoux du grand-père, à sa place. Soudain, je lui ai demandé. Et si on en profitait pour explorer un peu la région, Strasbourg, et même pousser, au-delà du pont de Kehl, jusqu'à Baden-Baden. Pour voir. Ma mère m'a dit, *si ça te fait plaisir, mon petit.* Moi, au volant de ma traction-avant, j'avalais joyeusement l'espace. Et avec ma mère, elle et moi tout seuls, sans le reste de la famille, ma sœur en vacances, ma femme en Amérique. Juste elle et moi. On a franchi le pont de Kehl, pris la route de Baden-Baden à toute allure. Brusquement, ma mère me dit, *arrête.* Je lui demande ce qui se passe. Justement ce voyage ne passait pas. Rouler sur la terre germanique était au-dessus de ses forces. Rouler là où on finissait dans les chambres à gaz était physiquement impossible, moralement insupportable. On a fait demi-tour, on a refranchi le pont de Kehl en sens inverse. Une fois sur le sol français, ma mère a souri, son visage s'est détendu. Elle et moi on respirait. Je regarde de nouveau la lettre ouverte sur la table. Datée du 3 mai 1985. Depuis, beaucoup d'eau a coulé sous les ponts. Dans deux jours, on va célébrer le quarantième anniversaire de la victoire. Alors aller une fois là-bas, pourquoi pas. Au fond ça me tente, ça me chante. Comment c'est aujourd'hui. *München Universität,* l'université de Munich m'adresse une invitation en bonne et due forme. Due sans doute au renom que j'ai acquis dans le monde universitaire. Je ne connais pas le professeur qui m'a envoyé la lettre. A moi de lui proposer un sujet. J'ai le choix, critique littéraire, Sartre, autofiction. Le terme commence lentement à circuler, les problèmes du récit de soi à intéresser. Et puis, ma décision est venue. J'irai faire une conférence à l'université de Munich. Ce n'est plus Munich en 38, je vois encore mon père en rage. C'est Munich en 85. Presque un demi-siècle après.

Un mois de juin splendide, j'ai décidé d'y aller en voiture, de prendre ma Jaguar. Je n'arriverai pas en wagon plombé, mais dans ma voiture de luxe d'un blanc étincelant. Une folie de l'avoir achetée d'occasion, j'ai dépensé une fortune en réparations, mais pour une fois, j'ai un tacot qui a de la classe. J'arriverai à Munich en Jaguar. J'ai pris mon temps, j'adore rouler sur de longues distances sous un soleil éclatant et des cieux d'azur. Je suis enfin arrivé à destination, plusieurs heures avant mon intervention. Envie de visiter un peu la ville. J'ai garé la Jaguar, j'ai marché, je suis arrivé dans un grand et superbe parc. Par ce temps très chaud, il y avait des arbres et de l'ombre. Je suis entré, foulant le sol en vainqueur. Un Juif spécialement mandé, prié de venir éclairer une assemblée d'autochtones germaniques. Je ne suis plus un déporté, mais un importé. Important, je dois dire que l'on m'offre un beau cachet. Je me promène avec un très vif plaisir sur cette terre ennemie. Senteurs rustiques au cœur de la ville, on se croirait à Bagatelle, massifs bien ordonnés de fleurs, sentiers de fin gravier. Je hume, soudain j'ai perdu le souffle. Pas possible, je ne puis en croire mes yeux. Une vaste pelouse s'élève d'un seul coup en monticule, sur ce monticule il y a un grand toboggan, aux sinueux replis. De l'eau y coule, et puis dans cette eau s'ébrouent des corps qui glissent à une surprenante vitesse et viennent retomber en bas sur le gazon. Ils se relèvent, se remettent sur leurs pieds, dégoulinants d'eau fraîche. Seulement un détail me frappe, j'en suis bouche bée. Ces corps qui ont dévalé le toboggan et se redressent sont NUS. Hommes et femmes à poil en plein cœur de la ville et du parc. NATUR, je sais que le mot en allemand a un sens beaucoup plus fort que la nature à la française. Mais de là à pratiquer la NATUR le cul à l'air en costume d'Adam et Ève au centre de Munich, ça m'estomaque. Je ne dis pas que ça me choque, mais c'est un choc. Je ne me serais jamais attendu à ce spectacle même à la plage. Alors en ville. J'en reste baba. Soudain, je regarde ma montre, quatre heures et demie. Ma conférence est à cinq heures. Je rebrousse chemin à grands pas. Heureusement j'avais repéré, avant ma promenade, où se trouvaient les bâtiments de l'université. Un peu commotionné, je dois dire, par cette rencontre totalement inattendue de nudisme urbain.

A l'université, j'ai trouvé sans mal le bureau du professeur de littérature française qui m'avait envoyé cette invitation. Il m'a reçu avec une extrême politesse, s'est enquis pour savoir si j'avais fait bon voyage. Je ne lui ai, bien sûr, pas parlé de ma récente aventure munichoise. Au bout d'un moment, il m'a demandé de le suivre. A travers de nombreux couloirs, il m'a amené jusqu'à la salle où devait avoir lieu la conférence. Une vaste salle en forme d'amphithéâtre. J'ai été très surpris, elle était comble. Il y avait même des étudiants assis sur les marches. Décidément, pendant ce court séjour, je vais de surprise en surprise. Je ne me serais jamais attendu à avoir pareille audience. Je me suis assis, le professeur est resté debout et m'a présenté. Il avait connaissance de tous mes écrits, critiques et romanesques. En connaisseur il a détaillé mes contributions scripturales. Il s'est rassis, c'était à moi de m'exécuter. J'improvise toujours, mais j'ai sorti mes notes, les ai disposées devant moi sur le grand bureau, j'avais l'intention de rester assis pour faire ma conférence. Comme je parle toujours fort et distinctement, c'était la position pour moi la plus commode. Un grand silence se fait. Je regarde avec étonnement cette bonne centaine d'auditeurs assis en face, beaucoup assis sur les marches. Toutes ces filles et ces garçons en attente de je ne sais quelle révélation, par ma bouche. J'ai eu l'impression d'être devenu la pythie de Delphes. J'allais commencer à parler, j'avais déjà mes mots savants au bord des lèvres. Et soudain, ç'a été plus fort que moi, je ne l'avais pas un instant prévu, prémédité, c'est venu comme ça, d'un bond je me suis levé, j'ai vu tous ces visages attentifs tournés vers moi, j'ai dit à voix haute, une voix qui me venait de si loin, qui me remontait des entrailles, du fin fond de ma mémoire, *écoutez, il y a quarante ans, vous m'auriez envoyé en fumée, maintenant vous êtes venus si gentiment pour m'entendre, eh bien, j'appelle cela un progrès historique,* et alors ils se sont tous levés d'un bloc, debout, ils m'ont ovationné pendant au moins dix minutes, les larmes me sont montées aux yeux, loin le temps où ma mère, quand nous avons franchi le pont de Kehl, m'a dit *arrête,* d'un seul coup il n'y a devant moi plus de Boches, les Boches sont redevenus, comme Goethe, Schiller, Kant ou Hegel, des Allemands, dans cette grande université des êtres de culture, la terre de la plus belle musique, le *Concerto pour violon* de Beethoven, la *5e Symphonie*, une page était tournée sur nos six millions de morts et toutes les dizaines de millions d'autres, j'étais si saisi que je ne pouvais plus bouger, sans le savoir un seul instant, c'était ça que j'étais venu pour leur dire, et tous ces jeunes m'ont entendu, d'un même élan levés de leurs sièges, après j'ai fini par me rasseoir, gorge serrée, j'ai commencé ma conférence, sur quoi, sur quel sujet, je n'ai pas le moindre souvenir, c'était tellement sans importance.

C'était la première fois que ça m'arrivait. Avant, je n'y aurais même pas songé. Une folie. Au début, forcé, je prenais l'avion le moins cher. *Icelandic Airlines.* L'avion encore à hélices, à l'époque. Paris-New York, pas un voyage, une épopée. D'abord le train gare du Nord jusqu'à Luxembourg. Il fallait y passer la nuit, mais il y avait d'excellents vins blancs pour dîner. Lendemain matin, presto, on s'envole de bonne heure. Après, il faut prendre son mal en patience. Des heures, ronronnement interminable des hélices, jusqu'à l'arrivée à Reykjavík. Il fallait faire escale en Islande, refaire le plein d'essence. Une longue attente. Mais, je l'avoue, aux abords de l'île, la vue était merveilleuse, une étendue à l'infini de lande déserte, de volcans éteints, pas une maison, rien, l'immense nature morte. Saisissante de sauvage beauté, et soudain, descente, la piste se dessine, on se pose à Reykjavík. Une fois, quand même, j'ai eu peur, une peur bleue. Le pilote avait mal visé le tarmac, l'avion le dépasse et descend directement vers l'océan, pique du nez vers l'Atlantique, d'un moment à l'autre on va y plonger. Vrombissement accéléré des hélices, la carlingue tout entière râle et tremble, nous avec, et puis notre antique aéronef a réussi à remonter dans les airs en faisant un demi-cercle haletant, on a finalement atterri sur la piste, et non au milieu des vagues. Je n'ai jamais oublié la lente, pénible remontée dans les airs, juste à ras des flots glacés. De Reykjavik à New York, de nouveau des heures et des heures d'hélices ronronnantes. Douze heures en tout, depuis Luxembourg. Mais cela n'était rien, le retour New York-Paris dans l'autre sens, c'était dix-huit heures, avec les escales bien sûr. Une sacrée épreuve, le trajet le plus traînard mais le moins cher. Heureusement, il y a eu bientôt le miracle. Le salut aérien. Le Boeing 707, le premier avion à réaction mis en service. Fini, les poussifs, les interminables parcours et détours par l'Islande. Le bruit des moteurs à réaction était encore plus envahissant que celui des hélices, seulement, New York-Paris en moins de huit heures, Paris-New York environ une heure de plus. Cela a soudain rapproché les deux moitiés de ma vie. Certes, je n'aimais toujours pas beaucoup l'avion. Toujours mal à l'aise, en regardant par le hublot, si on tombait, on tomberait de très haut. Je me rappelais l'incident sinistre de Reykjavík, il peut se reproduire. En avion je n'ai jamais été très rassuré. Remède, au départ, je prends un Valium 10. Après, les nerfs se détendent, je suis moins nerveux dans les airs. Ensuite il y a eu le Boeing 747. La taille de ce mastodonte à deux étages me rassérène, avec les quatre énormes moteurs. Si un moteur cale, l'avion peut continuer son vol avec trois. Voire avec deux. Le 747 et le Valium m'ont assuré des années de traversées tranquilles, même si l'on est très serré parmi les innombrables sièges. La paix de l'esprit est plus importante que le confort du corps. Je ne sais pas combien de 747 j'ai pris dans mes va-et-vient transatlantiques, ils ont été mon fidèle cheval de bataille dans ma lutte pour mon existence dédoublée. Et puis voilà, un jour, je n'ai plus résisté. Depuis la mort de ma mère et celle d'Ilse, mes craintes aériennes ont disparu d'un coup. J'ai remisé les comprimés de Valium dans leur boîte. N'en ai plus besoin, maintenant je m'en fous. Complètement. Même s'il y a des turbulences très fortes. Advienne que pourra, je n'en ai cure. Quand on a eu deux morts pareilles dans sa vie, celle-ci devient sans importance. Je décolle désormais, j'atterris sans la moindre appréhension. La mort est un jour ou l'autre inévitable, donc sans importance. Libéré de mes carcans intérieurs et antérieurs, j'ai pris le goût de l'aventure. Et voilà, Paris-New York, au moins huit heures, c'est trop long. Une folie, tant pis, je me suis laissé tenter. Pour retourner faire mes cours à New York University, je me suis offert un billet de Concorde.

Certes, un billet de Concorde n'est pas gratuit. Au lieu de me fendre pour mes allers Paris-New York de quelques centaines de dollars, j'ai dû en débourser des milliers. Mais j'ai droit, au moins une fois, à cette expérience, après des décennies de traversées. Le progrès, j'ai voulu en tâter moi-même. Départ à onze heures du matin, cela commence bien, en attendant l'heure de l'embarquement, on a droit pas à une salle, à un salon d'attente. Spécial, pour nous seuls. Des tables bien remplies affichent des mets et boissons attirants. Cela rappelle les petits déjeuners dans les grands hôtels. Je me sers un café, accompagné d'une luisante viennoiserie, il faut me garder de la place pour le déjeuner. Il paraît qu'il est fourni par le cuisinier de chez Maxim's. Le grand moment arrive, le salon bien rempli se vide vite. De l'extérieur, l'avion a l'air petit, mais avec une ligne élégante et fine, le bec pointu, nous montons. A l'intérieur, les fauteuils sont très étroits, je me sens un peu serré, engoncé sur mon siège de couloir. Evidemment, après mes 747, ce n'est pas la même taille. J'ai une bonne place vers le milieu de l'appareil, avec vue à travers le hublot. Nous décollons enfin, à la vitesse ordinaire, nous grimpons, comme d'habitude, au-dessus des territoires habités, on ne peut pas pousser à fond les moteurs à cause du bruit, de la détonation que produit l'engin lancé en pleine course. Sur le panneau de verre en face, on lit la vitesse, 700, 800 kilomètres, du banal. Mais une fois au-dessus des eaux maritimes, probablement la Manche, les chiffres se sont mis à grimper, une escalade, à mesure que le bruit des moteurs soudain s'amplifie envahissant la carlingue, celle-ci en un équilibre parfait, pas une secousse, une vibration du métal. Soudain on est à plus de 900 kilomètres, on accélère encore, puis on décélère, bataille entre les lois de la pesanteur et la technique humaine, combat passionnant, cela ne se fait pas tout d'un coup, mais après de multiples tentatives, avancées et reculades, *Mach 1* est dépassé, nous sommes au-delà de la vitesse du son, passés par une insistance sans cesse renouvelée et renforcée du subsonique au supersonique, ça y est, nous y sommes, mais les chiffres sur l'écran progressent toujours en un rythme saccadé, 12 000, 12 500, 13 000, 12 800, 13 200, et brusquement nous sommes dans *Mach 2*, deux fois la vitesse du son au-dessus de l'Atlantique, pas un sursaut, pas un tressaut dans l'appareil lancé à 55 000 pieds de hauteur, plus de 18 kilomètres au-dessus des flots, dans mon verre l'eau qu'on m'a servie ne bouge même pas, à cette incroyable vitesse, nous sommes immobiles, de mon fauteuil de couloir je guigne par l'ouverture du hublot, et là en dessous, vision stupéfiante, j'aperçois au plus distant de l'horizon la courbure de l'océan, je savais que la terre était ronde, pour la première fois JE LE VOIS, je ne me sens plus un voyageur mais un astronaute, perdu dans l'espace interplanétaire, soudain les hôtesses mettent en place le déjeuner, il était sûrement excellent, je ne me souviens pas, si dérisoire, si, j'ai eu deux verres d'un bourgogne grand cru, et puis les hôtesses sont revenues ramasser les couverts, nous sommes toujours au-delà de Mach 2, subitement la voix du capitaine résonne, *attachez les ceintures, redressez vos sièges, nous commençons la descente sur Kennedy,* les chiffres sur l'écran lumineux se sont mis à descendre en effet, peu à peu, sans la moindre secousse, nous approchons de Mach 1, nous passons au-dessous toujours sans une secousse, quelques instants après nous nous posons sur la piste, je regarde ma montre, le vol a duré *3 heures 20* au lieu des huit habituelles, avec le décalage horaire, nous arrivons plus tôt à New York que nous ne sommes partis de Paris, j'ai la journée entière devant moi, frais et dispos, au lieu d'être abruti d'attente, c'est décidé, on nous remet nos cadeaux, belle serviette pour documents, nécessaire de toilette, sans discussion, j'y suis instantanément résolu, adieu *Icelandic Airlines*, les 707, 747 et autres, désormais, Paris-New York, ce sera toujours en CONCORDE, juste le temps de déjeuner et l'Atlantique s'efface.

jour après jour
cette ATTENTE de l'impossible de l'impensable au point de nous écraser la poitrine de nous engluer les pensées
être si mal à l'aise si appréhensifs
ce n'est plus une vie une sorte de mort différée étirée tout au long de ces journées interminables et LE TERME
ce sera quoi on n'ose pas même imaginer
mon père maintient une discipline sévère
pas de jérémiades de pleurnicheries
aucun apitoiement sur nous on fait comme si mon père impose à chacun une discipline intérieure il fait comme si
on ne compte plus les jours j'oublie leur date
PARIS VILLE OUVERTE
comme une femelle le ventre ouvert cuisses écartées
pour le premier qui veut la pénétrer
j'ai honte une honte intense d'être français
pour moi ce n'est pas ça mon pays
LA FRANCE c'est Marignan Valmy Verdun pas ces troupeaux de fuyards qui

s'entassent la trouille aux tripes toutes les voitures
les charrettes couvertes de valises de ballots
toutes ces boutiques qui baissent leurs tabliers
un pays entier qui baisse culotte
le père lui a réfléchi toute une nuit il a
décidé *on reste* pas un lâche pas
un lâcheur il tient ferme le gouvernail
fluctuat nec mergitur belle devise la sienne
sais pas comment ça se dit en yiddish
la mienne je voudrais mais j'avoue
j'ai la frousse qu'est-ce qui va nous arriver
quand même la nuit de Cristal c'était il
y a deux ans le papillon blanc collé sur la
plaque noire *I. Doubrovsky Tailleur/Tailor*
sale Juif c'était il y a quelques mois
ALORS qu'est-ce qui nous attend
ATTENTE écrasante silencieuse
personne n'en parle motus
rien à dire qu'à ATTENDRE
silence des rues quand on ouvre les fenêtres
chaleur brûlante d'un juin d'azur pas un nuage dans
le ciel à l'heure de passer à table on avait
encore de quoi manger on a fait jusqu'au
dernier moment le plus de provisions possible
me souviens sans cesse de cette grande boîte de
pâté achetée juste à temps chez Félix-Potin à Saint-
Augustin m'en lèche les babines d'avance mais
ma mère la garde précieusement en réserve
pour le jour où la tante Rachel venue
temporairement se réfugier ici avec Marc et Charles
Kravetz qu'ils s'appellent ce n'est pas mieux
que Doubrovsky heureusement ils ont
apporté avec eux des provisions combien

de temps cette cohabitation va durer dure à endurer toutes ces bouches supplémentaires pour l'instant elles la ferment rien à dire à se dire parfois mon père adresse quelques mots à sa sœur en yiddish bien sûr aucune idée de ce qu'il peut dire la tante Rachel a l'air d'encaisser plutôt mal ma mère me prend dans un coin m'explique dès que la situation sera clarifiée il faut qu'ils partent rentrent chez eux il n'y a pas assez de place dans notre appartement pour tant de monde soudain un matin il y a eu un vacarme d'enfer après des jours et des jours de silence ça nous explosait dans la tête on s'est penchés aux fenêtres de l'atelier en bas de la rue de l'Arcade au coin du boulevard Haussmann fracas à casser les oreilles boucan comme pas possible tintamarre de tonnerre Marc Charles et moi on brûle d'envie d'aller voir de descendre ce n'est pas loin juste en bas au coin une minute il fronce les sourcils mon père obtempère *une minute* nous dévalons tous trois les escaliers avides de voir de savoir tout ce raffut ce tapage on accourt on arrive au coin cloués au sol LA SCÈNE DES SCÈNES DE MA VIE s'enfonce dans mes yeux comme un poignard le long du boulevard Haussmann la file interminable aussi loin que le regard porte camions après camions une marée LES BOCHES il fait si chaud en ce début juin camions débâchés assis côte à côte torses nus leur fusil entre les jambes défilent devant nous sans nous voir nous on les zyeute de temps en temps je crois des torpédos d'officiers les dépassaient uniforme vert-de-gris casquettes plates PARIS VILLE OUVERTE les voilà ILS ENTRENT ça m'est entré dans la tête les tripes la mémoire horreur sacrée à dégueuler LES FRITZ LÀ défilent une parade pas un coup de feu ils ont gagné sans se battre et nous ne nous sommes pas battus pas un coup de canon une barricade camion après camion qui passe m'écrase la poitrine inscrit ancré en moi dans chaque nerf de mon corps chaque pouce de ma peau quel jour c'était le 10 le 12 juin sais plus le temps est suspendu les écoliers de l'avenir apprendront le jour exact dans leurs livres d'histoire moi au coin de la rue de l'Arcade les yeux rivés sur ces muscles ces biceps ces poitrines en plein soleil je reste cloué au sol après soixante-neuf ans j'y suis encore

Il va sans doute falloir aller consulter le Dr Frank. Cela m'ennuie profondément, j'en ai déjà tant vu, de docteurs. Depuis maintenant des années, je ne fais que ça. Évidemment, tous les BK crachés par Papa au cours des ans jusqu'à sa finale agonie sont descendus dans mes chairs. Dès 47, ils sont descendus dans mes couilles, épididymite aiguë. J'ai dû trimbaler ces parties douloureuses, couvertes d'une pommade noire, dans un suspensoir, des mois et des mois. En préparant le Concours général de philosophie, ensuite le concours d'entrée à l'École normale. Et puis, les tiraillements, les élancements se sont apaisés, j'ai décroché à jamais le suspensoir. Les parties d'homme enfin dégagées. J'ai cru les bacilles partis. Ils sont simplement remontés plus haut dans les poumons. Retour d'Irlande en 51. Fièvre intense pendant le voyage, ce salaud d'Indien m'avait refilé pendant notre dîner d'adieu les oreillons à l'âge adulte. Malade comme un chien, j'ai survécu, de justesse. Seulement la fièvre ne voulait pas me quitter. Qu'est-ce qui se dissimulait sous les oreillons. Le Dr Weyl a décidé qu'il fallait une radioscopie dans son cabinet. Verdict d'une voix nasillarde, *vous avez dans le poumon droit un trou grand comme une pièce de cent sous.* Deux ans sur le dos à contempler le ciel pur et purifiant par les fenêtres glacées toujours entrouvertes du sana. La streptomycine miraculeusement surgie d'Amérique a abrégé mon séjour en cure. Maintenant, j'en ai pour longtemps en postcure, d'abord rue Quatrefages à côté de la Mosquée de Paris, ensuite à Sceaux. L'après-midi, on nous libère, jusqu'au retour pour le dîner. Et le samedi soir, perme exceptionnelle jusqu'à minuit. On reste en étroite surveillance. Question études, je n'ai pas perdu de temps. Mais il n'y a pas que les études, il y a l'autre question. La question filles. Et là, avec le peu de liberté dont nous disposions, c'était plus coton. Pas loin du Quartier Latin, on pouvait tenter sa chance dans les amphis. Les bals étaient évidemment exclus, trop d'exercice. Il fallait une patience d'ange, une passion du diable, s'asseoir au bon endroit, au bon moment, auprès de CELLE. Je ne me suis pas laissé décourager. Après tant de tentatives infructueuses, j'ai fini par rencontrer une fille qui s'efforçait en vain de se faire comprendre au guichet de la poste près de Quatrefages. Elle baragouinait pour obtenir une réponse à un problème pressant qu'elle n'arrivait pas à formuler distinctement. Une occasion envoyée par le ciel, je lui offre immédiatement mes services, en anglais, bien sûr. Ma mère disait que l'anglais était bien utile, quand j'ai dû choisir une agrégation de langues, la philo devenue trop dure pour un tubard. Une fois de plus, l'anglais s'est révélé utile. J'ai aidé la jeune femme à obtenir la réponse précise qu'elle essayait de soutirer au guichet. Chose vite faite, je ne me souviens pas de quoi il s'agissait, mais j'avais obtenu, moi, ce que je cherchais désespérément, une accointance. Avec une infirmière hollandaise. On s'est expliqués plus en détail en prenant un verre dans un café voisin. Ce que je me rappelle distinctement c'est qu'une fois couchés quelques jours plus tard dans son plumard, elle s'était soumise spontanément à mes désirs. Elle se sentait un peu solitaire pendant son séjour parisien. Au pieu, ça rapproche. Seulement, voilà. Au pieu, précisément, nib de nib. A poil, très jolie, avec grâce abandonnée elle avait beau être bandante, j'avais la trique en mie de pain, le panais en panne. Je me suis mis à la tripoter à pleines mains de haut en bas. A peine la queue qui frétille. Heureusement, elle savait quoi faire, s'est mise à me sucer, lente, puis rapide, elle avait l'art et la manière, le savoir-faire érotique. Roidi, j'ai pu la pénétrer, mais tout juste. Ça n'a pas duré très longtemps avant que je jute ma giclée. Ma Hollandaise ne m'a fait aucune remarque, elle a été on ne peut plus gentille. Sans commentaire, on a été prendre un verre au café en bas de chez elle. On s'est quittés, je dis, *à bientôt,* elle sourit. Je n'étais pas fier de moi, ma performance amoureuse m'a donné la nausée, j'étais dégoûté de moi. Mon père pouvait soulever un haltère de cinquante kilos d'un bras et moi je ne peux même pas tringler proprement une môme. Je me suis mis à réfléchir une fois de retour à ma postcure. Mon père, c'était avant la guerre, moi c'est après. Ça fait une différence. Des mois et des mois caché, enfermé sans bouger, sans bouffer. N'arrange pas les choses. Et puis. Oreillons, épididymite, caverne dans le mou, pneumothorax, la moitié du temps allongé, ça ne vous met pas en forme. Pas difficile d'expliquer mes insuffisances. J'ai continué à réfléchir. Quand même avec Josie en Irlande, de ce point de vue, je n'ai jamais été fameux. Elle ne s'est jamais plainte, bonne Irlandaise, bonne catholique, on ne parle pas de ces choses-là. Mais moi, la mémoire me revient. Impitoyable. Ce n'est pas pour rien que j'ai été consulter un toubib, qui m'a prescrit une faible dose de gardénal, avant d'entrer en action. Éjaculation précoce, il faut bien appeler les choses par leur nom. J'ai toujours eu ce problème, même avant toute la série de mes maladies post-irlandaises. Qu'une solution, prendre le taureau, plutôt le non-taureau, par les cornes. Été voir le médecin chef, lui ai raconté mes histoires. Lui a dit, *Il faut faire une analyse du sperme,* m'a indiqué où. Je me suis senti si humilié, et si je n'arrivais pas à. J'aurais bonne mine. J'avais revu ma Hollandaise deux ou trois fois, autant qu'il me souvienne, chastement. Après tout, elle est infirmière. Je m'en suis ouvert à elle, j'ai avoué, *j'ai peur,* elle a dit, *j'irai avec toi.* On ne pourrait pas être plus chic que cette jeune femme, si piètrement honorée par moi. J'ai accepté, soulagé et avili. On a été au rendez-vous ensemble. Elle est restée dans la salle d'attente. J'ai reçu toutes les instructions, plus une fiole en verre. On m'a amené jusqu'à la petite salle. Je suis resté seul. J'ai eu beau m'astiquer la colonne, me battre le chinois, implorer la veuve poignet. Rien. La fiole reste vide. Je redouble d'efforts, je m'allonge frénétiquement le macaroni, je donne le coup de fion. Ce qui coule, ce sont mes larmes, pas mon sperme. Je retourne vers la salle d'attente, au lieu d'aller au cabinet du docteur, ne sais plus ce que je fais, désespéré. Ma Hollandaise m'aperçoit, dans tous mes états, elle se lève, elle me dit, *viens.* Je la suis, de retour dans la petite salle. Elle se met à genoux devant moi, m'ouvre la braguette, sort mon membre, elle se met tendrement, savamment à me sucer. Si désirable, si charitable, si experte, j'explose soudain. Je gicle dans la fiole, qui se remplit. Plus tard, j'ai revu le docteur. Il m'a dit que j'avais moins de 50 % de mes spermatozoïdes encore en vie. Il m'a conseillé de consulter un de ses collègues, le Dr Frank, un spécialiste des déficiences sexuelles. J'ai voulu aussi revoir mon infirmière, ma Hollandaise, la remercier de tout cœur, lui faire un cadeau. J'ai acheté un parfum, je suis monté chez elle. Je ne l'ai jamais revue. Elle était, sans m'avoir fait signe, repartie dans son pays, m'a renseigné la concierge.

J'ai eu beaucoup de peine de n'avoir pu témoigner ma reconnaissance. Je n'avais aucune idée de son adresse à Amsterdam. Plus qu'à consulter le Dr Frank. Devait avoir nombre de clients, je n'ai pu obtenir de rendez-vous que trois semaines plus tard. En attendant j'apprenais par cœur ou relisais mes listes de mots anglais. Pas que les femmes dans la vie, aussi mon futur boulot. Et avant le boulot, l'agrégation à passer. Suffit à faire passer le temps. Le jour J, je me suis rendu chez le Dr Frank. Après une longue attente, il m'a conduit dans son bureau. J'avais pour lui une lettre du médecin à sperme. Superbe table en bois d'acajou, sur les murs des rayons de beaux livres reliés, toute une atmosphère. J'ai expliqué mon cas en détail, maintenant c'est son tour, le verdict. Le Dr Frank a sorti une feuille d'ordonnances, y a consigné sa prescription avec un stylo en or. *Voilà, vous allez vous faire faire cette série de piqûres immédiatement.* Il m'a regardé droit dans les yeux. *Seulement, il faut vérifier le résultat du traitement d'ici à une quinzaine après votre traitement, pour que je sache la marche à suivre dans votre cas.* Il a même fixé le prochain rendez-vous d'avance. Je l'ai remercié, dûment réglé, question honoraires, il n'y allait pas avec le dos de la cuillère. Je suis sorti, ragaillardi, mais dubitatif, du luxueux appartement dans le XVIIe pour regagner ma postcure. A la pharmacie, j'ai acheté les deux boîtes de piqûres prescrites. Dans ma chambre, j'ai ouvert une boîte pour lire attentivement la notice, savoir quel médicament on allait m'administrer. En la lisant, je suis tombé à la renverse. Estomaqué, en état de choc. La prescription, c'était des injections de folliculine. Et la folliculine, c'était quoi. J'ai hâtivement consulté mon petit Larousse. *Folliculine.* « L'hormone sécrétée par l'ovaire avant la libération cyclique de l'ovule. » Moi, je croyais qu'on allait m'administrer des doses massives de testostérone. Et le Dr Frank, pour me requinquer la quéquette, me fourguait des hormones femelles. Comme les travelos pour se faire pousser des seins.

Abasourdi, stupéfait. Je n'en croyais pas mes yeux. Des hormones femelles. Et, pour ce qui est des femelles, j'avais quinze jours pour en essayer une. En plus des piqûres, c'était l'autre prescription. Vérification ultra rapide, pour juger si c'était la bonne dose, le bon traitement. Le Dr Frank avait été formel là-dessus. Et moi, comment puis-je me trouver une gonzesse consentante dans un délai si bref. Pas le droit de quitter la postcure avant le début de l'après-midi. Un soir de libre, le samedi. Ce toubib me demande l'impossible. Mais moi, je lui demande de me guérir. Alors quoi. Alors il faut que je me débrouille, que j'essaie. Sais pas comment. A la Sorbonne, il faut des heures et des heures pour faire une touche, sans garantie du résultat. Evidemment, il y a des putes, des professionnelles. Mais pour moi elles ne sont d'aucune utilité. Je n'ai jamais pu en baiser une. C'est rédhibitoire. J'ai tenté dans ma toute jeunesse, en vain. Une femme, pour exciter mon désir, ça ne s'achète pas, il faut qu'elle se donne. Délai de quinze jours, même d'un mois, que faire. Comment faire. Je suis à quia. Une idée quand même me vient, une lueur dans mon désespoir. Je suis passé devant le grand bâtiment, boulevard Raspail, dans un grand jardin. *American Students and Artists Center.* J'y ai été deux ou trois fois, pour tenter de pratiquer mon anglais. Samedi prochain, le nouvel arrivage d'étudiantes d'outre-Atlantique doit être présenté aux fidèles du Centre, pour faire connaissance avec la France, je veux tenter ma chance là-bas.

Samedi venu, c'est notre jour de sortie. Je me suis habillé aussi bien que je pouvais avec mes fringues d'ex-grabataire, j'ai mis une de mes trois cravates. Bien peigné, j'ai fait de mon mieux pour valoriser mes charmes. Pas trop moche, j'espère. Pas le choix, je dois tenter ma chance. Octobre 53. J'ai 25 ans, presque toutes mes dents et pas de corset. Grille du jardin grande ouverte, je monte les marches du perron, me dirige vers la grande salle de réception. Je ne suis pas le seul. Il y a autour une cohorte de garçons français et même de filles sur leur trente et un. Au fond de la salle, un groupe compact, ils sont nombreux, des nouvelles venues d'Amérique, serrées les unes contre les autres, difficiles à distinguer. Quelques garçons. Discours officiel de présentation par la responsable du Centre, qui ensuite s'éloigne. Les deux groupes de participants marchent l'un vers l'autre, se mélangent. Je cherche des yeux, j'épie, mes regards fouillent les récentes débarquées. Lunettes sur le nez, il y en a d'épaisses, de grosses, d'hyperdodues. Ce n'est pas mon genre. Je continue à me frayer un chemin dans cette masse humaine. Soudain, LÀ. JUSTE EN FACE DE MOI. Cheveux blonds frisés, des yeux d'un bleu léger, lumineux, sourire avenant dans un visage d'un ovale parfait, immobile, en attente que quelqu'un lui parle, grande, mince, bras nus potelés. MON TYPE. La blonde-aryenne-aux-yeux-bleus, c'était mon goût à l'époque, identification à l'agresseur, Anna Freud dixit. Je me précipite vers la charmante, avant qu'un autre ne s'en empare. Nous faisons connaissance, nos langues se délient, en anglais d'abord, je demande, *where are you from,* puis en français, avec une petite inflexion yankee, *je suis originaire de Chicago.* Je dis, *your french is quite good.* Elle sourit encore davantage. Et puis on se met à causer à bâtons rompus.

Plus je la regarde, plus je la trouve attirante. Pas sa beauté seulement, son aisance, sa simplicité. Famille aisée qui a les moyens d'envoyer sa fille un an à Paris pour compléter sa formation. De ses origines bourgeoises rien ne paraît, ne s'affiche, comme parfois en France. Elle me demande ce que je fais. Je mens à moitié, je suis normalien, pas loin d'ici, rue d'Ulm, je prépare une agrégation. Inutile de préciser que pour le moment je suis en postcure. Détail superflu. Je ne sens pas le temps passer. Elle dit soudain, *il faut que je rentre à la maison, j'ai encore du travail à faire avant le dîner.* Je m'enquiers où est située la famille qui l'héberge. Coïncidence, pas loin du boulevard Raspail. Nous avons déjà échangé nos noms, nos numéros de téléphone. J'hésite, je ne sais si je puis offrir de la raccompagner chez elle. Trop rapide, il ne faut pas brusquer les choses. Il est bien gentil, le Dr Frank, quinze jours pour tester ma virilité. Pas facile, pas faisable, je ne suis pas un malotru. Je voudrais le voir à ma place, lui tranquillement assis derrière son bureau. Je décide de ne pas faire cette proposition, j'ai affaire à une fille bien élevée, pas une gourgandine. Je demande simplement, *j'espère que nous pourrons prendre un verre la semaine prochaine,* elle répond, *je suis libre mercredi prochain.* Nous nous donnons rendez-vous en fin d'après-midi au Capoulade, un grand café au coin du boulevard Saint-Michel que j'aime bien. Il a un plus joli nom que le Dupont. Simplement, même si je ne dîne pas à la postcure, il faut que je sois rentré à neuf heures. Cela rend impraticables les avancées trop rapides. Et, pour mon malheur, le temps m'est compté. Même si c'est trois semaines au lieu de deux, je peux sauter sur l'occasion, mais non sur elle. Plus on se voit, plus on se parle, je trouve cette jeune personne à mon goût, non seulement désirable, mais respectable. Pas le genre de môme avec qui on court tout droit au plumard. Josie, en Irlande, il a fallu qu'on danse plusieurs samedis soir aux *Four Provinces,* que je la raccompagne jusqu'à sa porte plusieurs soirs après dîner jusqu'à la porte de son logis, avant qu'elle ne monte dans le mien. D'accord, une Irlandaise catholique. Mais celle-ci est une Américaine protestante. Ce n'est pas mieux. Ma tâche de séducteur est difficile, je ne suis pas un professionnel de la drague, surtout après deux ans de sana et mon pneumothorax à regonfler tous les neuf jours. Pas un mec gonflé, mais regonflé. Pas pareil, pas du tout la même chose. Et puis, j'ai rapidement appris que la belle avait un *boyfriend* avec lequel elle correspondait non par lettres, mais par disques, pas par écrit mais oralement. Moins dispendieux que le téléphone à l'époque. Et je n'ai même pas d'appartement où l'inviter. Je ne vais pas lui demander de me rendre visite en postcure de tubards. Alors quoi. Que faire. J'ai envie d'abandonner cette impossible conquête, quitter la partie, me contenter de quelques petits baisers au cinéma dans le noir, comme on faisait en ce temps-là. Plaisanterie dans le goût de ces lointaines années, on venait de remplacer les boutons des braguettes par des fermetures Éclair. *Attention au bruit quand on les ouvre un peu trop vite au cinéma.* Je renonce. Je suis resté plusieurs jours sans téléphoner. C'est elle qui m'a appelé, s'inquiétait de savoir si j'étais malade. Agréablement surpris, heureux comme un prince, j'ai répondu que j'avais eu beaucoup de travail en retard. On fixe un jour pour nous revoir. C'est là que j'ai décidé. Le temps presse, elle va bientôt partir en vacances de Noël. Si j'attends trop, c'est tout l'effet du traitement qui tombe à l'eau. J'ai trop tardé. Il faut précipiter les choses. Je vais monter à l'assaut au pas de charge.

Vite dit. Où. Comment. Je n'ai pas même un studio ou une chambre de bonne à ma disposition. Nulle part où aller, où l'emmener. Une solution, il n'y en a qu'une. Pas d'autre. Une chambre d'hôtel. Idée folle. Comment imaginer un instant qu'elle va me suivre dans une chambre d'hôtel. Une jeune fille d'un milieu bourgeois, correct, moral, religieux même, d'après ce que j'ai compris. Alors quoi. Que faire. Je me bats les flancs, je me triture la cervelle, je farfouille dans mes idées. Aucune ne me vient. Dilemme cornélien. Ou renoncer à cette créature affriolante, ou l'entraîner un après-midi dans une chambre d'hôtel du Quartier Latin. Et comme ce ne peut pas être de force, ce ne peut être que par ruse. Je ravale mes hésitations, mes doutes, mes scrupules. LE DR FRANK, un point c'est tout. Au travail. J'explore le terrain. Avant de livrer bataille, Napoléon repérait très exactement les lieux. Entre le boulevard Saint-Germain et la gare du Luxembourg, je sillonne rues et ruelles. Mon instinct et mon portefeuille font le choix.

Rue Cujas, tout près des cafés ou l'on prend souvent un verre, je remarque l'hôtel Excelsior. N'a l'air ni trop cossu ni trop miteux. J'entre, je demande les prix dans la journée. L'employé de service a l'air de trouver ma question normale. Bon signe, bonne enseigne. J'ai repéré le champ de bataille. La bataille, il s'agit maintenant de la livrer. J'ai l'imagination fertile, je ne sais pas tous les mensonges que j'ai dû improviser ce jour-là. Devais passer la nuit à Paris, postcure de Sceaux trop loin, affaire urgente à régler ce soir, je vous raccompagne, zut j'ai oublié un document important à mon hôtel, il faut que je le récupère, juste une seconde, venez avec moi. Ces mots ou d'autres, j'ai dû me livrer à un incroyable baratin de ce genre. Elle m'a suivi en bavardant jusque dans le hall de l'hôtel. J'avais déjà réglé la chambre jusqu'à la fin de l'après-midi. A l'avance. J'ai évité l'inévitable, *ce sera cinquante francs, serviette comprise.* Nous avons pris l'ascenseur, sommes montés comme si de rien n'était, elle devait être d'une incroyable naïveté. Ou alors elle en avait aussi l'envie. Dans les deux cas, je suis coincé. Si elle ne se doute de rien, elle va pousser les hauts cris. Si elle en a envie et que je ne l'honore pas pleinement, je suis déshonoré. DOCTEUR FRANK, QUI ÊTES AUX CIEUX. Cette fois, plus d'échappatoire.

Nous sommes arrivés devant la chambre, j'ai ouvert la porte. Nous sommes entrés. La pièce était petite, mais avec un grand lit, et au fond un étroit cabinet de toilette. J'ai le cœur qui bat. Après, je ne me souviens plus. Si, je sais que je l'ai prise doucement, tendrement dans mes bras, que je l'ai embrassée sur les lèvres, puis à pleine bouche. Comment s'est déroulée cette rencontre si improbable, je ne me rappelle pas en détail. S'est-elle laissé déshabiller, s'est-elle déshabillée elle-même. Nos gestes ont-ils été rapides ou lents. A-t-elle fait quand même une légère résistance. Mon émoi était tel que les préparations se sont effacées de ma mémoire. Quand la mémoire me revient, c'est un choc pour moi des pieds à la tête. Je revois, revis soudain le moment fatal, crucial. Cela se passait il y a cinquante-six ans, pour moi, c'est un présent absolu. Hors temps, intact. Nous sommes tous les deux allongés nus sur le lit ouvert. Je contemple la peau si fine de ses épaules, de son buste, ses seins au galbe éburnéen, son ventre plat qui se soulève un peu, respiration de tout ce corps. Moment tant attendu, depuis l'instant où je l'ai aperçue. J'ai mis ma tête contre la sienne, ma main a commencé à lui frôler les épaules, à descendre le long de son torse jusqu'à ses seins, que je me suis mis à pétrir, vertige de mes doigts envoûtés, nous nous sommes embrassés à pleine bouche. Je ne sentais rien d'autre que l'envahissement de cette chair en moi, cette fusion d'elle et de moi dans un élan fulgurant. Je n'y pensais même pas, tellement j'étais absorbé en elle, soudain au bas de mon ventre cet étirement involontaire d'un organe inconnu qui se tend roide malgré moi, sans moi, tout seul, qui s'élève reste en l'air dans une immobile raideur, elle le sent, elle ouvre les jambes, cet épieu qui m'est poussé la pénètre, il va, il vient en elle dans la molle humidité de son sillon, encore et encore, j'accélère le rythme, je ralentis, elle commence à geindre, je poursuis le patient labour de ses chairs, labeur du mâle, sans crispation, sans fatigue, je sens encore toute vive la joie, l'allégresse qui me porte, sans rage, sans frénésie, tranquille, ne m'était jamais arrivé, avant, au bout de quelques instants c'était une tension, crispation telles, j'explosais, incontrôlable, déjà fini à peine entré dans l'effervescence du désir, maintenant, MIRACLE, je n'ai pas même à me dominer, ça se fait en moi, sans moi, tout seul, le temps s'efface en un long frisson, elle se met à geindre plus fort, ça ne m'était jamais encore arrivé, une femme qui jouit à hurler entre mes jambes, et moi, *ça* qui continue, intact, têtu, roide dans ce vagissement mouillé qui m'humecte.

Instants inoubliables, hôtel *Excelsior*, rue Cujas, automne 53, je suis devenu soudain un HOMME à part entière, les hormones femelles du Dr Frank m'ont rendu ma virilité, des poils noirs ont même poussé sur ma poitrine imberbe, c'est comme en août 44, j'ai cessé d'être *ein Untermensch,* un sous-homme, voire un *Unmensch,* un non-homme, quand je suis sorti pour la première fois de ma cachette, enterré depuis d'interminables mois, durant quatre années d'enfer, caché dans le pavillon de Villiers neuf mois, interdiction de mettre le nez à la fenêtre, dénonciations déportation, fin août 44 je sors à l'air libre, je peux marcher dehors, je remonte la rue après le pont du chemin de fer, place de la Mairie, VOILÀ LES AMÉRICAINS, la Jeep qui s'arrête pile en face de la mairie de nouveau républicaine après avoir été nazie, plus un *Untermensch*, un *Unmensch,* d'un seul coup de nouveau un HOMME, mais ça, c'est ma moitié civile, le Dr Frank, automne 53, me rend ma moitié virile, je suis désormais UN HOMME À PART ENTIÈRE, allongé, caressant son cou soyeux, joyeux au fin fond de mon être, elle a enfoui sa tête dans l'oreiller, épuisée par notre entrechoc, je me demande si elle en a jamais eu un pareil avec son type en Amérique, je ferme les yeux, sans doute j'ai dû m'endormir, je me réveille, elle est penchée sur moi, yeux bleus rayonnants, je me redresse, je l'embrasse, je la rallonge sur le dos, *ça* recommence après tout a été très vite, je ne fais rien à demi, instants magiques, il faut les perpétuer à jamais, je veux l'épouser, je la présente à ma mère et à ma sœur au Vésinet, pour moi mon Américaine fait déjà partie de la famille, elle a hésité un peu et puis elle est venue avec moi jusqu'à notre Villa des Neuf Chênes, qui va bientôt avec elle se peupler encore davantage, j'ai vécu des mois de rêve, homme heureux marié avec la femme idéale, elle est partie en vacances avec son groupe d'étudiants en Italie, j'ai reçu de chaque ville visitée des cartes postales splendides et tendres, j'étais avec elle sous les cieux céruléens, elle est revenue de ce voyage, on a repris nos amours, pas pour longtemps, un soir elle me téléphone, *Serge je suis désolée, je viens de recevoir un appel de mon père, ma mère a eu une attaque soudaine, dangereuse,* il me demande de rentrer immédiatement, elle est partie, je ne l'ai jamais revue, j'ai reçu une longue lettre de son père, sa fille était trop jeune pour se marier et de toute façon elle devait épouser un homme de la même religion, une longue lettre d'elle aussi, en anglais, sa mère en excellente santé, mais son père a voulu qu'elle rentre, elle ne pourrait pas retourner finir le semestre à Paris, sa logeuse allait lui envoyer ses affaires, *I am very sorry, Serge, but you must understand the situation,* j'ai compris la situation, trop jeune pour convoler en justes noces, surtout avec un youpin, ma peine a été immense, quand j'ai fait plus tard mon voyage de noces en voiture avec ma femme, tout le tour des États-Unis, sans expliquer pourquoi, sur le chemin du retour, en passant par Chicago, j'ai tenu à traverser la banlieue d'Oakland où elle habitait, aujourd'hui cinquante-six ans après, je prononce dans ma tête avec la même ferveur ce nom si doux, si vivant dans ma mémoire, ce nom qui a toujours pour moi un charme inaltéré par le temps, *Mitzi,* elle ne m'a pas oublié non plus, en février 2008, une longue, chaleureuse lettre d'elle m'est parvenue, me racontant sa vie d'épouse et de mère heureuse, cinquante-cinq ans après sa fuite de Paris, en février 53, je suis encore dans sa mémoire comme elle dans la mienne.

Après tout, j'étais venu en Amérique pour découvrir, autant qu'il m'était possible, les divers aspects de ce vaste continent. J'avais seulement un contrat d'*instructor* à Harvard pour deux ans. Pendant la période des cours, impossible de bouger. Les cours que j'avais me demandaient un considérable travail. En principe, j'étais venu ici pour compléter ma connaissance de l'anglais dans sa version américaine, en vue d'enseigner la littérature de langue anglaise dans une université en France. Et soudain il me fallait enseigner la littérature française dans la plus prestigieuse des universités d'Amérique. Le renversement des rôles me demande des heures et des heures de préparation. J'ai quand même, grâce à Claudia, pu explorer un peu la ville et la région de Boston. Les deux très belles, en plein été. Toujours grâce à Claudia, j'ai appris à jouir du charme des banlieues chic, les maisons de brique ou de bois peint au fond de longues pelouses, ornées çà et là de piscines, dont l'eau reflète le soleil. J'ai pu admirer les antiques demeures sur la colline de Beacon Hill, du temps où l'Amérique était l'Angleterre. J'ai même été dîner un soir dans l'une d'elles, appartenant à un banquier ami de la famille de

Claudia. Mais les vacances de Noël venues, l'université fermée pour plus de quinze jours, il faisait froid, d'un froid coupant la peau du visage. Bref, j'ai décidé de m'accorder un repos, d'aller tout en bas du pays vers la chaleur hivernale, en un mot, j'ai envie, c'est bien normal, de filer vers le sud, destination la Floride. Simplement, dans ces années-là, Noël 55, pas question d'inviter Claudia à m'accompagner. D'abord, avec mon salaire de débutant, je n'en ai guère les moyens, 4 500 dollars par an ne vont pas loin. Surtout, sans être officiellement fiancés ou mariés, pas question que sa famille laisse Claudia prendre la poudre d'escampette avec moi. Je suis donc obligé de partir en ma seule compagnie. Tant pis, j'ai besoin de partir, de voir divers aspects célèbres du pays où mon avenir assuré n'est que de deux ans. Claudia m'a laissé libre de prendre la fuite. Comment. Là est le problème. Je ne puis m'offrir un billet d'avion. Mon budget est limité. Qu'une façon de voyager à distance, la *Greyhound bus line*, la compagnie d'autocars qui sillonnent les États-Unis d'un bout à l'autre. Pour 32 dollars, j'ai pris un billet pour Miami. Seulement, cela fait plus de deux mille kilomètres. Toute une après-midi et une nuit entière de trajet. Je n'ai pas le choix, et puis mon pneumo est refermé, la maladie terminée, je suis en pleine forme. Claudia a pu l'apprécier, grâce à Mitzi dont elle a pris la suite, sans le savoir bien sûr. Les piqûres de folliciline m'ont remis pour de bon en selle. Donc, au revoir momentané à Claudia et à sa si accueillante famille, en route. Je rêve déjà d'oranges et de pamplemousses accrochés aux arbres, en infinies rangées. Le *bus terminal* de Boston n'est pas aussi bruyant et chaotique que celui de New York, mais c'est quand même tout un tumulte pour trouver le bon autocar. Je suis enfin installé, mes bagages rangés, le car s'ébranle. Il existe au moins ici des autoroutes qui traversent le pays, en France on commence à peine à en construire. Mais, autoroutes ou pas, le temps paraît long, affalé sur mon siège sans bouger, même les pieds. Le car est plein à craquer. Quand la nuit survient vite, on a seulement dépassé la région de New York. Il reste un sacré chemin à faire, avant de baigner dans la chaleur et le soleil. Je mange mon sandwich, je bois une gorgée d'eau de la petite bouteille que j'ai emmenée. Et puis qu'une chose à faire, par les vitres on ne voit plus rien. Dormir, Je m'endors bientôt, bercé par le ronronnement du car. On ferme les lumières. Toute une nuit à passer ainsi calé sur un siège inconfortable, ce n'est pas le plus plaisant des sommeils. Soudain, réveil brutal, les lumières sont allumées. Je crois comprendre que le chauffeur annonce un arrêt momentané. Ainsi secoué des heures et des heures, sans doute les vessies ont besoin de se vider. Pause-pipi, la plupart des gens descendent. Un Howard Johnson, on peut aussi y trouver de quoi manger ou boire. Je descends aussi, bon de se dégourdir un peu les jambes. J'ai encore faim, j'achète un sandwich au comptoir. L'eau est gratuite, j'en bois un plein verre. Et puis, avant de remonter dans le car, par précaution, je rends aussi visite aux toilettes. Repartis, de nouveau le roulement régulier à perte d'autoroute, je me rendors. Sûrement plusieurs heures, la nuit est un peu moins épaisse, il y a un peu de jour qui filtre du ciel. Nouvel arrêt brusque. Je me réveille, cette fois, je descends en hâte, pas une question de faim ou de soif, cette fois. Mais de gagner au plus vite les toilettes. Là pas de Howard Johnson, pas de café-restaurant qui nous attend. Un grand bâtiment en ciment, sur la route, en plein désert. Je presse le pas, le besoin presse, probablement toute l'eau que j'ai bue depuis le départ. Je suis la foule des passagers, j'aperçois dans le mur de béton deux grandes ouvertures. Au-dessus des ouvertures, de grandes lettres noires. Sans doute MEN et WOMEN, la ségrégation urinaire dont parle Lacan. J'avance, je vois. En gros, bien visibles, les lettres. WHITE, d'un côté, COLORED, de l'autre. Ce n'est pas la ségrégation urinaire, c'est la ségrégation raciale. Les Blancs chient ici, les Noirs pissent là. J'en reste soufflé. Je m'arrête, je contemple les lettres obscènes. J'ai l'impression étouffante que mon insigne JUIF me repousse sur la poitrine. Pas que Harvard, pas que les demeures historiques sur Beacon Hill, pas que les maisons avec pelouses et piscines. C'est aussi ÇA, l'Amérique. J'en ai oublié mon envie de pisser, interloqué. Je demande où l'on est. Un des passagers répond en Géorgie. Nous sommes arrivés en plein Sud. La guerre de Sécession n'a pas eu lieu, Lincoln a été assassiné pour rien, l'esclavage demeure. Je suis entré, cette fois du bon côté. 55, c'est 40 à l'envers. Ma besogne faite, je suis remonté dans le car. C'est alors que j'ai remarqué que les voyageurs avaient changé de place. Sur le devant de l'autocar, les Blancs. Les Noirs, derrière. Nous sommes arrivés au Sud. Mais le Sud, c'est aussi l'Amérique. WHITE, COLORED, j'ai honte d'avoir été forcé de jouer cet horrible jeu. Les lettres, encore aujourd'hui, me brûlent les yeux.

A New York, j'ai mon quartier bien défini, aux frontières précises. Au centre, naturellement, Washington Square, sa foule bigarrée, étudiants sages relisant leurs notes, à côté de clochards hirsutes, à l'autre bout les tables de pierre avec leurs échiquiers, toujours entourés de spectateurs passionnés, au milieu des musiques diverses rock, guitares grattées avec furie, d'autres fois blues, country, tout ce qu'on veut et aussi dans le bassin asséché prestidigitateurs, avaleurs de feu, danseurs hip-hop, ensuite je remonte University Street, où se trouvent mon bureau et nos salles de classe, je remonte jusqu'à la 14e Rue, *Garden of Eden,* excellent traiteur, sur l'autre trottoir, tout le bric-à-brac bon marché, valises, ceintures foulards, que sais-je, à Union Square, je peux encore aller vers le nord, atteindre par Broadway la 23e Rue, stop, c'est la limite. Je ne vais plus loin que dans les occasions extrêmes, là s'arrête mon territoire. Devant Madison Square, je contourne le Flatiron Building, un gratte-ciel des plus anciens début du XXe, seulement une vingtaine d'étages, mais triangulaire, de pierre non de verre, c'est sa particularité célèbre, il fait l'angle avec la 5e Avenue, je redescends souvent par là, tout en bas, devant un très bel immeuble de brique avec marquise à l'entrée, il m'arrive de croiser Catherine Cusset avec son vélo, les deux sont inséparables, pas tellement d'écrivains français dans mon voisinage, je m'arrête, on bavarde, on se donne rendez-vous pour la prochaine conférence à la Maison française de mon université. Quand c'est Barthes, Derrida ou Kristeva qui passent, notre Maison est trop petite, il faut trouver un vaste amphithéâtre dans un autre bâtiment. Vers le sud, le Square traversé, par West Broadway, je puis descendre sur Canal Street, où règnent les Chinois comme les Latinos sur la 14e Rue, immense bazar le long des trottoirs, il m'arrive d'y faire des emplettes, foulards de cachemire authentique pour 12 dollars, mais mon cheminement favori, c'est invariablement, West Way, la superbe avenue fluviale le long de l'Hudson, avec ses quais et ses pontons et cette immensité du large en pleine ville. Ma fille aînée habite au vingt-sixième étage d'un grand building juste au-dessus de la marina avec ses yachts luxueux qui sommeillent. Après déjeuner, nous descendons pour notre promenade rituelle jusqu'à Battery Park, parmi les touristes qui attendent le bateau qui les emmènera jusqu'à la Statue de la Liberté et Ellis Island. Nous poussons jusqu'à l'embarcadère du ferry de Staten Island. J'adore d'ailleurs le prendre moi-même et faire ainsi une croisière gratuite qui découvre au retour la pointe de Manhattan tout en gratte-ciel plongeant dans l'immense baie. De Battery Park à la 23e Rue, voilà mon territoire du nord au sud. Et puis, à gauche de Washington Square, Greenwich Village, jusqu'à l'Hudson parmi les jolies maisons de briques bordées d'arbres du quartier gay, si bien tenu et si propre. A droite, c'est l'East Village, sa collection d'hurluberlus de toutes sortes, déguisés plutôt qu'habillés, parfois ils sont drôles, un vrai spectacle, après la 1re Avenue jusqu'à Tompkins Square. Mon autre frontière. Autrefois, je la dépassais jusqu'à l'avenue B, pour voir mon ami Ronald Sukenick, écrivain à ses débuts en 56. La nuit, en plus de sa porte blindée, il installait une barre de fer pour protéger son galetas. En bas, après une rixe dans un bar, on avait retrouvé un Portoricain baignant dans son sang sur le trottoir. Ce sont, au début, mes seules incursions dans Alphabet City. Quand Sukenick est parti en Californie, je n'ai plus jamais remis les pieds dans ce quartier. D'ailleurs, il a depuis perdu son pittoresque, il s'est embourgeoisé, devenu chic et cher, *gentrified,* comme on dit ici. Naturellement, je connais d'autres quartiers, au hasard des invitations et des courses, mais je ne m'y sens pas chez moi. Pareil à Paris, je n'ai jamais été dans le XIXe ou le XXe. J'ai entendu parler des Buttes-Chaumont, mais je ne sais pas où c'est.

Justement, Paris, je m'apprête à y retourner. Mon accord avec New York University, unique je crois, c'est Paris-New York un an sur deux. Mes malles sont déjà parties. Maintenant, mon tour. Je vérifie une dernière fois que tout est en ordre pour mes sous-locataires. Le taxi que j'ai réservé doit être en bas, je ferme la porte à clé et descends. Le chauffeur me demande où l'on va. J'indique Kennedy Airport. *Which way do you want to go ?* A moi de choisir. On peut prendre le *midtown tunnel* à la 34e Rue, mais c'est toujours encombré. Date du temps où je pilotais chaque jour de ma maison de Queens à mon université, j'ai mon chemin tout tracé. Je réponds, *we'll go through Williamsburg Bridge.* Il demande, *you're sure.* Oui, je connais mon chemin. On part, on descend le Bowery jusqu'à Delancey, on tourne à gauche vers le pont en métal rouillé, secoué depuis je ne sais combien de décennies par le métro et les voitures. On arrive jusqu'en haut de la courbe du pont, et, de là, un sacré spectacle. Sur le *Queens-Brooklyn Parkway* une queue leu leu de véhicules immobiles à perte de vue. Il est 5 heures. Le chauffeur demande, *at what time is your plane to leave ?* Je réponds, *7.30.* Il répond, *we'll never get there in time with this traffic jam.* Je commence à m'inquiéter vivement. Je ne peux quand même pas rater mon avion. A l'époque, on n'avait pas besoin d'être là deux heures à l'avance. On ne vous fouillait pas, mais il fallait avoir le temps d'enregistrer. Je demande, suspendu à sa réponse, *what can we do.* D'un ton décisif, le chauffeur dit, *we'll go my own way.* Il a son chemin à lui, je le laisse faire. Je me demande comment il peut s'échapper de la cohue des voitures immobiles dans le gigantesque embouteillage en bas du pont sur l'autoroute.

De la voie de gauche où roulent les taxis pour aller plus vite, il se faufile je ne sais comment dans la file de droite qui bouge à peine. Centimètre par centimètre, notre tacot jaune cabossé glisse le long de la rambarde de métal. A moins de se transformer par miracle en hélicoptère, je ne vois pas comment il entend progresser parmi les centaines de véhicules bloqués en bas. Normalement, pour passer de Williamsburg Bridge sur l'autoroute qui va vers Queens, on descend sur la gauche. A l'endroit précis où l'on tourne, je remarque pour la première fois qu'il y a une petite ouverture sur la droite. Sens interdit. L'étroite voie est probablement réservée aux véhicules de service ou à la police. Descendus à la hauteur du sens interdit, le taxi d'un seul coup s'y engouffre, descend très vite, personne ni rien devant nous. Nous avons échappé à l'autoroute, à la marée des véhicules, nous sommes soudain déversés dans une petite rue. Le taxi se jette dans la brèche, nous nous retrouvons en plein Brooklyn. C'est pour moi une terre étrangère. Depuis des décennies, installé à Washington Square, je n'ai pratiquement jamais été à Brooklyn. Je ne connais que les maisons cossues plantées sur Brooklyn Heights, d'où l'on a une vue splendide sur les gratte-ciel de la pointe de Manhattan et sur la vaste baie où elle baigne. J'y ai été dîner deux ou trois fois chez des étudiants fidèles. Et un soir j'ai été jusqu'à l'Academy of Music pour voir un remarquable spectacle, *Œdipe roi* de Sophocle chanté en gospel. C'est tout. Le chauffeur, lui, a l'air à son aise, sur son territoire. Il enfile des rues étroites bordées de taudis, tourne à droite, à gauche, j'ai perdu tout sens de la direction. Soudain nous sommes sortis de ces bas-quartiers étranglés, nous avons débouché sur une avenue, laquelle, aucune idée, mais une vision qui reste inscrite dans mes yeux éberlués. Une série de grandes maisons de bois toutes peintes en jaune. Une maison sur trois ou quatre est une église avec des noms inscrits sur leurs frontons, tous en espagnol, tous différents, *Iglesia* de saint X ou de saint Y. Jamais vu pareille enfilade d'églises en bois jaune, de temps à autre, des boutiques, fruits à l'étalage, épiceries, garages, jaunes aussi, couleur unique absolue, de nombreux passants, tous basanés, bistres, cuivrés, des Noirs, peu, des Blancs, point. Pas un seul en vue. Que des Latinos, leurs églises baroques, leur langue unique. Naturellement, mon chauffeur est noir. Un Blanc n'aurait pas pu s'aventurer dans cette zone, se risquer dans ce ghetto. Plus exactement c'est ici une réserve de Latinos, comme il y a des réserves d'Indiens. Les étrangers n'y pénètrent pas impunément, entrée interdite. Moi, dans ma réserve mi-Quartier Latin mi-Beaubourg, on va, on vient comme on veut. C'est ouvert au tout-venant, on se mélange sans vergogne, des Blancs, des Noirs, des Asiatiques, des homos, des transsexuels, et puis de tout jeunes garçons et filles qui se bécotent sur les bancs. Elles aiment ça, les filles, quand leur mec s'arrête, elles en redemandent. Ça, c'est *une* Amérique, la mienne. Il y en a d'autres, pas loin de chez moi. Une demi-heure de taxi, six ou sept stations de métro, on débarque sur un autre continent. La rue que me fait traverser mon chauffeur est sur une autre planète. Je change d'univers. Je suis très pressé, mais même si j'avais le temps, je suis sûr que mon chauffeur ne me conseillerait pas de m'arrêter, de venir fouiner dans ces lieux en touriste. Ça pourrait être mal pris. Qu'est-ce que je viendrais y faire, pas un quartier pour touristes venus se rincer l'œil de cette misère fière et altière. Je regarde et je regarde, pendant que le taxi file, puis tourne soudain. On se retrouve dans un lacis d'immeubles aux vitres cassées, de maisons borgnes, aux marches de bois défoncées. Je jette un coup d'œil sur ma montre, trois quarts d'heure que nous sommes partis. Dans ce fouillis inextricable de ruelles miséreuses, j'ai l'impression qu'on s'entortille, virages bruts à droite à gauche, un vrai labyrinthe, dont je n'ai aucune idée comment, par quel miracle on va trouver la sortie. D'un seul coup d'un seul, nous sommes projetés dans une lumière aveuglante, un soleil de feu, le paysage s'étire comme un immense marécage à découvert. Je reconnais c'est *the bird sanctuary*, la réserve des oiseaux sauvages, où je vais parfois me promener avec Cathy. Juste en face, Kennedy Airport. Ouf, je respire. Pas même une heure, je ne raterai pas mon avion. Sur le Brooklyn-Queens Expressway, ils doivent être des milliers et des milliers à ronger leur frein. Miracle d'être tombé sur ce chauffeur unique, qui connaissait au bout de son volant cet infini dédale. Il me dépose devant le terminal d'Air France, je suis soudain de nouveau dans le monde des vacanciers, des voyageurs, de gens qui ont des loisirs et du flouze. De retour dans mon univers, ma planète. Mais je n'oublierai jamais l'autre. L'avenue jaune, étirant ses églises et ses échoppes jaunes, ce recoin d'Amérique où l'on parle une autre langue, on mange une autre nourriture, où on a une autre vie. Juste entre Williamsburg Bridge et Kennedy Airport, pourtant si loin, aussi lointain pour moi que les étoiles. Je n'oublierai jamais le voyage que ce chauffeur m'a fait faire à travers Brooklyn. Je me penche vers lui, je dis *thank you very much,* il hoche la tête. Inutile de dire que je lui ai donné un gros pourboire.

Ça me rappelle la visite qu'Elle est venue me rendre à New York, pendant les vacances de Pâques de sa fille. Avec sa fille, précisément. Quand, quelle année, c'est flou dans ma mémoire. J'ai naturellement payé son billet à Elle. Pour sa fille, avec son père, ç'a été moitié-moitié. Cela m'ennuyait qu'Elle ne vienne pas seule, comme la fois d'avant. Mais Elle tenait à montrer, révéler New York à sa fille. Et après tout, la mienne, Elle l'avait très amicalement traitée, lors de sa dernière visite à Paris. Elle l'avait emmenée à tous les parcs d'attraction, Disneyland, Astérix, France-miniature. Il était bien normal que j'invite sa fille, dans mon vaste appartement de New York. L'ennui, c'est que mère et fille étaient toutes les deux parties toute la journée, et moi, j'aurais bien voulu être un peu seul avec Elle, tâter un peu de sa présence charnelle. Je n'en avais plus guère l'occasion ici, les années quatre-vingt-dix n'étaient plus les années soixante, et puis entre-temps j'avais pris de la bouteille. Fini, les amourettes estudiantines. J'entends encore Céline, assise près de moi sur mon grand divan profond, à qui je proposais avec tact la galipette, se raidissant d'un geste brusque, s'écrier, *Mais, Serge, vous avez un an de plus que mon grand-père.* Sur le moment, un choc, un électrochoc. Mais en fin de compte, Céline m'avait rendu service, elle m'avait remis les pieds sur terre. Seulement, pour une fois qu'Elle était là, toujours belle, toujours blonde dans sa quarantaine, je désirais quelques ébats. Avec la présence de sa fille, pas possible. Tout ce que j'ai obtenu ce printemps-là, c'est au sous-sol de mon immeuble, dans la salle des machines à laver automatiques, enfermé avec Elle dans les toilettes, une étreinte brusque et brutale contre le mur, derrière la porte verrouillée. C'est pittoresque, quand on a 20 ans, mais j'approchais de 70. Côté zizi, zéro. J'ai dû refermer ma braguette. Alors que faire. Les jours où je n'enseignais pas, nous avons fait tous les trois les visites obligatoires. Metropolitan Museum, MoMA, plus haut sur la 5e Avenue, le Guggenheim Museum. Le Jewish Museum, ce n'était pas pour elles, des cathos penchant plutôt vers la droite. A Central Park, je les ai invitées à la promenade rituelle en calèche tirée par un beau cheval. 45 dollars les 20 minutes. Mais enfin entre la pelouse et les arbres, la petite était ravie, donc la mère, on ne roule pas en carrosse tous les jours. Le départ approchant, j'ai demandé à Elle ce qu'elle aimerait encore faire pour couronner ce séjour. Sans hésiter. Elle m'a répondu, *aller à Harlem.* J'en suis resté baba. *Tu ne te rends pas compte,* moi, depuis presque quarante ans que j'étais à Manhattan, cette idée ne me serait pas venue à l'esprit. Pourquoi pas le Bronx, pendant qu'on y est. Elle a insisté, elle voulait, au moins une fois dans sa vie, visiter Harlem. *Mais qu'est-ce que tu veux voir,* moi, quand j'habitais la 113e Rue avec Rachel, le long du Morningside Park, où il était formellement déconseillé de se promener, du haut on apercevait des immeubles de brique vétuste, aux toits crevassées, aux fenêtres sans vitres, fermées par des planches. Le parc était une frontière. La 125e Rue aussi. Chacun reste de son côté. Clôture invisible, mais radicale. Elle a tellement insisté, je me suis renseigné, j'ai même trouvé une agence qui organisait des tours dans Harlem.

Nous avons quand même laissé sa fille dans l'appartement un matin. Nous sommes allés jusqu'à l'agence qui devait nous guider à travers Harlem. Toute une aventure, j'avais fini par être curieux, puisque j'avais plus d'un an vécu à la 113e Rue, sans jamais aller jusqu'à la 125e. Un collègue de l'université Columbia avait récemment reçu un coup de couteau en ouvrant la portière de sa voiture dans les parages. Nous suivons le guide, nous passons au-delà de la 125e Rue. Il nous conduit vers une rue très propre, pas la moindre canette de bière ou de Coca-Cola par terre. Des immeubles de brique de hauteur moyenne, sept-huit étages, très propres eux aussi. La rue valait bien des rues aux environs de la 25e. Les gens passaient sans nous regarder, sans nous prêter la moindre attention. Des enfants couraient et jouaient sans faire de tapage. Nous avons ainsi marché pendant vingt minutes. Et puis, le guide a soudain obliqué sur la gauche. A nos yeux stupéfaits se révèle un étrange spectacle, totalement inattendu. De superbes pelouses soigneusement tondues, comme à Waban, dans la banlieue chic de Boston. Des maisons spacieuses, espacées, les unes traditionnelles en brique ou bois peint, les autres à un seul étage, toit plat, le pur style moderne, avec de grosses voitures neuves dans les allées. Je n'en crois pas mes yeux. Je demande au guide, *are we in Harlem ? Of course, you are.* Il explique que c'est un nouveau quartier pour les professions libérales, les Noirs qui ont réussi. Et il y en avait des rues pleines, de rupins. Elle dit en haussant les épaules, *Tu vois, ils ne sont pas si mal logés que ça. Toi, avec tes préjugés, tes peurs.* Je n'ai quand même pas rêvé, quand du haut de Morningside Heights, à la lisière du territoire de Columbia University, il n'y avait en bas qu'immeubles à moitié démolis, les carreaux manquants, les voitures au capot ouvert housses cramées. Le guide répond, il explique, ce sont des restes du passé, lui, il nous fait visiter le Harlem d'aujourd'hui. Il m'assène son baratin avec aplomb, avant de me réclamer ses cinquante dollars. Il nous laisse en plan et disparaît. Nous avons encore poursuivi notre périple à pied. Nous avons fini par trouver des quartiers miteux, mais pas calamiteux. Soudain la faim nous a pris, nous sommes redescendus vers la 123e Rue. J'aperçois sur notre droite un petit restaurant où l'on entrait en descendant quelques marches. Nous avons descendu les marches, nous sommes entrés. Une dizaine de Noirs assis parlant fort et riant. Nous les seuls Blancs. Ils ne nous ont pas même regardés. Nous nous sommes assis, enrobés de chansons à la radio, des voix du Sud. Atmosphère sympathique, l'endroit nous plaisait. C'était la première fois que nous entrions dans un vrai bâtiment de Harlem. Nous avons commandé deux excellents hamburgers. Le patron nous a apporté en souriant ketchup et moutarde. Deux glaces pour dessert. J'ai demandé l'addition. Elle n'était ni plus basse ni plus élevée qu'ailleurs dans ce genre d'estaminet. Nous nous sommes attardés un peu en sirotant nos cafés. Pas l'ombre d'une sensation d'intrusion, de gêne. Je dis, *tu vois, tu l'as eu, ton Harlem.* L'agence avait tout préparé. Un Harlem aussi chic que les villas du Connecticut. Et nous avons découvert tout seuls un Harlem populo, sympa, accueillant. Un bistro de Greenwich Village. Elle était ravie de la randonnée, *il faut maintenant aller retrouver ma fille.* Nous nous levons, *good bye,* on nous répond de même. Malgré tout, je ne l'ai pas inventé, le Harlem de la déglingue qu'on aperçoit du haut de Morningside Heights. Mais il n'est pas fait pour les touristes. Les voyages organisés doivent offrir une idée convenable de l'Amérique.

Des scènes de la vie de notre vie il y en a de très distinctes si précises qu'on peut les évoquer en détail elles sont stockées dans notre mémoire à notre disposition nous en disposons à notre gré elles se débitent se livrent comme autant de *short stories* recueil de nouvelles inscrites dans notre cerveau il n'y a plus qu'à les écrire parfois dans l'ombre de l'oubli tapis surgissent de la nuit des spectres des fragments fantomatiques flous pourtant sûrs et certains ainsi l'enfance qu'est-ce qui reste des lueurs brusques fugitives j'ai reçu de sacrées corrections de mon père dans l'appartement-atelier de tailleur rue de l'Arcade 39 téléphone Anjou 35-21 placé haut dans le couloir sur le dessus de marbre d'une ancienne cheminée en face de petites liasses suspendues au mur d'échantillons Dormeuil à côté la porte du salon d'essayage interdit de l'ouvrir je ne dois pas faire de bruit en passant là que mon père reçoit habille les clients à force de travail de talent mon père s'est fait une belle clientèle des artistes Arthur Honegger Darius Milhaud pour la musique des acteurs inoubliables Jean Gabin s'asseyait sans façon sur la grande table du magasin balançant les jambes *alors Doubro comment ça va* toujours aimable ma mère l'aimait mais il la choquait il venait à chaque fois avec une autre femme j'entends la voix de ma mère il y a eu aussi Pierre Feuillère qui a amené une fois pour lui faire faire un costume tailleur sa femme Edwige et puis les militaires je revois en un éclair le général Gamma dans son uniforme il me demande *qu'est-ce que tu veux faire dans la vie plus tard* tout le monde a ri quand j'ai répondu *je veux être militaire* pas si faux quel âge j'avais 8-9 ans il y avait déjà la guerre civile en Espagne on ne parlait que de ça à table le soir la belle table d'acajou et les chaises assorties l'armoire si net dans ma mémoire un ami très proche de mon oncle s'était engagé dans les Brigades internationales c'est lui dans *L'Espoir* de Malraux blessé dans un accident d'avion que les paysans descendent de la montagne sur une civière réchappé en France fusillé par les Allemands un héros de la famille être soldat ma mère disait plus tard *ça t'aurait fait du bien le service militaire* pas si absurde ma réponse au général Gamma toute ma vie j'ai regretté de n'avoir pas été dans la Résistance comme mes cousins de ne pas avoir porté armes pas bousillé un seul Boche caché neuf mois sans même le droit de regarder par la fenêtre d'écarter une seconde le rideau de la salle à manger de Villiers ne pas avoir été soldat pendant la guerre m'a poursuivi comme un remords toute ma vie

les corrections j'en ai reçu une pour avoir été pisser sur le paillasson du voisin du dessus rue de l'Arcade une autre pour avoir été renvoyé du lycée Racine rue du Rocher à six ans pour avoir tiré très fort la tresse de cheveux de Micheline qui ne voulait plus me parler dans la cour de récréation alors que je lui avais remis un beau dessin dédicacé MICHELINE JE T'ÈME la correction c'était une fessée sur les fesses nues avec sa ceinture à la russe la dernière dont je me souviens au Vésinet plus tard comme notre employé Armand refusait de me les acheter chez Trassoudaine au coin de la rue de l'Église j'ai volé à l'étalage des soldats de plomb là ç'a été allongé sur l'établi de bois à plat ventre dans le garage mais aussi les moments de fraternité d'homme à homme quand son ami Stern venait déjeuner le samedi mon père et lui allaient ensuite bavarder au café mon père m'emmenait toujours je ne comprenais pas ce qu'ils disaient mais j'étais heureux Stern et lui parlaient toujours yiddish normal c'était leur langue j'ai toujours regretté de ne l'avoir jamais apprise quelquefois avec les bossus ou mal fichus mon père avait du mal à tracer le bâti du dos des épaules à la craie sur le tissu il disait alors à ma mère

Nénette viens me réveiller dans vingt minutes
allait droit à la chambre à coucher s'endormait à volonté quand ma mère le réveillait il allait droit sans dire un mot à sa table de travail et faisait les tracés à la craie sans hésiter une seconde

mon père soixante et un ans qu'il est mort je peux rester longtemps sans penser à lui sans parler de lui soudain il surgit en un éclair intact avec toute sa force c'était un homme fort dans tous les sens avant la guerre soulevait un haltère de cinquante kilos sans effort fort décidé de ne pas fuir avec le troupeau en 40 en taule dans son propre atelier quatorze heures par jour il a trimé faire aux Fritz de beaux uniformes ou bien être déporté nous a sauvés jusqu'en novembre 43 après la guerre a crevé dans d'indicibles douleurs de la maladie des Juifs des ghettos tubard le docteur en admiration dit à ma mère *Madame, je ne sais pas comment votre mari tient encore il n'a pratiquement plus de poumons, mais son cœur tient bon* cela le résume mon père un homme de cœur moi j'ai été un homme de couilles et de mots ma virilité c'est au lit pas dans les luttes de la vie et puis en racontant cette vie deviens écrivain j'appelle ça mon autofiction le mot a fait florès voilà dans ma vie j'aurai inventé un mot de la langue française dans le Larousse et le Robert mais Reddy son nom me revient l'ami de mon oncle il était pilote dans l'aviation de la République espagnole Malraux lui en était le chef mon oncle Henri médaillé de la Résistance des HOMMES mon père un HOMME je suis une chiffe pas une ombre d'héroïsme en moi j'emporterai dans ma tombe l'image d'un type ballotté par sa vie bien sûr j'ai des lettres Premier Prix de philosophie au Concours général entré à Normale sup à 19 ans agrégé docteur ès lettres débuté à Harvard quarante ans à New York University la plus grande université privée d'Amérique 55 000 étudiants critique dont on étudie encore le *Corneille* prix Médicis prix de l'Écrit intime un écrivain reconnu Palmes Académiques Commandeur des Arts et des Lettres pour moi ce ne sont pas des lettres de noblesse

j'aurais voulu une croix de guerre une médaille militaire ou une médaille de la Résistance mon père est un Autre aimé respecté admiré pas arrivé comme moi en Amérique sur le splendide paquebot *Liberté* on ne saura jamais comment il a pu franchir la frontière russe bien verrouillée arrivé à Paris sans un sou en poche en 1912 immigrant sans papiers de l'époque volontaire dans la Légion Étrangère dès la fin d'août 14 mon père mon oncle Reddy Malraux DES HOMMES j'aime respecte admire mon père mais je suis MA MÈRE *mets tes doigts contre les miens on a les mêmes mains ton père et ta sœur c'est l'action nous c'est la pensée* elle a dans sa bibliothèque à portée de ma main j'en profite Baudelaire Verlaine Samain Verhaeren *Sur la bruyère infiniment Voici le vent cornant novembre* aussi la correspondance complète de Flaubert cent autres livres dont j'ai fait mes délices enfantines et adolescentes chaque fois que je fais des fautes de français je dois recommencer la page elle récite d'une belle voix bien posée des poèmes qui s'inscrivent dans ma moelle et puis ses plats nos plats les aubergines farcies qui m'attendent dans la cocotte Doufeu orange chaque fois que je reviens d'Amérique rue de l'Arcade dans ma plus lointaine enfance sortis du réchaud à gaz il y a les macaronis gratinés au gruyère dans la casserole de métal au Vésinet les rillettes du Faisan d'Or les tartes Lamesch en face sur la place de l'Église le marché ensemble avec la poussette le samedi fruits légumes choisis avec soin pas l'air assez frais trop cher ces carottes sont parfaites un kilo s'il vous plaît jamais plus mangé rien d'aussi bon *à table mes enfants* sur la toile cirée jaune de la cuisine ma sœur arrive la table est mise éternellement je revois la scène c'est la Cène

ma mère c'et moi ma nourriture culinaire culturelle m'a empli gavé cuisiné culture tout entier repu repos repas *prends-en encore un peu, mon petit* *pour me faire plaisir* son plaisir le mien elle est ma joie ma mort je veux dire sa mort m'a anéanti a fallu des mois et des années de psy pour ne m'en suis jamais remis maintenant quarante ans après sa disparition elle s'estompe un peu elle a rejoint mon père dans le néant des années et puis un mot une pensée d'eux ELLE LUI SURGISSENT mais je suis plus fait d'ELLE que de LUI

quel âge j'ai
5-6 ans peut-être 7 ne sais plus
dans la salle à manger de la rue de l'Arcade
visite de famille Dounia Rachel Dacha
leurs maris toutes les sœurs et les beaux-frères de
mon père il règne sur le repas royal sur
la table d'acajou revois entends encore
tout le monde parle yiddish s'esclaffe
ma mère et moi exclus de l'hilarité générale
ma mère est à la cuisine suis
seul personne ne s'occupe de moi
j'en profite je me glisse au bas de ma chaise
puis sous la table souvenir si violent et
doux doucement je rampe sous la table
à plat ventre sur le tapis je regarde je scrute
entre les cuisses des dames
je remonte les bas de soie jusqu'aux crochets des
jarretelles peux pas voir plus loin plus haut
jusqu'à pas même un bout de cuisse dénudé
j'ai beau peux pas trop m'attarder
si mon père heureusement
ils sont tous noyés dans leur langage rauque

scène si lointaine
c'était bien avant la guerre un autre monde une autre vie ne me rappelle plus comment je suis ressorti de dessous la table en vain scruté les dessous des dames juste la vision après il ne reste plus rien mais cette scène si distante c'est celle que j'ai jouée tout au long de mon existence entre les jambes des femmes chercher QUOI
ultime secret ultime désir l'origine du monde le tableau de Courbet me résume
béant le trou d'où je viens je sors
j'entre en elles toute ma vie d'homme
pénétrer les femmes des femmes j'en ai eu beaucoup tellement jamais assez de ma vingtième à ma quatre-vingtième année
jamais perçu ce que le gosse cherchait jamais percé les ténèbres au-delà des bas de soie accrochés aux crochets des jarretelles rêve princeps de *L'Interprétation des rêves* quand Freud plonge au fond de la gorge d'Irma
comme homme je n'ai fait que chercher à y plonger peut-être pour m'y noyer mais ne veux pas je veux décider être le maître de la situation être mon père
c'est lui qui commande qui domine
parfois il a brutalisé ma mère au début de leur mariage un jour ma mère s'est réfugiée chez ses parents mon père est allé la rechercher allé s'excuser comme ça qu'on l'avait éduqué au ghetto de Tchernigov son père à lui flambait la moitié de sa paie au jeu le

Joueur de Dostoïevski Doubrovsky senior était pareil après plus beaucoup à manger repas du soir le père d'abord on le servait puis la mère et par ordre de naissance les frères et sœurs une flopée arrivé à mon père le benjamin plus grand-chose une patate et encore pour survivre mon père volait chez l'épicier la nuit avait trouvé le moyen de pénétrer dans sa boutique pour ça que j'ai reçu cette raclée sur l'établi du garage quand j'ai volé les soldats de plomb pas le droit de voler moi je suis nourri gavé la fessée je ne l'ai pas volée soldats de plomb enlevés à l'étalage n'est pas un hasard le général Gamma me demande *je veux être soldat* à quoi je joue dans mon enfance planté devant la glace j'agite le sabre recourbé l'espèce de cimeterre de mon père me suis fait un casque comme j'ai pu un couvercle de casserole pour bouclier je me bats des heures et des heures en face de la glace cinq ans six ans sais plus ma mère venait me regarder je l'amusais son belliqueux fiston qui n'aurait pas fait de mal à une mouche contre qui je me suis battu débattu dans ma vie AVEC LES FEMMES le secret entre leurs jambes là allongé sous la table sur le tapis caché je scrute le long des bas de soie jusqu'à le secret je ne puis le pénétrer même quand plus tard j'y entre la proximité la plus totale vous étouffe mon premier roman jamais publié que j'ai dû écrire dans la vingtaine son titre sans que j'aie pu le savoir résume toute ma vie toute mon œuvre *L'un contre l'autre* tout est dit si un jour on réunissait tous mes livres en un gros bouquin ce serait le seul titre possible entre les jambes le trou la fente la fêlure le fond de la gorge d'Irma avec Freud ou sans Freud j'ai beau sonder même quand je m'y enfonce je ne puis le pénétrer LES FEMMES ME DÉPASSENT comme homme comme écrivain du coup phrase horrible du *Livre brisé* *je tue une femme par livre* c'est réciproque une femme par livre me tue mon père élevé à la dure un dur moi je suis un mou devenu un dur du dard grâce aux hormones femelles alors forcé j'ai un fond tout au fond misogyne gynophage les femmes sont mes déesses et mes harpies elles me harponnent me lient quand je m'y attache parfois me rebiffe rebuffades on se bouffe le nez faut me comprendre j'ai été un bambin des années trente Hemingway Malraux Montherlant fallait à l'époque être un mec un type peureux est une gonzesse mon père disait quand j'avais la trouille d'aller seul en vélo *je n'aime pas les femmelettes* on m'a fabriqué un côté macho mais mon côté macho cache mon inanité le macaque à quéquette macache sans une femme autour auprès si je ne suis pas enrobé de féminin J'INEXISTE pétri de contradictions pas seulement leur pétrus leur présence leur emprise leur empire suis leur sujet peux pas vivre sans alors forcé des fois veux me libérer me rebelle en vain ne sert à rien si j'en perds une il m'en faut aussitôt une autre si je la reperds dois me réparer d'urgence il en faut une autre encore et toujours sinon vide s'ouvre je tombe dans ma tombe cinq ou six ans sur le tapis sous la table de la salle à manger allongé les yeux perdus éperdus je lorgne là-haut là-bas entre les jambes de mes tantes puisque je ne pourrais jamais n'oserais jamais regarder entre les jambes de ma mère si mon père me repérait dans mon repaire serait la pire catastrophe comment sortir m'en sortir de ma cachette heureusement toute la famille est occupée à jacasser clamer s'exclamer en yiddish

L'heure de la promenade, j'ai fini de déjeuner. Même déraciné de ma maison du Vésinet, de ma maison de Queens, âme errante, poussant toujours plus loin de lieu en lieu. Du lycée Pothier d'Orléans à Harvard. De Harvard University à Brandeis University. De Brandeis University à Smith College. De Smith à New York University, là j'y suis resté quarante ans. Mais avec mes aller-retour un an sur deux en France. Seulement c'est un schéma rétrospectif, arrivé au bout de ma vie, je la contemple en marche arrière. Ça, le souvenir. La vie, c'est l'inverse de la mémoire. Une marche en avant, sans trop savoir où l'on va. Et ce jour-là, je ne savais vraiment pas où aller. Rachel avait réussi à m'attirer de gré ou de force, dans son logement à elle. Mon logement à moi, c'est ma maison à Queens, 138-17 78th Rd., Flushing, NY 11367. Ma chambre avec vue sur les pelouses et les arbres avait été remplacée par une vue sur les murs de briques de l'immeuble d'à côté. Mon bureau était la pièce du fond, au bout de l'interminable couloir, où le regard s'écrasait sur la roche primitive du sous-sol de Manhattan. En haut de la ville, chez Rachel, 105 West 113 Street, Apt 81, New York, NY 10025. Qu'est-ce que je suis venu foutre là, dans ce quartier que je déteste, à douze rues de Harlem. C'est le pré carré de la grande université rivale, Columbia, où Rachel enseigne. Je suis là parce que j'ai suivi Rachel. Ultimatum : tu viens habiter avec moi ou je te quitte. Et cette fois, elle ne plaisantait pas, ce n'étaient pas des jérémiades larmoyantes, comme par le passé. C'était une véritable mise en demeure. J'ai obtempéré, par faiblesse, par lâcheté. Faudrait-il dire par amour. Vrai, je n'avais pas envie de la perdre. Pas envie de me retrouver sans femme dans ma belle maison, où depuis longtemps mon épouse et moi avions des vies totalement séparées. Même aux heures des repas. Et il faut dire, Rachel n'était pas seulement un esprit fin, d'une intelligence extrême, passionnée de littérature. Elle était aussi très jolie, très élégante, ce qui ne gâte rien. Alors moi, ç'a été ma faiblesse, ma lâcheté incroyables toute ma vie, si je perds une femme, j'ai peur de ne jamais en retrouver une autre. Une autre de la même qualité. Alors, après avoir longtemps résisté, quatre ans, j'ai fini par céder. J'ai déménagé mon bureau, une partie de mes livres, emménagé bon gré mal gré avec Rachel. Maintenant elle commence une offensive pour le divorce. Je n'en suis pas encore là, malgré son ire vitupérante. Mais au lit, on s'entend encore bien, enfin certains soirs, où l'on a un peu picolé. On s'entend bien pour se faire de petites choses, elle aime les descentes au panier, que je lui broute le cresson, moi, elle me fait des pipes savantes, elle me gomorrhe, je la sodomise. Nous échangeons nos plaisirs. Mais c'est insuffisant pour remplir une vie. Le week-end, je retrouve mes filles, ma demeure. J'emmène promener mes filles dans les endroits qu'elles affectionnent. Avec Renée, on va au Metropolitan Museum et Central Park. Avec Cathy on file vers la plage déserte de Rockaway où déferlent les vagues atlantiques ou l'on visite le *bird sanctuary*, les marécages protégés des oiseaux sauvages, en face au loin l'aéroport Kennedy. Pendant la semaine, à la 113e Rue, où aller faire ma promenade postprandiale quand je ne prends pas ma voiture pour descendre à l'autre bout de Manhattan jusqu'à Washington Square et New York University. Si l'on suit la 113e Rue vers l'Hudson, il y a bien Riverside Park, d'où l'on aperçoit le Washington Bridge vers le New Jersey. Il y a un fouillis d'arbres qui vont jusqu'à la 72e Rue. Par beau temps, c'est une bouffée d'air frais agréable, je ne peux pas me plaindre. Mais quand il ne fait pas beau, quand il pleuvote comme aujourd'hui, où aller. Le campus de Columbia avec la grand-place de la bibliothèque, les bâtiments de fière allure. L'université fait partie de l'*Ivy League*, avec Harvard, Yale, Princeton, l'aristocratie du savoir. A NYU, nous ne sommes que des parvenus, sans campus. Que des édifices autour de Washington Square, qui n'est pas à nous, le reste dispersé à droite et à gauche dans les rues avoisinantes ou lointaines. Je n'ai pas envie d'aller admirer le campus de Columbia, j'ai besoin d'une longue marche. Le parc sous la pluie, aucun intérêt, qu'une solution, descendre Broadway.

Donc je descends Broadway.
Sur le trottoir d'en face *Mama Joy*, un traiteur de bonne qualité, produits surtout italiens. J'y vais souvent, mais aujourd'hui pas de courses à faire, rien à acheter. Qu'un peu de paix, avant le risque d'aigreurs vespérales. Des boutiques fruits et légumes sans intérêt, dans le vent qui soulève par rafales des feuilles de journaux. Quelques pas plus loin, la vue se dégage, St John's Cathedral apparaît, énorme, trapue. La plus grande cathédrale du monde,

du moins quand elle sera finie. Commencée il y a un siècle, elle n'a pas encore atteint la hauteur prévue de ses tours. Une drôle de cathédrale, épiscopale, commencée dans le style roman, poursuivie dans le style gothique. Je n'ai jamais eu l'idée de visiter l'intérieur de cette horreur écrasante. J'accélère un peu, le ciel est gris, d'un moment à l'autre, il pourrait tourner à la pluie. Jusqu'où aller, je voudrais atteindre au moins la 82e Rue, où il y a la meilleure boutique de nourritures internationales de New York, des fromages de toute la terre, j'y ai découvert des fromages inconnus, excellents, anglais. Tout ce qu'on peut rêver de bouffe *upper class,* du foie gras frais de Noël aux mille jambons frais ou fumés, toutes les salades possibles, et puis de merveilleux produits américains, des *loin lamb chops* à se lécher les babines, des steaks tendres comme du beurre, *shell steaks, sirloin steaks* et autres. Les pâtisseries. Les plats délicieux qu'il n'y a plus qu'à réchauffer aux micro-ondes. Si je n'ai jamais mis les pieds dans la cathédrale St John, la super-boutique *Zabar's* est mon temple. Je m'y arrête souvent, je communie, mais je surveille mes élans mystiques. Ils reviennent cher, pas de charité ici, rien n'est donné. Et entre l'argent que je verse chaque mois à ma femme, pour l'entretien de la maison et des enfants, et celui qu'il faut verser à Rachel pour assurer notre ménage, il ne me reste plus grand-chose dans mon portefeuille pour les fantaisies éroticoculinaires. Soudain, c'est l'averse, et elle tombe à flots. J'ouvre le parapluie que j'ai eu la précaution d'emporter. En passant devant la 96e Rue, à droite, si l'on va sur West Side, on tombe chez mon analyste. J'y vais encore un peu, mais c'est la fin. Huit ans que ça dure. Il est temps de me débrouiller ou de m'embrouiller tout seul. Malgré la pluie tenace, je décide d'aller jusqu'à la 82e Rue, jusqu'à *Zabar's*. Me changera les idées, mais m'en donnera aussi. Tant pis, je surveillerai les dépenses. J'y suis presque arrivé, quand un spectacle étonnant me sidère. Je m'arrête. Juste au coin de la rue et de Broadway, le caniveau bouillonne à flots, un vrai fleuve qu'il va falloir enjamber pour ne pas y tremper ses chaussures. Dans ce caniveau, dans l'eau, sur le dos, les pieds agités en l'air, robe retroussée sur ses jambes nues, une Noire. Impossible de dire son âge, elle hurle. En plein bruit de la rue, je ne saisis pas un mot de ce qu'elle dit. Demande-t-elle du secours, cuve-t-elle son alcool ou sa drogue. Je crois que c'est plutôt la seconde hypothèse. Personne ne fait attention à elle. Les passants l'enjambent d'un grand écart du pied, pour éviter l'eau et son corps qui se trémousse. Je ne sais que faire. Homme ou femme, personne ne regarde le corps qui gît en vitupérant, sur le dos dans les flaques qui grossissent. Je suis médusé. Pas un atome d'attention ou de compassion. Elle éructe et crache dans l'absolue indifférence des passants qui la dépassent. Que faire. Je regarde. Pas un flic en vue, pas un car de police 911 qui circule. La bonne femme est peut-être en train de crever. Je ne comprends pas un des mots qu'elle graillonne. Je serais bien incapable de la sortir de la mare où elle gigote. Demander de l'aide à qui, les gens ne regardent même pas, ils doivent avoir l'habitude dans ce quartier. Et puis, faire quoi ensuite, elle ne tiendrait pas deux minutes sur ses jambes dans l'état délirant où elle est. Toujours pas de flic, pas de police. J'enjambe moi aussi, je passe, je poursuis mon chemin vers le paradis de la boustifaille chez ZABAR'S.

Là, j'avoue, je suis resté stupéfait, abasourdi, déboussolé. Je n'en croyais pas mes oreilles. Si j'avais mis cette scène dans un roman, on aurait dit que c'était inventé de toutes pièces par l'auteur, une fabulation. Mais la vie dépasse de loin le roman, elle offre des situations inimaginables. *Life is stranger than fiction.* Claudia et moi étions recrus de fatigue. Au bout de dix heures de voiture, nous étions à bout. Un voyage de noces de trois mois, on avait dépensé les 6000 dollars qu'on avait reçus pour cadeaux de mariage. Maintenant, après être descendus dans ma vieille Buick increvable, datait de 46, bien plus de cent mille kilomètres au compteur, de Boston à La Nouvelle-Orléans en longeant la côte atlantique, nous avons conduit jusqu'à la frontière mexicaine. Là, on a abandonné la voiture, on ne pouvait se risquer dans l'immense jungle inconnue avec ce tacot. On a pris un autocar, paillotes avec les enfants jouant nus dehors parmi les animaux de la ferme, de simples huttes, habitat rustique, digne de la préhistoire, c'était l'été 56. A Mexico, on a tout visité, des murailles peintes par Diego Rivera aux pyramides Aztèques, on a poussé jusqu'à Acapulco, où des garçons grimpaient pieds nus les palmiers pour y décrocher une noix de coco, qu'ils ouvraient pour nous. La voiture retrouvée, elle ne valait pas la peine d'être volée, on a parcouru le Texas, l'Arizona jusqu'à la frontière californienne. Et quand je dis frontière, ce n'est pas une façon de parler. Nous avons dû nous arrêter, des policiers-douaniers nous ont enjoint d'ouvrir notre coffre. Nous sommes descendus, l'avons ouvert. Ils se sont mis à le fouiller, ils ont trouvé ce qu'ils cherchaient. Dans l'Arizona, il y a de si beaux cactus qui poussent le long de la route dans le désert. J'en avais précautionneusement arraché un pour le garder en souvenir de notre extraordinaire périple. Les policiers-douaniers l'ont saisi et jeté dans une poubelle. Il aurait pu être porteur de bactéries nuisibles aux cultures précieuses qui font la richesse de cet Etat. L'Arizona est une terre étrangère, désertique et dangereuse. Nous avons eu enfin le droit de repartir. *Sorry, sir, it's the law.* Cela nous a quand même paru cocasse, comme s'il y avait une étanche frontière entre l'Aquitaine et le Bordelais, pour protéger les vignobles. Enfin, à chaque pays ses lois et ses mœurs. Nous n'avons pas demandé notre reste et nous avons filé vers le nord. On a vu tout ce qu'il était possible de voir dans le temps qui nous restait. Et l'argent. King's Canyon, sauvage et superbe, nous avons frôlé Los Angeles, sans nous attarder. Mais avec un détour par Hollywood. Nous avons essayé de marcher dans ses rues bordées des villas plus luxueuses les unes que les autres, un policier nous a chassés. Zone interdite. Par contre à San Francisco, nous avons fait halte. Avec La Nouvelle-Orléans, la plus belle ville qui s'était offerte à nous. Je ne parle pas du Mexique, c'est à part. San Francisco, ses collines ondulant à l'intérieur avec ses tramways, vues soudaines du grand large, le Pacifique au coin d'une rue en bas, le long des quais les restaurants avec leurs piles de langoustes, le Golden Bridge qui s'étire au-dessus du vide à l'infini. Nous l'avons franchi, nous avons été jusqu'à Berkeley, la plus éminente université rivale sur le Pacifique de nos gloires atlantiques. J'ai voulu jeter un coup d'œil sur Stanford University, célèbre aussi, avec ses allées bordées de palmiers, superbe. Le moment est arrivé d'amorcer le long retour vers nos pénates bostoniennes. On a quand même été jusqu'au magnifique Lake Tahoe, nous n'avons pas pu inclure les séquoias du nord, dont l'un était nommé Karl Marx, mais bien sûr, cela datait du temps des illusions, du XIXe siècle. Sur le chemin du retour, encore un mois devant nous, nous attendaient encore des surprises, Salt Lake City et sa nappe de sel couvrant le sol à perte de vue comme un lac glacé, Yellowstone National Park, la plus grande réserve animale du pays, défense d'ouvrir les fenêtres, de sortir une main, pourrait être fatal, avec les ours énormes qui regardaient passer les voitures, pas l'air bien méchants, mais prudence. Les Doubrovsky au pays des merveilles, mais il y a une limite à nos forces, même jointes, car, évidemment, nous conduisions à tour de rôle. Un soir, nous nous sommes arrêtés en pleine nature vierge, dans une bourgade où par bonheur il y avait un motel. Et dans ce trou perdu, il y avait toute la place qu'on voulait. Etait-ce dans le Nebraska, l'Iowa, sais plus. Un bled dans un désert verdoyant et montagneux. Nous nous sommes enquis pour savoir s'il y avait dans ce bourg des restaurants. Il y en avait un, un seul. Pas le choix. Morts de fatigue, nous étions aussi morts de faim. Nous avons marché une bonne vingtaine de minutes jusqu'audit restaurant.

C'est là que j'ai eu le choc le plus inattendu. J'en reste encore saisi d'étonnement. Mais encore une fois, *life is stranger than fiction.* La vie est la fiction elle-même. Arrivés devant le restaurant, ce n'était pas du tout le minable restoroute que nous attendions. Plutôt élégant, avec de larges baies illuminées. Au moins, nous ne serions pas les seuls clients. Tables bien mises, séparées les unes des autres, nappes blanches, serviettes amidonnées. Dans ce bled, quand même une agréable surprise. Nous avons décidé de nous offrir un vrai dîner. Il fut excellent, trois plats chacun, entrée, deux grands steaks, frites, desserts. Le tout arrosé d'un remarquable cru de Californie, assez cher, mais il fallait célébrer cette étape. La salle était vaste, pourtant elle était quasi remplie. D'où pouvait provenir tout ce monde, dans un tel bled. Et correctement habillé. Repus, repos, et puis, comme nous étions fatigués, j'ai demandé l'addition à notre serveur. *The check, please.* Il n'a pas l'air d'entendre. Je répète un peu plus fort, *the check, please.* Cette fois, il vient vers nous, il dit en souriant, *there is no check for you.* Pas d'addition pour nous, ça devient loufoque. Je m'exclame, *you can't have possibly treated us to this meal for free.* On n'a quand même pas pu être traités gratis pour un aussi substantiel repas. Le serveur, toujours souriant, secoue la tête. *No, it's not free, the gentleman over there picked up your check.* Claudia et moi nous sommes regardés, ébahis, incrédules. Pas possible. Le garçon nous avait déjà quittés et vaquait à d'autres tâches. Je me suis levé, j'ai été droit à la table où était assis notre insolite bienfaiteur. Chemise bleue ouverte, chapeau de cow-boy sur la chaise à côté, un homme robuste, probablement dans le début de la soixantaine, cheveux poivre et sel. Il dînait avec trois autres convives. Je me suis approché posément de la table, j'ai regardé le client que m'avait désigné le serveur. *Is it true, sir, that you paid for our dinner ?* Il hoche la tête, dit *yes,* c'est bien lui qui avait demandé notre note au serveur. Il devait être connu dans les parages. Je n'en crois pas mes yeux ni mes oreilles, je ne puis m'empêcher de m'écrier, *but why ?* Pourquoi ce geste d'hospitalité étrange. Il me demande de m'asseoir sur la chaise auprès de lui, retire son chapeau de cow-boy. Il me dit d'une voix calme, assurée, *you know, I am the only Jew in this whole state. I am glad to see for once two other Jews in this neighborhood. So you are my guests.* Là, je suis resté carrément baba, bouche bée. Je m'attendais à tout sauf à ça. Il est le seul Juif de tout cet Etat au bout du monde, alors il invite deux autres Juifs de passage, une denrée rare ici, de toute évidence. Je demande, *but how did you know we were Jewish ?* Il sourit, il dit qu'il n'a qu'à nous regarder pour savoir que nous étions juifs. Il aurait fait un sacré bon officier dans la police allemande ou celle de Vichy. Et puis, cela me revient soudain, ma mère disait, quand nous marchions dans la rue, *tiens, celui-là, c'est un Juif.* Moi, je n'avais vu que dalle, je lui demandais toujours, *mais comment sais-tu ?* Elle répondait, *j'ai un pif.* Apparemment, cet inconnu avait, dans son isolement absolu, un pif. Il a prié poliment ma femme de venir s'asseoir à sa table, avec les autres convives. Il nous explique qu'il a une vaste hacienda ici, avec de nombreux employés, et une grande maison. Il m'explique que la région est très fertile, qu'il y a dans les alentours beaucoup d'autres domaines aussi vastes que le sien. Forcément, l'habitat est dispersé, je comprends pourquoi le restaurant est bien rempli. Il doit être un point de ralliement pour des agriculteurs dispersés dans des espaces immenses. L'Amérique n'est pas un pays, nous en savons quelque chose, après avoir conduit jour après jour, sur les routes, sans en voir encore la fin. C'est un continent. Notre hôte nous demande où nous allons passer la nuit. La réponse est simple, dans le motel. Il n'y en a qu'un. On ne peut pas s'y tromper. Lui nous dit, *why don't you come to my house, I can give you a very nice room.* Je réponds que nous avons déjà retenu une chambre au motel. Je commence à être inquiet de cette hospitalité extrême. Peut-être trouve-t-il ma femme trop à son goût. Je décline poliment son offre. Nous devons repartir très tôt le matin. Il dit, *It's a pity, you could stay at my house as long as you want and visit this region. It's beautiful, you know.* Il ajoute que quant à lui, il ne pourrait nous revoir, parce qu'il part demain matin pour s'occuper de son usine à Mexico. Il prend soin de nous expliquer en détail comment on arrive à son domaine. Je le remercie vivement et de nous avoir ainsi invité à dîner et en plus de nous offrir de rester chez lui comme nous voulions. *It's really too kind of you, I am so grateful to you. I am very glad we met you.* Il rit, *I am very happy, too, to have met two of us here.* Moi, je suis heureux d'avoir été ainsi traité par lui, lui est heureux d'avoir rencontré deux des siens. Nous nous quittons sur ce bonheur partagé.

Quand même, le lendemain matin, j'ai été curieux de voir s'il s'était payé notre tête, de vérifier si son domaine et sa demeure n'étaient pas du bidon. Pour nous épater. Il nous avait clairement indiqué le chemin. Je dis à Claudia, *on va quand même aller jeter un coup d'œil, nous ne sommes pas à quelques minutes près.* Nous avons conduit une demi-heure à travers un désert de champs dûment cultivés. Au bout, à l'endroit indiqué, il y avait la demeure, où nous aurions pu loger et passer autant de temps que nous voulions. Et pour une demeure, c'était une demeure. Au moins dix ou quinze pièces, immense, murs de bois peint en blanc, à l'américaine. Il y avait des gens affairés tout autour, beaucoup de monde. Nous avons monté les marches de bois du perron, avons sonné à la porte. Une domestique avec une blouse blanche est venue nous ouvrir. Je lui ai expliqué que nous avions rencontré le propriétaire hier soir, que nous serions heureux de lui dire au revoir. Elle a répondu, *it is not possible, sir, Mr Cohen left early this morning for Mexico.* Le type n'avait donc pas menti. Il avait une hacienda à perte de vue, une somptueuse demeure, où nous aurions pu rester autant que nous aurions voulu. Il était bien parti ce matin pour le Mexique, où il avait une usine. Et nous, nous avions fait hier soir un excellent dîner bien arrosé, à l'œil. Je suis parti d'un éclat de rire. C'était bien la première fois de ma vie où être juif m'a servi à quelque chose. D'autre que d'être gazé à Auschwitz.

ELISABETH II

Des lettres, j'en ai reçu beaucoup. C'est la récompense la plus précieuse pour un écrivain, lorsqu'un lecteur éprouve le besoin, après avoir lu son livre, de communiquer avec lui, de lui dire ce qui l'a touché ou ce qui l'a heurté. D'avoir un contact de personne à personne avec l'auteur. Mon but suprême est de faire participer autrui à ma vie. Ecrire, décrire cette vie d'ouvrage en ouvrage, huit en ce qui me concerne, pourvu que ce récit devienne littérature, n'est en rien un repli narcissique sur soi. C'est au contraire une main tendue pour qu'on la prenne, même si parfois on la repousse, c'est une demande d'amour. Un livre, on l'aime ou on ne l'aime pas. Mes propres livres, on les aime ou on les déteste. Ils laissent rarement indifférent. Quand on s'expose à nu, à cru, fût-ce avec des fioritures littéraires, cela provoque toujours un choc. Il y a ceux pour qui ce choc est un coup de cœur, pour d'autres, le choc est choquant. Tel est le risque, la loi du genre. Autobiographie, autofiction. Rousseau, le plus grand de nous, le savait mieux que personne. Mais, contrairement à lui, je n'ai pas de Dieu vers qui me tourner, volume en main. Je me tourne donc vers mes semblables ou dissemblables. En réponse, j'ai reçu, pour chaque ouvrage, de nombreuses lettres de lecteurs ou, pour la plupart, de lectrices. Pour être exact. Je les ai toutes gardées soigneusement et j'ai répondu à toutes. La moindre des choses, si l'on vous fait l'honneur de vous écrire. L'auto-roman qui m'a valu la plus vaste correspondance est, bien sûr, *Le Livre brisé. Apostrophes*, chahuté par Pivot, prix Médicis, scandale littéraire, échos dans la presse, auteur qui a assassiné sa femme par la plume. Commisération, sympathie, engueulades, une pluie de missives, doléances, condoléances. J'ai répondu à toutes. Car ce qu'il m'arrive de publier, j'en réponds.

Et puis, de véritables correspondances se sont nouées au cours des ans. A leur tour, mes lectrices me racontent leur vie. Elles me suivent de livre en livre, je les suis de lettres en lettres. Des amitiés fidèles se sont formées. La fidèle des fidèles est une Bretonne pleine de souffle et d'énergie, parcourant par tous pays le globe terrestre. J'ai la tête qui tourne de ses pérégrinations qu'elle me fait vivre par le menu. Sa vie de famille aussi, la mienne. Nous ne nous sommes rencontrés que deux ou trois fois, mais sommes en étroit contact depuis vingt ans au moins. Une Allemande qui m'a invité pour deux conférences à l'université de Heidelberg et qui a savamment disséqué dans des articles savants plusieurs de mes ouvrages. Doit faire au moins vingt ans aussi. Sur le nombre il y a eu également, inévitables, des fofolles, m'inondent de leurs élucubrations. Là j'ai cessé la correspondance, j'ai dû mettre le holà. Je ne parle pas des études, des articles de presse, des dossiers de revues. Mais avec les étudiants et étudiantes de master, les doctorants, j'ai eu des contacts intimes, prolongés souvent quelques années, par lettres. Puis cessant un jour, comme toutes les relations humaines d'amour ou d'amitié. D'autres liens, d'autres liaisons leur succèdent. On me dit que sur Internet je suis sur des sites, du courrier d'internautes parcourt la Toile, s'essaime à droite et à gauche sur divers réseaux. Des amis m'en envoient charitablement des exemples, imprimés, de lettres, d'articles me concernant. Je leur en suis reconnaissant, moi-même je n'ai pas accès à cette communication moderne et universelle, je suis resté au XXe siècle. Pas d'ordinateur, je tape à ma machine à écrire, avec quelques rubans survivants. Télé, téléphone, je n'ai accès à autrui que par la voix, l'écrit ou l'image. Aucun contact par les médias d'aujourd'hui. Ma sœur s'y est mise victorieusement, patiemment. Elle a six ans et demi de moins que moi. Elle avait construit sur le site de son université anglaise une remarquable bibliographie couvrant mes œuvres. Une dévouée, inlassable chercheuse, directrice d'un groupe de l'ITEM, prépare un CD-ROM du *Monstre,* version originelle de *Fils,* et me fait surgir tous azimuts sur Internet. Merci de tout cœur à ceux et celles qui me font vivre au rythme contemporain. Moi, je suis sclérosé, j'en suis resté à la lettre et à la littérature d'antan. Je pourrais dire à la rigueur que mes bouquins me servent de blog. Par blague. Mais j'ai quand même, à ma manière, accès au monde d'aujourd'hui. J'ai ma place dans l'*Encyclopedia Universalis, Dictionnaire des Lettres Françaises XXe siècle,* etc. J'ai des textes soumis à réflexion dans des manuels scolaires. *Hatier 2e/1re, Le Français méthodique, Bac français 1re, Totem, « Le Biographique ».* Je descends les générations, ça me rajeunit. Après tout, Barthes disait « la littérature, c'est ce qu'on apprend à l'école ».

Les relations épistolaires ont parfois un effet magique. Pas toujours, bien sûr, pas souvent, je dis parfois. En fait, je me souviens d'une fois. A propos de quel livre, je n'en ai aucun souvenir. Ni en quelle année. Je n'étais pas alors trop défraîchi. La suite le prouve. Une Toulousaine m'avait envoyé une longue missive, je lui ai naturellement répondu. A quelque temps de là, elle m'a fait savoir qu'elle devait monter à Paris pour un bref séjour, Paris où elle n'était jamais encore venue. Naturellement, je lui ai fait savoir que je serais heureux de la rencontrer et l'ai invitée à déjeuner. Lorsqu'elle a frappé à ma porte, quand je l'ai ouverte, j'ai eu un éblouissement. Presque aussi grande que moi, une fille splendide, une sculpture, chevelure de jais, peau bronzée au soleil du Midi. Mes foucades de jeunesse pour les blondes aux yeux bleus depuis longtemps passées. Une brune brunissime à faire venir l'eau à la bouche. Naturellement encore, je l'ai emmenée déjeuner, elle m'a appris qu'elle était venue à Paris passer une audition pour admission éventuelle au Conservatoire. D'une actrice elle avait pleinement la beauté. Restait à savoir si elle avait le talent. Après notre déjeuner amical, je lui ai demandé où elle aimerait que je l'emmène. J'ai glissé que j'avais une voiture, à l'époque, elle non plus, pas trop défraîchie. Elle a semblé hésiter, alors j'ai suggéré Versailles. Elle a eu un battement joyeux des cils sur ses yeux noirs comme ses cheveux, *oui, je serais heureuse de découvrir ce palais dont j'ai tant entendu parler.* Chose dite, chose faite. Droit à mon garage, à ma voiture, en route. A-6, autoroute de l'ouest, première sortie, droit au château. Emerveillée, ma Toulousaine était transportée d'enthousiasme par chaque salle, naturellement par la magnifique Galerie des Glaces. Après, droit aux jardins, à la Fontaine de Neptune, descendant le long des statues, on est arrivés aux bassins. Je lui propose un verre au resto de la Flottille. D'accord, nous nous asseyons quelques minutes, devenons plus intimes, je l'admire de plus en plus. Après droit au Trianon, nouvelle visite, toujours aussi emballée, on se repose sur un banc dans les jardins fleuris, au pied des marches. On remarche, jusqu'au Hameau champêtre, Marie-Antoinette et ses fantasmes fermiers. Naturellement, elle est un peu fatiguée, elle a son audition le lendemain. Droit à ma voiture, on repart. A cette heure, la circulation est moins fluide. Nous avons plus de loisir pour continuer à bavarder. Nous roulons au ralenti, j'en arrive vite à l'essentiel. *Où dois-je vous déposer.* Elle loge chez une amie, dont le studio est dans les parages du Quartier Latin. Dac, seulement l'autoroute nous dégorge sur le périf encombré à étrangler jusqu'à la porte de Passy. Soudain, je me rappelle une absolue nécessité, j'ai oublié de poster une lettre essentielle, *comme nous sommes à deux pas de chez moi, je dois m'y arrêter quelques secondes* pour récupérer le document capital. Je me gare dans l'espace livraisons devant le bureau de tabac. Je lui dis, *venez quand même vous reposer deux minutes,* j'ajoute d'un ton badin, *là ou j'écris,* après tout ce sont mes écrits qui nous rapprochent, qui me valent sa visite. Elle sourit, me suit, je compose le code, ouvre le lourd portail de bois. Et puis, au rez-de-chaussée ma porte. Son œil est devenu curieux, son regard furète les lieux. Je lui montre mon bureau, désordre complet, amas de livres et de lettres, entassement de journaux, de papiers par terre sous la fenêtre, empilement de magazines sur ma table, la vieille machine à écrire, ici c'est mon foutoir. Je fais visiter à ma Toulousaine le reste de l'appartement, salle à manger avec ses deux grands miroirs et cheminée de marbre, le salon avec sa grande porte-fenêtre ouvrant sur mon petit jardin fleuri, dans l'autre sens je l'emmène jusqu'à la chambre à coucher. Toujours donnant sur mon jardin privatif, ah mais. Tout doucement, tendrement je la pousse vers mon lit. Elle se laisse faire, me laisse faire. Bientôt allongés sans parler l'un contre l'autre. Je la déshabille peu à peu, corsage, jupe. Plus qu'un soutien-gorge rose charmant et une culotte assortie sur un corps bronzé, de plus en plus magnifique. Je me déshabille à mon tour. Avec quelque appréhension. Je n'ai plus 20 ans. Ni 30, ni 40, ni 50. Une fille aussi belle, il faut l'honorer pleinement. A sa mesure. Mes moyens ne sont plus ce qu'ils ont été. Parfois je fonctionne encore comme il se doit, comme il faut, tendu comme un arc. D'autres fois, avec l'âge, cela se passe moins bien, reste mollasson. C'est très dur à endurer. Je dégrafe son soutien-gorge, abondants mais fermes seins jaillissent. Je me mets à tâtonner, embrasser, mordiller, j'avale sa chair, m'en emplis la bouche. Son corps commence à se tendre, à attendre. Je glisse les doigts sous sa culotte, la fais glisser sur ses cuisses. Broussaille noire, comme ses cheveux, comme ses yeux, épaisse, éblouissante. Mes lèvres descendent sur son ventre, y enfouis ma langue. Sa chair solaire m'embrase, je prends feu. Nom de Dieu, ça y est, ça vient, mon polard s'étire, se dresse. Joie inouïe, JE BANDE. Je respire, soulagé, l'honneur est sauf. Dur du dard, je la pénètre lentement, il faut faire durer le plaisir. Lentement, je vais et viens, je me retire, je me renfonce jusqu'au tréfonds. Elle se met carrément à râler. Je continue encore carrément à la besogner. Un beau travail, suis fier de moi, j'avais la frousse, l'homme doit être digne de l'écrivain. Parfois, je ne le suis pas.

Pas du tout. Cette fois, digne de moi, digne d'elle, resté gravé dans ma mémoire, ma Toulousaine de feu m'enflamme, je brûle d'ardeur, connais pas Toulouse, mais j'aime Albi, cathédrale de briques rouges, en face le Musée Toulouse-Lautrec, on est donc bien à Toulouse, je perds peu à peu conscience, qu'un voltigement de briques roses dans la tête qui tournoient, Toulouse Albi, elle et moi fondus évanouis l'un dans l'autre jusqu'au spasme ultime. Soirée merveilleuse, quand, quelle année, je ne sais plus. Fin des années quatre-vingt, en tout cas, après *Le Livre brisé*. J'avais encore de beaux restes. Je me suis aimé ce soir-là, autant qu'elle. Un très chaud, très cher souvenir. Après avoir couché avec moi, ma Toulousaine a couché chez moi. Elle a été à son audition le lendemain, elle l'a ratée, elle est repartie. Je ne l'ai jamais revue. On a échangé quelques lettres chaleureuses. Et puis elle m'a annoncé qu'elle allait se marier. Avec un guide de montagne, spécialiste de l'escalade. Il devait sûrement bien la grimper.

Quand même, dans ce beau, trop beau souvenir, un détail me tracasse. La date. Je la situe avantageusement à la fin des années quatre-vingt, lorsque ma vigueur était encore intacte. Ou presque. Seulement je voudrais bien vérifier la date. J'ai mes raisons. J'ai été dans mon salon fouiller le tiroir de ma commode d'ébène où je garde les lettres de lecteurs. Peut-être je retrouverai une lettre d'elle. Un entassement d'enveloppes, un brouillamini de missives, un amoncellement de messages. J'en saisis un paquet à pleines mains, je fourgonne dans la masse de papiers. Ma période bretonne, grâce à un professeur qui enseignait tous les ans *Le Livre brisé* à l'université de Brest. Je continue à chercher. Université de Dijon toujours grâce à l'enseignement d'un autre collègue. Des étudiantes de master. Et puis, il y a des lettres de toute la France, d'Amérique, que sais-je. Je ne reconnais plus les noms, j'ai oublié le contenu de ces lettres. Je ne peux pas y consacrer toute ma matinée. Ma machine à écrire m'attend. Pas de temps à perdre, pourtant je persévère. Enfin, brusquement, une des siennes. Ma Toulousaine est la seule qui m'appelait *Julien-Serge D.* dans ses adresses. D'ailleurs, il y a son nom et son adresse au dos. Je retourne m'asseoir, avec curiosité, émotion, je sors sa lettre, la relis, elle pense toujours à moi, même si elle a tardé à me répondre. Elle me donne des nouvelles, recherche un métier, l'enseignement lui répugne, comme elle aime les livres, elle suit des cours pour devenir bibliothécaire, elle fait partie d'une petite troupe de théâtre qui essaie de démarrer à Toulouse. Elle m'embrasse très fort. Mais ce qui m'intéresse, me questionne, me perturbe. LA DATE, février 96. Allusion est faite à une autre lettre de novembre 95. Ce n'est donc pas, comme je croyais, à la fin des années quatre-vingt, qu'avait eu lieu notre rencontre, mais vers le milieu des années quatre-vingt-dix. Et à cette époque, il y a belle lurette que je ne pouvais plus goder royalement, comme je le décris. Ce souvenir est un faux souvenir. Plaqué au beau milieu d'une histoire vraie. J'ai bien reçu une première lettre de ma Toulousaine. Il est bien exact que nous avons déjeuné ensemble, que nous avons ensuite été visiter Versailles. Qu'elle est ensuite venue chez moi sous le prétexte que j'ai invoqué. Assurément vrai que nous avons ensuite fait somptueusement l'amour. Assurément vrai qu'elle avait un corps magnifique, un visage parfait. Il manque un détail essentiel. A cette date, j'aurais été incapable de lui faire spontanément l'amour comme je le décris. Ma virilité en déclin ne m'aurait pas permis un tel exploit. A moins que. Dès notre retour de Versailles à mon logis, sous prétexte de chercher des papiers importants, j'ai couru jusqu'aux toilettes. Là que je garde mes injections avec un petit appareil de métal pour y glisser l'aiguille. Et puis, hop, la pine dûment étirée, attention de ne pas toucher un vaisseau sanguin, déclic, je pique. J'injecte le miraculeux médicament du spécialiste que j'ai été consulter rue Boissière, pas loin de chez moi. Clinique de l'impuissance, c'est tout dire. Ça ne fait pas trop mal, ça marche très bien. Pas toujours commode, les piquouses se conservent au frais dans le frigo. J'avais dû en préparer une, à tout hasard, au cas où. Après, il faut attendre quelque temps pour que cet adjuvant fasse son effet. Il faut longuement caresser les seins, les fesses, ne pas se hâter, se donner le temps. Au bout d'une vingtaine de minutes, le zob en l'air, tout roide. Bravo. Que ma Toulousaine ait joui, je ne l'invente pas, c'est vrai. Une fois, avec Elle, l'héroïne de *L'Après-vivre,* j'ai duré quarante-quatre minutes. J'ai vérifié, montre à l'appui. Elle avait beau se moquer de « ma trique truquée », cette fois-là, en Espagne, Elle s'est mise à braire comme un âne. Elle a eu au moins trois ou quatre orgasmes. Que ma Toulousaine ait eu un intense plaisir, vrai, je n'invente pas. Simplement, j'invente une virilité immédiate et puissante, à la Casanova. Tu parles. J'aurais tout donné pour que ce soit vrai. Mais c'est faux. Un faux souvenir.

Faux, oui, mais pourquoi. Pourquoi j'ai ainsi fantasmé ma joute amoureuse avec ma Toulousaine. Une sorte de souvenir-écran qui cache une autre scène à laquelle il renvoie. Inutile de remonter ici à quelque remémoration ou fantasmagorie infantile.

En tout cas, ce n'est pas le moment de le faire. Je ne suis pas allongé sur un divan, mais assis à ma table de travail. Il est évident que la scène avec ma Toulousaine est une refabulation d'une autre scène. Qui n'évoque pas le château de Versailles, mais le château de Mercuès. En 1969. Ma Toulousaine s'est substituée à ma Tchèque. Il s'agit bien ici inconsciemment d'Elisabeth, version française d'Eliska. *Elisabeth I,* ma souveraine maîtresse. Arrêt avec ma déesse blonde au château de Mercuès, j'ai décrit cette scène unique, impossible mais réelle, dans mon roman *Fils.* J'ai 41 ans, Eliska 25. Tous deux au faîte, à la fête de l'Éros. Une envie soudaine me saisit, je me lève, je vais à ma bibliothèque, je sors mon exemplaire original de *Fils.* Je ne connais pas par cœur mes livres, où donc est l'épisode que je cherche. Je feuillette un moment le bouquin, enfin, c'est là, j'ai trouvé. Page 414.

mémoire soudain me point m'empoigne UNE FOIS si c'est arrivé rêve réel fantasme incarné cheveux courts blonds à la garçonne ELISABETH À MERCUÈS juillet 69 quand elle a débarqué à Orly cap vers le sud 12 juillet plus une place qu'au Château Alain m'a dit tu verras c'est très bien là-haut *Bosquet s'y connaît conseils raffinés pour l'esthète-à-tête sur piton rocheux vue sur le Lot piscine olympique château authentique* XIVe *dedans refait Simca-Chrysler dans la Mustang bleue à toute allure toute la France traversée cahin-Cahors* Serge tu ne m'aimes plus *je dis* mais si *sa voix qui tremble entends ses larmes ténèbres douces minuit du midi chemin en lacets descendus buissons d'odeurs qui tournoient après dîner à pas lents promenade sa main se crispe sur mon bras ses doigts me serrent je dis* pourquoi tu dis cela *hoche la tête* je sais je sens *haie de senteurs allée crissante gravier grillons entre les arbustes*

mémoire me point m'empoigne souvenir soudain me lancine nocturne tiède MERCUÈS me revient en pleine classe m'assaille contre mon bras s'appuie pleure je dis mais non *chambre gothique quand on est remontés là-haut elle a dit* non pas ce soir *je dis* mais je t'aime *elle dit* non je n'ai pas envie *depuis deux jours face à face faille à faille entre nous abîme par la fenêtre ouverte Lot à pic cascade tinte au fond du gouffre en plein juillet m'endors de glace entre nous sommeil de gel RÉVEIL DE LUMIÈRE cataracte de clarté dans le déluge solaire matin ébloui tourbillons des corpuscules de poussière danse ardente aux yeux tous deux nus à plat emplis d'incendie drap tiré pubis qui brûle nos poils décolorés qui flambent flammèches herbues sur nos ventres pensée me vient comme un vertige m'envahit m'enivre MON LIVRE*

enfermé dans ma valise liasse de feuillets notre roman La Dispersion *doit paraître à la rentrée dû emporter les épreuves les remettre au Mercure à mon retour me lève je dis* attends j'ai une surprise *oublié n'y pensais plus tourne vers moi ses yeux gris-vert demi-clos cils de chatte battent chevelure au soleil évaporée dit* quoi *dis* tu vas voir *ouvre ma valise sous les chaussettes je fouille sous les couches vestimentaires caleçons chemises de peau littérature c'est là sa place à plat feuillets faut pas qu'ils se froissent les sors intacts liasse je la lui lance en vrac entre nous là sur les draps en désordre torrent impalpable nous aveugle je dis* tiens lis *notre rencontre en 66 notre histoire mon roman* c'est ton livre *à plat ventre tous deux sur le lit on lit penchés* ses hanches ton bassin, vaste, évasé, sous la taille étroite, que mes mains enserrent *contre les miennes je touche mon texte* tes bras, nerveux, sveltes, durs plus que les miens *touche son bras j'effleure mes mots*

livre nous avale tes jambes minces, musclées, à la peau froide, mate, tes genoux pointus, qui prennent, pressent, triturent *elle et moi elle en moi on lit au lit boit ensemble on voit ensemble dans mes phrases on se retrouve une fois la fois unique LITTÉRATURE A EXISTÉ des heures au château de Mercuès un infini d'éternité VERBE S'EST FAIT CHAIR* coulant à pic dans tes yeux, au plus profond de ton regard, en plein soleil allongé, tout entier sur toi, d'un bout à l'autre de toi *basculé on a chaviré tout entiers ligne à ligne mot à mot à l'envers on a refait tous nos voyages des heures toute la journée jusqu'au déclin du soleil nus sur les draps le Lot en dessous grondant lit grand ouvert par la fenêtre baignés plein ciel vertige à pic gouffre on est tombés dedans ensemble noyés tournoyant perdus on s'est retrouvés pas à pas page à page retissés chacun dans sa tête à texte revenu c'est remonté peu à peu peau à peau passé présent tout s'abolit réel fictif plus de faille défaut d'être plus d'interstice EXTASE nus enlacés tout s'entrecroise dis* jeudi onze août tu te souviens quand on est allés vers la gare à Munich *maintenant ne pleure plus comme hier soir au bas de l'allée ténébreuse sourit toute détendue sa main me caresse ses yeux gris-vert droit dans mes yeux dit* je revois tout *dis* moi aussi c'est gravé *imprimé là corps d'imprimerie corps de chair CORPS ACCORD*

en plein soleil, allongé tout entier sur toi, d'un bout à l'autre de toi *en plein soleil m'allonge sur elle réel bascule tout entier d'un bout à l'autre coule à pic la pénètre MA VERGE-VERBE vertigineux je baise mon livre t*on bassin, vaste, évasé *quand j'entre en elle* tes jambes minces, musclées *j'entre en moi on s'entrejouit je m'autobaise mon VERBE-VERGE me pénètre mes mots m'enculent j'écris mâle me lis femelle soudain les deux sexes fusionnent Elisabeth elle est mes phrases mon langage devenu sa chair ÇA COÏNCIDE bouquin chavire mon livre il est tout entier réel télescopage absolu fin du voyage terrestre mon pénis impénitent fait plume explose en gerbes de vocables au lit on lit* je me suis allongé *je m'allonge* en plein soleil *en plein soleil attente de doigts tension des fibres envie quand ça vous dévore vous démange à en manger par la fenêtre toute sa chair bouffées d'odeurs BOUFFER DE L'ÊTRE sur mon livre s'est retournée en plein sur les feuilles ses fesses écrasant ma liasse épreuves en liesse son prose sur ma prose sur mon bouquin l'ai bouquinée dessus à même mes mots à ras de page raz de marée on a déferlé sur les feuillets éparpillés vague après vague sur les draps ressac au sable sperme d'encre dans sa broussaille dégoulinante entre ses cuisses écartées dos qui se cambre jailli on a juté ensemble fontaine poisseuse sur les feuillets agglutinés collés ensemble nos filaments fils de la Vierge de la verge toile d'araignée en filigrane notre tissu albuminé abdominal trame de vie évaporée trace visqueuse elle et moi soudain transparents*

Je me relis, je me relie. A tout ce passé, qui redevient tout à coup présent. Cette scène est au cœur de ma vie et de mon œuvre. Cette fois la fois unique *LITTÉRATURE A EXISTÉ, VERBE S'EST FAIT CHAIR.* Faire coïncider écriture et existence, mon désir, mon projet fondamental. Seul moyen que j'aie de triompher de la mort. Non pas raconter à distance une scène vécue, mais la faire revivre. Dans les mots. Selon leur loi propre, celle de l'écriture. Il ne reste rien d'autre d'un moment suprême, extatique. Si je fouille ma mémoire, que s'est-il passé. Elisabeth est revenue en juillet 69. C'est réel. Notre troisième et dernier été. Je l'ai rencontrée en juillet 66, assise face à la place de la Concorde, dans le jardin des Tuileries. Ce n'est pas dans mes habitudes, je l'ai draguée. Ai été m'asseoir sur son banc près d'elle. Dans ma poche les deux visas que je viens d'obtenir à l'ambassade pour aller avec Béatrice en Yougoslavie. Exact. J'ai raconté la suite dans *La Dispersion.* Saisi, happé par la beauté de cette jeune femme tchèque, aux yeux gris-vert, aux cheveux courts d'un blond transparent. Cette étudiante en médecine, pour qui le Rideau de Fer s'était ouvert pendant quinze jours, n'avait jamais vu la mer. J'ai offert de l'emmener au bord de la mer la plus proche. Elle a d'abord refusé, puis est venue. La première nuit ensemble à Gisors, nous ne nous sommes pas touchés. Elle devait se marier après son retour à Prague en août. Elle dans son lit, moi dans l'autre. Le lendemain, arrivés à la petite bourgade d'Ambleteuse, nous nous sommes promenés longtemps le long des flots, qu'elle buvait des yeux. Cette mer, découverte pour la première fois à 22 ans, l'a enivrée. Nous sommes remontés après dîner dans notre chambre. ET LÀ. Nous avons fait l'amour comme je ne l'avais jamais fait dans ma vie. A éclater, à en mourir. Nos corps fondus, confondus dans nos spasmes. CORPS ACCORD, EXTASE. Les mots mêmes de *Fils* sont nés LÀ. A Ambleteuse, dans le vieil hôtel branlant. J'ai voulu tout lui montrer, toutes les merveilles alors à elle interdites. Nous avons roulé comme des fous jusqu'en Italie, jusqu'au lac de Garde. J'ai encore la photo. Et puis Venise, sur l'île de Murano, le paradis des porcelaines, dans sa robe bleue, bras nus, étincelante dans le soleil. J'ai encore le petit vase rouge que j'ai acheté alors. Et puis après vers Munich, droit à son train, l'ai accompagnée. Nous étions tous deux en larmes. Ce que je n'ai pas raconté dans mon livre, c'est comment j'ai dû appeler ma mère, chialant dans le téléphone, elle m'engueulant, *pendant que ta femme et tes filles sont à New York,* indignée, et puis soudain, la voix si tendre, la voix basse de ma mère, *reviens, mon petit, je t'attends.* J'étais si démoli que j'ai dû me faire faire douze piqûres de calcium pour me remonter. Début septembre, colloque sur la Nouvelle Critique à Cerisy, sous la direction de Georges Poulet, je devais être à la hauteur. C'est ça, une vie, tous les niveaux s'entremêlent, père et mari, j'ai une femme et des enfants que j'aime à New York dans notre maison de Queens. L'intello, le faiseur de maints articles, auteur de *Corneille et la dialectique du héros,* vient de publier *Pourquoi la Nouvelle Critique,* une importante prestation m'attend au colloque. Et puis, entre, Eliska, Elisabeth I, descendu avec elle au tréfonds de l'empire des sens.

Il est temps de délaisser ma Tchèque et ma Toulousaine. J'avance la main pour refermer *Fils,* que j'ai ouvert sur ma table. Curieusement, j'ai besoin de relire ce passage, ce message que je m'envoie à moi-même quarante ans après. Les détails me frappent, 12 juillet 1969, Orly, je revois Eliska à l'aéroport, elle portait un manteau bleu et avait changé de coiffure, les cheveux toujours aussi blonds mais plus longs. Dans la Mustang que j'ai ramenée d'Amérique, l'unique voiture sport que j'ai jamais eue. Arrivée au château de Mercuès près de Cahors. Tous ces détails sont exacts. Je peux les vérifier dans mon agenda 69, les conserve tous. Toutes ces références sont scrupuleusement vraies. La promenade après dîner le soir, où les deux amants ne se retrouvent plus, où il y a entre eux comme une mort de l'amour. Exact aussi. Bien sûr, les paroles que je nous prête, je les invente, les paroles s'envolent. Les écrits restent. Qu'est-ce qui reste dans ces écrits. Les feuillets de *La Dispersion,* qui doit paraître à l'automne et que j'ai dans le fond de ma valise, pour ne pas les froisser. Vrai encore. Que leur lecture ait rallumé une attirance en nous, que nous ayons ensuite fait l'amour sur la liasse de feuillets. C'est un fait indubitable. Que le rythme de nos transports soit la répétition de ceux que je décris dans le livre, ce placage absolu des gestes sur le texte, cet entrelacs total de nos corps et de mes mots, c'est évidemment une mise en scène de l'écrivain, une fiction. Après les notations précises du début, suit un courant de conscience qui, presque une décennie après, prétend exprimer le ressenti immédiat de la scène amoureuse vécue avec Eliska au château de Mercuès. Il s'agit ici encore une fois d'une fiction. Mais fiction ne veut pas dire mensonge. Ou irréalité. C'est sans aucun doute la fiction qui est vérité, que la simple relation de faits ne saurait atteindre. *Passé présent tout s'abolit réel fictif plus de faille.* L'écriture à proprement parler, *poétique,* ne suit plus que l'impératif de son mouvement, mieux, de sa pulsion, pour recréer l'existence en langage, faire passer l'expérience vécue dans sa réinvention par le verbe. Ce qui, en me relisant, fait coïncider, quarante ans plus tard, ce CORPS ACCORD, Elisabeth elle est mes phrases, mon langage devenu sa chair. ÇA COÏNCIDE. Je ressens infiniment plus fort cette extraordinaire expérience érotique du château de Mercuès en relisant mon texte qu'en plongeant dans mes souvenirs. « Fiction, de faits et d'événements strictement réels, si l'on veut AUTOFICTION. » Cette définition que j'ai donnée de mon entreprise dans mon prière d'insérer me paraît encore aujourd'hui adéquate. Roman ne veut pas dire qu'on décolle du réel pour s'envoler dans l'imaginaire. Cela veut dire que l'on fait confiance à la créativité de l'écriture, à sa poésie, qui s'incorpore le réel en le dépassant, le déplaçant dans l'univers propre du langage. Le récit de soi n'est pas simple transcription ou, au contraire, transformation du réel selon les choix arbitraires de l'auteur. C'est la recréation pleine et entière du vécu dans l'ordre du discours. S'il se trouve que le discours approprié est le roman, c'est que tout amour, toute passion est romanesque. Voire l'appréhension de toute une vie. « Quand même, quel roman que ma vie », disait Napoléon au soir de son destin à Sainte-Hélène. Il n'est point besoin d'être Napoléon pour éprouver ce sentiment. Je l'éprouve moi-même. D'ailleurs, les pionniers de l'autobiographie classique ont écrit, en fait, le roman de leur vie. Un éminent critique l'a énoncé en termes clairs. « Aussi l'histoire de l'autobiographie ne peut-elle se concevoir qu'en relation avec l'histoire générale des formes du récit, du roman, dont elle n'est en fin de compte qu'un cas particulier. » Cette remarque de Lejeune n'a pas vieilli. Il est normal que Rousseau, pour raconter sa vie, emprunte la forme et les techniques du roman du XVIIIe à la première personne, genre *Manon Lescaut* ou *Tristram Shandy.* Seulement, on n'est plus au XVIIIe siècle. Ni au XIXe. S'il y a aujourd'hui des auteurs qui croient que l'on peut atteindre sa propre vérité par l'analyse psychologique et le regard intérieur, s'ils rêvent d'écrire dans la lignée de Benjamin Constant, ils retardent de deux siècles. La psychanalyse, le structuralisme, le Nouveau Roman ont déconstruit le beau récit unifié classique, écrit dans un beau style classique. Nous sommes à l'époque postmoderne. On a affaire à un sujet schizé, brisé, dépareillé, que chaque écrivain doit appréhender à sa manière. On ne saurait faire, comme certains, l'économie des renouvellements du récit par Robbe-Grillet, Duras, Claude Simon. Je n'aurais pas pu écrire *Fils* sans *Histoire* de Claude Simon. Mon autofiction a fait florès. Certains cherchent à me la voler, le terme et le concept, en les triturant selon leurs humeurs, sans scrupule. Ma définition est incomplète ou erronée, chacun y va de sa petite théorie. La théorie de l'autofiction renouvelée est très à la mode. Une nuée de moustiques s'est abattue et à qui mieux mieux piquent l'autofiction qu'ils m'ont piquée. Ils adorent enculer les mouches autofictives. Ainsi soit-il.

Je referme *Fils,* je le range dans ma bibliothèque. Je replie la lettre de ma Toulousaine, je la remets dans le tiroir à lettres de la grande commode noire du salon. Je dis adieu à la romance. Adieu à Elisabeth I. Eliska a été la plus forte passion de ma vie. Je n'ai éprouvé avec aucune autre femme cette attirance totale, *fatal attraction.* Elle a fait pour moi exploser le sexe. Sans elle, je serais mort sans savoir ce que peut être l'acte d'amour. Je l'ai vue quinze jours, trois étés de suite 1966, 1967, 1969. Et quelques jours à Prague en septembre 68, avec les tanks russes au coin des avenues et les traces de balles sur les murs. C'est tout. Et c'est sûrement parce que c'est tout que ce contact a été total. Une fois elle m'a proposé de rester avec moi. J'ai passé une nuit entière à décider dans l'agonie de l'angoisse. Impossible. Dans une existence d'aller-retour transatlantiques, comment vivre avec une femme médecin. Elle doit s'installer sur une rive ou sur l'autre. Et moi j'ai besoin des deux. C'est parce que notre amour est condamné, décapité d'avance, qu'il a été si violent. Naturellement, dans mes tiroirs, pas ceux du salon, ceux de la petite commode dans mon bureau, j'ai retrouvé des dizaines de lettres d'elle. Dans l'une, que j'ai souvent relue, Eliska me disait qu'elle avait vécu deux ans avec l'homme qui est devenu son mari, qu'elle l'aimait, docteur lui aussi, ils avaient des intérêts communs et aussi l'amour du sport, escalade, nage, accord moral et physique parfait entre eux. Seulement, en faisant l'amour avec lui, elle n'avait jamais ressenti ce qu'elle a ressenti avec moi. L'autre et soi fondus, confondus, éclatés, noyés dans l'étreinte. Elle l'a dit avec ses mots, ses émotions à elle. Elisabeth I, ma reine, elle a disparu de ma vie en l'illuminant.

Le 22 mai 1994

Chère Elisabeth,

J'ai eu le plus vif plaisir à recevoir votre lettre. Si vous avez écrit à quelqu'un que vous ne connaissiez pas, j'ai toujours écrit de mon côté pour des lecteurs que je ne connaissais pas, mais que je suis toujours très heureux de découvrir. C'est exactement à ce lieu d'intersection, de rencontre, qu'est la littérature, quand elle est. Mon livre, tant que votre regard et votre être entier ne l'ont point animé, est une coque vide, remplie de signes, mais morts. Vous les avez ranimés, comme je les ai ressentis, et cela me touche profondément.

Que vous soyez d'origine arménienne me touche aussi. Les Arméniens ont ce triste privilège de partager avec les Juifs une même expérience tragique. Dans ma plus lointaine enfance, il y avait un employé de mon père, devenu comme un membre de la famille, Armand Papazian, qui avait réussi à fuir les massacres et dont les histoires ont bercé mon enfance.

Je ne sais pas si j'écrirai encore un autre livre. Cela dépendra de ma vie, si elle m'inspire encore. Pour l'instant L'Après-vivre *m'a vidé. Je vais repartir pour la prochaine année universitaire enseigner en Amérique, revoir mes filles. Pour mes derniers mois à Paris, une lettre comme la vôtre me comble. Moi aussi, Elisabeth, je vous aime.*

De tout cœur à vous,
Serge Doubrovsky

22 mai 94, curieux. Ça tombe juste le jour de mon anniversaire. 66 ans. Cette inconnue m'a fait un beau cadeau, normal que je la remercie. J'ai d'ailleurs toujours répondu aux lettres de lecteurs, selon le ton et le motif de leur propre lettre. Et puis silence. Long silence. Je n'ai plus entendu parler d'elle. Ni elle de moi. J'étais, après la parution de *L'Après-vivre* vraiment vidé. Rien à écrire. J'avais déjà raconté dans mon dernier livre, la désolation, la démolition laissées par la mort d'Ilse. Dépression, travail de deuil, une lente agonie des jours. Et puis, ultime conclusion, le seul moyen de surmonter la perte d'une femme, c'est d'en trouver une autre. Je m'y suis efforcé par tous les moyens. Quête pathétique, lamentable. Des échecs cuisants, des passades sans lendemain. J'ai fini par mettre une annonce dans *Le Nouvel Obs.* Le comble, je n'étais jamais descendu aussi bas. Boulimie de féminin, rien à se mettre dans le ventre. Ou le bas-ventre. La soixantaine bien sonnée, je n'ai plus 30 ans ni 40. Plus la même gueule, plus la même allure. Mes charmes évanouis. Mon malheur, plus je vieillis, plus je continue à chercher des femmes jeunes. Une folie, mais c'est la mienne. Qu'y faire. J'ai essayé à New York avec une psychanalyste intelligente, fort bien conservée, la cinquantaine, plus proche de mon âge. En vain, j'ai eu beau la caresser et la caresser, impossible. Mais les jeunes, elles se moquent de moi, me mènent par le bout du nez, puis me laissent tomber. Logique. L'une après l'autre. Leur en ai voulu, qu'elles ne veuillent point de ma carcasse. Mais c'était normal, moi qui avais tort. Ma torture. J'ai payé cher mes goûts patriarcaux. A plus de 60, mon machisme de bambin des années trente, Hemingway, Malraux, Montherlant et consorts. Jamais pu m'en sortir. On ne peut pas se

refaire. Fini par mettre mon annonce dans le magazine. Soixante-huit réponses, *mes 68.* Tous ces rendez-vous de café en café m'ont rendu dingue. Il y en a une qui, à peine entrée, en m'apercevant, est repartie. La dernière, c'est absolument la dernière. Au café Rostand, en face du Luxembourg. Elle arrive, s'assied en face de moi. Blonde, yeux bleus, une jeune femme ravissante. Je l'ai appelée ma lumière blonde. C'est l'incarnation de mon féminin, c'est Elle. Mars 89. L'ai emmenée dîner au restaurant Chieng Maï, un thaïlandais près de Maubert. A la fin du repas, j'en suis estomaqué, elle dit d'une voix douce, veloutée, *j'aimerais bien que vous me fassiez l'amour.* Dans ma Ford neuve, que j'ai achetée il y a un mois, on rentre chez moi. Je m'exécute avec une ardeur endiablée. Entre nous, ça a duré dix ans. Elle m'a aidé à survivre. Tant bien que mal, il y a eu les bons jours et les mauvais jours. Les soirées délicieuses, des corps-à-corps enchanteurs. Et des pugilats féroces. Elle picolait, de nouveau une alcoolique. Je tombe de nouveau sur une givrée. Qui se soûle la gueule parce qu'elle a raté sa vie. Ça ne rate pas. Ilse, sa vocation de pianiste interrompue, pas d'enfant, pas de carrière stable, ma bougeotte transatlantique. Elle, un mari qu'elle n'aime pas, une fille qu'elle aime trop, une mère qu'elle déteste, un père mort trop tôt, pas de carrière non plus. Ilse et Elle très douées, dans plusieurs domaines. Comme les troupiers de Napoléon à qui on sciait la jambe, la gnôle. A pleines lampées, pour moins souffrir. La première, c'était des quarts de rhum, de vodka, de tout, cachés derrière les livres des bibliothèques. Elle, dans son sac, quand Elle arrive à l'appartement le soir, toujours du whisky, la bouteille à moitié vide. Après, il y a le vin du dîner qui coule à flots. Après, il y a les embrassements, les embrasements, vite au lit. Ou les bagarres, dépend de l'humeur, des sujets de conversation, je ne dois pas parler fusillades de Résistants, déportation des Juifs, camps de concentration, *toi avec toujours tes mêmes histoires.* Elle est du XVIe de droite, ne serais pas étonné si son père avait eu des sympathies un peu vichystes. Elle n'aime pas les livres que j'écris, sauf *Fils,* allez savoir pourquoi. Son grand auteur, c'est René Fallet. J'ai dû me taper *L'Amour baroque.* Rien en commun que des goûts et des points de vue opposés. Rien en commun que son corps splendide, les séismes de ses jouissances. Et les vacances d'été, en Espagne. Moi, barbotant, Elle nageant comme une déesse, dans la mer scintillante de soleil. Elle me donne des lettres d'infinie tendresse, d'autres crachant de colère, qu'elle me laisse sur la table. Avec Elle on ne peut tabler sur rien. Tantôt Elle murmure des mots d'amour qui me remuent le cœur. Tantôt Elle m'envoie carrément son poing dans la figure, une fois elle m'a cassé net un appareil auditif tout neuf en me fracassant l'oreille gauche. Du coup, je réponds au coup, en lui flanquant une beigne au visage. Comme avec Ilse. Sauf qu'avec Ilse, nous avions des goûts, des intérêts en commun. Avec Elle, nous comblions l'un avec l'autre le vide de nos vies. Cela a duré dix ans avec chacune. Jusqu'à ce qu'Ilse se tue avec une surdose, volontaire ou involontaire, de vodka. Jusqu'à ce qu'Elle s'étrangle avec son écharpe dans la cave de sa maison. A chaque fois, malgré la douleur ou à cause d'elle, j'ai surmonté ces morts en écrivant un livre. Pour Ilse, *Le Livre brisé,* pour Elle, *L'Après-vivre* et *Laissé pour conte.* Commencé avec elles, publié après elles. 1989, 1999. Me voilà seul à 71 ans. Avec un prix de l'Écrit intime. Avec une cheville en miettes, à la suite d'une chute dans un égout mal fermé à Cassis. Avec une existence en miettes, à la suite du décès de toutes mes amours.

Le 8 mai 1999

Chère Madame,

Mon frère, Serge Doubrovsky, actuellement hospitalisé à la suite d'un grave accident, m'a demandé de vous écrire pour vous remercier de votre lettre à laquelle il s'apprêtait à répondre dans les jours qui viennent. Il a l'intention de le faire dès qu'il le pourra.

Veuillez agréer, chère Madame, l'expression de mes sentiments les meilleurs.

Paule Chicken

Sainte-Périne, il faut y avoir passé quelque temps pour apprécier ce que c'est qu'un mouroir chic. Au cœur du XVIe. Chambre très propre, agréable, repas corrects, un parc magnifique par cette chaleur estivale. Dans mon fauteuil roulant, je vais respirer chaque après-midi les senteurs de la pelouse, des arbres, des fleurs. A côté de moi, une bonne femme sur sa civière, qui tressaute reins cambrés, comme un automate, toutes les trois minutes, sans interruption. Il y a les abruties, les affalées sur leur siège, pendant des heures. Il y a aussi celles qui glapissent, hoquettent, crient, hurlent, à intervalles fixes. Un concert incessant de jérémiades rauques ou des silences déjà d'outre-tombe. Je suis en fait le seul représentant pâlichon et rabougri du sexe fort. Une fois, j'ai demandé à l'infirmière pourquoi si peu d'hommes, rien que des femmes. Elle a répondu, parce que les femmes vivent plus longtemps. Oracle de Delphes, pour une fois la réponse est sans équivoque. Voix du destin. Le mien, c'est de durer, d'endurer encore combien de temps interminable en ces lieux sinistres.

Le 10 août 1999

Chère Elisabeth X,

Je vous remercie vivement de votre si amicale lettre du 17 mai dernier. Je suis en rééducation deux mois à l'Hôpital Sainte-Périne, après avoir séjourné un mois à la clinique Bizet, à cause de l'opération sur la double fracture de la cheville droite. J'étais tout ce temps « en souffrance », et ma correspondance aussi.

Maintenant, je vais mieux. Grâce à l'assistance indéfectible de ma sœur, j'ai pu passer une semaine de convalescence face à la Méditerranée à Canet. De retour chez moi, je viens tout juste de recommencer à marcher dans la rue sans canne anglaise, lentement certes, mais c'est peu à peu le retour à une vie normale. Il me faut encore beaucoup de patience, mais j'en ai.

Le 27 août, je partirai de nouveau à New York, où je dois reprendre mes cours. J'y passerai la prochaine année avec mes filles et serai de retour à Paris l'été 2000.

Encore une fois, j'ai été très sensible à votre si chaleureuse lettre et à mon tour je vous souhaite « hokis » de tout cœur.

Avec mes plus cordiales pensées,
Serge D.

Paris, le 13 août 1999

Hokis Doubrovsky,

Vous avez éclipsé le soleil avec votre lettre du 10 août que j'ai reçue le 12.

Je suis soulagée d'apprendre que vous êtes de retour à la maison, car j'ai imaginé le pire scénario catastrophe, suite au courrier de votre sœur qui m'apprenait votre hospitalisation.

Ne pensez surtout pas avoir affaire à une folle, mais à une rêveuse avec un rêve de gosse, entre nous, une gosse de 43 ans, célibataire endurcie qui vit loin de son papa depuis 20 ans. Vous voyez le genre de transfert en dehors de tout l'amour que j'ai pour vous.

Mon rêve de gosse, c'est de vous rencontrer un jour dans un parc à Paris, lors de vos promenades quotidiennes et de m'asseoir à côté de vous à regarder les pigeons idiots. Ce n'est ni pour rencontrer l'écrivain ni le séducteur ni le Juif errant entre Paris et NY, c'est juste l'homme impitoyable avec soi-même.

Je croyais vous connaître un peu plus de livre en livre depuis « Un amour de soi », que nenni. En une phrase dans votre lettre vous balayez l'écrivain. Il reste un homme qui a de la patience nécessaire pour retourner à la vie normale (contrairement à l'écrivain, qui veut se foutre en l'air car les jeunettes se penchent sur son œuvre et non sur lui).

Je ne suis pas en mal de sensations nouvelles en désirant vous rencontrer, c'est juste un rêve, de l'amour. Qui sait, l'été prochain peut-être.

Prenez bien soin de vous

Je vous embrasse
Elisabeth

Curieux, quand même. Encore une Elisabeth, qui rêve de moi. Cette fois, ce n'est pas comme ma rencontre avec Elisabeth-Eliska réelle sur un banc des Tuileries. Ce sera une Elisabeth imaginaire sur le banc d'un parc, qui vient s'asseoir près de moi pour regarder les pigeons. Idiots, par-dessus le marché. Je pige. Rêveuse, gosse, loin de son papa, transfert. Elle doit être en analyse. Impitoyable avec soi, pour ça qu'on paye cher son analyste. Ce qu'elle aime chez moi, c'est le travail qu'elle fait sur elle. Célibataire endurcie, moi veuf solitaire. Je ne sais ce que cela peut donner. Prudence.

10 septembre 1999

Chère Elisabeth,

Mon retour ici a été pour moi très heureux, j'y ai retrouvé mes filles, dont je suis très proche et qui me donnent mes « racines américaines ». Me voici donc de nouveau « Daddy », une partie de moi devenue de plus en plus importante avec l'âge. J'ai aussi beaucoup de plaisir à retrouver mes étudiants et à recommencer mes cours. MAIS. Tout est gâté par une triste perspective. Un scanner a révélé le 17 août dernier, à Paris, dix jours avant mon départ, « incidemment », comme disent les docteurs, la présence d'une tumeur très probablement maligne sous le rein droit. En France, un urologue consulté en hâte voulait immédiatement pratiquer une « néphrectomie », c'est-à-dire m'enlever un rein. Ici, le chirurgien consulté m'a dit qu'il garderait le rein, mais il me faudra être opéré le 30 novembre au plus tard. Donc je ne sors pas des opérations et des médecins et des scanners etc. etc. Au moment où, après trois mois d'hôpital, je recommence à pouvoir faire mes promenades habituelles à New York, de nouveau à l'hosto pour une quinzaine, et repos après pour fêter l'an 2000 !

Je parle trop de moi et m'excuse de vous raconter tout cela. Vous, vous me connaissez déjà, m'ayant lu. Moi, je ne vous connais pas et vous écris comme à une amie de logue date. Si vous m'écrivez un jour de nouveau, parlez-moi un peu de vous. Arménienne, d'accord, mais ce n'est pas suffisant. Que faites-vous dans la vie ? Quelle occupation, en dehors de la lectrice passionnée que je devine ? Vous écrivez très bien comme vous écrivez et ne vous tracassez donc pas sur ce point.

Avec encore une fois toute ma gratitude pour votre gentillesse et amitié, je vous envoie mes sentiments new-yorkais les plus chaleureux, en attendant le plaisir de vous parler de vive voix à Paris.

Bien cordialement à vous,
Serge D.

15 septembre 1999

Cher Doubrovsky,

C'est un beau cadeau que vous me faites en écrivant comme à une amie de longue date, sauf ce que vous m'écrivez n'a rien d'un cadeau. Je me suis accrochée aux mots que vous avez employés : « une tumeur très probablement maligne », ce qui ne veut pas dire « très certainement ». Je ne suis pas très douée pour l'optimisme, sauf lorsqu'il s'agit des gens que j'aime, car comme disait Oscar Wilde, « Le fondement de l'optimisme est une immense terreur ». La terreur qui me pousse à l'optimisme dans votre cas, c'est que l'on vous fasse souffrir.

Il y a trois ans, j'ai eu une expérience de trois mois d'hospitalisation, suite à une opération d'hernie discale, je sais de quoi je parle.

Ce n'est pas un bon début pour vous parler de moi, mais par où commencer, comment résumer une vie de 43 ans ?

J'ai eu deux vies, la première à Istanbul, jusqu'à l'âge de 27 ans chez maman et papa, la deuxième en France depuis 16 ans. J'avais fait 4 ans de sciences politiques. J'ai vite compris qu'en France, mes études de sciences politiques ne me seraient d'aucune utilité pour gagner ma vie. Après un passage de très courte durée, heureusement, chez les PETROSSIAN, comme femme de ménage, j'ai fait des études de finance-comptabilité. Un métier taillé sur mesure pour une rêveuse comme moi ! Je me suis retrouvée à un poste de responsable de comptabilité dans une fédération agricole dont le siège se trouve à Paris, qui m'a valu six ans de psychanalyse pour enfin accepter la triste réalité de gagner ma vie en faisant des bilans.

Ma vie affective ? UN DÉSASTRE. Amour, liaison normale, connais pas. Mon registre a été plutôt des passions destructrices, pour me prouver sans doute que je ne savais pas compter en amour, contrairement à mon métier qui n'est que de calcul, de résultats, de bénéfice et de perte.

Je vis avec ma petite sœur (le seul membre de ma famille en France, le reste est à ISTANBUL) et partage le triste sort des millions de Français vivant seuls. Pourtant, en Orient, j'ai été programmée, éduquée à avoir un mari et des enfants. La seule issue à y échapper a été de m'enfuir à 3 000 km.

Quand on écrit ou on parle dans une langue étrangère, on a sans cesse l'impression d'être à côté de la plaque. Ou on en fait trop ou pas assez pour exprimer ses idées, ses sentiments. Avec vous je n'ai pas ce souci, vous savez lire entre les lignes.

Ne me laissez pas sans nouvelle de vous. C'est vrai que vous ne me connaissez pas, mais moi je vous connais et je m'inquiète. Je vous donnerai mon rein droit s'il le faut. Vous en avez vu d'autres, DOUBROVSKY, accrochez-vous, s'il vous plaît.

Les pigeons de Paris nous attendent. On s'assoira sur un banc, vous me parlerez pour que j'entende votre voix, après je vous ferai entendre mon accent que tout le monde trouve délicieux.

Je vous embrasse
Elisabeth

Le 10 octobre 1999

Chère Elisabeth,

J'ai été très touché par votre dernière lettre, où vous me parlez un peu de vous (ce qui est juste, car j'ai énormément écrit sur moi !) Vous écrivez remarquablement le français, pour une personne dont ce n'est pas la langue maternelle (je suppose que la ou les vôtres ont été l'arménien et le turc, vivant à Istanbul). En tout cas, j'ai l'impression de vous connaître mieux, ce qui est bien agréable dans une correspondance. J'aime l'idée que la littérature peut mener à l'amitié.

Hélas, la tumeur est bien cancéreuse et il va falloir m'opérer sans délai, cette tumeur ayant grossi de 4 millimètres en un mois. Donc mardi 19 octobre, je serai opéré à l'hôpital de mon université, qui a une des meilleures écoles de médecine des Etats-Unis. Mon problème est sanguin, étant sous anticoagulants, qu'il va falloir arrêter quelques jours pour que la plaie puisse se cicatriser. C'est ce qui m'angoisse un peu, car gare aux caillots ! Du coup, on va m'insérer un «parapluie» (sic) dans la veine cave avant l'opération, pour prévenir une embolie pulmonaire en stoppant un éventuel caillot. Mais assez de détails sordides, qui sont devenus, hélas, mon quotidien. 1999 aura été pour moi une année noire !

Je vous écrirai à mon retour de l'hôpital, dont la date est imprévisible. Ce n'est plus entre mes mains, mais dans celles de mon chirurgien et celles, encore plus puissantes, de la nature.

Mes pensées les plus chaleureuses et cordiales.
Serge D.

P.-S. : C'est trop gentil à vous de m'offrir un de vos reins ! Cela m'a vraiment touché. Mais il devrait me rester un rein et demi, ce qui est amplement suffisant. Merci quand même.

Le 31 octobre 1999

DOUBROVSKY, mon amour,

Non, je ne suis pas soûle ni fan de DURAS, mais folle d'inquiétude, de tourner en rond depuis mon retour de Djerba. J'ai l'estomac retourné à double tour de ne pas connaître le résultat de votre opération. Je vous imagine à l'hôpital, avec les perfusions, les sondes et toute la barbarie hospitalière autour de vous.

Si vous lisez cette lettre, c'est bon signe, c'est que vous êtes de retour à la maison. Je n'attends pas de lettre, écrivez-moi juste « Elisabeth, ça va, je me suis tiré d'affaire, cesse de te tourmenter, tu peux respirer normalement ».

J'étais chez une amie ce matin, qui habite l'avenue Raymond-Poincaré que vous connaissez bien. J'ai fait un détour et pour la première fois je suis passée devant votre numéro rue VITAL, comme une voleuse. Je ne sais pas ce que j'espérais, vous voir à la fenêtre sans doute.

Nom de Dieu, DOUBROVSKY, qu'est-ce que vous faites si loin de PARIS ? Vous qui écriviez « je fais 033 pour la France et 1 pour Paris, ma ville numéro 1 ».

Ne faites surtout pas un sale coup, ne revenez pas à Paris si vous voulez, restez à NY, mais surtout restez en vie.

Je me suis mise à relire vos livres (faute de courrier) dans ma chambre, en cachette comme d'habitude. Comme si je faisais quelque chose de honteux, je transgressais un interdit, comme si je fouillais dans votre journal intime pendant votre absence.

Aujourd'hui, 5-10 ans après, vos livres me font dix fois plus mal, ils me torturent encore plus. Personne ne m'a touchée comme vous, autant par son style que par le contenu de ses écrits. Il y a des phrases entières gravées en moi, des chapitres qui me saignent les tripes ;

Je vous aime, DOUBROVSKY, merci d'exister.

Elisabeth

C'est elle qui a foncé en avant. Moi, j'étais *chaleureux, cordial,* mais j'en restais à *l'amitié.* D'un seul coup une déclaration d'amour. Quand on a réussi à traîner sa carcasse avec une cicatrice de plus de quinze centimètres entre deux côtes droites, jusqu'à son lit, péniblement transporté ou porté par Renée et son mari jusqu'à mon domicile, ça me fait un choc. L'écrivain, ses livres, à la lisière de la mort, ça s'évanouit. J'avais oublié le DOUBROVSKY en capitales sur la page de couverture de mes bouquins. Voilà que grâce à elle, ils se raniment. Retour à la vie d'artiste. Retour d'artiste estropié, mais quand même. J'ai reçu cette lettre en plein cœur. Que le

« Doubrovsky » de papier puisse à ce point la tourmenter pour le Doubrovsky de chair. Que mes mots, mes phrases aient pu à ce point me faire exister m'étonne, me rend toute la force que j'ai perdue. Heureusement qu'elle ne voit pas ma défroque. Le gisant inerte que je suis devenu dans mon lit. Ci-gît l'artiste. Mais peut-être qu'elle m'en aimerait davantage. Je commence à mieux la connaître, à virer, chavirer de l'amitié à. Quoi. Une émotion très forte m'a saisi en la lisant, comme si elle avait été là, présente. Une « rêveuse », une « gosse », tu parles. Une passionnée. Une déchaînée des sentiments. Une écorchée vive. Aussi un don étonnant pour les langues. Arrivée en France à l'âge adulte, sans avoir jamais étudié le français à l'école, d'Alliance française en cours pour étrangers à une quelconque université, en une quinzaine d'années, elle a su se créer un style bien à elle. J'ai un style bien à moi. Nous nous sommes pénétrés l'un l'autre par les lettres. Les lettres redonnent vie à ma défroque allongée. La littérature me ressuscite à travers cette lectrice sans égale. Des lectrices momentanément, fugitivement amoureuses de moi à travers mes livres, passant du personnage à l'auteur par un glissement subreptice, des passades j'en ai déjà eu. Ma Toulousaine en est un cas manifeste. Mais un tel jaillissement d'amour du fond des tripes devant la possibilité de ma mort m'a remué moi-même jusqu'au tréfonds.

5 novembre 1999

Très chère Elisabeth,

Je suis à la fois très touché et désolé que vous vous soyez à ce point tourmentée pour ma santé. Je suis vivant et en convalescence dans mon appartement pour quelque temps, mais n'ai pu me manifester au monde extérieur que par téléphone, n'ayant pas la force d'écrire. Vous êtes la première personne à qui j'essaie d'envoyer une lettre. Que ce soit un signe de plus d'un lent rétablissement.

Merci, bien chère amie, de votre attachement à l'écrivain. J'y suis extrêmement sensible, croyez-moi, car mon œuvre est le sens de ma vie, est ma vie. Avec ses hauts et ses bas, ses faiblesses et ses obsessions. J'ai essayé de m'exposer à la « corne de taureau », selon le vœu de Michel Leiris, de prendre mes risques (de rejet, d'indignation du lecteur, mais aussi de sympathie ou d'amour, comme vous le prouvez). Ainsi, dans mon épreuve actuelle, l'intensité de vos sentiments à mon égard et envers mes livres (que vous pouvez relire sans vous cacher, vous ne transgressez pas un interdit, vous ne fouillez pas dans mon journal intime, c'est moi qui m'offre, tête, cœur et chair) est-elle un bien doux et puissant soutien.

Vous me demandez ce que je fais si loin de Paris, mais mes livres le montrent assez, si Paris est bien « ma ville numéro 1 », l'Amérique est l'autre partie intégrante de ma vie. New York, c'est mes filles, c'est aussi mon travail. En France, je serais déjà automatiquement à la retraite, et cela, je ne saurais le supporter. Je n'ai pas tous les jours un livre à écrire et j'ai besoin de mon activité d'enseignement, ici, à l'université, il n'y a pas d'âge limite. Donc l'Amérique me maintient en vie – et me rémunère généreusement. De plus, elle me renvoie un an sur deux enseigner à New York University in France, que puis-je lui demander de plus ? L'été prochain, après avoir marié ma fille aînée, je débarquerai donc de nouveau à Paris pour toute une année. En plus de votre amie de l'avenue Raymond-Poincaré, vous aurez donc, dans le même quartier, rue Vital, un autre ami qui vous ouvrira toutes grandes sa porte et son hospitalité. Je me réjouis très fort de vous rencontrer. J'espère que vous ne serez pas trop déçue par l'homme qui est « derrière » le « Serge D. » de mes livres.

Merci encore une fois de votre affection. J'y suis profondément sensible et, sans avoir encore le plaisir de vous connaître, je vous la rends bien sincèrement. Rassurez-vous sur mon compte, je me rétablis lentement, mais sûrement. Quand vous le pourrez, donnez-moi de vos nouvelles, cela me fera toujours grand plaisir. En attendant, j'espère que vous me permettrez que je vous embrasse très fort.

Serge D.

15 novembre 1999

Je suis soulagée d'apprendre que vous êtes sur la voie du retour à la vie normale. Je vous dois un bouquet de fleurs que je n'ai pu vous offrir.

Bien sûr je sais ce que représente l'Amérique pour vous. Je suis bien placée pour le comprendre avec mes allers et retours entre Paris et Istanbul depuis 15 ans.

La seule chose qui me causerait une déception, ce ne serait pas de rencontrer l'homme qui est derrière le « Serge D. », mais ce serait bien le contraire. J'aime l'écrivain qui montre l'homme, comment ne pas aimer ou être déçue par l'homme, pour moi ils sont indissociables.

Je vous avais écrit pour la première fois en 1994 à la suite de la parution de « L'Après-vivre ». A ma grande surprise vous m'aviez très gentiment répondu. Je partais à Prague et j'avais « L'Après-vivre » avec moi. Si l'on me demande, à part le Pont Charles, ce que je garde comme souvenir de Prague, je puis dire que c'est « L'Après-vivre », plutôt un coup de poing. Je suis incapable de le relire et de le prêter à qui que ce soit. C'est un livre tabou avec « Le Livre de ma mère » d'Albert COHEN.

Curieux quand même. Cette sacralisation intime de *L'Après-vivre.* Lequel n'a certainement pas eu le même succès que *Le Livre brisé.* J'ai eu de bonnes, mais aussi de féroces critiques. Et ce n'est certainement pas non plus un de mes livres que je préfère. J'avais même de l'appréhension en le publiant, une appréhension moins littéraire que personnelle. Je revois encore la scène au premier étage des éditions Grasset, où sont les bureaux. Je crois que j'étais en train de signer mon service de presse. Devant l'escalier j'ai rencontré un des directeurs littéraires de la maison, Jean-Paul Enthoven, avec qui je sympathisais. On se serre la main, je lui lâche malgré moi, « après un tel livre, aucune femme ne voudra jamais plus de moi ». Le type qui décrit en détail son déclin viril. « Fin de parties », « L'amour piqué », en conclusion au récit. J'entends encore la réponse d'Enthoven : « Détrompez-vous, vous en aurez encore plus qu'avant ». Je suis étonné, j'ai dû avoir l'air très surpris, je l'étais. Il me dit en souriant « Chacune pensera, il est comme ça avec les autres, mais avec moi ce sera différent ». Apparemment, c'est lui qui avait raison. Il connaissait mieux les femmes que moi.

Que les souvenirs de Prague se réduisent au Pont Charles et à mon livre, emporté précieusement dans ses bagages. Curieux quand même. Coïncidence étrange. Qu'elle ait emporté le livre-tombeau de mon corps décati aux lieux où vivait, régnait ma première Elisabeth, ma Tchèque de l'époque où j'avais un corps glorieux, uni au sien dans un corps accord vertigineux. Inégalé depuis. Il y a plus de trente ans, quand j'étais dans ma quarantaine ithyphallique. De Prague à Istanbul, de la première à la seconde Elisabeth. De mon zénith à mon nadir érotique. Je sais ce que m'a apporté d'inouï la première. Je ne sais ce que me réserve la seconde.

16 novembre 1999

Chère Elisabeth,

Ce matin, avant de me mettre au travail, j'ai envie de vous écrire et je ne vois pas pourquoi je résisterais à cette tentation. Puisque vous vous êtes si vivement et personnellement inquiétée de ma santé, le 15 novembre a été hier soir une date importante. J'ai repris mes cours. La façon dont je m'en tirerai sera le vrai test de mon rétablissement. Si je n'ai pas encore retrouvé l'usage complet de mes forces, je me dis qu'il convient d'être prudent. Après tout, j'ai été opéré le 19 octobre, je reprendrai mon cours sur Corneille le 18 novembre. Donc voilà, la vie reprend. Ma fille cadette qui était venue habiter chez moi pour s'occuper de son « Daddy », a regagné ses pénates, mission accomplie. Je ne sais pas pourquoi je vous raconte tout ça et j'espère que je ne vous ennuie pas avec ces détails, très peu romanesques, de la vie quotidienne. La vérité est que vos dernières lettres, par l'expression si spontanée de vos sentiments, par votre participation si généreuse à mon sort, ont ouvert comme un espace intime, au-delà de l'espace littéraire de mes livres, et je me sens curieusement libre de vous écrire ce qui me passe par la tête ou par le cœur, sans me préoccuper le moins du monde de « S.D. » l'écrivain ou le personnage.

Paris, le 26 novembre 1999

Cher DOUBROVSKY,

Vous êtes l'une des deux personnes que j'appelle par leur nom. C'est une preuve d'amour et de respect et pas de distance.

Aujourd'hui j'ai reçu votre lettre du 16 novembre. Je considère que c'est la première lettre que vous m'adressez, car elle est spontanée. Vous avez eu l'envie de m'écrire et non de répondre à une lettre. Je suis tout émue.

Le style complètement différent, presque heureux de votre lettre, loin de m'ennuyer, m'a rendue heureuse. Connaissant un peu la complexité de l'homme, c'est une agréable surprise. Le considérable progrès que vous avez accompli en un temps record sur la voie de la guérison, vous ne le devez qu'à votre envie de vivre et à rien d'autre. Si mon affection et mon intérêt à votre égard y sont pour quelque chose, comme vous le dites, j'en suis doublement heureuse.

Je vous assure, DOUBROVSKY, ce qui me fait rêver depuis 3-4 ans, ce n'est pas le romanesque, mais les détails de la vie quotidienne des gens que j'aime. J'ai été coupée du monde et de ces détails durant 5 semaines d'hospitalisation et 3 mois de convalescence en 1999. Depuis, je ne suis plus du tout la même.

10 décembre 1999

Je vous suppose très occupée et émue par la présence soudaine de votre famille autour de vous, refermant ainsi la séparation entre les deux parties de vous-même que vous vous êtes construites. Et s'il y a des moments délicats, je suis sûr que les moments de réunion et de plénitude dominent de loin.

Ici, je me prépare à un Noël « américain », c'est chez ma fille aînée que nous nous réunirons le 25 décembre prochain et ouvrirons nos paquets. Comme ma fille est juive, son fiancé musulman, son père agnostique, cela sera surtout l'occasion de retrouvailles familiales, sans connotations religieuses. Déjà, dans mon enfance, mon père était communiste, mais ma sœur et moi mettions nos chaussures devant la cheminée et recevions ainsi nos cadeaux tombés du ciel ! Heureusement, les institutions résistent aux croyances.

En attendant, EXCELLENTES FÊTES de la fin du XXe siècle (sentiment très étrange pour moi, car le XXe siècle en histoire comme en littérature a toujours, tout au long de ma vie, été synonyme de modernité, et tout cela tombe d'un coup dans le passé, Sartre avec Hugo et Gide avec Lamartine. Encore une fois, cela me fait très drôle. Moi-même je suis un écrivain du XXe siècle finissant.

Tous mes vœux pour votre famille et vous-même

P.S. Avez-vous un numéro de téléphone ? J'aimerais entendre le son de votre voix. Merci

L'écriture, c'est bien joli, mais abstrait. La voix est une présence physique et pour moi une femme, c'est avant tout physique. Une femme, c'est un corps de chair. D'abord. Le reste, ensuite. Et ce corps doit être attirant, parce que sa forme est belle. Visage au galbe parfait, les yeux de braise, les cheveux de soie. Il faut avoir instantanément envie de les caresser. Par ce regard être soudain happé. *Happy* et les seins se moulent harmonieusement au buste. Loi absolue pour moi du désir. Une femme doit être incarnation de la beauté. Le reste, après, très important aussi, bien sûr, mais secondaire. Une femme peut être un génie des lettres, des arts ou des sciences. Je l'admirerais naturellement en pensée, dans ma tête. Elle n'existerait pas pour mon corps, dans mon sexe. Pas une seconde. Une Simone Weil ferait fuir en moi l'homme, si ma vie en dépendait, je ne pourrais pas la toucher. J'ai pour la laideur féminine une répugnance totale. La banalité me laisse de glace. Je ne m'allume que quand la beauté m'illumine. Il peut y avoir des degrés, mignonne, jolie, charmante, charmeuse. Pas une Marilyn Monroe. Je ne me prends pas pour un Gary Cooper ou un Alain Delon. Mais il me faut pour mon désir la grâce. Je me trouve maintenant embarqué dans un lien, une liaison qui peu à peu se tisse, sans que j'aie jamais vu la destinataire d'un courrier qui s'allonge, s'étire au long des semaines, des mois. J'entre dans le troisième millénaire avec une correspondante inconnue, car invisible. Ce n'est pas dans mes habitudes, je me risque dans le vide. Chère Elisabeth, dix fois, cent fois. Mais CHAIR ELISABETH. Je n'ai pas la moindre idée.

Le 21 décembre 1999

Bien chère Elisabeth,

Ainsi vous existez, je plaisante, bien sûr, mais entendre votre voix est encore une autre expérience que celle de lire, plus immédiate, présente, incarnée en quelque sorte. C'est une sensation qui m'a paru à la fois normale et nouvelle, en tout cas, j'ai été très heureux de ce rapprochement subit. Votre voix est harmonieuse, veloutée, et vous parlez admirablement français, vous parlez quasiment sans accent, alors que, dès que j'ouvre la bouche en anglais, on sait invariablement que je suis un étranger, voire un Français (la seule consolation est qu'à New York tout le monde ou presque est un étranger). La joie que j'ai eu d'entrer en contact direct avec vous a été immense, il y a un passage de votre dernière lettre qui m'a particulièrement touché. Vous dites : « J'ai un père tailleur (à la retraite aujourd'hui) avec un associé juif, 2 langues, parfois trois, mais essentiellement 2, une vie scindée en deux entre 2 continents, une lutte permanente pour survivre à cause de mes origines, un tampon sur ma carte d'identité "chrétienne, arménienne" (je ne suis pas croyante) pendant 27 ans.

Je ressens la même insécurité en France (malgré ma nationalité française). Je peux continuer, mais c'est largement suffisant pour que vous ayez une idée vers qui va mon amour et ma tendresse. »

Je regrette que cet aspect de ma vie et de mon œuvre vous soit proche, comme la division entre deux mondes et deux langues… Une carte d'identité « timbrée », vous savez, hélas, ce que c'est et la tragédie des Arméniens a ouvert cet horrible siècle. Les Arméniens et les Juifs ont malheureusement cette mémoire et cette expérience en commun. C'est une des obsessions de ma vie et de mon œuvre et je comprends qu'elle vous soit familière. Ce que je comprends moins bien, c'est que vous dites la ressentir encore, bien que vous viviez depuis longtemps en France (et j'ajouterais, maintenant que vous parlez parfaitement français). Je n'ose pas croire qu'on vous fait des remarques déplaisantes sur votre appartenance ancestrale, mais je suis peut-être naïf.

Mes vœux les plus chaleureux pour l'an 2000 (et tous les autres à suivre) SANTÉ, PROSPÉRITÉ, BONHEUR, pour vous et les vôtres – et aussi, très égoïstement, le plaisir, très longtemps attendu de vous rencontrer…

Je vous embrasse très fort,
Serge

Le 7 janvier 2000

Hokis Serge,

Voilà le courrier de la semaine, le courrier du cœur !

A 3 heures du matin, après 3 coupes de champagne, peut-être. J'ai eu l'impression que mon coup de fil du soir de réveillon vous a surpris. Je n'ai malheureusement pu vous voir, mais j'ai cru entendre votre sourire. J'ai dormi la première nuit du XXIe siècle avec votre sourire dans les oreilles.

Vous me dites que vous n'osez pas croire que l'on puisse me faire des remarques déplaisantes sur mes origines. Vous vivez dans un milieu où le racisme ordinaire, insidieux, du café du commerce n'existe peut-être pas, mais je vous assure que je n'en ai pas fini avec cette peste. Je fais fantasmer les hommes, qui pensent qu'avant d'arriver en France, je vivais dans le harem de Soliman le Magnifique à Istanbul, j'ai beau leur dire que je faisais mes études, je travaillais chez Fiat, rien à faire, je les laisse rêver. En revanche, avec les femmes, ça ne plaisante pas, le harcèlement va trop loin. J'ai une collègue qui m'a remis un jour un tract du Front National avec la photo de Le Pen dessus, en ricanant en plus. Là je ne sais comment me défendre, je me tais, je me terre, je m'écrase, comme on a fait depuis toujours en Turquie, car dans ma tête et dans mon cœur, la France était le plus bel Etat du monde, et malgré tout la plupart du temps, elle l'est toujours. Vous avez touché mon talon d'Achille, comme vous voyez.

Le 3 janvier 2000

Hokis Serge,

Ce n'était pas une menace. Ni pour vous faire du charme que j'ai écrit « je vais espacer mes lettres ». Ce n'était sûrement pas pour vous dire que vous retardiez vos réponses. Vous écrivez quand vous voulez, vous pouvez. J'ai eu simplement l'impression de vous étouffer avec une lettre par semaine. Mais c'est bien connu, les femmes, elles comptent, les jours, les semaines, les saisons, les larmes, les « je t'aime », les cadeaux, les anniversaires… Vous n'allez pas me reprocher d'être une femme normale et de compter vos lettres.

La deuxième raison de cette réaction, c'est la panique. J'étais déjà accro de vos livres, je le deviens de vos lettres et, comme j'ai toujours fait dans ces cas-là, je prends la fuite. La plus proche sortie. Car j'ai déjà peur de vous perdre. En plus vous inversez les rôles, en disant que vous avez du plaisir à me lire, que vous attendez mes lettres. Je vous crois, mais je ne comprends plus rien, c'est moi la LECTRICE, c'est moi l'ADMIRATRICE.

J'ai dans mon sac à main votre dernière lettre, pas forcément pour la relire, c'est pour voir votre écriture, votre nom et votre adresse sur l'enveloppe à chaque fois que j'ouvre mon sac. Je me dis, à la longue cela deviendra normal, naturel… Je reçois votre lettre, je la cache sous mon oreiller je ne sais combien de temps avant de l'ouvrir, car une fois ouverte, il faut attendre la prochaine. Je connais quelqu'un (qui me connaît bien) qui explique cela en une phrase « ne pas vivre pour ne pas mourir ». J'essaye de changer, de vivre, mais c'est dur de surmonter cette peur de perdre quelqu'un que l'on aime, d'être abandonnée, d'abandonner. Moi, ma méthode c'est la fuite.

Vous étiez l'homme invisible, maintenant vous avez une voix. J'espère qu'un jour vous aurez un visage et un corps.

Je pense à vous pas toujours mais tout le temps.

Elisabeth

Le 9 janvier 2000

Bien chère Elisabeth,

Merci de votre dernière lettre, que j'ai, comme toujours reçue (et lue) avec la plus vive joie.

Il fait une matinée radieuse, fraîche (4 ou 5°), mais comme mon appartement est situé plein sud, je suis dans un bain de lumière.

Alors oublions le capharnaüm qu'est mon bureau, à la table surchargée de lettres et cartes, de factures, et même d'une soucoupe pour ma 2e tasse de café.

Vous êtes là-bas, au bout de tout ce désordre matinal. Qui êtes-vous ? Je commence à me faire une idée de vous. A travers ce que vous me dites de vous et aussi par le rapport si intense et personnel que vous avez avec mes livres. C'est ce rapport que j'avais souhaité quand j'ai commencé à écrire. Mais je ne savais pas qu'un tel souhait pouvait se réaliser. J'ai déjà eu l'honneur et le plaisir de lire des mémoires de maîtrise et des thèses de doctorat portant sur mon œuvre, mais l'intérêt, souvent très vif, pour mes ouvrages s'arrêtait à la dernière page. Vous, il semble que cette dernière page, vous ne l'avez pas tournée, que l'auteur-personnage-personne continue à vivre en vous, et j'en suis extrêmement touché. Mais si la lecture est, en effet, à sens unilatéral et va dans votre direction, la LECTRICE et l'ADMIRATRICE, lorsqu'on passe de l'autre côté de l'écran, s'établit la réciproque, je suis votre obligé, *votre* débiteur. *Vous mentionnez à plusieurs reprises mon côté «séducteur», mais c'est à mon tour* d'être séduit *par cette jeune femme qui a fait sienne, jusqu'à lui gâcher un séjour à Prague en 1994, l'histoire de cet homme vieillissant et sujet au délabrement de l'âge. Quelle gratitude, quelle dette ne vous dois-je pas ? J'attends vos lettres comme vous attendez les miennes, nous sommes à égalité, j'ouvre toujours d'abord le courrier insignifiant ou secondaire, et puis vient le moment, retardé par la deuxième tasse de café, de vous LIRE !*

On ne peut pas tout raconter par lettre, il faut laisser des choses essentielles à se dire de vive voix. Puisque vous avez si bien lu L'Après-vivre *et passé le texte au peigne fin, l'importance, la vivacité, la vitalité, parfois brutale mais toujours roborative du personnage que j'ai appelé «ELLE», cette liaison pour moi essentielle, a disparu soudain de ma vie. «Elle» n'est plus. Ma famille immédiate à Paris a disparu, avec le passage du temps. De savoir qu'il y a* vous, *qui me dites qu'indépendamment de notre correspondance, je fais partie de votre vie, me rend le retour éventuel à Paris complètement différent : ce sera une découverte, et pas seulement un enterrement !*

JE VOUS EMBRASSE,
Tendrement
Serge

Hokis Serge,

Il faut prononcer toutes les lettres, y compris le « h » et le « s ». C'est le mot le plus doux à mes oreilles, puisqu'il est employé par les mères avec leurs enfants ou entre amoureux. Dans ce rapport, je n'ai jamais eu l'occasion de l'employer. On était trop peu nombreux, je n'ai jamais eu de liaison avec un homme arménien, j'aurais eu l'impression de coucher avec un frère. Je dois essayer de vous le traduire autant que je peux. Au sens propre du terme, cela veut dire « ma vie », « mon souffle », au sens figuré c'est cette chose invisible, impalpable, grâce à laquelle on est en vie, vivant et pas mort.

Le 16 janvier 2000

Cher (illisible, mon nom dans l'alphabet arménien),

Vous avez raison, il y a des choses qui ne peuvent se dire que de vive voix. Je suis anéantie par la tragique nouvelle que vous m'avez apprise au téléphone. Je ne m'arrêtais pas de m'excuser de vous avoir fait parler de cela au téléphone et de toutes les sottises que j'ai pu écrire depuis le début de notre correspondance sans connaître ce drame. Je n'ai pratiquement pas dormi de la nuit. Le lendemain matin, tout au long du trajet j'ai pleuré (malgré moi) dans le train, assise en face d'une bonne femme qui me regardait, ahurie. J'avais beaucoup de peine pour Elle (j'en ai toujours), mais encore plus pour vous.

Si j'ai un tel attachement, un tel amour pour l'homme *DOUBROVSKY, c'est sans doute dû à ma façon d'aborder vos livres. Je ne me suis jamais identifiée aux femmes qui ont partagé votre vie, mais à vous. La France m'a accueillie, elle m'a donné une nouvelle identité à 30 ans passés, mais la plus belle chose qu'elle m'ait donnée,* c'est vous.

Je vous

Le 16 janvier 2000

Bien chère Elisabeth,

Je vous écris avant de me mettre au travail. Dimanche ou pas, c'est pareil. Il faut préparer mes cours et cela demande de longues lectures et une préparation méticuleuse.

Et puis, voici qu'au beau milieu de ma relecture de La Naissance du jour *de Colette, dans le petit bureau où je travaille, votre lettre m'attendait depuis le début de l'après-midi, heure de passage du facteur ici, mais conformément à mes habitudes, j'avais attendu, pour l'ouvrir vers neuf heures. Je décide de (je me décide à) glisser mon coupe-papier dans l'enveloppe et, hop, vous surgissez soudain. Pour une surprise, c'est une surprise, et je reçois votre gracieux visage en plein dans mes yeux, à la pâle clarté de ma lampe. Vous pensez si je vous ai regardée, le tricot rouge vous va parfaitement et vous avez bien le type de beauté orientale que vos origines laissaient présager. Charmante et sérieuse, la prochaine fois, ajoutez un petit sourire, pour me faire plaisir (quelle prétention !) Toute plaisanterie à part, je suis très heureux que vous m'ayez envoyé une jolie photo d'un joli visage, que je peux maintenant mettre sur vos lettres. La voix, le visage, l'écriture, il ne reste plus qu'à nous rencontrer pour de vrai ! Je crois que nous sommes passés carrément de l'autre côté de l'écran, comme vous disiez, et que c'est plus à l'homme que vous vous intéressez à présent qu'à l'auteur, qui reste quand même la création la plus vivante et durable de l'homme qui, lui, vieillit et se ride. Je n'oserais jamais faire ce que vous avez fait, vous envoyer une photo de moi. J'aurais bien trop peur que vous perdiez tout intérêt (autre que littéraire) à mon égard !*

A très bientôt, belle Orientale, aux yeux noirs brillant sous la large boucle des sourcils, je vous embrasse très fort.

Serge

Samedi 15 avril 2000

« Rien ne rassure un être vivant comme l'amour qu'il inspire », proverbe oriental. Ai-je pu vous rassurer, Serge, au bout de tant de lettres ? 8 mois, presque, de correspondance ?

Cela ne m'est jamais arrivé avant dans ma vie. J'ai répondu à des centaines de lettres de lecteurs, une fois. Et puis, ce rapport momentané a disparu dans le silence. Des étudiantes, parfois des étudiants, qui avaient travaillé sur l'un ou l'autre de mes livres pour leur maîtrise ou pour leur thèse, ont continué à se manifester à travers les ans, maintenant une relation amicale, m'informant de la suite de leur carrière. Et puis, de nouveau silence. J'ai même eu des lectrices fidèles qui ont maintenu à travers les ans un commerce chaleureux et personnel. Des amitiés durables, bien que nous ne nous soyons rencontrés que deux ou trois fois, de décennie en décennie. Mais cette transfusion d'intérêt, puis de tendresse, puis d'amour, cet embrasement progressif épistolaire. Là. Du jamais-vu, du jamais-lu. Missive après missive de plus en plus enflammée, appels téléphoniques de plus en plus fréquents, parfois au beau milieu de la nuit, pour elle.

Le 17 mai 2000

Très très chère Elisabeth,

Je vous ai écrit hier, mais voilà qu'aujourd'hui je reçois votre colis et, ô surprise, un superbe cadeau d'anniversaire avec une carte à la fois si jolie et si aimante, ce qui me touche le plus, naturellement, c'est l'intention. Grâce à vous, en cet anniversaire qui aura lieu dans cinq jours, je n'ajoute pas un an à mon âge, mais vous m'enlevez des années et des années. Et ça, c'est le cadeau des cadeaux.

Je vous embrasse très fort et très doucement à la fois.

LOVE
Serge

Le 22 mai 2000

Dans deux mois, ce sera la veille de notre rencontre. J'avoue que cette pensée me donne une vive émotion. Depuis presque un an qu'on s'écrit et se téléphone, ma porte va soudain s'ouvrir, après que vous avez tiré bien fort la sonnette, et ce sera… vous. *En chair et en os et en peau bien bronzée, non au soleil parisien mais corse. Fin de nos rapports épistolaires et début des relations réelles ! Un sacré changement, dont la perspective me coupe le souffle !*

Je vous embrasse très très fort et vous dis, pour de vrai, A BIENTÔT ! J'ai mon billet d'avion. Me voilà, j'arrive (presque) !

LOVE
from
Serge

De l'intérêt livresque à l'amitié. De l'amitié à l'amour. De la passion littéraire à la passion tout court. On est passés par tous les stades du sentiment. Elle a brûlé les étapes. J'ai été un peu moins véloce, je m'en suis tenu plus longtemps à l'amitié. Elle a foncé tête baissée vers l'amour. J'ai mis plus de temps, mais je l'ai suivie. Une histoire incroyable, un vrai roman. Justement, elle et moi, nous avons eu notre *roman par lettres. Liaisons,* mais pas *dangereuses,* du moins je l'espère. Je ne suis pas un Valmont, elle n'est sûrement pas une Madame de Merteuil. Un critique astucieux a relevé que pour moi une femme doit être avant tout romanesque. Inspiratrices d'un roman, mes héroïnes. Sans Rachel, pas d'*Amour de soi.* Sans Ilse, pas de *Livre brisé.* Les femmes me permettent de faire, de chaque épisode de ma vie, un roman. Seulement, cette fois c'est l'inverse, le roman précède la vie. C'est la vie qui en procède. Je me demande ce qui va en résulter, ce que cela va donner. Avec nos lettres, nous avons tissé un roman. J'espère que nous ne nous y avons pas joué une comédie, du Lope de Vega, *Aimer sans savoir qui.* Je fais mes bagages pour l'année parisienne qui vient, mon billet d'avion en poche. Mais l'affaire n'est pas encore dans le sac. Il peut y avoir du saccage, si l'un est par l'autre déçu. Rien d'impossible à cela, un roman n'est pas la réalité, il la transpose tout autant qu'il la suppose. Notre amour, une supposition. J'éprouve à la fois, en bouclant mes valises new-yorkaises, une attente infinie et une crainte angoissée. Du passage des lettres à la vie, du roman à la réalité, rien n'est garanti. Le *23 juillet,* la date de notre rendez-vous est depuis des semaines déjà fixée. Qu'est-ce qui va arriver. J'arrive à Paris le 22 juillet. Elle doit venir en fin de matinée sonner à ma porte le 23. ET. Quand j'ouvrirai la porte. QUOI. Subitement nous allons NOUS CONNAÎTRE. Nous aimer en sachant QUI. Ou cesser de nous aimer. Pour moi, le physique est capital, la réalité d'une femme est l'apparence. A la seconde, au premier coup d'œil, elle est attirante, joli visage, beau corps, fesses, buste, elle me plaît, m'inspire. Ou il n'y a rien. Evidemment, je me tance, me morigène. Espèce de salaud, tu vas droit vers la vieillesse et tu joues le damoiseau, le freluquet. Sacré gandin. Tu es époustouflant, écœurant. Dégueulasse. Tu devrais être ravi qu'une femme plus jeune daigne s'intéresser à toi. Un point, c'est tout. Accorder tant d'importance à l'être de chair. Et l'âme alors. L'esprit, le cœur, les qualités humaines d'une personne. C'est quoi pour toi, carcasse ébranlée par l'âge, tes joues, ton front, tes mains, maculés de tavelures, ces crachats bistres du temps. Tu ne t'es pas regardé, prétentieux ringard. Tu crois avoir toujours la mine que tu avais à Murano face à Eliska éclatante de beauté dans le soleil étincelant d'Italie. C'était il y a quarante ans. Tu approches du double. Réveille-toi. Je sais. L'envie est un songe, mon mensonge, je m'imagine toujours jeune, à l'intérieur. Je ressens toujours les mêmes exigences de mes sens. Que faire, qu'y faire. Je ne peux pas me refaire. Même si je dois être, au bout du compte, refait.

Quand même, il ne faut pas exagérer. Sur ce chapitre, je ne suis pas outre mesure inquiet. Au roman par lettres, il faut ajouter de nombreux, fiévreux coups de téléphone, pour elle parfois en pleine nuit. Elle a une très belle voix veloutée, sonore ou basse selon les émotions, moi qui suis sourd, j'entends ses plus flexibles intonations. J'aime aussi son rire vibrant qui éclate soudain et ponctue ses phrases par un accès de joie tonifiante. Elle a le verbe frais et roboratif pour mon oreille fatiguée. Elle est étonnamment douée pour les langues et parle un français appris à 27 ans quasiment sans accent. Et puis, après quelques mois, elle m'a envoyé sa photo. Au restaurant, avec une amie, le cou tendu en haut de son tricot rouge vers. Moi, à présent. Elle me regarde, je la regarde. Visage fin, cheveux noirs, yeux noirs, l'arc épais des sourcils enchâssant ses yeux. Elle a une beauté orientale, arménienne, elle pourrait être une ravissante Égyptienne. A l'inverse de mes goûts et fantasmes de jeunesse, rêvant femmes blondes aux yeux bleus, sans doute un reste de la guerre, identification à l'agresseur. Après Elisabeth I, cheveux d'un blond cendré qui se confond avec les rayons du soleil de Venise, marié à ses yeux gris-vert, passion totale de la chair ensorcelée, ma beauté slave. Est-ce l'avènement d'Elisabeth II, la beauté d'Orient à chevelure de jais. Après le corps svelte, le corps pulpeux. J'aurai été d'un extrême à l'autre, de ma jeunesse à ma vieillesse. Enfin, n'allons pas trop vite. Reste à voir. C'est le cas de le dire.

à peine arrivé chez moi à Paris demain elle sera chez moi j'arrive à peine à le croire comment un rêve peut-il devenir réalité je réalise à peine que c'est la fin de notre roman par lettres demain midi confronté à son être non de mots mais de chair et elle quand elle verra ma binette pas qu'un nom à coucher dehors ma gueule aussi elle fera peut-être une sale gueule quand ma personne sortira de son personnage quand à la place de l'auteur surgira l'homme derrière le masque lorsqu'elle apercevra le visage elle en tombera peut-être à la renverse notre roman sera peut-être terminé dès qu'elle franchira ma porte et moi entre la photo alléchante de la brune orientale quand elle aura franchi l'entrée entre mes fantasmes et la présence matérielle il y aura peut-être une telle différence un tel gouffre lorsqu'elle s'engouffrera dans la vie dans ma vie je choirai peut-être d'un coup dans l'abîme et devant ma tirelire abîmée par l'accumulation des ans elle sera sans doute désemparée désespérée ma bille lui foutra la frousse voudra repartir illico dès qu'elle aura entrevu ma trombine elle aura envie de se débiner au plus vite comment éviter de part et d'autre une déception mortelle je me mordrai peut-être les doigts d'avoir voulu jouer au joli cœur quand l'âge m'a rendu écœurant pour moi le premier quand je me vois dans la glace en face de ma face me donne envie de dégobiller du temps d'Elisabeth I je n'avais aucun complexe j'étais beau gosse je tombais les femmes l'une après l'autre quand j'ai rencontré Elisabeth I assise sur son banc dans le jardin des Tuileries au-dessus de la place de la Concorde j'avais dans ma poche le passeport de Béatrice et le mien dûment tamponnés visas pour notre voyage en Yougoslavie mais Eliska a aussitôt éjecté l'autre à qui j'ai rendu le lendemain son inutile passeport instantané quand je l'ai vue sur son banc à la seconde j'étais mordu happé quand ça marche c'est tout de suite ou jamais la loi des reins une belle cambrure buste saillant assailli c'est à la seconde la bouche les yeux c'est comme avec un tableau qui vous envahit soudain de sa puissance magique au musée toute femme attirante est une Joconde qui vous transperce de son mystérieux sourire alors voilà dans quelques minutes Elisabeth II va apparaître à ma porte pour disparaître peut-être aussitôt je ne sais pas je n'en sais rien dévoré par l'attente torturé d'angoisse mon odalisque callipyge effrayée par mes 72 piges alors qu'elle a 44 berges à 28 carats de distance l'un de l'autre elle n'est peut-être plus qu'à quelques mètres de l'immeuble je ne puis m'empêcher je reste ici debout à deux pas de ma porte d'entrée comme je suis sourd si par politesse elle ne frappe qu'un petit coup léger il risque de m'échapper souffle coupé je suis posté derrière ma porte des pieds à la tête aux aguets ENTENDRE ATTENDRE

MIDI PILE à l'heure dite frémissement de pas sur le carrelage du hall un petit coup léger à ma porte comme toujours je crie *voilà* tourne la clé de ma serrure j'ouvre cœur battant ELLE APPARAÎT

UNE APPARITION

tête se détache dans l'embrasure entourée d'un halo lumineuse jaillit enveloppée d'une auréole irisée son visage vision subite

délicatement éclairé

ses traits sa photo vivante attraits soudain incarnés ses yeux sombres brillent sous l'arc des sourcils qui ourlent les paupières

sourire illumine sa bouche entrouverte sur ses dents d'une éclatante blancheur

ELLE

avance vers moi dans l'entrée me tend sa joue je l'effleure de mes lèvres douceur ambrée de sa peau parfum subtil de femme m'envahit elle et moi tous deux plongés noyés dans le regard de l'autre

APRÈS

Après. QUOI. Qu'est-ce qui s'est passé. Une fois entrée dans l'appartement, quand j'ai refermé derrière elle la porte. Qu'est-ce qu'on s'est dit. Comment nous sommes-nous abordés. Comment était-elle habillée. Le visage, d'accord, d'abord. Mais après. Le reste de son corps. Le reste de la journée. Qu'est-ce qu'on a fait ensemble. Je ne vois plus rien. Rien d'autre que sa face nimbée dans l'ombre du chambranle. Je suis atterré. Ça recommence. Aucun souvenir de cette rencontre tant attendue depuis des mois et des mois, presque une année. De nouveau TROU DE MÉMOIRE. Béant, invraisemblable, mais vrai. Trous de mémoire pour des événements capitaux. Je suis spécialiste. Ça me connaît. Déjà *Le Livre brisé* débutait par un trou de mémoire. Curieux, inattendu. Le 8 mai 45 est célébré quarante ans après. Le 8 mai 85, je regarde à la télé une émission sur Anne Frank. Ça crée une atmosphère idéale pour les souvenirs. Où j'étais, qu'est-ce que j'ai fait le jour même de LA VICTOIRE, souhaitée, rêvée dans une suite infinie de jours lugubres. Je bats le rappel de mes souvenirs, pas trace. Je m'échappe à tout jamais en cette occasion UNIQUE. Ainsi que commence *Le Livre brisé*. Je certifie ici que c'est absolument vrai. Je n'ai pas la moindre idée de ce que j'ai fait en cette célébration des célébrations, qui m'a redonné la vie. Qui m'a ressuscité, sorti indemne de ma cachette de Villiers, qui nous a évité le destin d'Anne Frank. Indigné contre moi-même, j'enrage, dans un sursaut de dégoût. C'est comme si on oubliait la première fois où on a fait l'amour. Ainsi que continue *Le Livre brisé*, « De trou en trou ». Impossible de me remémorer cette expérience, elle aussi unique.

Je passe en revue toutes mes oaristys de jeunesse. De nouveau rien, pas une trace. Je certifie une fois de plus, c'est absolument vrai. Trous de mémoire, d'accord, c'est ma spécialité. Mais maintenant j'attige, je charrie. Il ne s'agit pas d'un événement qui s'est passé il y a un demi-siècle. Mais quelques années à peine. Une rencontre vitale, primordiale, essentielle pour moi. Déjà évanouie, évaporée. Pas possible, j'ai une maladie de la mémoire, c'est pathologique, pathétique. Je me cracherais au visage. Furieux contre moi-même, il ne me reste plus, pour m'apercevoir, qu'à solliciter son aide. Elle, elle a une vraie mémoire, une solide, pas une passoire. Rien d'autre à faire, je lui demande.

Tu es incroyable, tu ne te souviens pas de ce qu'on a fait le 23 juillet 2000, le jour de notre rendez-vous, quand je suis arrivée chez toi à midi. Tu as fait ce que tu fais d'habitude, avec tout le monde. Tu m'as fait entrer quelques minutes dans ton salon. Tu t'étais bien habillé, bien peigné, sur ton trente et un. Puis tu m'as emmenée déjeuner à ton restaurant favori, La Rotonde de la Muette, pas loin de chez toi. Horrifiée, je t'ai vu commander et déguster un steak tartare, de la viande crue, moi qui ne la supporte pas même cuite. Tu m'as expliqué que c'était ton régime, pour éviter les matières grasses. Pas de frites avec, comme sur le menu, mais de la salade. Enfin, j'ai eu un bon déjeuner, nous avons terminé par un café très agréable. Et puis

ET PUIS

je t'ai vu sortir soudain une pilule bleue et l'avaler à la hâte. Ce détail m'a frappée. Je ne connaissais pas encore ta montagne de médicaments sur la table de la salle à manger. Après

APRÈS

tu m'as proposé de faire une promenade, moi qui portais des chaussures à talons, j'ai dû te suivre des kilomètres, à travers les sentiers du Bois de Boulogne. Les allées étaient brouillées, effacées, à la suite de la tornade de l'hiver précédent, tu ne retrouvais plus tes pistes habituelles, nous avons erré parmi les arbres cassés, les branches arrachées. Tu persistais, tu voulais retrouver ton chemin. Puis

PUIS

nous sommes arrivés au Pré Catelan, tu souriais, mais moi je ne souriais pas, avec ces talons qui me faisaient mal. Nous nous sommes reposés quelques moments, il faisait beau, il y avait beaucoup de soleil, j'étais heureuse d'être avec toi. Ton visage ne m'était pas étranger, je t'avais déjà vu à « Apostrophes » à la sortie du « Livre brisé » en 1989. Tu avais l'air en meilleure forme à présent, tu m'as posé mille questions sur moi. Mais il a fallu rentrer, j'ai dû refaire tout ce chemin en sens inverse, quand nous sommes arrivés chez toi, j'étais épuisée. Sans dire un mot, tu m'as poussée jusqu'à la chambre à coucher vers le lit.

Elle s'arrête. Je n'arrive pas à croire, comment j'ai pu être aussi mufle, à peine revenus, hop au lit, je n'en reviens pas. Pas possible, elle exagère. Je dis, APRÈS. Sa voix s'obscurcit, *je ne me souviens plus.* Elle a, elle aussi, un curieux trou de mémoire. La sienne pourtant, contrairement à la mienne, n'est pas poreuse. Elle ne se souvient plus, ou est-ce qu'elle me ménage par gentillesse. Et se ménage aussi. Il est des souvenirs pénibles qu'on répugne à évoquer. Mais moi, après tant de lettres d'amour, pendant tant de mois, après ce roman par lettres unique dans ma vie, JE VEUX SAVOIR. Elle ne va pas plus avant. APRÈS, poussée sur le lit. QUOI. Elle ajoute simplement un détail, d'une voix neutre. *Beaucoup plus tard, tu m'as dit que la pilule bleue que tu avais prise à la fin de notre premier repas était du Viagra.* Là je m'insurge, elle invente, ce n'est pas possible. Je dis, *le Viagra, ça se prend une demi-heure avant, même un peu plus, mais pas plusieurs heures à distance.* Elle insiste, *c'est ce que tu m'as dit, longtemps après.* Voilà tout ce que j'ai pour combler mon trou de mémoire sur un moment aussi crucial, décisif. *Tu m'as laissée repartir le soir, je me suis juré de ne plus revenir. Je suis revenue te voir le lendemain.*

Je ne lui ai pas demandé ce que nous avons fait le lendemain. Inutile. J'ai déjà assez de pain sur la planche. Laplanche et Pontalis, *Vocabulaire de la psychanalyse,* je sors le gros livre du rayon « psychanalyse » de ma bibliothèque. Refoulement : *« Au sens propre : opération par laquelle le sujet cherche à repousser ou à maintenir dans l'inconscient des représentations (pensées images, souvenirs) liées à une pulsion. »* Bien, je me rafraîchis la mémoire, ce qui m'en reste. Pulsion, pas difficile à trouver. Si je la pousse vers le lit, si j'ai pris du Viagra longtemps avant, c'est que je veux la baiser. Freud, *Studien über Hysterie : « Il s'agissait de choses que le malade voulait oublier et qu'intentionnellement il maintenait, repoussait, refoulait hors de sa pensée consciente. »* Qu'est-ce que je maintiens, repousse, refoule hors de ma pensée consciente, quant à ladite pulsion sexuelle. Ça crève les yeux et le cœur. C'est que, pour elle comme pour moi, de satisfaction de la pulsion, il n'y en a point eu. Du tout, pas l'ombre d'une. Dans les ténèbres, du coup. Maintenue, repoussée, refoulée, la scène de notre première entrevue. Elle a dû être lamentable. Mon oubli et, sur ce point, en partie le sien, sont un aveu. J'avais bien planifié mon coup. S'il est vrai, cela je ne puis pas encore le croire, que j'ai pris du Viagra vers 3 heures pour l'utiliser après 6 heures, j'aurais été carrément dingue, fou à lier. L'amour fou de nos lettres, du surréel, c'est surréaliste. Viagra ou pas, le coup prémédité je n'ai pas pu le tirer. Vérité aveuglante dans l'obscurité de ma mémoire, cette première rencontre a été un fiasco total. J'ai dû avoir un zob de mollusque, le panais en panne. Mon corps vieillissant n'a pas été à la hauteur de notre roman. Je meurs de honte en y repensant. Les pilules, les piqûres, du temps d'Elle, m'avaient porté secours, remis en selle, Elle avait beau se moquer de ma « trique truquée », Elle aimait bien que je l'enfile, l'enfourche. Dans toutes les positions possibles. J'avais mes propres dispositions. J'aimais bien en levrette. Un été, je me souviens, en Espagne, à Calpe, j'ai tenu quarante-quatre minutes. Montre en main. Elle a eu trois ou quatre orgasmes. Mes organes rafistolés par les progrès d'Esculape. Seulement, voilà. Des années plus tard, le 23 juillet 2000, au tournant du siècle, dans un nouveau millénaire, patatras. J'en suis patraque. La bite en berne. J'habite une carcasse déchue. Le secourisme médical a ses limites. Je les ai de toute évidence dépassées. Ça me dépasse, comment je n'ai pas pu, une rencontre précédée d'une telle attente. J'ai gommé ce souvenir, plus une trace dans ma mémoire. Scène obscène enfouie dans les ténèbres de l'inconscient. Une réflexion, une déduction élémentaire l'en dénichent.

Si je me retourne vers *Le Livre brisé,* vers les deux énormes « trous de mémoire » qui ouvrent l'ouvrage. Tout devient clair. Incapable de me souvenir de la première fois où j'ai fait l'amour. J'ai beau essayer, passer toutes mes égéries de jeunesse en revue, je ne vois rien. C'est qu'il n'y a rien à voir, qu'il y a à voir justement rien. Nib de nib. Zéro de conduite. Si je ne peux pas me remémorer avec quelle femme j'ai fait pour la première fois l'amour, c'est que je n'ai pas pu le faire, que je n'ai pas été à la hauteur. Avec quelle femme, peu importe. Ce qui compte, je n'ai pas été un homme. Là le hic. ÊTRE UN HOMME, la loi, la nécessité, l'impératif absolus. Être comme mon père. Piscine Molitor, lointaine enfance, j'ai peur de plonger dans l'eau. Mon père déclare, *je n'aime pas les hommelettes.* J'entends encore ma mère dire à ma sœur, *ton frère, il a un côté féminin.* Mon plongeon à Molitor me fait plonger dans ces histoires de famille. Je n'ai pas la force de m'en dépêtrer. Pareil avec le second trou de mémoire au début du *Livre brisé.* Le 8 mai 1985, aucun souvenir du 8 mai 1945. Scandaleux, inadmissible, ne pas se rappeler le plus beau jour de ma vie, V comme Victoire. Mais voilà. Ce n'est pas ma victoire *à moi,* c'est celle *des autres.* La guerre, ma guerre, j'aurai toujours le remords, la honte de ne l'avoir jamais faite. Mes cousins Jackie et Serge ont été dans le maquis, à 18 ou 19 ans. Moi, à 16, j'étais terré dans le pavillon de Villiers. Penché sur la T.S.F., guettant, haletant, les nouvelles de Londres, *les Français parlent aux Français,* bravo, mais quand est-ce qu'*ils* débarquent. Les Américains, les Anglais, les Français de la France libre. Moi, j'attends, je les attends. L'attente, la tante passive, une vraie gonzesse. Un homme, il a les armes à la main, il tire, il tue. Moi, je crève de n'avoir pas descendu un seul Boche, buté un seul collaboche, Philippe Henriot expédié à la mitraillette par un commando de F.F.I. Les Fritz à la sortie du Rex. *Soldatenkino,* éclatés à la grenade. Ecrasé sous les immondices, l'étoile jaune collée au poitrail, les crachats expectorés sur nous chaque jour dans les journaux. J'ai dû supporter, endurer, quatre ans c'est dur, ces ignominies, sans riposter. Pas tiré une balle dans de la bidoche de Boche, pas zigouillé un seul des agents capteurs qui montaient nous chercher pour nous livrer, nous entassaient à coups de crosse dans les autobus pour Drancy. En attendant Auschwitz. A certains moments de l'histoire, ÊTRE UN HOMME, C'EST TUER. Moi, 16 ans, je n'ai fait que tuer le temps dans ma cachette, sans pouvoir mettre le nez dans la rue, pas même à la fenêtre. Dénonciations, la police en recevait, à la pelle. Encore empilées dans les archives, pas ouvertes au public, même aux historiens, il faut protéger la turpitude française. Et moi, à mon actif, que du passif. Pas fait dérailler un seul train, pas estourbi un seul Fritz, ceux qui montaient se faire tailler un bel uniforme chez mon père. J'envie les jeunes Juifs presque de mon âge, à un an près, un qui avait 17 ans, ceux de l'*Affiche rouge*, qui terrifiaient les officiers chleus, leurs laquais français, la police et la milice. Ils ont perdu la vie, mais ils ont sauvé l'honneur. Ces éruptions, éructions du passé m'ont poursuivi toute ma vie. Je ne suis jamais sorti des années QUARANTE. Je suis hanté par cette guerre que je n'ai pas faite. Comme je l'ai dit maintes et maintes fois, je suis refait. Un regret amer, un remords poignant qui me taraudent depuis toujours. Jusqu'au bout, jusqu'à ma fin. Alors, pas étonnant que je n'aie aucun souvenir du 8 mai 45 le 8 mai 85, deuxième « trou de mémoire » où bascule *Le Livre brisé.* Ce que je ne peux supporter, je refoule. Mais, bien sûr, ça me revient, un haut-le-cœur, par instants.

Elle dit, *tu ne m'as pas demandé de rester chez toi la nuit, je suis repartie le soir. Je me suis promis de ne pas revenir le lendemain.* Elle ajoute, *je suis revenue.* Elle me raconte notre histoire, moi, je n'ai aucun souvenir de ce qui s'est passé après l'éblouissement de son visage dans l'embrasure de la porte d'entrée. J'en suis resté à ce halo mystérieux, à cette auréole mystique. Après, pour moi, c'est un conte de fées. Elisabeth II me rappelle à la réalité. Elle a dû être dégoûtée par cet assaut prématuré sur ses charmes. Et dégoûtée aussi que je n'aie pu les honorer. Je me répugne à moi-même. On est UN HOMME pas seulement sur un champ de bataille, en lice, mais AU LIT, avec une femme Je suis peut-être ringard, mais je suis à jamais un bambin des années trente, Malraux, Hemingway et le reste. Macho, sans doute. Mais je ne mâche pas mes maux. Mon malheur est absolu. J'ai trahi en quarante le devoir de résistance. Maintenant c'est mon corps qui me trahit. La plus belle épithète pour moi, VIRIL. Le 23 juillet 2000, à ce rendez-vous d'amour tant attendu, si longtemps caressé, j'ai rendu l'âme. Viagra ou pas, il m'en faut à présent 50 mg qui me donnent des brûlures d'estomac atroces. J'en demeure estomaqué. JE N'AI PAS PU LA BAISER. Elle ne voulait plus revenir. C'est bien moi qui suis baisé.

Elle est revenue. C'est un être étonnant qu'une femme. J'ai toujours été ébloui, séduit, nourri, ressuscité par l'attirance pour moi du beau sexe. Les femmes, je croyais les connaître. Celle-ci me dépasse. Elle me dépasse de cent coudées. Elle est tellement au-dessus de moi, question sentiments, que je suis anéanti. Et en même temps, je suis en extase. Elle me revigore à chaque visite, grâce à elle, je revis. Avant elle, j'étais au point mort. Printemps 99, ma cheville pas cassée, mais fracassée. Sur le billard aussitôt, après, trois mois de rééducation à l'hosto. Fauteuil roulant et puis cannes anglaises. A l'automne, à peine remis, cancer du rein. De nouveau sur le billard, de nouveau à l'hosto, puis immobilité complète, cette fois pas à Paris, mais à New York. Je sors peu à peu de mon cercueil, de mes cendres, mes filles m'insufflent l'espoir, me redonnent l'existence, elles me soignent avec dévouement, dévotion, comme eût fait ma mère. C'est un autre féminin, l'originel. Mais l'autre féminin, celui du sexe, des caresses, des élans vertigineux a disparu de ma vie. De 1989 à 1999, Elle, corps de sylphide, cheveux d'or, avec ses humeurs, bien sûr, nos hauts et nos bas, les insultes, parfois les coups, ses cuites, mais une incarnation de la femme, quand Elle danse à un rythme endiablé, quand elle nage jusqu'au bout de l'horizon, sa chair splendide que j'ai pénétrée partout dans ses délires de cris, ses spasmes de jouissance, il m'arrivait de dire, *attention, il y a les voisins.* D'origine catho, réac, mais toujours en révolte contre son clan. Des goûts différents en littérature, mais qu'importe. Une hospitalité princière dans sa maison de banlieue populo, déjeuner en famille, puis on allait au cinéma, au Gaumont Palace ensemble, ça me dépaysait, me changeait de mon territoire, m'inscrivait dans le XIVe, me livrait d'autres horizons. Ma vie s'est agrandie avec Elle. Jusqu'au cœur de l'Espagne tous les étés, au nord à Bruges, Gand, Amsterdam. Inoubliable, et puis ses accès soudains de tendresse, sa gentillesse touchante, quand elle m'a apporté une grande bouteille d'eau fraîche à Sainte-Périne en titubant. Elle m'a promené dans le jardin de l'hôpital assis sur mon fauteuil roulant, et puis Elle s'est écroulée pieds en l'air dans l'allée. On a voulu l'interner pour ivresse. Elle a violemment refusé, on lui a refusé d'appeler un taxi. Elle est repartie, à ses risques et périls, en titubant encore plus qu'à l'arrivée. Je ne l'ai jamais plus revue. Son mari m'a téléphoné pour me dire qu'Elle s'était suicidée en se pendant avec son écharpe dans la cave de leur maison. Perte tragique, pour Elle, pour moi. Sa mort subite m'a secoué des pieds à la tête. Touché au cœur. Sûrement la dernière femme de ma vie. A la vie s'étant brutalement arrachée.

Elisabeth est revenue, le samedi, le dimanche. Repartie le soir. Un accord tacite. Elle habite très loin, à Neuilly. Pas sur Seine, sur Marne. C'est dans le 93. Pas les beaux quartiers. Sa sœur et elle y vivent ensemble, elles s'y sont acheté un appartement coquet, entouré de H.L.M. C'est tout ce qu'elles pouvaient s'offrir. Un pied pendant la semaine dans les zones sensibles, l'autre peu à peu, à mesure qu'elle revient me voir le week-end, dans le XVIe. Cette double vie, elle ne le cache pas, lui paraît étrange. Elisabeth me semble étrange aussi. D'après ses lettres crispées, lyriques, bouillonnantes de ferveur, je m'attendais à rencontrer une femme emportée dans ses élans de corps et de cœur, une passionnée désirante et délirante. Je trouve un être sensé, délicat, qui se contrôle dans ses paroles et dans ses gestes. La lectrice frénétique, à l'autre bout, est une femme affable, tendre, mais d'une tendresse raisonnable. Elle a un tempérament tempéré, au milieu d'un monde bobo, à la lisière du Ier et du IVe arrondissement, elle travaille comme comptable dans une fédération agricole. Mais ses goûts la portent vers le cinéma et les livres. Ses intérêts personnels sont à l'inverse de son métier. Il y a en elle, je m'en réjouis, une profonde contradiction interne.

Si elle est divisée en deux, malgré son calme apparent, elle me ressemble, on peut s'entendre. La schize, la famille, la dualité inconciliable, c'est ma spécialité. A sa façon, différente, c'est aussi la sienne. Peut-être encore pire. Question langues, je suis partagé entre le français et l'anglais. Lorsque je suis à New York, ma langue quotidienne est l'anglais, je le parle avec mes filles, souvent avec des amis. Avec mes médecins, ce qui a son importance. Je fais mes cours en français, la cour selon les partenaires. Mais je n'écris qu'en français, quand je suis seul, je ne pense qu'en français dans ma tête, je ne calcule, additions ou soustractions, que dans ma langue maternelle. Le français est la langue de ma mère, la seule qui me nourrit et m'irrigue. La langue de mon père, c'était le yiddish. Aussi le russe. Mais je n'en connais pas un traître mot. Si, le yiddish, quelques-uns qui surnagent en américain. *hutzpah, mazel tov.* Ou bien quelques termes de la bouffe ashkénaze, *pickelfleisch, gefillte fish.* Pour Elisabeth, c'est beaucoup plus compliqué. Née à Istanbul, sa langue maternelle, celle qu'elle parle avec sa mère, est l'arménien. Dans son enfance, elle a été élevée dans une école arménienne. Mais, dès qu'on sort de ce petit milieu, la vraie langue, bien sûr, est le turc. Celle qu'elle parle, connaît le mieux. Celle dans laquelle elle a fait des études de sciences politiques à l'université. Quand elle est seule, fatiguée, assise dans le fauteuil de cuir de mon salon, pendant que je lis dans mon petit bureau, je la vois qui fait des mots croisés, *Bil-çöz.* Naturellement, en turc. Après avoir travaillé chez Fiat en Turquie des années, Elisabeth, se retrouve à 27 ans en France, à Paris, sans savoir un mot de français, jamais appris à l'école. Elle a suivi sa sœur à Paris, une longue histoire. Alliance française, université de Créteil, tout en faisant des ménages, de petits boulots divers pour pouvoir vivre. Très mal. La vie était plus confortable à Istanbul, mais je suis étonné, admiratif. Cette langue étrangère apprise à un âge adulte, Elisabeth la parle pratiquement sans accent. Elle parle beaucoup mieux français que moi l'anglais. Des broutilles, parfois, elle oublie de mettre un adjectif au féminin, ou dans une phrase complexe, elle omet de mettre le verbe au pluriel. Ecrit le français avec une aisance confondante, voir ses lettres, que j'ai à peine retouchées. De temps en temps, une erreur dans l'accord des participes passés. Pas grave, il y a des millions de Français qui en font autant. Elle est phénoménalement douée pour les langues. Mais c'est là sa tragédie. Pour la comprendre, je pense toujours à ses dîners, le vendredi soir, avec sa sœur, chez des amis très chers, arméniens aussi, installés en France à l'âge adulte, comme elle. Des amis très chers, aussi proches que de la famille. Vendredi soir, immanquablement, dîner en commun, à l'un ou à l'autre domicile. Tout le monde vite à table, avec deux fillettes de leurs amis. A table, règle absolue, tout le monde parle arménien. Les deux fillettes vont à une école arménienne du coin. Le repas fini, les filles vont jouer ou regarder la télé, elles s'esclaffent, naturellement, entre elles, elles parlent aussitôt français, c'est leur langue, celle de leurs copines, de leur ville, de leur pays. Quand les enfants sont parties, les adultes se mettent à bavarder entre eux. En turc, bien sûr. C'est leur langue, celle qu'ils connaissent le mieux. Seulement, pour un Arménien, le turc est une langue certes pas maternelle ni maternante. Qu'y faire. Le français n'est pas pour eux la langue des tripes, comme pour moi. Elisabeth fait tous les calculs, tous ses comptes de comptable dans sa tête en turc. Quand elle téléphone à sa mère, c'est en arménien. Quand elle parle avec ses collègues ou avec moi, c'est en français. Elle ne lit plus, d'ailleurs, d'articles et de livres qu'en français. Elle est distendue, disloquée entre trois langues. Elle me bat. Moi, je ne suis divisé qu'en deux.

D'être ainsi clivés nous rapproche. On n'a pas besoin de s'expliquer pour se comprendre. On a vécu une grande partie de notre vie d'adulte à l'étranger. Elle, quand nous nous sommes rencontrés, depuis dix-sept ans en France. Je venais de quitter l'Amérique, dont j'avais été résident pendant cinquante ans. Avec d'incessants allers-retours, des va-et-vient permanents, mais quand même. Mon gagne-pain, mon statut professionnel, ma famille, mes diverses femmes, j'étais fixé, fiché en Amérique. Cinquante ans, ce n'est pas rien. Ça laisse des traces, ça vous modèle. Vivre au quotidien dans une langue, sur une terre, qui ne sont pas le terreau natal. Elisabeth m'a déclaré dès le début que c'est cette existence tordue qui l'avait attirée dans mon œuvre. *Vous êtes le seul écrivain auquel j'aie jamais songé à écrire.* Elle me dit, *je vous ai écrit après la sortie du « Livre brisé », vous m'avez brièvement répondu. Je vous avais vu à « Apostrophes »*. C'en est resté là. *Je vous ai de nouveau écrit lorsque j'ai lu « L'Après-vivre ».* J'avoue que je ne m'en souviens pas, j'étais si mal en point à l'époque. *En 1999 vous n'aviez rien publié depuis longtemps, après avoir lu « Laissé pour conte », j'ai éprouvé de nouveau l'envie irrésistible de vous écrire. C'est un phénomène unique, je n'ai jamais ressenti ce besoin avec personne d'autre.* Étrange, mais, comme le dit si bien l'anglais, *life is stranger than fiction.* Et puis notre roman par lettres. Et puis. Quoi au juste. Quelle est la relation qui nous lie. Lire n'est pas suffisant. Des lectrices adoratrices, j'en ai eu d'autres. Cela n'a jamais été jusque-là. Dans les lettres, l'amour, la passion, l'exagération épistolaire. Tout aurait pu s'arrêter net dès la première entrevue. C'est ce qui a failli arriver, elle a failli ne plus me revoir. Je n'avais certes pas été très brillant, j'avais été lamentable. Le séducteur ramolli, le Casanova en panne. Elle est revenue, nous avons continué semaine après semaine à nous voir. Les week-ends d'abord, ensuite avec le temps le mercredi soir aussi, à la sortie de son bureau. C'est devenu peu à peu entre nous une habitude. Quel nom lui donner. Dans ma solitude parisienne, il est normal que j'attende chaque fois ses visites comme des visitations. Mais elle, qu'est-ce qui la motive. Qu'est-ce qui la pousse à revenir semaine après semaine, elle qui a 44 ans, vers un homme de 72.

Est-ce l'écrivain qui l'attire. Après tout, c'est la lecture fidèle de mes livres qui m'a valu ses lettres, d'abord, son attachement ensuite. Mais son attachement à qui. A l'écrivain chez l'homme. Ou à l'homme chez l'écrivain. *Le Livre brisé*, c'est la destruction mutuelle d'un homme écrivain et d'une femme qui veut qu'il écrive sur elle. Livre-suicide, femme-kamikaze. Ce n'est sûrement pas ce qu'Elisabeth cherche avec moi. *L'Après-vivre,* la même Elisabeth me dit que c'est son livre préféré. Mais c'est le récit d'un déclin, d'une décadence de sa virilité chez un homme. Pas de quoi appâter ou épater une femme. Mon livre est pour moi difficile, pénible à relire. Je n'y suis pas très reluisant. *Laissé pour conte,* l'ouvrage qui a déclenché notre raz-de-marée épistolaire, les miettes éparses d'une existence qui va vers sa fin, écriture de l'intime qui est l'ultime. Qu'est-ce qui l'a saisie, arrêtée, séduite dans ces œuvres. Une première réponse serait ma façon de raconter, ce que l'on appelait autrefois le style. Peut-être. Il y a des gens qui détestent mon écriture, d'autres qui l'aiment, fortement, dans les deux cas. Mais toute écriture est écriture *de*. Dans mon cas, elle est écriture de ma vie. Ce que je raconte, ce sont les étapes et les facettes de mon existence. Et celle-ci est passablement tordue, tiraillée entre le fils-le mari-le père- l'amant-le professeur-l'écrivain. Tensions et pulsions le plus souvent contradictoires. Quels aspects de ses névroses se retrouvent et se reflètent dans les miennes. Difficile de le savoir. Je ne la connais pas encore assez. Connaît-on jamais au fond, à fond, les autres. Ou soi-même. Simplement, il y a des degrés de l'erreur. Et des fragments de vérité.

En octobre 2000, soudain Elisabeth m'a proposé un voyage à Istanbul. Pour elle, vers son passé. Pour moi, vers l'inconnu, vers l'avenir. Si nous avons entre nous un avenir. Depuis que je suis presque à la retraite, j'ai tous les loisirs. Le fruit de mes labeurs d'antan me permet de vivre au gré de mes envies. Son envie se communique aussitôt à la mienne. Il ne reste plus qu'à fixer des dates et acheter nos billets d'avion. Je vais de découverte émerveillée en découverte nouvelle. Sainte-Sophie, bien sûr, datant du Ve siècle, du temps de Byzance, aujourd'hui désaffectée, plus un lieu de culte mais un musée. Coupole immense, unique au monde, qui tient toujours à travers les siècles. A l'intérieur, des échafaudages qui montent jusqu'au plafond, mais les travaux n'ont jamais été finis, la réfection de Sainte-Sophie aura lieu à la saint-glinglin. Juste derrière, une imposante mosquée du sultan Ahmet a été bâtie pour rivaliser en hauteur et en beauté avec l'édifice chrétien. Pari perdu, la Sainte l'emporte pour les yeux éblouis. Elisabeth me fait voir d'autres survivances romaines, l'aqueduc debout encore sur ses arches intactes auprès de la Corne d'Or, et puis en descendant sous terre une voûte qui couvre le réservoir d'eau formant une vaste cuvette, toujours pleine. Nous avons marché des heures, visité le harem du sultan, magnifique prison où résidaient en captivité des centaines de femmes gardées par les eunuques. Tant de luxe pour tant d'esclavage. Ville tentaculaire, fendue en deux par les flots du Bosphore et entourée de la mer de Marmara et de la mer Noire. Nous avons descendu le Bosphore sur un grand navire blanc qui rend nos bateaux-mouches sur la Seine risibles. Les souvenirs tourbillonnent dans ma tête comme l'activité grouillante de la ville, les palais de bois magnifiques sur les berges, les taxis filant dans tous les sens à toute vitesse. Un quartier avec des maisons vides, délabrées, aux toits croulants. Ce sont les restes de l'ex-quartier grec, quand un violent mouvement populaire en 55 a jeté à la rue et hors frontières les habitants avec pour tout bien une valise. Restes d'Histoire. Après les restes romains, les restes grecs à quinze cents ans de distance. Et puis des aires de repos total, de festins délicieux, le doner-kebab au restaurant du palais de Topkapi, au sortir du musée, avec une des cousines d'Elisabeth, repas succulent, et les poissons juste pêchés dans une petite crique au bord de la mer, et le buffet somptueux de l'hôtel Marmara le soir, à côté de mon hôtel sur la place Taxim. Au cœur de l'agglomération tumultueuse. Ilôt de paix vespéral. Coings au miel avec des noix, mon dessert avant inconnu, maintenant mon favori. Elisabeth disparaissait après notre dîner au Marmara et rentrait dormir chez ses parents. Un soir, quand même, j'aurais voulu qu'elle reste un peu dans ma chambre, seule avec moi. Palabres vigoureuses, vite tonitruantes, avec le préposé à la réception. Nous ne sommes pas mariés, interdit pour une femme de monter dans une chambre. Elle a dû partir, j'ai regagné ma chambre bredouille. Et furieux. Temps de repartir en Occident. J'avais oublié nos mésaventures avec Josie, dans la catholique Irlande, où nous avions erré au cours d'un voyage des heures, avant de trouver un gîte qui nous accepte. Et dans la banlieue de Prague, comment Eliska a dû batailler à n'en plus finir avec le gardien de notre hôtel, pour qu'elle soit finalement autorisée à me rejoindre. On l'avait prise pour une putain et ça, c'était interdit. Ici ou là, du pareil au même. La connerie moralisante est universelle. Le soir d'avant notre retour, Elisabeth et moi sommes descendus, en route vers l'aéroport, dans un vrai palace, au bord de la mer. On a simplement montré nos passeports sans commentaires.

L'été suivant, après la Turquie, ç'a été le tour de la Grèce. Et là, on a choisi une croisière qui faisait le tour des îles, plutôt que l'intérieur du pays, torride et insipide. Notre première croisière ensemble. Douceur du cocon tiède de notre cabine. Les îles sont diverses, d'une beauté différente. Mykonos et ses rangées de maisons blanches, paradis, paraît-il, des gays. Je n'ai rien remarqué. Il reste une enfilade de murs chaulés et de boutiques plutôt chic. A Éphèse, je revois les colonnes, le long des rues, les survivances antiques, la bibliothèque restaurée avec art par des archéologues autrichiens, des maisons où ne manquait que le toit. Inégalable éblouissement de la lumière scintillant sur les pierres surgies du plus lointain passé. A Santorin, c'est l'escarpement ocre de la montagne droite, debout, jaillie des flots, et le cheminement magique et rupestre jusqu'au restaurant juste à l'aplomb de la mer, où nous avons déjeuné. Malheureusement, il n'y avait pas toujours de port, notre bateau devait jeter l'ancre loin du rivage, et il fallait monter dans de petits canots. Pour ces escales, on devait se lever à des heures pour moi impossibles, six heures et demie, sept heures du matin. Encore engourdi de sommeil, il ne me demeure aucun souvenir de notre visite de Delphes, sanctuaire fameux d'Apollon, pas trace de la pythie, pitié, à sept heures du matin, comment pouvoir se rappeler quoi que ce soit. Une partie de notre croisière me manque. Dommage, mais que puis-je y faire. Gambader si tôt n'est pas dans mes habitudes. Après la Turquie en octobre, les îles grecques l'été suivant. Notre amour navigue sur les splendeurs méditerranéennes. Je voyais, après tous mes naufrages, ma vie refaite.

– A notre retour à Paris, après notre voyage en Grèce, j'ai décidé que tout était fini entre nous.

– Comment ça, fini ?

– Oui, je pense que notre relation n'a plus de sens.

– Mais qu'est-ce qu'elle a notre relation ?

– Elle a qu'elle ne me satisfait plus.

– Je ne comprends pas, je ne vois pas ce que tu peux reprocher à nos rapports, ce que tu peux me reprocher. Quand tu parles comme ça, c'est comme un coup de poignard dans le dos. Ou un direct à l'estomac. Je tombe des nues. Tu me renverses. J'ai toujours le même immense plaisir à te revoir chaque semaine, quand tu viens chez moi.

– Ecoute, je ne veux pas te blesser. J'ai toujours la même estime, le même amour pour tes livres. J'aime toujours l'écrivain, je ne renie pas un instant la ferveur que je t'ai montrée dans mes lettres. Tu es toujours mon auteur favori, pour lequel j'ai une affection comme je n'en ai eu pour aucun autre écrivain. Mais

– Mais quoi ? L'homme derrière les mots te déçoit ?

Pourtant, je n'ai jamais caché mes défauts, mes manques dans mes livres. Tu ne peux donc pas prétendre que tu les as soudain découverts. Mais il y a pourtant une différence entre celui que je fus et celui que je suis. C'est l'âge. Dans *Un amour de soi,* je n'étais pas spécialement un type sympathique, mais j'avais la quarantaine. Aujourd'hui, j'ai 73 ans. Je n'ai plus la même gueule, pourtant, depuis un an que nous sommes ensemble, ma gueule n'avait pas l'air de te déplaire.
– Ce n'est pas ton âge ni ton visage qui sont en cause. Tu sais bien que j'aime les hommes vieux, avec cheveux blancs et lunettes. Ce que je ne supporte plus, c'est ton caractère, tes habitudes rigides, tes manies. C'est une chose de les lire et une autre de les vivre.
– Quelles habitudes, quelles manies ?
– Ne fais pas l'innocent, tu dînes à des heures impossibles, après déjeuner il faut immédiatement se mettre en marche pour ta promenade, même si moi je n'ai pas envie de marcher. Dès le jour de notre rencontre l'année dernière, il a fallu que nous allions à pied à travers le Bois de Boulogne jusqu'au Pré Catelan, j'étais épuisée, tu ne m'as jamais demandé si j'avais envie de faire une telle marche avec mes talons. Et après tu m'as poussée vers ton lit…

Nous y voilà. Elle a lâché le morceau. C'est là que le bât la blesse. LE LIT. Cela me fait une peine intense, me blesse au cœur. Je ne puis pas lui donner tort. C'est de ma faute. Mon défaut mortel. J'ai beau m'enivrer des odeurs de sa peau, lui caresser longuement, doucement les épaules, le torse, descendre peu à peu, glisser vers son ventre, sentir les lèvres velues entre ses jambes, de tout mon corps de tout mon cœur, insérer le doigt dans la fente exquise. Autrefois, cela m'aurait envoyé instantanément en l'air, j'aurais eu un mal fou à contenir mon attente jusqu'à ce que son corps à elle se raidisse, s'enflamme, gémisse. Alors lentement la pénétrer, contenir encore tout mon élan dardé vers elle en elle, et puis me laisser, emmêlant mes cris aux siens, me noyer dans l'extase giclante de mon membre de mes membres tordus d'un spasme ultime. RIEN. J'ai beau la tripoter partout, la farfouiller dans tous les sens de tous mes sens, détumescence. Totale, absolue. J'ai beau lui pétrir les nibards, nib de nib. Le pétrus, pareil. Bander, macache. J'en chialerais, tellement j'ai honte. Ne plus être capable d'honorer une femme qu'on aime. Condamnation à mort de l'amour. J'ai mis du temps à crever, au début, dans les semaines qui ont suivi notre rencontre, ça bandouillait encore, un peu, mollement, mais quand elle s'excitait, s'enflammait elle-même, elle me suçait avec toute l'ardeur du désir, longuement, patiemment, il m'arrivait encore de vaguement me durcir, d'éjaculer sur elle, pas en elle, fini, la virilité, terminé. Ça me tue. Horreur, mon désir, mon envie à moi, ils sont encore là, intacts. Désir, envie d'elle, ils me parcourent, me labourent tout entier, de la tête aux pieds. Le cerveau envoie des signaux qui se perdent, bientôt la prostate ne lubrifie plus le jaillissement du sperme. Inutile, dangereuse, elle grossit, un adénome dit bénin, mais pas pour moi, c'est la marque de ma décadence. Du temps d'Elle, Elle avait beau ironiser, se moquer de ma « trique truquée », piqûres une demi-heure avant, aux toilettes, et puis encore vaillant au pieu. Epieu roide, solide, pas du toc, mes estocades. Evidemment, ce n'était pas toujours drôle en vacances, dans le flamboiement de l'Espagne, de trimbaler au fond du coffre de ma voiture une valisette isotherme pour garder le précieux adjuvant au frais. Et puis, LE VIAGRA arrive. Miracle. Comme la streptomycine en sana m'a rebouché la caverne du poumon droit en cinq sec. Maintenant le petit comprimé bleu de 20 mg me revigore la bite. La science me remet du cœur au bas-ventre. Avec Elle, je m'en donne de nouveau à cœur joie dans sa cramouille. Le malheur, c'est que ce bonheur n'a pas duré très longtemps. Il a fallu augmenter les doses pour le phallus. 30 mg, après 40. J'en suis à présent à 50. Et là, il y a un sacré inconvénient. Le viatique opère toujours, mais ensuite j'ai des brûlures d'estomac terribles. C'est payer cher le plaisir. Je persiste. Soudain, pendant que je suis en rééducation à Sainte-Périne pour ma cheville, Elle disparaît de ma vie, de la vie. Tout seul désormais. Je dois ranger mon Viagra dans le placard. Me ranger, fini les femmes. A mon âge, la séduction est révolue. Je n'ai plus qu'à me serrer la ceinture. Disette d'amourettes désormais, le Viagra au placard, le joli cœur au rancart. Pour aborder le siècle qui se profile à l'horizon, le XXIe, *tout seul.* Plus de filles. J'ai mes filles, heureusement à New York. Leur amour emplit mon vide, je songe même à prendre ma retraite à New York, près d'elles. Mais, plus fort que moi, impossible de faire autrement, je n'ai pas le choix, je dois finir mes jours en France. L'Amérique est une étape de cinquante ans, mais je veux mourir dans mon pays, dans ma langue. Ma langue-patrie. Dans ma solitude, j'aurai l'écriture. C'est mon ultime viatique, les drogues ne sont que des adjuvants. Un écrivain a cette ressource suprême. Non pas abolir, mais combattre son mal de vivre en l'écrivant. Je me transformerai en livre. Ce sera ma vraie tombe, mon mausolée. Et puis soudain de Paris, à peine de retour à New York pour clore mon siècle, le XXe, m'arrivent les lettres de cette inconnue. Romanesques, romantiques, cette correspondance correspond à ma plus secrète attente. L'âme sœur, la lectrice aimante, amante. Au bout, à la fin, qu'y aura-t-il. S'il y a jamais quelque chose. Aucune garantie, mais un espoir tenace, inscrit au plus profond de moi. VIVRE UN DERNIER AMOUR. Et puis après, crever, cramer. De toute façon, c'est la destination finale. MAIS UNE FOIS, UNE ULTIME FOIS. Le 23 juillet 2000, la sonnette retentit, j'ouvre ma porte. APPARITION.

DISPARITION. *J'ai décidé que tout était fini entre nous.* Cela aura duré un an, elle m'aura enduré un an. Et puis, sentence fatale, amour condamné à mort. Maintenant exécution, guillotine, Elle m'assassine d'une phrase. Elle me lâche. Je m'écroule, tous mes espoirs de survie s'effondrent. Si je la perds, je suis perdu. Mon attente fébrile du mercredi soir où je guette son arrivée après son travail. Elle débarque le samedi matin, le week-end s'illumine de sa présence. Je ne peux l'imaginer en son absence. Tous ces mois passés, elle m'a empli le cœur, la vie. Sans elle, je ne suis plus rien. Si elle m'abandonne, si elle me lâche. Regarde-toi, c'est toi le lâche. Toi qui l'as depuis le début abandonnée. Elle ne peut plus supporter mes habitudes rigides, mes maniaqueries. Tu parles, je n'ai de rigide que mes habitudes, tout le reste de mon être est mollasson. Il me manque la quintessentielle roideur, celle du sexe. Elle n'ose pas me le dire, mais elle me quitte parce que je suis, dès notre rencontre, incapable de la contenter. A quarante-cinq ans, une femme en pleine beauté, en pleine force de l'âge ne peut vivre avec ce que je suis devenu. IMPUISSANT. Voilà mon crime, le vrai. Je le déteste, je me hais. Une loque de la quéquette, après avoir été tant d'années, avec tant de femmes, un dur du dard. Quand je songe à Eliska, le matin, l'après-midi, le soir, la nuit, n'importe quand, n'importe où, sur le sable d'une plage, dans tous les lits de nos hôtels, enfilée, emmanchée, empapaoutée, à perdre haleine, nous tordre en spasmes, cris arrachés à nos gorges, à nos corps incandescents. Elisabeth I, ma reine du foutre, avec elle, j'étais au zénith de ma virilité. Avec Elisabeth II, je suis maintenant à mon nadir. Evidemment, avec la première, les cheveux blonds brûlant de soleil, les bras nus bronzés sortant de sa robe de taffetas bleu, bouche offerte en un sourire qui m'allumait, m'illuminait de part en part, j'avais 38 ans, elle 23. A Venise. C'est tout dire. Je suis empâté à présent, enlisé dans ma soixante-douzième année. Elisabeth II veut décamper. C'est son droit le plus légitime, elle est en pleine vie, je me rapproche de jour en jour de ma mort. Nos chemins se sont croisés, ils ne peuvent pas s'unir. Je n'aurai pas la bassesse de lui en vouloir. Abasourdi, anéanti par sa décision, je ne puis pas une seconde l'en blâmer. A la fin de notre conversation létale, elle s'est levée, elle m'a tendu sa joue pour une bise. Une bise n'est pas une baise. Elle est partie, j'ose à peine le croire, je ne puis encore le réaliser pleinement, fini entre nous, terminé. Elle ne va plus revenir. Je suis une lamentable épave.

Vite. Il faut me dépêcher. J'ai oublié comment on fait un nœud de cravate, la bleue, avec des reflets argent. Avec mon blazer bleu nuit, je crois que c'est la cravate appropriée. Dans la grande glace de l'entrée, je me regarde une dernière fois. D'un œil critique, puis, en fin de compte, indulgent. Certes, je ne brille pas par ma jeunesse. Je suis né le 22 mai 1928, nous sommes le 8 octobre 2004. Pour un mec de 76 berges, je ne suis quand même pas trop mal conservé. Il fut un temps où j'étais beau gosse, teint frais, cheveux bruns ondulant avec grâce, mince de ceinture, agréablement baraqué, mais c'est lointain. Ce type-là EST MORT. On ne meurt pas seulement au dernier moment d'une vie. On décède plusieurs fois en cours de route. Celui que j'aperçois dans le miroir est ma défroque, ma momie. Je gère mes restes. Souvent je ne peux pas me digérer, ma vue me donne la nausée, quand je me rappelle ma gueule d'antan. Celui que je fus n'est plus. Je scrute mon cadavre. Il est encore un peu en vie, pas trop immodérément moche. Amoché, bien sûr, mais pas trop encore amochi. Les cheveux grisonnants sont encore plus qu'à demi bruns. Front ridé, mais pas encore buriné par le temps.

Pour un homme de mon âge, je me donne 15 sur 20. On m'appelle, *dépêche-toi, nous allons être en retard.* Je m'arrache à moi-même, je crie, *je viens.* J'entre dans le salon. La maisonnée est au complet. Ma sœur, arrivée de Birmingham, mes filles, débarquées de New York, sa sœur et sa meilleure amie tirées à quatre épingles. Tout le monde est en grande tenue pour célébrer l'événement. Ç'aurait pu être une réunion de famille pour mes obsèques. Cette fois, c'est pour mon mariage. Disons mon remariage. C'est le troisième conjungo, mais c'est le bon. En tout cas, ce qui est sûr, ce sera le dernier.

J'embrasse l'assemblée d'un regard conquérant, j'embrasse chacun avec chaleur sur la joue. Il manque quand même une personne, la principale. Je demande en souriant, *où est la mariée.* J'entends une voix joyeuse qui crie, *j'arrive.* Elle avait dû s'absenter dans la salle de bains pour se faire belle, et belle, lorsqu'elle surgit de l'entrée, elle l'est, d'une beauté éblouissante qui m'irradie. Son large sourire découvre ses dents d'une blancheur immaculée. Toute mince dans sa robe noire, qui la moule, épaules nues cou dégagé, entouré d'un collier de perles aussi blanches que ses dents, les longs cheveux noirs par contraste encadrant son visage épanoui. Nous nous regardons dans les yeux, nous avons les mêmes, marron très sombre tacheté d'un léger vert. Un murmure admiratif la salue. A 48 ans, elle a l'air d'en avoir dix de moins. En fait, elle est née quinze jours avant mon premier mariage. Au moment où j'étais uni avec Claudia par un rabbin heureusement réformé, la version douce, trois mois plus tard, il divorçait, à cet instant mon imminente conjointe vagissait dans la salle des nouveau-nés. Je bats mes records de jouvence. Avec

Claudia, il y avait cinq ans de différence entre nous. Avec Rachel, une liaison de huit ans vaut bien un mariage, elle avait quinze ans de moins que moi. Ma deuxième épouse, Ilse, était de vingt-cinq ans plus jeune. Avec celle que j'ai appelée Elle, une liaison de dix ans, c'était vingt-six ans de moins. Avec cette superbe femme que je contemple en face de moi et que je vais épouser d'ici à une heure à la mairie, il y a entre nous vingt-huit ans. A 76 ans, je ne peux pas faire mieux, j'ai atteint mes limites de la rejuvénation, si je peux dire. Et puis, chacun se lève, se prépare, enfile veste ou manteau, on se précipite vers la porte. On dévale au pas de course la rue de la Tour, où ma mère avait emménagé en 1905, on tourne à droite sur la rue de la Pompe, où mon oncle avait résidé depuis 1932, enfin notre troupe s'engouffre dans la mairie du XVIe. J'ai pu constater, dans les registres de l'état civil si bien tenus, que mon père et ma mère s'y étaient mariés le 26 août 1927. Avec Stern, un ami intime de mon père pour témoin et un autre témoin dont je n'ai pu déchiffrer le nom. Le 8 octobre 2004, la boucle est bouclée. Je retourne à mes origines. Je suis entouré par le cercle familial. La première fois que j'ai convolé en justes noces, c'était à Boston. La deuxième fois à New York. La troisième et dernière, ce sera enfin à Paris, parmi mes pères. Un bon présage pour l'avenir. Ce qui m'en reste. Dans la grande salle, le maire nous a aimablement reçus, ceint de l'écharpe tricolore. Apparemment il connaissait mon nom, car il s'est dit heureux d'officier pour un écrivain. L'écriture mène à tout, jusque dans la salle des mariages de la mairie. Elle épouse son écrivain préféré, j'épouse ma lectrice élue. Bravo, la littérature sert au moins à quelque chose de concret. La cérémonie a suivi son cours et nous sommes ressortis mariés. Fier d'avoir à mon bras, rebondie, pulpeuse, une beauté orientale, sourcils et cheveux de jais. Les blondes aux yeux bleus, c'étaient mes fantasmes de jeunesse, remisés dans un lointain passé. Là encore, j'ai rejoint mes origines. L'Arménienne d'Istanbul et le descendant du peuple déporté en 70 par Titus, nous sommes du même coin du globe terrestre. Le soir, nous avons festoyé avec une foule d'invités en haut d'un des plus vieux restaurants de Paris, le Procope, qui date du XVIIe siècle. Il paraît que La Fontaine venait s'y restaurer. Sans doute une fable. En tout cas, à côté de notre longue table, il y avait un bureau sur lequel écrivait Voltaire. Et sous verre, une lettre de Marie-Antoinette. Après ce festin historique, chacun est rentré, qui dans leur appartement, qui à leur hôtel respectif. Ma nouvelle conjointe et moi sommes revenus à mon logis de la rue Vital. Elle était toute souriante, cette longue journée ne semblait pas l'avoir fatiguée. Il était quand même très tard, temps de nous coucher. Nous nous sommes déshabillés, nous nous sommes longuement embrassés sur les lèvres. Et puis nous nous sommes glissés à côté l'un de l'autre, chacun dans l'un des deux lits jumeaux. Nous avons dormi paisiblement jusqu'à une heure avancée du matin.

Notre mariage n'a rien changé à notre vie. Il lui a donné une consistance nouvelle, il a été entre nous un serment, un ferment. Je puis désormais appeler Elisabeth non plus seulement une femme, mais ma femme. Ce possessif n'est en rien une possession. Il y a trois ans, elle avait décidé de rompre, elle m'avait signifié mon congé. La semaine suivante, comme d'ordinaire, le même jour, notre jour, comme si de rien n'était, elle est revenue. Sur le moment je n'en suis pas revenu. Mais heureux autant qu'on peut l'être. Je n'ai pas posé de question, j'ai fait semblant de ne pas être étonné, de trouver normal le cours des choses. Bien m'en a pris. Nous avons réintégré nos habitudes. Elle arrive le mercredi soir, après son travail. Elle passe la soirée et la nuit chez moi. Le matin, quand je me réveille, elle est déjà depuis longtemps partie. Elle reparaît le samedi matin, nous discutons, quels plats, viande ou poisson, quel poisson, quelle viande, pour les agapes du week-end. Elle fait les courses, elle va au marché de Passy. Ainsi que ça marche. Elle prépare d'excellents dîners. Samedi dimanche, toute la journée et la nuit ensemble. Au début, nous allions souvent au théâtre, ma passion, en matinées. Dans ma jeunesse, j'ai vu Louis Jouvet dans *L'École des femmes,* Charles Dullin dans *L'Avare,* Marie Marquet dans *Phèdre,* Jean Hervé dans *Polyeucte.* Pendant la guerre nous allions parfois, à nos risques et périls, aux matinées poétiques de la Comédie-Française, ma mère et moi, le samedi. J'ai fait une grosse thèse, qui tient encore, sur Corneille, j'ai enseigné, lorsqu'il était à la mode, le théâtre dit de l'Absurde, Ionesco, Beckett, Adamov. Ma mère voulait être tragédienne, son frère avait passé avec succès le concours de l'Odéon. Le théâtre, c'est une histoire de famille. Au Palais du Trocadéro, fief de notre tribu, ma mère et mon oncle allaient écouter les matinées de gala, l'œil l'oreille rivés sur la scène, avec Mounet-Sully, Paul Mounet, de Max jouant Néron dans *Britannicus.* L'écho m'en est parvenu. Maintenant, encore une de mes joies finie, terminée. J'ai tout essayé, les fauteuils d'orchestre aux premiers rangs. Rien n'y fait, je suis sourdingue, je n'entends plus distinctement les acteurs. A quoi bon me crever le cœur au théâtre. La dernière pièce que j'ai vue, c'est congrûment, avec l'admirable Michel Bouquet, *Le roi se meurt.* Elisabeth et moi allons donc chaque semaine au cinéma. De chez moi aux Champs-Élysées aller et retour à pied, c'est notre promenade rituelle. Elisabeth est cinéphile. C'est chez elle une passion, comme était avant pour moi le théâtre. Si je mentionne un film, de quelque nationalité que ce soit, de n'importe quelle langue et culture, elle peut à la seconde me rappeler qui est le réalisateur, en quelle année, avec quels acteurs. Et des acteurs, elle peut immédiatement dire les faits saillants de leur vie, avec quelle femme ou quel homme ils ou elles vivent ou ont vécu, dans quel autre film elles ou ils ont brillé, Richard Burton et Elizabeth Taylor ont été mariés deux fois, Polanski a épousé forcément, hélas, en secondes noces, la petite-fille de Louis Seigner. J'écoute, j'apprends, ou je me rappelle. Car ma mémoire filmique est encore plus faible que ma mémoire vitale. J'ai des dizaines de titres qui dansent dans ma tête, mais je suis incapable de me souvenir d'une séquence. J'en parle à Elisabeth, mes lacunes sont aussitôt comblées. Les images, dès qu'elle explique, resurgissent. Ça y est, grâce à elle, je revois le film, il renaît de mes cendres. En matière de cinéma, ma femme est un vrai phénix. *Jaffa,* je sais que j'ai beaucoup aimé ce film, mais je serais incapable d'évoquer l'histoire qu'il racontait. Je lui demande. Elle dit, *mais, tu sais bien, c'est l'histoire de ce Palestinien qui est tombé amoureux de la fille du patron juif pour lequel il travaillait. Ah oui,* maintenant je revois le film, il ressuscite, des scènes se succèdent dans ma tête, et la superbe dernière, quand, des années après la prison, le Palestinien, la fille israélienne et leur petite fille, qu'ils ont eue ensemble et que lui n'a jamais vue, sont réunis. Et l'on ne sait pas ce qui va arriver, s'il y a une union possible entre le Palestinien et l'Israélienne.

On reste sur sa fin. Le seul domaine où je suis sûr de mon fait et elle moins sûre d'elle, c'est pour le cinéma d'avant-guerre, quand je remonte à mon enfance, quand j'allais parfois à l'immense Normandie aux Champs-Élysées, une seule vaste salle à l'époque, pas un multiplexe comme aujourd'hui, en compagnie de mon père, là tout est emmagasiné dans ma caboche. *Pépé le Moko, Quai des brumes,* je suis chez moi, Jean Gabin, Pierre Brasseur, c'étaient des clients de mon père, nous sommes en famille. Carné, Duvivier, de retour à mon époque, je suis dans le bain, Renoir aussi, et Michel Simon, Raimu, Fernandel, tout est vivant pour moi, je n'ai pas besoin que ma femme me ranime le cerveau. Je me débrouille, je me dérouille tout seul. *Les Enfants du paradis,* bravo. Jean-Louis Barrault, Cocteau, Jean Marais, parfait. Seulement, quand on va beaucoup plus avant, quand on débouche dans le XXIe siècle, les choses se gâtent. Ce n'est pas que choisir un film nouveau, inconnu, soit entre Elisabeth et moi un problème. Nous avons en général les mêmes goûts, je lui fais confiance, je la laisse choisir. Nous sommes tous les deux émus ou déçus à la sortie. Nos réactions divergent rarement. Ce n'est pas toujours celles des critiques patentés, mais c'est la nôtre. Là où les choses se compliquent, c'est que peu à peu, avec les années, au cinéma comme au théâtre, j'ai les portugaises ensablées. Au début de la fin, je croyais que c'était une question de langue, que je captais plus difficilement les inflexions anglaises ou américaines. J'ai dû me rendre à l'évidence. Ce n'était pas une question de langue, je commençais à comprendre moins bien les films français. Ç'a été de mal en pis. D'abord, ce n'est plus la même langue, plus celle de Gabin ou de Brasseur. Le français était alors une langue clairement articulée, celle de mon oncle, de ma mère. Maintenant c'est un idiome fluide, une coulée monotone et rapide, sans pleins ni déliés. Je ne peux plus m'agripper aux ressauts de ses consonnes, les voyelles se diluent, les intonations se fondent dans un débit uniforme. Mais, naturellement, ce n'est pas l'évolution de la langue parlée qu'il faut incriminer, mais celle de mes nerfs auditifs. Résultat, nous allons plus souvent voir des films étrangers. Là au moins, à défaut d'entendre, je peux lire les sous-titres. Quand même, je souffre d'être ainsi éjecté de ma propre langue. Cela ne crée pas de problème avec Elisabeth, car elle trouve les films français d'aujourd'hui, à quelques exceptions près, plutôt fadasses et ennuyeux. Nous sommes loin de la Nouvelle Vague. D'une façon générale, lorsque je n'ai pas bien ou pas tout compris, ma femme m'explique. Elle rend leur sens à certains épisodes qui m'ont échappé, elle me restitue les répliques perdues. Quand je vais au cinéma avec elle, c'est à la sortie que je vois enfin le film.

Pour mon bonheur, pour son malheur, Elisabeth m'a épousé quand je suis en plein déclin. Mes facultés se déglinguent. Peu à peu, je me rapetisse. Ce n'est pas seulement l'ouïe qui rétrécit, malgré la succession de prothèses auditives au cours des ans. De plus en plus puissantes, sophistiquées, maintenant elles s'accrochent à l'extérieur de l'oreille, elles font saillie, leurs bruits m'assaillent. Mais les sons des voix ne me parviennent pas toujours. A table, un tête-à-tête ne me pose aucun problème, chez moi, dans un restaurant, n'importe. A trois c'est plus difficile. Je dois calculer comment me positionner par rapport à mon oreille gauche, la bonne, c'est-à-dire la moins mauvaise. Une grande tablée, fini, je n'entends plus rien, plus personne.

J'ai un sourire bête, pour faire semblant de suivre les ébats. Les cocktails où se pressent une foule d'invités, pas la peine de m'y rendre. Dans le bruissement général des paroles, je ne peux pas saisir un seul mot, même si on le hurle dans ma conque. Je suis coupé des rencontres amicales, des soirées mondaines, de tout rassemblement professionnel. Moi qui, dans ma jeunesse, à peine de retour d'Amérique en France, me précipitais goulûment aux cocktails Gallimard. Et à New York à toutes les réceptions de notre Maison française. Moi qui aimais les dîners d'amis avec de nombreux convives. Quand je retire mes appareils, le monde devient un film muet. Je me trouve soudain plongé dans un absolu silence. Pour percevoir un bruit, il ne faudrait pas moins qu'une explosion atomique. Et encore. Je suis muré en moi-même. La vue aussi a baissé, de loin, de près. Moi qui adorais les immenses voyages en voiture, le tour des États-Unis en trois mois, Paris-Gibraltar d'un bout à l'autre de la France et de l'Espagne, ou en Italie, directement de Paris à Pompéi avec Rachel. De Paris à Linz en Autriche avec Ilse, en faisant un large détour, longeant les côtes de la mer Adriatique, de merveille en merveille, des restes de palais romains au chapelet d'îles arborant leurs monuments vénitiens, jusqu'à Dubrovnik. Et puis on est remontés vers le nord à Sarajevo, puis à Linz chez ses parents. Trois étés de suite, toute l'Europe sillonnée en bagnole avec Elisabeth I, en un flamboiement de paysages terrestres, maritimes, lacustres, d'hôtel en hôtel au hasard des randonnées. Avec Elisabeth II, fini, terminé les périples automobiles. Voire les week-ends au Grand Hôtel de Cabourg, le Balbec proustien. Je puis tout juste aller de chez moi à Bagatelle, le Bois de Boulogne reste à ma portée. Je puis aussi, pour mes déjeuners d'amis, conduire boulevard Montparnasse jusqu'à la Closerie des lilas, où il y a un voiturier. Tels sont à présent mes exploits sur la route. De quoi être dérouté.

Les femmes ne nous donnent pas seulement la vie à la naissance. Elles nous aident aussi à renaître. A revivre. Sans Elisabeth, ma vie est si morne, elle est au point mort. Grâce à elle, par elle, j'ai de nouveau une existence. Pleine et entière, malgré ses failles, ses faillites. Grâce à elle, par elle, il y a de nouveau en moi une fièvre, une attente. Une immense volonté de vivre, de survivre. Je regarde ma montre, 6 heures et demie. Dans un quart d'heure, j'entendrai le léger bruit des serrures de la porte d'entrée. Je me lèverai d'un bond du fauteuil de mon bureau, j'accourrai. La porte s'ouvre, c'est ELLE. C'est MERCREDI SOIR. C'est SON JOUR. Il coupe la semaine en deux. Le mariage n'a rien changé à nos habitudes, notre style de vie. Le lundi, le mardi, elle rentre chez elle, dans le joli appartement que sa sœur et elle ont acheté, où elles vivent depuis des années ensemble, où elles forment un couple. Entre elles, c'est aussi comme un mariage, d'une autre sorte que le nôtre. Mais c'est un lien aussi solide. Bien sûr, les jours où elle est chez elle, nous ne perdons pas pour autant contact. Je l'appelle à son bureau le matin, avant de me mettre à écrire dans mon bureau. Je lui téléphone après déjeuner, je prends mon café avec elle. Le soir, naturellement, nous nous parlons plus longtemps. Mercredi soir, elle vient chez moi. Comme au premier jour. Ma vie en est transfigurée. J'oublie mes infirmités, j'oublie que ce matin, après deux heures à ma machine, je n'ai accouché que d'une page. Alors que, quand j'écrivais *Le Monstre,* devenu *Fils,* dans le même laps de temps j'en composais six. Son arrivée efface soudain ma dégradation. Elle m'embrasse, parfois sur la bouche, souvent sur les joues, je la serre dans mes bras. On s'assied dans le salon avec vue sur le jardin et les fleurs, elle dans le lourd fauteuil de cuir, moi au coin du canapé. Tantôt, c'est l'inverse. On échange nos petites nouvelles, les échos de la journée. C'est cela un couple, on partage son quant-à-soi. Mais le plus doux, le plus chaud au cœur, c'est simplement qu'elle est assise en face de moi. Dans mon logis vide, esseulé, grâce à une femme chère, il y a LA FEMME. Une femme, ce n'est pas seulement l'autre moitié du genre humain. C'est un être humain différent du sexe mâle. Je sais, je connais les théories à la mode du *gender.* C'est la société qui, selon ses besoins, fabrique, à partir de la différence des sexes, des hommes et des femmes. Il y a certainement une vérité dans cette théorie. L'autre jour, en partant pour faire ma promenade postprandiale en direction du jardin du Ranelagh, comme d'habitude, à peine sorti sur le trottoir, je reçois en pleine figure, en plein cœur, l'immuable queue leu leu des promeneurs. L'inéluctable défilé des vieillards affaissés dans leur fauteuil roulant, affalés les yeux morts le regard fixe. Et puis côte à côte le non moins inéluctable défilé des landaus où gisent des bébés de moins d'un an, corps enrobés de couvertures, tête enfouie dans leur bonnet, souriant aux anges. Le double itinéraire s'entrecroise, s'enchevêtre le long du trottoir, le cheminement vers la vie, la promenade vers la mort. Une fois dans ce spectacle quotidien, une scène m'a frappé. Une mère ou une employée de maison accompagnant un jeune garçon et une petite fille. La petite fille poussait un petit landau avec un bébé en plastique, le garçon, lui, braquait devant lui un gros pistolet en plastique aussi. La division des rôles en plastique est une fabrication de l'avenir. La femme enfantera, l'homme tuera. La société patriarcale leur prépare, leur impose ce double rôle aux deux bouts de la chaîne. Vision frappante qui m'est restée. D'accord, le *gender* ça se fabrique dès le début. Mais pas le sexe. Le bébé engoncé dans sa couverture au fond du landau, il n'y a qu'à le regarder une seconde pour savoir si c'est une fille ou un garçon. Lorsque ce bébé grandit en enfant, il n'a pas les mêmes gestes, la même attitude, la même allure. Le sexe est corporel, inné. Le sociologique ultérieur s'inscrit sur un biologique antérieur. Freud le savait, qui voyait le fondement de l'inconscient dans l'obscure physiologie du cerveau.

Quand ma femme, assise sur le fauteuil de cuir en face de moi, me raconte les incidents de la journée, me donne des nouvelles qui n'intéressent qu'elle et moi, il y a soudain une bouffée brusque, enivrante de FÉMININ dans la pièce auparavant sombre et lugubre. Une présence ineffable et absolue. La femme a ses gestes à elle, son sourire. Sa façon de parler, sa voix. Une voix de femme n'est pas une voix d'homme. Ça, ce n'est pas un formatage social, c'est une inscription charnelle. Quand ma femme est là, assise en face de moi, quels que puissent être nos propos, je la ressens au fond de mon corps. Un tête-à-tête, avec une femme désirée, aimée, c'est un corps-à-corps. Quand on regarde ses cheveux, on les ressent dans les fibres. Ses yeux si doux dans ma prunelle flamboient. Il n'y a qu'à les fixer un instant, c'est instantané. Une femme ne marche pas pareil qu'un homme. En ces temps de jeans universels, qui moulent les fesses, un type fait bouger à peine son pantalon, de légers tressaillements montent à peine, descendent en un léger glissement, un mec, dans les cas les plus voyants, ça ne roule que les mécaniques. Les femmes, les fesses à chaque pas ondulent, elles remuent à l'horizontale, elles gonflent le coton bleu qui les enserre, dans les meilleurs cas le slip a carrément disparu, les jeans collés à même la peau nous livrent le cul en direct. A l'estomac. Comme ça que je le reçois, quand je regarde le féminin marcher devant moi dans la rue, incarné dans toutes ces passantes. Avec ma femme, c'est autre chose, une autre sensation. Si elle se balance dans son pantalon, c'est comme une danse, en une lente cadence. Elle a le charme arrière de l'Orient. Ça m'oriente aussitôt vers ses origines. Elle est le royaume d'Arménie, moi j'habite la Judée, ça nous rapproche aussitôt. Nous avons partagé les massacres de l'Histoire, entre elle et moi, du sacré. Chair pulpeuse qui oscille autour du sacrum, quand elle marche, sa démarche m'envoûte. Elle me ramène au lien fondamental entre nous. Son fondement. Ça me fait passer d'un seul coup du réel au symbolique. Avec un peu d'imaginaire.

Mercredi soir, entre six heures et demie et sept heures moins le quart, j'entends ses clés qui font un cliquetis dans les serrures, déclic, je me lève du siège de mon bureau et m'arrache à la lecture quotidienne du *Monde.* Je vis si refermé sur moi, renfermé dans mon logis, j'ai besoin de m'ouvrir aux quatre coins de la planète. Mais j'ai encore plus besoin de la voir, de l'avoir. Chez moi, en moi. Elle m'apporte de l'existence. Nous échangeons baisers, propos. Mais la soirée passe vite. Ma femme a faim bien avant moi, elle dîne avant huit heures. Le lendemain, elle doit se lever de bonne heure pour prendre le chemin du travail. Elle prépare son dîner, je me replonge dans mon journal, soudain elle appelle, *je me mets à table,* j'accours, je me mets à table aussi, mais simplement à ses côtés, sans couvert ou assiette. Je ne mange pas avec elle, ce n'est pas mon heure. Mais nous sommes ensemble. Elle expédie son repas, avec elle dîner va vite, surtout quand elle est au régime. Nous retournons au salon ou nous continuons à parler dans la salle à manger. Après, elle a ses extraits de revues qu'elle imprime sur Internet. Moi, je finis mon journal ou reprends un livre. A dix heures et demie, signal. Il est temps pour moi de songer à mon dîner. J'ai ma réserve de plats tout préparés dans mon réfrigérateur. Au-dessous de 400 calories, sauf quelques rares exceptions. Je dois surveiller mon poids, conseils de mon cardiologue, à mon âge surpoids mauvais pour le cœur. Je fais attention le plus possible, je limite mes hors-d'œuvre à l'essentiel. Pour dessert, un fruit, jamais de gâteau. Mais le vin coule librement, je l'aime fort, 13 ° d'alcool ou plus. Outre son arôme, il assure mon sommeil. Je le bois à lentes gorgées, longtemps. Ma femme a fait chauffer mon plat du jour, elle me l'apporte. Je la remercie. Naturellement, lorsque je suis seul, il faut bien que je me lève pour aller le chercher dans le micro-ondes. Mais quand ma femme est là, je la laisse faire, je me laisse faire. Elle pose l'assiette toute chaude devant moi, en souriant. Son geste spontané me va droit au cœur, il me rappelle ma mère. J'adore ces moments où le féminin se confond avec le maternel. Je mets mon casque, nous allumons la télé, nous regardons les nouvelles d'Euronews. Vers onze heures, ma femme me quitte, elle doit se lever le lendemain de bonne heure. Elle me fait un petit signe, signal que notre soirée est achevée. Elle sort de la pièce. Elle revient, les cheveux dénoués, en pyjama ou chemise de nuit, se penche vers moi, m'embrasse sur les lèvres, je me tends tout entier vers elle. Elle va se coucher, je poursuis mon repas à table. Après onze heures, il y a *Ce soir ou jamais* de Taddéi, d'autres fois la chaîne *Histoire.* Là je suis dans mon élément, c'est invariable. La Seconde Guerre mondiale, les crimes nazis, les horreurs staliniennes, des sujets inépuisables, je suis servi tous les soirs. Vers minuit, quand je commence à m'assoupir, je suis replongé dans la bataille de Stalingrad. La nuit s'embrase d'explosions, d'obus, des hommes courent pliés en deux dans la neige. On ne peut pas toujours distinguer si ce sont des Russes ou des Allemands. L'essentiel, ce sont les Russes qui gagnent, Von Paulus écrasé se rend. Je ferme le poste, à mon tour de me coucher. Je fais attention à ne pas faire de bruit, ma femme a l'oreille surfine. Moi, une fois mes appareils enlevés, sourd comme un pot. Je redouble d'attention avinée. Pommade ici, baume là, prêt pour la nuit. Je glisse sous mon oreiller, en cas de besoin, une petite boîte de somnifère. Pour être tranquille, rassuré. Je regarde la pendule, une heure du matin. C'est bon, c'est mon heure. Ma femme dort profondément dans son lit. Je me glisse dans le mien, me laisse couler dans le sommeil. Demain, à 9 heures pile, je sais que mon alarme vibratoire se mettra à tressauter sous mon oreiller. Le réveil-matin du sourd. J'aurai eu mes huit heures de sommeil, j'en ai besoin à mon âge.

Lundi, mardi, je reste seul. Jeudi et vendredi aussi. Bien sûr, nous nous téléphonons trois fois par jour. C'est une demi-présence. Samedi matin, ma femme arrive vers onze heures. Je sors de la salle de bains où je suis encore occupé à me faire le moins moche possible. *Qu'aimerais-tu manger ce soir et demain soir.* Parfois je dois réfléchir, d'autres fois les mots jaillissent de ma bouche déjà entrouverte. *Une tranche d'espadon et les courgettes, comme toi seule sais les faire.* Et pour dimanche soir. Une côte de veau avec des girolles. Ou un steak, avec de fins haricots verts. La voilà partie, avec le caddy. Elle va le samedi matin au marché de Passy, comme ma mère avec la poussette allait au marché du Vésinet. Comme ma mère, elle fera le tour des étalages pour repérer celui où se trouvent les plus beaux légumes, les fruits les plus appétissants. La seule différence, on ne se préoccupe plus de savoir lesquels sont les moins chers. Pour moi, ma femme s'est mise à cuisiner, un nombre de plats limité, mais parfaits. Chez elle, c'est l'attribut exclusif de sa sœur, un vrai cordon-bleu. Elisabeth n'a jamais empiété sur son territoire. Sa sœur régente les fourneaux. Mais, pour nous sustenter les week-ends, Elisabeth s'est mise à compulser des recettes, à les mettre en œuvre avec talent. Elle s'est même mise à inventer certains mets. Je me délecte, samedi, dimanche, ce sont des repas de famille, *à table, mes enfants,* me résonne encore dans l'oreille, l'été on sortait la table de la cuisine, avec sa toile cirée jaune, dans le jardin. Avec ma femme, l'été, j'adore aller à Bagatelle, respirer les parterres de roses, nous perdre dans les sentiers sinueux, promener les yeux enchantés sur les immenses pelouses, s'emplir les narines d'odeurs agrestes dans un air dépollué. Le dimanche, quel que soit le temps, nous allons voir un film aux Champs-Élysées, toujours par l'avenue Kléber, à l'aller comme au retour. Fin juin ou fin août, nous sommes quinze jours ensemble, nous ne nous quittons pas d'un pouce. A Venise, l'Hôtel des Bains, celui de Thomas

Mann, *Mort à Venise,* pour nous c'est la grande vie. Sur la côte d'Amalfi. Toujours la Méditerranée, en Crète aussi, magnifique Hôtel Mövenpick à Héraklion, où le ciel, immuablement d'azur sans un seul nuage, plonge à l'horizon dans une mer aussi bleue qui se confond avec le ciel. Et puis, Elisabeth est venue souvent me rendre visite à New York, avant que je ne prenne ma retraite, dans mon si bel appartement plein sud. New York, pour moi, après Paris, c'est ma ville. J'y ai mes itinéraires, mon quartier, mes boutiques, toutes les habitudes du quotidien. Quarante ans, ce n'est pas rien dans la vie d'un homme. New York, après Istanbul et Paris, est devenu aussi un peu la ville de ma femme. Washington Square, Battery Park, Central Park, nous avons marché ensemble des heures, arpenté les forêts de gratte-ciel, longé Hudson et East River, visité les musées. Pas tous, il y en a trop, mais ceux qui s'imposent, Metropolitan, MoMA. Nos rapports sont bien définis, notre emploi du temps bien réglé. Mercredi soir, samedi-dimanche, quinze jours de vacances, parfois des excursions de deux ou trois jours en province, quand il m'arrive d'y faire une conférence, de participer à un colloque. D'agréables échappées, à Brest, à Crest, à Montpellier, à Mulhouse, à Lille ou ailleurs. En Allemagne, à Münster, en Belgique à Bruxelles. Ma compagne m'accompagne. Après, chacun rentre chez soi. C'est ainsi. Nous avons un mariage à temps partiel.

Elle m'a dit un jour, *je ne t'aurais jamais épousé, si tu m'avais demandé d'emménager avec toi.* Je ne le lui ai jamais demandé, je ne suis pas même sûr que j'aurais voulu qu'elle le fasse. Nous avons chacun notre ménage. Elle a sa sœur, elles vivent ensemble depuis vingt-huit ans en France, depuis toujours à Istanbul. Elles ont leur coquet appartement dont elles sont propriétaires. Je vis seul depuis la mort d'Ilse il y a maintenant vingt-deux ans. Je vis avec moi. Elisabeth et moi avons chacun nos habitudes. Elle dîne tôt, je dîne très tard, parfois à onze heures du soir, juste à temps pour Taddéi. Déjà elle roupille. Le matin elle se lève très tôt, une heure de R.E.R. et de métro, pour se retrouver comptable dans une fédération agricole. Elle travaille toute la journée sur des chiffres. Je travaille deux heures le matin, à ma machine à écrire, sur des lettres. Elle aime les livres, les films, les arts, elle fait ce qu'elle est obligée de faire pour vivre. Moi, je fais exactement ce que j'ai envie de faire, je n'ai pas à gagner ma vie. Je ne travaille plus pour mon argent, mon argent travaille pour moi, comme disait l'affiche de ma première banque américaine à Boston. *Why work for your money, when your money can work for you.* J'ai quand même un prix à payer. La mort approche. Quand j'écris ces lignes, je suis dans ma quatre-vingt-deuxième année. Je préférerais avoir à gagner ma vie, avec une plus longue perspective de vivre. Mais c'est ainsi. Inéluctable. Avec Elisabeth, ce qui nous distingue, sans nous séparer, c'est vingt-huit ans de différence d'âge. Nous sommes dans des cycles d'existence autres. Elle a devant elle au moins quinze ans de labeur avant de prendre sa retraite. Moi, j'ai seulement un nombre limité d'années avant de prendre une retraite définitive.

Ce mariage à temps partiel dû à nos divergences de styles de vie, de modes de vie, d'attaches antérieures pour elle vitales, a en fin de compte ses avantages. Quand on est sans cesse l'un avec l'autre, l'un contre l'autre, une constante intimité produit d'inévitables frictions. J'en ai eu la douloureuse expérience dans mon deuxième mariage, avec Ilse. Celle-ci était d'une tendresse infinie, d'une bonté sans égale, elle était tout attention et amour. Mais à force de tenir à moi, elle vivait accrochée à ma personne. Elle ne pouvait pas se passer de ma présence, le matin, après notre petit déjeuner pris à loisir, je voulais m'enfermer dans mon bureau, préparer mes cours ou écrire mes livres. Elle disait d'un ton pathétique, *je t'en prie ne me quitte pas si vite. J'ai tellement le besoin de te sentir à mes côtés.* Moi, j'avais le besoin, déjà dix heures du matin, de m'arracher à elle, de rester seul, de me cloîtrer dans mon lieu de travail. C'étaient des récriminations, parfois des altercations, souvent des larmes. Bien sûr, Ilse avait des raisons, des excuses, elle était à ce moment-là en chômage, j'étais son unique attache. Mais moi, je ne pouvais chômer, j'avais mon boulot à faire. A force de dépendre de moi, de m'être si attachée, elle était collante. Il fallait que je m'arrache de la salle à manger pour aller jusqu'à mon bureau, en fermant soigneusement ma porte. Elisabeth ne dépend pas de moi, elle est foncièrement indépendante. Les rapports entre nous sont plus faciles, moins exigeants ou étouffants. D'ailleurs, j'ai découvert qu'ils ont une vertu particulière. Le mercredi soir, le samedi, j'attends l'arrivée d'Elisabeth avec impatience. Je guette le bruit de ses clés dans les serrures de l'entrée. La voilà, C'EST ELLE. Enfin, deux jours tout seul, c'est long. Mais c'est salutaire. Ses absences donnent un prix infini à sa présence. Ainsi je suis toujours en manque, jamais rassasié. Au lieu d'être accablé de demandes incessantes, elle me laisse le temps de la désirer. De l'imaginer longtemps avant de la voir. Cet amour à temps partiel est une géniale trouvaille. D'une personne qu'on aime, il vaut mieux n'avoir jamais assez que trop.

Cet amour à temps partiel est un amour plein. J'en ai fait une expérience qui à la fois me comble et m'humilie au-delà des mots. Au début d'octobre 2008, nous avons eu la joie profonde d'aller à la mairie nous marier. Elle, pour la première fois, moi, pour la troisième et dernière. Quelques semaines après les célébrations et les fêtes, au faîte du bonheur. Soudain, j'ai la tête qui tourne, vertige au réveil, subit. Total. Impossible de me lever, le moindre geste fait basculer le monde à l'envers. Déjà, cette nuit, un sacré grabuge. J'ai dû courir aux toilettes, j'ai dégueulé tripes et boyaux. Ça ne m'était pas arrivé depuis des lustres, j'avais oublié, ça me revient. C'est le cas de le dire. En contractions, triturations effroyables du gosier. Je dégobille comme jamais avant. Epuisé, je ne sais pas comment j'ai rampé jusqu'à mon lit, je ne vois pas ce que j'ai pu avaler la veille qui me vaut cette crise. J'ai réussi à m'endormir. Et voilà, au réveil, je n'ai plus la nausée, mais des vertiges à chambouler la cervelle, à chavirer dans la folie. Qu'est-ce qui est arrivé alors, nuit noire, je me noie dans mes ténèbres. Pour savoir, je suis bien obligé d'appeler ma femme à son bureau. Elle est la mémoire de notre couple, tout ce qui nous est arrivé depuis le 23 juillet 2000 est consigné en ordre précis dans sa tête. Et dans son cœur. Elle ne m'épargne aucun souvenir, les bons et les moins bons. A peine installé devant ma machine à écrire, je suis forcé de lui téléphoner. Nous avons déjà eu notre causerie matinale, comme chaque jour, vers 11 heures. Ce second coup de fil inattendu l'étonne. Elle me dit, *Tu sais, je suis en plein dans mon bilan.* Je lui explique, *je suis aussi dans le mien.* Ils ne sont pas du même ordre, mais le sien pour elle, le mien pour moi ont la même importance. Je lui demande, *quand je suis tombé si malade avec mes vertiges, qu'est-ce qui s'est exactement passé.* Elle me répond tout à trac. Elle m'apprend que j'ai réussi à me lever quand même dans la chambre à coucher jusqu'au téléphone, que, ne connaissant pas par cœur son numéro à son bureau et n'ayant pas la force d'aller le chercher dans mon bureau, j'ai alors appelé ma sœur à Birmingham. Ma sœur, qui a son numéro, a appelé Elisabeth. Celle-ci est aussitôt accourue, j'avais réussi à me retraîner jusqu'à mon lit. Elle a aussitôt contacté SOS-Médecins. Un médecin est venu, il a diagnostiqué le syndrome de Mesnières et conseillé d'aller en urgence à l'Hôpital Ambroise-Paré. On a appelé une ambulance, on m'a transporté aux urgences. Moi allongé sur mon brancard, on a attendu un temps infini notre tour. Là, j'ai comme un éclair soudain, une image s'allume. Je vois le clochard ivrogne dans son brancard à côté du mien. Barbe hirsute, cheveux sales et ébouriffés, il déconne tout haut, d'une voix alourdie d'alcool. Il appelle les infirmières qui passent, *viens ici, ma chérie*, quand elles ne s'arrêtent pas, il bougonne, *salope,* des fois, *enculée,* il a même essayé d'agripper ma femme. Aux urgences les classes se mélangent, des gens avec qui on ne fraierait pas dans d'autres circonstances. La santé brusquement dégringolée égalise. C'est égal, cette scène a dû me frapper, je ne vois rien de plus. Surpris, c'était pour ça qu'on m'a emmené à Ambroise-Paré. Cette vision ne se relie à aucune autre. Autour, une totale obscurité. Elisabeth me restitue mon passé d'un ton rapide.

Soudain j'embraie sur mes propres souvenirs. Des jours et des jours cloué au lit. Si je soulève un instant la tête, elle tournoie au point que je dois fermer les yeux. Impossibilité de bouger, incapacité à lire quoi que ce soit, pas même un journal. Une proche amie m'a offert une petite radio portative. Parfois, j'arrive à l'ouvrir, à mettre un peu de musique. Les mots, les palabres, je ne pourrais supporter. Je me revois très clairement ainsi prostré. J'avais déjà eu une crise semblable de vertiges, lorsque j'ai réussi à finir mon doctorat d'Etat, il a failli m'achever. Le premier volume sur Corneille de six cents pages ne suffisait pas, il en fallait un second d'au moins deux cents pages. J'avais une date butoir pour mener à terme ce travail dingue, avant de repartir enseigner en Amérique. Et puis tout s'est mis à tourniquer dans ma tête, un vrai délire, j'ai été emmené en ambulance à l'Hôpital Américain. Les toubibs se sont inquiétés de maux possibles, glandes surrénales ou autres, finalement c'était une extrême fatigue, j'ai dû longtemps me reposer. Était-ce chez ma mère au Vésinet, avec ma femme dans l'appartement de la rue Duperré. Je ne sais plus. Qu'importe. Ce qui importe, c'est que d'un seul coup, quarante ans après, ça recommence. Pourquoi, je n'ai pas la moindre idée, ce n'est certes pas l'excès de travail, à deux ans de ma retraite, aucun surmenage. En tout cas, le résultat est le même. De nouveau, des jours sans fin, des semaines sans espoir au lit. Une éternité de tournis. Rien que de me remémorer cette maladie me rend malade. Et aussi l'incroyable dévouement d'Elisabeth. Obligée de continuer à se rendre à son travail dans le quartier lointain des Halles, elle se lève encore plus tôt pour préparer mon petit déjeuner, qu'elle dépose à ma portée sur mon lit. De midi à une heure, pendant l'heure de son déjeuner, elle accourt par le métro pour s'occuper du mien. En toute hâte elle me sert. Je lui dis, *mange quelque chose aussi,* elle secoue la tête, *je n'ai pas le temps,* il lui faut courir en sens inverse jusqu'à son bureau. Travail oblige. Le soir, elle rentre, vérifie que j'ai bien pris tous les médicaments, finit par se préparer l'ombre d'un dîner, puis elle vaque au mien. Elle s'est installée ici, elle s'assied en face de moi, c'est le seul instant supportable de la journée. La tête enfoncée sur mon oreiller, je me détends un peu. Sa présence aimante me ranime. Elle fait les courses, court deux fois par jour de mon appartement à son bureau. Ce n'est plus le mariage à temps partiel, elle me soigne à temps plein. A éclater, je ne sais comment elle tient elle-même le coup. Je ne sais comment la remercier. Elle dit, *tu sais bien que je ne t'abandonnerai jamais.* Je lui dis, *tu le prouves à chaque minute.* C'est mon plus intime réconfort. J'ai la chance inouïe, dans mon malheur, d'avoir trouvé la plus dévouée des épouses. A tel point qu'une scène obscène qui me revient brusquement me fend le cœur, me tord la tripe. C'était vers la fin de cette attaque, le seul souvenir m'est insupportable. Obligé de garder le lit, j'étais forcé de faire mes besoins dans un bassin. Nécessité très pénible, mais nécessité incontournable. Était-ce à midi ou le soir, je ne sais plus. Ce que je sais, c'est qu'une fois j'ai eu une incroyable diarrhée, nauséabonde et pâteuse, mêlée à des flots d'urine. Je me suis senti très gêné de lui tendre le bassin. J'ai dû l'appeler, elle est venue en toute hâte, quand je lui ai tendu ce monceau de merde, je l'ai vue verdir, pâlir, elle est demeurée interdite, hésitante, elle a murmuré, *cette fois j'ai atteint mes limites.* Elle a saisi le bassin, elle est sortie raidie, roide de cet effort sur elle-même. Jamais je ne me suis senti aussi humilié, aussi dégoûté de moi-même. J'en aurais chialé. Je me suis mordu les lèvres pour ne pas m'humilier davantage. Oui, je connais la phrase célèbre de saint Augustin, *inter faeces et urinam nascimur,* on naît entre les excréments et l'urine. C'est également ainsi qu'on meurt. Mais enfin tendre ses excréments et son urine en tas puant dans son bassin à une jeune femme qu'on a récemment épousée, c'est un horrible cadeau de noces. La honte que j'en éprouve est extrême, ma tête en tournique encore plus violemment. Elle est revenue, le bassin blanc nettoyé, me l'a tendu. Elle est pâle comme un linge, se penche vers moi, me dit d'une voix douce et tremblante, *tu sais, c'est la première fois que ça m'arrive, que j'ai cette expérience, je n'ai même pas eu à la faire avec un bébé. J'espère que tu ne m'en veux pas.* Je n'ai pas la force d'ouvrir la bouche pour lui répondre. D'une voix encore plus douce, plus basse, elle dit, *tu sais que je ne t'abandonnerai jamais.* Les mots me sont restés cloués dans la gorge et dans la mémoire.

Bien sûr, elle travaille, elle ne peut pas me parler indéfiniment. Assis sur mon fauteuil aux bras de chrome, devant ma machine à écrire, pour continuer à écrire, j'ai besoin d'elle, c'est elle la gardienne des souvenirs. Je lui dis, *écoute, je ne veux pas te retenir trop longtemps, mais quand est-ce que cette crise subite est arrivée.* Elle me rappelle les faits. Cette attaque de vertiges est arrivée un mois après notre mariage, à son retour d'Istanbul où elle était allée revoir ses parents. Une semaine après la grande réception que nous avions organisée pour la famille et les amis dans une grande salle de New York University in France. Elle met les points sur tous les *i*. Un souvenir précis surgit soudain, je demande, *ne sommes-nous pas allés consulter le Dr Sterker, un des meilleurs spécialistes de l'oreille,* qui m'avait été recommandé par mon médecin de New York. Elle dit que nous y avons été, en ambulance. Oui, je me rappelle maintenant, il m'a longuement examiné, les oreilles, la gorge et tout. Il a prescrit d'autres médicaments que dans les urgences d'Ambroise-Paré. Elisabeth a un petit rire au bout du fil. *Comme tu avais enlevé tes appareils et ne pouvais rien entendre, le docteur m'a demandé si tu avais eu ces derniers temps une forte émotion,* car c'est souvent ce qui déclenche de telles attaques. Je lui ai répondu, *la seule émotion forte qu'il a pu avoir, à ma connaissance, c'est voilà un mois notre mariage.* Elle ajoute, *maintenant je retourne à mon bilan. A plus tard.* Elle a raccroché. Et moi, je suis resté frappé de stupeur sur mon siège.

Le docteur ne m'avait pas soufflé mot de ce bref interlude, il ne m'avait posé aucune question sur ce point. Une émotion qui aurait pu causer tout ce mal, je n'en vois aucune. Il aurait fallu qu'elle soit pénible, douloureuse, négative. Comme Elisabeth a eu raison de signaler au docteur, la seule émotion forte que j'ai pu avoir récemment, c'est celle de notre mariage, les joies de toutes les cérémonies, à la mairie, au repas de noces le soir, arrivée de mes filles venues de New York, ma sœur d'Angleterre, tous nos amis qui nous félicitent, la sœur d'Elisabeth qui m'embrasse de tout cœur, sa meilleure amie et son mari, ses collègues de bureau, l'ultime soirée à mon université tintante d'éclats de voix joyeux, de verres de champagne entrechoqués. Certes, des émotions fortes, j'en ai eu, d'une joie triomphante, d'une victoire sur la vie. Épouser à 76 ans sonnés une jeune femme ravissante de 48 ans, qui a l'air d'en avoir 38. Et pas seulement très belle, mais d'un cœur vibrant, d'une intelligence aiguë, d'un dévouement sans limite. C'est un don du sort, une grâce du destin qui n'est pas accordée à tout le monde. Juin 56, elle est née au mois, au moment même où je me suis marié à Boston avec Claudia. Si je n'avais pas éprouvé d'émotion, pas forte, mais prodigieuse de bonheur, je serais un monstre. Seulement, il reste une question. Comment une explosion de bonheur peut causer un paroxysme de vertiges. Là le hic. *Hoc erat in votis,* c'est ce que je désirais le plus au monde. Alors pourquoi en serais-je tombé malade. Ce serait absurde, incompréhensible. Le problème, c'est que pour mon propre respect, il faut comprendre. Cette brève conversation téléphonique me laisse rêveur. Je ne comprends pas du tout ce qui a pu arriver. En moi. Emoi. Pathologique. Pas possible, quand tous nos vœux sont comblés. Déjà quatre ans qu'Elisabeth et moi sommes ensemble. Il me faut toujours être deux pour que j'existe. Elisabeth m'a fait de nouveau exister. Quatre années en sa compagnie, elle m'a fait renaître. J'ai eu le lait nourricier de son amour. Chaque soir, chaque journée passés chez moi sont mon nectar, nos échappées à Istanbul, en Crète, à Venise, à New York, dans les Antilles, sont mon ambroisie. Elisabeth est mon viatique. Notre mariage est un serment, un resserrement encore entre nous. Que voudrais-je que la destinée m'octroie de plus à l'orée de la vieillesse.

Oui, MAIS. La pensée soudain fait irruption, me frappe comme un poignard. Je me marie le 8 octobre 2004, jour de gloire, de réjouissance et de ripailles. Nos invités sont retournés chez eux, elle et moi chez nous. Le soir venu. Et qu'est-ce qu'on fait le soir d'un mariage. Il y a LA NUIT DE NOCES. Elisabeth et moi nous sommes longuement embrassés, chacun s'est glissé dans son lit. Accablé de fatigue pour dormir. Le 8 octobre 2004 a répété le 23 juillet 2000. En pire. Lors de notre première rencontre, j'ai fait long feu, le Viagra n'a pas marché. Mais je l'avais pris trop tôt, il a perdu son effet. Je pouvais espérer que c'était une défaillance, qu'une autre fois, ça marcherait. Comme avec Elle. Le 8 octobre 2004, c'est terminé, je suis fini. J'ai cessé d'être UN HOMME. Je suis devenu ce que les Boches voulaient que je sois, EIN UNTERMENSCH, EIN UNMENSCH. Je n'ai pas pu faire ma guerre, la seule pour moi, en 40. Trop jeune. JE NE PEUX PLUS FAIRE L'AMOUR. La seule virilité qui me restait. Trop vieux. A la poubelle, les seringues, les pilules miraculeuses. Et moi avec. NE PAS POUVOIR BAISER SA FEMME LE SOIR DE SES NOCES. Ni aucun des autres soirs à venir. J'ai un avenir de cul-de-jatte. Une partie de moi essentielle me manque au-dessous de la ceinture. Pour moi c'est la honte suprême. Mon âge a fait de moi une lope, une lopette, une chiffe. JE SUIS CHÂTRÉ DE MOI-MÊME. Un mari qui n'honore pas la femme qu'il aime le soir de leurs noces. Qui ne l'a jamais honorée, qui ne l'honorera jamais. A hurler de déshonneur, de désarroi. Quatre ans que je vis avec une femme adorable que je n'aurai pas connue charnellement, que j'aurai aimée sans pouvoir faire l'amour avec elle. JE HAIS CETTE VIEILLESSE MAUDITE. *O rage ! ô désespoir ! ô vieillesse ennemie ! / N'ai-je donc tant vécu que pour cette infamie ?* Seulement, contrairement à don Diègue, je n'ai personne à qui confier mon épée, mon espadon défaillant. Mon dad est mort, j'ai la mort entre les jambes. Et elle, entre les jambes, elle a la vie, l'envie. D'être pénétrée, fouillée au plus profond de son corps, au plus intime de son être. En cette effusion qui est fusion. JE L'AI TRAHIE. J'en meurs de honte. Alors ça, ce n'est pas une émotion forte, suffisante pour le docteur à déclencher un mois plus tard une attaque tourbillonnante de vertige ?

Simplement, le jour, le soir de notre mariage, j'étais tout à la joie. De ces sentiments je n'avais pas du tout conscience. Mais l'inconscient, ça existe aussi, j'ai payé mon analyste huit ans pour le repérer et le réparer. Et pendant qu'on est dans l'inconscient, si on farfouille un peu, si on furète, est-ce qu'on ne peut pas trouver autre chose. Quand même, mon troisième mariage ne peut-il pas rappeler, toujours inconsciemment bien sûr, quelque évocation du deuxième. Les premiers temps, il m'est arrivé à ma langue de fourcher, deux trois fois. En parlant au téléphone à ma fille cadette, une ou deux fois, j'ai dit *Ilse* au lieu d'*Elisabeth*. L'homophonie des L, erreur quasi grammaticale. Mais Cathy s'est fâchée, *Daddy, you have to watch your language*. Elle avait raison, j'ai fait depuis attention, les lapsus linguae ça se surveille et se contrôle. Ce deuxième mariage, il y a trente ans, avec une femme de 27 ans. Le début n'avait pas été très reluisant. Pour témoins, deux adolescentes alors, mes deux filles. Pour ambiance, l'immense et glaciale mairie de New York, on y expédie les conjungos à la queue leu leu. Pour célébration, un déjeuner rapide dans un petit restaurant espagnol du coin, et ma fille aînée qui veut vite partir, elle doit aller chez sa grand-mère à Boston, elle ne veut pas rater son car. On a dû se précipiter vers le terminus grouillant du Port Authority sur la 42e Rue. L'épouse n'y avait pas trouvé son compte, elle l'a fait savoir, âprement. La fin n'a pas été non plus si glorieuse. Un mariage ou une liaison solide, comme avec Rachel ou Elle, me font en général dix ans. Ilse est morte, presque arrivée à ce terme. Morte comment. Excès inconscient de vodka ou suicide. Il y avait, dans son studio parisien, la grande malle bleue remplie à ras bord, méticuleusement, à l'autrichienne.

Elle se préparait pour me rejoindre à New York. Médecin légiste, 7,2 g d'alcool dans le sang, dose mortelle pour tout individu. Sans s'en rendre compte, volontairement. On ne saura jamais. Naturellement, douleur, culpabilité, j'ai été plongé dans une affreuse dépression. Comme à la mort de ma mère, où j'étais absent. Pour ma mère, presque dix ans d'analyse. Pour ma femme, presque un an d'antidépresseurs. Les progrès thérapeutiques. Alors, parmi les festivités du troisième mariage, tout cela s'est peut-être aussi agité dans le fin fond de ma tête. Sans que j'en aie la moindre idée. C'est ça, le *Ça*. Des refoulements bien enfouis, enfuis, je devais en avoir une bonne dose dans l'arrière-fond de ma caboche. Pour confirmer le soupçon du Dr Sterker, qui cherchait une émotion forte. A vous en donner le vertige. A chaque mort, ci-gît remords. Si je continuais à fouiner, je trouverais encore bien des choses.

Mais, si on changeait un peu d'inconscient. Si on allait se balader dans celui d'Elisabeth. On trouverait aussi bien des choses. Pourquoi une femme de 48 ans, qui a l'air jeune et jolie à ravir, épouse un mec de 76 ans, qui n'était pas mal du tout, à 40 ans, il y a quarante ans. Du temps d'Elisabeth I. Celle-ci m'a confié un jour, je ne l'ai jamais oublié, *quand j'ai épousé mon mari, nous vivions déjà ensemble depuis deux ans, j'avais beaucoup de plaisir à faire l'amour avec lui. Il était très affectueux, délicat.* Elle a secoué la tête. *Mais je n'avais jamais connu ce que j'éprouve avec toi. Avec toi, quand nous faisons l'amour, je suis, je ne sais comment dire, soulevée, emportée.* Elle a ri, *c'est comme un vertige.* Voilà, à l'époque, le vertige, cher au Dr Sterker, avec des émotions fortes, c'est moi qui le procurais. J'étais plutôt bel homme, je bandais dur et ferme. J'étais, en plus, très romantique. Un romantique éperdu qui pinait avec un dard d'acier. Pas les relations du quotidien, la passion brève et fulgurante. C'était avec Elisabeth I. Il y a presque un demi-siècle. Maintenant, je suis mou comme un mollusque. Le dos arrondi sous le poids des ans, je m'affaisse, je me ratatine. Le visage, sillonné de rides, et tatoué de taches brunes, de tavelures. Avec Elisabeth II, à l'autre bout de ma vie, la question se pose. Pourquoi m'a-t-elle épousé. Mais ce n'est peut-être pas moi qu'elle a épousé, c'est Serge Doubrovsky. L'être de papier, mon double, avec qui elle a correspondu un an. Tant de lettres d'amour, de plus en plus ferventes, pour un homme qu'elle n'avait jamais vu, mais lu. Elle s'est mariée avec le personnage de mes livres, qui est aussi leur auteur. Mais ma personne, ma chair avachie par l'âge. Elle l'a rencontrée le 23 juillet 2000. L'a épousé le 8 octobre 2004. Pourquoi. Première réponse, parce qu'elle l'aime. Mais qui aime-t-elle. L'écrivain ou l'homme. L'homme comme incarnation de l'écrivain. Malgré une incarnation défraîchie. Je me suis souvent demandé, je lui ai souvent demandé, pourquoi elle a attendu si tard pour se marier. Pourquoi avec un vieil homme. Réponse, *parce que je ne voulais pas me marier.* La réponse pose aussitôt une autre question. Pourquoi ne voulait-elle pas se marier, comme le désirent la plupart des femmes. Réponse habituelle, *parce que mon père ne voulait pas que je me marie.* Demande immédiate, pourquoi il ne voulait pas qu'elle se marie, la plupart des pères, y compris moi-même, veulent que leurs filles se marient ou s'établissent. Réponse, *parce qu'il voulait que je reste libre, que je finisse mes études et que je parte vivre à l'étranger.* Là les choses se précisent. *Rester libre,* me dit-elle, *c'est ce qu'aurait voulu mon père pour lui-même, il aurait voulu ne pas se marier.*

Il aurait aussi voulu partir vivre à l'étranger. Tailleur comme mon père et ayant sa propre affaire, il avait tout liquidé en 68, avec le désir d'aller s'installer à Marseille. Les événements de l'époque l'en ont empêché, ont fait échouer ce projet. Elle a donc fait ce que son père avait voulu faire. A sa place. Je connais la chanson. Moi aussi, j'ai fait ce que ma mère aurait voulu faire, théâtre, écrire. A sa place. Père-fille, mère-fils, nous sommes dans du classique. Il faut creuser encore un peu. Pourquoi cette si vive crainte paternelle que sa fille se marie. Je demande, *il avait peur que tu épouses un Turc.* Elle sourit, *oui,* je dis, *mais tu aurais pu te marier avec un Arménien.* Elle secoue la tête, *non je n'aurais pas pu me marier avec un Arménien. Pour moi, un Arménien c'est comme un frère.* Là, je ne la suis plus. J'ai eu un mariage et une longue liaison avec deux Juives, je n'ai jamais eu l'impression de commettre un inceste. Elle répond, *tu ne sais pas ce qu'était la vie à Istanbul à l'époque.* Comme elle a une pléiade, pour ne pas dire une pléthore d'amis, de cousins, de cousines, tous mariés entre Arméniens, je ne peux pas m'empêcher de questionner cette réponse. Je m'aperçois que, en fait, je connais très peu et très mal sa vie. Elle ne me l'a jamais véritablement racontée. Parfois, je m'emporte. *Mais toi, tu connais la mienne dans tous les détails, puisque tu as si bien lu mes livres.* La réciproque n'est pas vraie. La connaissance de l'autre n'est pas égale entre nous. Elle reste enveloppée de mystère. J'ai entendu parler de son père, ses quatre ans de service militaire dans l'armée turque et son entreprise de tailleur avec un associé juif, sa mère avec ses travaux de couturière, oncles et tantes à foison, amis d'enfance, l'école arménienne, puis ses études à l'université de sciences po, son premier emploi chez Fiat. Mais ses amours, motus. Je m'écrie, *mais tu n'es quand même pas restée vierge.* Elle dit, *non, je ne suis pas très précoce, j'ai fait l'amour pour la première fois à 23 ans.* Je demande, *avec qui, avec un Turc.* Elle dit, *oui, bien sûr.* Elle finit par m'avouer deux passions. Avec un Turc haut placé, dont le père avait été ministre et qui lui-même était directeur d'une grande entreprise. Pas de nom, pas plus de détails. Et puis un autre, un homme qui vivait avec l'une de ses plus proches amies, une idylle en famille, en somme, lui aussi d'un milieu de la haute stambouliote. Elle avait eu pour lui une attirance telle qu'elle prenait soudain l'avion sur un coup de tête ou de cœur, quelques jours à Istanbul avec lui, retour à Paris en quatrième vitesse. Sans avoir prévenu ses parents qu'elle était à Istanbul. Ç'a dû être une passion folle. Cela a continué ainsi quelque temps, à son tour mordu lui aussi, il songeait à abandonner sa situation en Turquie, pour s'installer avec elle à Paris. Elle dit, *là alors, non, c'était fini. Quand un homme veut s'engager pour de bon avec moi, je refuse net, je pars.* Évident, cela n'aurait pas fait plaisir à son père. Qu'elle vive à Paris avec un Turc, ou avec n'importe quel homme. Sa fille devait rester libre. Indépendante. En anglais, on dirait *self-sufficient.* Alors pourquoi avec moi avoir brisé le tabou. Naturellement, je respecte son indépendance, son autonomie. Quatre jours par semaine elle est chez elle. Trois jours elle est chez moi. Mais je sais que si j'étais malade ou souffrant, elle accourrait aussitôt. Si je ne lui ai pas téléphoné avant midi, elle appelle, *je m'inquiétais.* Alors pourquoi m'avoir moi, entre tous, élu. Ce n'est pas pour mes charmes. Ou mon charme. Il y a longtemps qu'ils sont épuisés. D'ailleurs, je ne suis pas apparemment son type. *J'aime les hommes âgés, avec des cheveux blancs et des lunettes.* Moi, je déteste les lunettes et j'ai les cheveux encore bruns. Grâce à une lotion capillaire américaine, *Grecian formula,* qui ne teint pas les cheveux, mais les repigmente, leur redonne leur couleur originelle. Pourquoi m'aime-t-elle. Ce sont mes livres qui l'ont attirée vers moi, nous avons eu notre roman, notre romance par lettres. Elle hausse les épaules, toutes ces lettres, *ce n'était pas à toi seulement que je les écrivais, mais à mon père, à mon analyste.* Nous y voilà. Transfert de son père sur son analyste, de son analyste sur moi. Son analyste a été quelques années l'homme de sa vie. Elle en a été amoureuse, comme de son père. Et puis elle a été amoureuse par lettres de l'écrivain, dont son analyste lui avait signalé la parution du dernier livre. Amoureuse certes. Mais de quoi, de qui en lui. Le Juif, qui est le frère de l'Arménien. Ils ont eu le même sort, on les a liquidés en masse. La moitié dans les deux cas de leur ethnie. Le Juif est un Arménien licite, elle peut l'aimer sans inceste. Destin fraternel, mais ce n'est pas une fratrie. Il y a la distance nécessaire. Elle l'a dit plusieurs fois, *ton expérience pendant la guerre, ça m'a touchée dans tes romans.* Elle a quand même eu un grand-père dont la première femme est morte avec sa fille, dans leur marche forcée à travers les déserts vers la Syrie. Lui, on ne sait comment, a survécu avec ses deux sœurs. Revenus, on ne sait comment, à Istanbul, s'est remarié avec la grand-mère de ma femme. A celle-ci, on n'a jamais rien raconté, comme les revenants des camps de concentration sont restés vingt ans la bouche cousue. Il n'est pire sourd, personne ne voulait les entendre. Les Arméniens rescapés ont dû avoir une expérience similaire. J'ai peut-être écrit tout cela à sa place. Elle dit, *j'aime aussi ta façon d'être cru, cruel, avec les autres et avec toi-même.* Je demande, *et mon écriture.* Elle répond, *bien sûr, ce qui m'a séduite, c'est la liberté de ton langage, les jeux de mots, cette vivacité difficile à définir.* Ce n'est pas une spécialiste, elle ne va pas me faire un cours de stylistique. Mais j'apprécie qu'elle ait apprécié ce qui est, pour moi, l'essentiel. Mais il y a quand même quelque chose d'étrange. Elle ne fait que rarement allusion au *Livre brisé,* elle a lu le livre, m'a vu dans *Apostrophes* chez Pivot, m'a envoyé une lettre, j'ai répondu. Je réponds toujours à toutes les lettres. Ça s'est arrêté là. Ce qui m'étonne, c'est qu'elle semble avoir été spécialement sensible à *L'Après-vivre.* Cette dilection me surprend, car, comme le titre l'indique, il s'agit d'une décrépitude, d'une défaite, d'un déclin irréversible, notamment, dans les deux derniers chapitres, de la virilité du narrateur. Cela aurait dû normalement jouer contre moi. Elle n'a jamais mentionné cette partie du livre, « Fin de parties ». *Laissé pour conte* a été le déclencheur du torrent épistolaire qui a suivi. M'a poursuivi jusqu'à la rencontre réelle. Or, dans ce dernier roman je me plains amèrement que ce que les lecteurs en moi aiment, c'est l'écrivain, celui à qui ou sur qui on écrit, courrier, études, articles, masters, thèses. Au détriment de l'homme, délaissé, esseulé. Elisabeth a fait le chemin inverse. L'écrivain a mené jusqu'à l'homme, réincarné, vivifié. Je lui en ai une reconnaissance absolue. Accompagnée d'un intime et ultime questionnement. Pourquoi s'être éprise d'un homme en pleine décadence, déchéance. Ou est-ce à cause d'elles. Un homme avec qui elle n'a pas à faire comme avec les autres. Fuir. Je reste perplexe autant qu'heureux. Quelle femme est donc ma femme. Je ne sais pas. Je ne puis le dire ou le penser avec certitude. Pourquoi cette fuite devant le masculin épanoui, agressif. Bien sûr, on pourrait fureter plus avant dans son inconscient. Mais, je suis son mari, pas son analyste.

Ce qui est sûr, c'est que, pour une raison que je ne puis saisir dans toute sa complexité ou son mystère, Elisabeth a lié son sort au mien. Elle a épousé un homme en fin de course, de vingt-huit ans plus âgé qu'elle, vieilli et émasculé. A l'inverse de tous les autres hommes qu'elle a pu connaître. Et il y en a eu plusieurs, même si elle reste discrète sur son passé amoureux. Entre tous elle m'a élu comme compagnon de vie, malgré l'épuisement de mon être. Malgré ma faiblesse, ma fragilité d'homme rabougri. Ou encore une fois à cause d'elles. Peu importe. Ce qui compte, c'est qu'au terme d'une existence brisée, cahoteuse, tourmentée de contradictions, de failles, de faillites, Elisabeth m'a apporté un bonheur paisible. Bien sûr, nous avons nos humeurs, elle est une écorchée vive, pour une remarque incongrue, elle se hérisse. Pour une attitude qu'elle trouve déplacée, elle me tance. Je dois surveiller mon langage et mes gestes, pour éviter de l'offenser. Elle est un peu soupe-au-lait, il lui arrive de manger subitement la soupe à la grimace. Je suis toujours pris de court, parce que je ne réalise pas ce que j'ai fait ou dit de mal. Mais ce sont des riens. Il n'y a jamais entre nous de fâcherie. Un brin d'hystérie, je ne lui connais aucun autre défaut. Les nerfs à vif, une susceptible, une angoissée, mais toujours prête à aider, à secourir, à rendre service, à réconforter. Quand je suis abattu, elle me ranime d'un mot aimant, d'une caresse chaleureuse. Un cœur d'or, mais aussi une main ferme. Elle a de la poigne. Lorsque j'hésite ou vacille, elle prend les choses en main, maîtresse d'elle-même et de la situation. Je lui fais, quand une décision importante doit être prise, beaucoup plus confiance qu'à moi-même. Je manque souvent de sens pratique, elle en a pour deux. Ayant connu les pires difficultés de la vie, elle a la tête sur les épaules. Je l'ai souvent dans la lune. Elle me rappelle à la réalité, s'il faut, à l'ordre. Ainsi dans le restaurant en plein air de Bagatelle, l'été dernier, je l'emmène déjeuner. Soleil éclatant, chaleur qui nous enveloppe, nous sommes détendus, heureux d'être ensemble. Excellent repas, au dessert je commande deux boules de glace, l'une au chocolat praliné, l'autre à la vanille. Le maître d'hôtel, un grand Noir bien bâti, bien habillé, prend la commande. Il rapporte deux boules blanches, je lui dis, *je vous ai demandé une au chocolat praliné.* Il déclare, *c'est ce que nous avons,* je lui dis, *je suis venu déjeuner ici il y a trois jours avec un ami et vous en aviez.* Il reprend l'assiette, disparaît, revient avec une autre assiette. Cette fois, il y a bien une boule hérissée de brins de noisettes, mais elle est blanche. Je lui dis, un peu plus fort, *chocolat est noir.* Ma femme intervient, *Serge, on nous regarde, n'attire pas ainsi l'attention, mange ta glace.* Elle est frémissante. Je la connais, que j'aie ainsi exigé une glace noire devant un Noir, l'offusque. Je dis, *mon oncle une fois a renvoyé une bouteille de bourgogne qu'on lui avait fait goûter,* elle réplique, *tu n'es pas ton oncle, on nous regarde, arrête, je t'en prie.* Quand ma femme m'en prie, je m'arrête. Je mange cette boule détestable pour épargner l'orgueil du maître d'hôtel debout devant moi. Seul, j'aurais renvoyé la glace, et d'un ton sec. Ce n'est pas parce qu'il est noir et que je suis blanc que je dois avaler des couleuvres et ma glace, qui n'est pas celle que j'avais commandée. Ma femme est là, et un peu là, j'obtempère. Elle dit plus bas, *tu ne sais pas te mettre à la place des autres.* Moi, quand les autres se moquent de moi, je les remets à leur place. Mais ma femme, c'est avec ceux qui sont en bas de l'échelle sociale qu'elle sympathise d'instinct. Elle a été arménienne dans la société turque. Moi, avec un maître d'hôtel, c'est moi le maître. Ma femme est viscéralement de gauche. Je le suis intellectuellement. C'est toute la différence. Mais ce n'est pas un différend. Nous n'allons pas nous disputer pour ce qui est à mes yeux une vétille. Si elle me remonte parfois les bretelles, elle me remonte toujours le moral. Elle me fait oublier mon âge. Je retrouve une jeunesse du cœur, que je n'ai pas connue dans ma jeunesse. Avec Elisabeth, rien d'essentiel ne nous sépare. Comme mes enfants, avec Ilse, et l'enfant qu'elle voulait que je lui fasse. Ou avec Rachel, qui exigeait que je divorce illico et illico que nous ayons un gosse. Ce n'étaient pas des vétilles, j'en ai bavé à l'époque. Avec Elisabeth, tout nous rapproche, origine, cinéma, littérature, nous avons les mêmes goûts. Pas comme celle que j'ai appelée Elle, pour qui les romans de René Fallet étaient des livres-culte. Et qui détestait que j'invoque ou évoque les années quarante. Elisabeth m'apporte ce que je n'avais jamais connu avant, aimer en paix. Fini les querelles, les engueulades, les empoignades, voire les coups. Pas trace de cet alcoolisme qui m'a persécuté chez Ilse et chez Elle. Qui a pourri nos rapports. Avec Elisabeth, je suis enfin tranquillement heureux. Dommage qu'il ait fallu que j'attende d'être octogénaire pour avoir un amour normal. Qui laisse l'autre être lui-même ou elle-même.

Dimanche matin nous avons terminé le petit déjeuner   le sien depuis longtemps avalé elle mange vite   moi suis lent je savoure chaque bouchée   soudain je la regarde dans les yeux   *est-ce que tu ne pourrais pas venir me rejoindre tout à l'heure* toilette et puis   elle a un léger sourire   ne dit rien incline la tête elle dit *oui* elle a déjà pris sa douche en un tournemain je me hâte de faire couler mon bain me prend plus longtemps après je dois me raser vaquer à mes soins médicaux mes pommades çà et là j'ouvre la porte elle est déjà dans son lit nue je ne la vois jamais se déshabiller les vêtements tous les revêtements tombant peu à peu soutien-gorge slip révélant dévoilant petit à petit la splendeur d'un corps de femme les épaules les seins qui surgissent la toison la foison velue qui se découvre qui recouvre le bas du ventre le haut des cuisses le regard qui rebondit sur les replis des fesses avec elle pas de gestes troublants d'apprêts érotiques quand je sors de la salle de bains je la trouve déjà nue sous les draps allongée la tête sur l'oreiller je me glisse à mon tour dans le lit étroit à une place tous les deux l'un contre l'autre draps froids douce tiédeur de sa peau odeur suave parfum qui émane de sa joue elle se tourne vers moi je me penche mes lèvres maintenant collées aux siennes un long pénétrant baiser rarement elle ouvre la bouche rarement un French kiss pas souvent qu'on roule un patin lèvres buvant ses lèvres à longs frissons ma main droite caresse ses épaules descend sur son torse lente qui palpe à peine qui s'imprègne de sa peau arrive aux seins j'en saisis un rondeur parfaite ni trop gros ni trop petit s'emboîte dans ma paume je presse je pétris ma bouche l'avale je pince

mordille le mamelon je sens son corps qui se raidit
et puis ma main descend plus bas
fouillis de poils je farfouille plus bas encore
mon doigt pénètre les lèvres qu'il écarte
doucement je vais je viens elle geint
pas haut pas fort à peine je passe à ses fesses
pulpeuses orientales pas des fesses plates le profil
droit comme un *i* des gamines d'aujourd'hui
étalées bombées majestueuses je les pétris elle
a un petit gémissement et moi
rien qui durcit entre mes jambes la bite au point mort
une pine de calamar une honte énorme
écrasante m'envahit qu'est-ce que foutent
mes 80 ans sur cette si belle femme qui
dépasse à peine la cinquantaine au début elle
me frottait elle me triturait le membre avec fougue
sortant son torse gracieux hors des draps elle
s'emparait de mon corps me suçait vigoureusement
avec art et ardeur à force ça m'émoustillait
je bandouillais la prostate pas totalement
tarie je finissais par lâcher une faible giclée
j'avais un miniorgasme et puis avec l'âge
le temps inexorables taré tari trahi
le membre d'amour est devenu inerte la
mort entre les jambes plus par un décret de Vichy des
Boches loi cruelle implacable de la nature

et pourtant je continue je
persévère à presser mes lèvres contre ses lèvres à lécher ses
épaules ses seins avec mes doigts multipliés deux trois je
fouille son sexe j'oublie ma honte mon cauchemar tout
à la joie des épousailles épidermiques peau à peau peu à
peu je me perds me dissous dans mes caresses l'odeur de

ses joues de son cou m'envahit je suis en elle je suis elle parties de ma main mon bras les sensations m'engloutissent du haut en bas je tressaille si mon doigt effleure son bouton elle râle si sensible elle n'est plus qu'une déferlante de spasmes soulevée par des vagues de jouissance bon sang elle est faite pour l'amour je viens trop tard maintenant si seulement je l'avais connue avant tout cet avachissement des ans sous ses apparences parfois réservées sa pudeur extrême sous la maîtrise de son contrôle de soi des jaillissements de désir soudains des éruptions de plaisir volcaniques si seulement je l'avais rencontrée AVANT du temps où J'ÉTAIS MOI-MÊME ébranlé par mes séismes tout mon corps soulevé emporté par cet élan de chair si seulement j'avais connu cette femme MA femme du temps où j'avais un sexe de vif-argent quelles nuits nous aurions eues quelles explosions des passions d'éros AU LIEU elle dit doucement *arrête* mon corps s'écroule sur le sien je m'effondre dans une chaude somnolence tandis qu'elle reprend ses esprits sa mainmise sur soi par ma main un instant secouée je l'entends qui respire d'un souffle redevenu égal elle se lève moi m'abîme dans un sommeil un soleil noir

je me réveille encore embourbé dans ma fatigue les pensées encore brumeuses j'entends soudain la voix qui résonne *c'est l'heure* regarde ma montre 1 heure et demie pendant que j'étais encore à roupiller elle a déjà mis la table notre festin dominical elle a sûrement déjà coupé la baguette traditionnelle de chez Paul en morceaux elle connaît mes goûts mes habitudes elle a dû servir les hors-d'œuvre elle a déposé à côté l'inévitable jambon de Bourgogne persillé je sais qu'elle a préparé une belle salade avec des tomates séchées huile d'olive et vinaigre balsamique à l'italienne *dépêche-toi* je reprends mes esprits je sens encore sous mes doigts sa peau si douce ses seins délicats taille si fine la fragrance de ses joues de son cou dans les narines je broie encore son pubis dans lequel je m'engouffre en pensée seulement cette femme don pour moi inattendu du destin qui règne sur mes vieux jours qui m'accompagnera jusqu'à la tombe qui me fermera les yeux sur un visage aimant aimé ultime spectacle de mon séjour sur cette terre cette femme je ne l'aurai jamais pénétrée je ne lui aurai jamais enfoncé ma tendresse dans ses entrailles enivrées quand je pense à toutes les greluches que j'ai baisées à droite et à gauche tout le long de ma vie virile pas deux mille comme Simenon mais quand même des dizaines et des dizaines pour rien pour un bref jaillissement de plaisir des frotti-frotta passagers des passantes d'étape en étape des passades et puis pour CELLE-CI unique la dernière la seule qui veille sur la fin de mon chemin jusqu'au bout QUI EST MA VIE je n'aurai jamais poussé jamais propulsé mon sexe érigé dans les profondeurs de son sexe PLEIN D'ELLE je suis à jamais PRIVÉ D'ELLE et ELLE DE MOI notre sort c'est notre destin ironique et tragique quand je pense à la première Elisabeth fouillée parcourue dans tous ses trous d'un dard ardent d'hôtel en hôtel au château de Mercuès sur le piton rocheux le Lot en bas frémissant à nos oreilles tous deux nus l'un dans l'autre en plein soleil dans l'immense lit qui nous engloutit c'était il y a quarante ans du temps où j'étais Amerloque maintenant une loque amère

elle dit du fond de l'appartement *tu viens* je dis *j'arrive* elle a mis les couverts préparé les plats coupé le pain *à table mes enfants* j'entends ma mère dans le jardin ensoleillé du Vésinet on a sorti la table de la cuisine on déjeune dehors à l'air je respire je ne suis pas seul on est en famille J'ENTENDS MA MÈRE ça me rend vie me revigore moi peux pas vivre sans quelqu'une qui crie *à table* je crie *j'arrive* UNE qui me nourrit pas de nourriture mais d'ÊTRE tout seul en moi me sens tellement vide souffre d'une telle inanité pour me combler qu'une femme qui puisse MA FEMME 81 ans n'ai pas pu la combler comme j'aurais dû voulu plus dans mes moyens à demi mort n'ai pas pu lui offrir l'un contre l'autre CORPS ACCORD dans la salle à manger dans un moment ce sera pour moi TÊTE À TÊTE *une seconde* je me rhabille comment Elisabeth a vécu quatre ans avec moi comment elle s'est mariée après avec moi connaissant mes limites crépusculaires ELLE A SACRIFIÉ SON CORPS À SON CŒUR aucun homme ne pourrait qu'une femme qui puisse le faire ce mariage non consommé le troisième l'ultime est le seul qui m'ait rempli d'un bonheur sans faille celui qui m'aura rendu heureux jusqu'à ma mort ce mariage mercredi samedi dimanche à temps partiel aura été le seul à être complet à chaque fois qu'Elisabeth arrive quand j'entends ses clés qui grincent dans les serrures c'est toujours pour moi un événement à chaque fois que la porte s'ouvre lorsqu'elle APPARAÎT c'est toujours pour moi UNE APPARITION et puis après forcément c'est inévitable il y aura DISPARITION la mienne totale absolue retour à la case départ au néant de l'avant-naître je serai après ma mort de nouveau RIEN *nothing nichts* cet éclair momentané de conscience que j'appelle moi sera éteint je ne penserai plus à toi tout le bonheur que tu me donnes c'est toi qui en es la gardienne mon Elisabeth toi qui me garderas dans ton cœur toi qui me préserveras dans ta mémoire jusqu'à ce qu'à ton tour tu disparaisses mais tu as encore devant toi des décennies à vivre moi il me reste quelques années à peine au plus j'en voudrais encore beaucoup avec toi mais ce n'est pas moi qui décide sera mon corps ce parfait étranger avec lequel je vis depuis bientôt 82 ans cette machine rouillée cette carcasse décrépite se détraquera peu à peu ou craquera d'un coup crise cardiaque accident soudain ou dépérira lente interminable agonie qu'importe toutes les morts se valent revient au même plus ou moins dures douloureuses c'est la fin du périple ENDLÖSUNG solution finale j'ai échappé à celle d'Hitler mais VERNICHTUNG anéantissement annihilation c'est mon destin ma destinée qui approche ma dernière pensée mon Elisabeth sera pour toi en même temps aussi bien sûr ma sœur mes filles vous êtes ce qui restera de moi j'habiterai encore longtemps je l'espère votre mémoire comme mon père ma mère toutes les femmes que j'ai aimées mes amis les plus chers ce personnage unique mon oncle existent toujours dans mes pensées je sais que je vivrai des années après ma mort dans les tiennes

si mes écrits ne disparaissent pas tout à fait si un jour un lecteur me fait exister quelques instants dans sa tête j'en serai heureux mais je ne le saurai jamais écrire ne sauve pas de l'extinction ultime un éventuel lecteur ne ranimera qu'un *Serge Doubrovsky* virtuel du réel il n'y aura plus rien, Molière à la fin de la représentation du *Malade imaginaire* a été transporté crachant du sang chez lui quand sa vieille servante lui a tendu un bouillon lui l'a repoussée en disant *c'est fini* et pour Jean-Baptiste Poquelin C'ÉTAIT FINI la Maison de Molière Comédie-Française future au centre de Paris *The School for Wives* jouée à New York textes traduits dans toutes les langues tant de savantes têtes penchées sur ses œuvres ça lui faisait une belle jambe pour lui l'homme de chair souffrante et agonisante c'était terminé l'Église ne voulait même pas qu'on l'enterre dans un cimetière chrétien Mozart jeté dans une fosse commune leurs œuvres oui géniales prodigieuses inégalables n'ont jamais cessé d'être vivantes mais EUX rien plus rien qui reste plus même des restes dans une tombe de moi qui ne suis rien à côté d'eux rien ne restera sauf mon souvenir en toi qui vivras des décennies encore tant que tu existeras j'aurai une vie posthume dans tes pensées et puis quand tu disparaîtras ma chérie je disparaîtrai absolument totalement avec toi même si j'ai mon nom dans le Robert culturel et dans le Larousse on line et toi aussi tu disparaîtras totalement absolument pas de retrouvailles au Ciel ces balivernes pas de vie après la mort ces billevesées pas plus de paradis que d'enfer ces coquecigrues pas de réincarnation antérieure ou ultérieure ces sornettes pas de Jugement Dernier d'Apocalypse future ces calembredaines les miracles en-veux-tu-en-voilà tout au long des siècles ces contes bleus et les fariboles de résurrection d'ascension au ciel le fantasme le fantôme la foutaise ultime L'ÊTRE SUPRÊME omniscient omnipotent omniprésent sans cesse penché sur la terre et sur l'homme dirigeant tous les événements surveillant non seulement nos actions mais nos pensées dans un univers de milliers de milliards de galaxies rivé au destin de notre minuscule planète atome perdu dans les espaces infinis YAHVÉ DIEU ALLAH pour tâche essentielle notre salut l'homme a créé ces dieux à son image à son usage c'est réconfortant ça soutient dans les malheurs ils n'arrivent jamais par hasard tout est voulu ordonné par le Tout-puissant si dans un accident de voiture mon voisin est tué et moi sauvé c'était tout décidé en haut à la grâce de Dieu Inch'Allah tout ce qui arrive éruptions volcaniques tremblements de terre obéissent à un dessein un destin intelligent bien que pour nous inintelligible TOUT FAIT SENS le réel est le rationnel pas ici-bas mais là-bas là-haut qui échappe à notre raison si vous avez besoin de croire en toutes ces fables c'est que vous avez fondamentalement PEUR DE MOURIR vrai depuis l'âge des cavernes jusqu'en 2010 et pis encore vous avez foncièrement PEUR DE LA VIE ses chocs ses chaos ses hasards ses injustices ses inepties IL FAUT QUE TOUT CE QUI ARRIVE SOIT JUSTIFIÉ même Auschwitz si vous voulez fermer les yeux gommer l'absurde de notre condition terraquée et terrassante libre à vous c'est votre droit même si je ne la partage pas je respecte votre croyance mais vous devez respecter mon incroyance qu'aucune de vos religions n'a respectée pendons l'infidèle brûlons l'hérétique moi je ne cherche pas à vous imposer mes vues je hais l'athéisme d'Etat à la Staline mais devant la mort qui me guette approche j'ai mes certitudes une foi une anti-foi inébranlable quand je mourrai aucune différence entre un chien ou un cheval qui crève et un homme qui crame pas d'âme qui s'envole au ciel des mammifères faits de la même matière qui se décompose et se désagrège sous la terre mais tant que je suis en vie je sens la vie qui coule en moi chaque matin quand je me réveille à 82 ans comme à 20 ans je sens le même jaillissement le même appétit qui me propulse vers toi Elisabeth toi et ma sœur et mes filles je crois EN TOI avant ma disparition finale tu as irradié joie et bonheur dans ma vieillesse jusqu'au bout jusqu'au terme continue à faire cliqueter tes clés dans mes serrures longtemps le plus longtemps possible ouvre la porte dans l'embrasure APPARAIS tends vers moi tes lèvres si belles que mon âge ne rebute pas laisse-moi humer l'odeur de ta joue si douce la fragrance de ta vie j'espère j'attends encore et encore ton APPARITION et puis après

ENDLÖSUNG
VERNICHTUNG

DISPARITION

TABLE DES MATIÈRES

Cet ouvrage a été composé par IGS-CP

Cet ouvrage a été imprimé en France
par CPI Bussière
à Saint-Amand-Montrond (Cher)
en janvier 2011

N° d'Édition : 16521. — N° d'Impression : 103525/4.
Dépôt légal : janvier 2011.